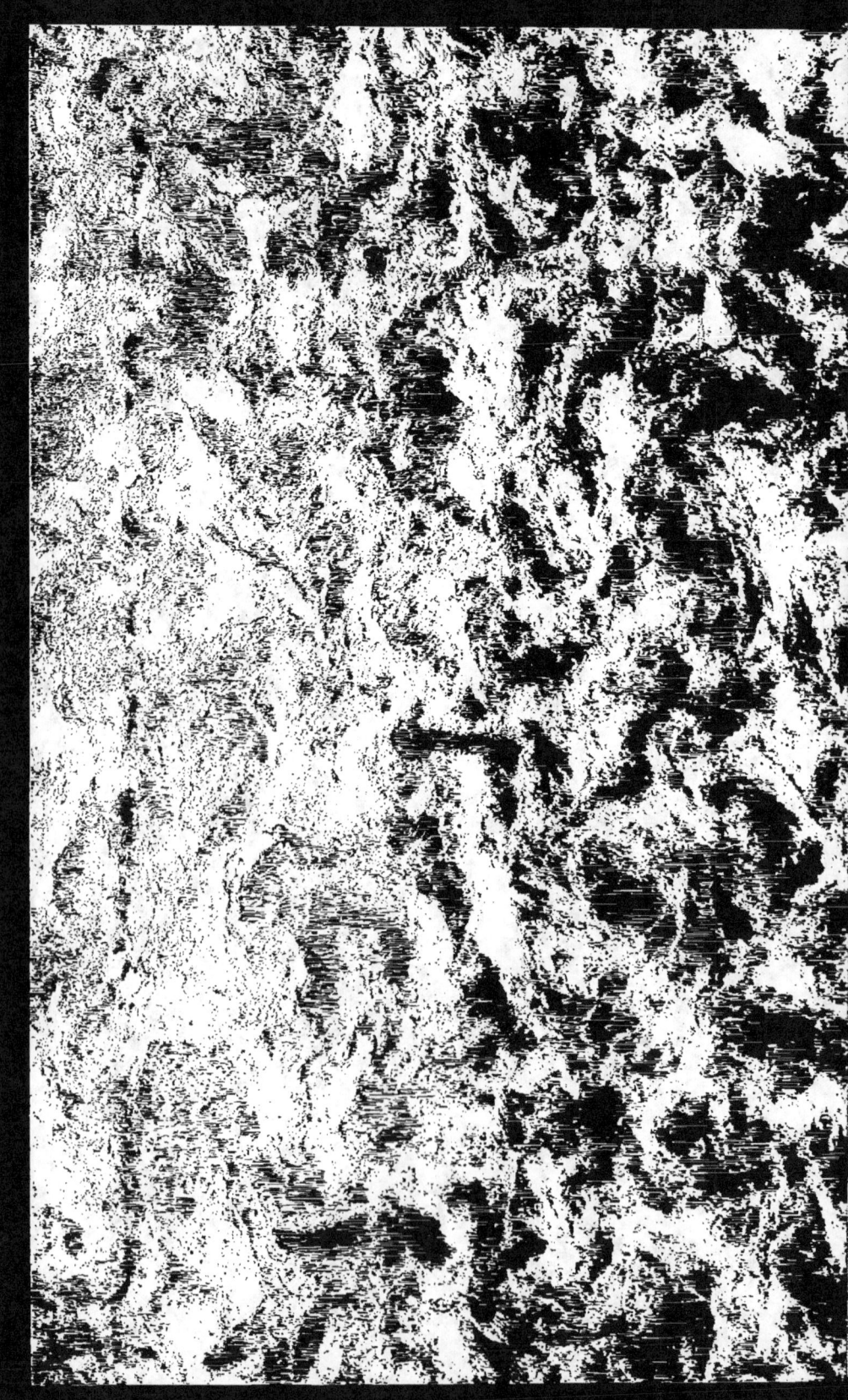

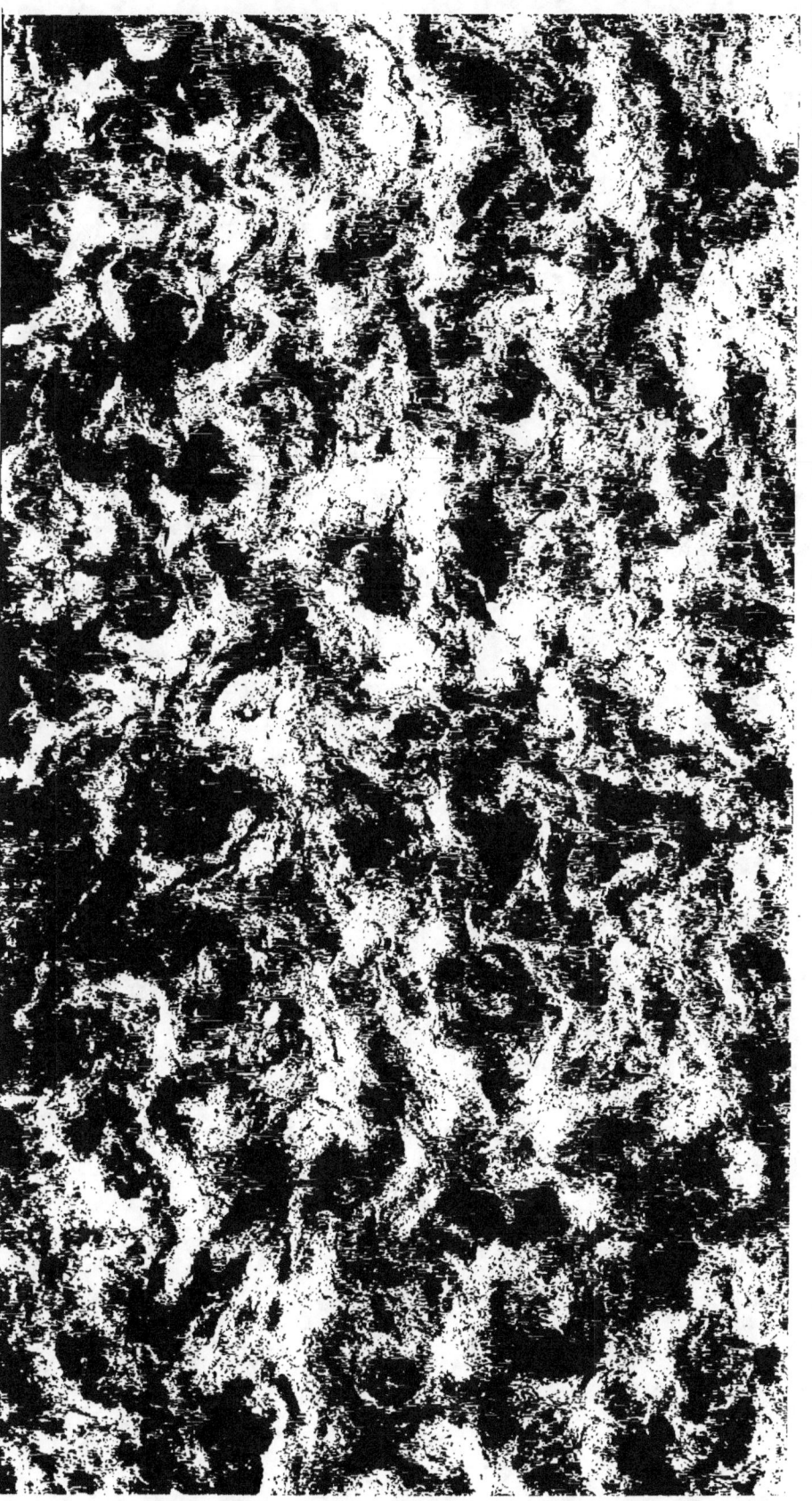

M. BODRI 1985

JEAN DE VIVONNE

SA VIE ET SES AMBASSADES

L'auteur et les éditeurs déclarent réserver leurs droits de traduction et de reproduction à l'étranger.

Ce volume a été déposé au ministère de l'intérieur (section de la librairie) en octobre 1884.

PARIS. — TYPOGRAPHIE E. PLON, NOURRIT ET Cie, RUE GARANCIÈRE, 8.

LE PÈRE DE MADAME DE RAMBOUILLET

JEAN DE VIVONNE

SA VIE ET SES AMBASSADES

PRÈS DE PHILIPPE II ET A LA COUR DE ROME

D'APRÈS DES DOCUMENTS INÉDITS

PAR

LE VICOMTE GUY DE BREMOND D'ARS

PARIS

LIBRAIRIE PLON

E. PLON, NOURRIT ET Cie, IMPRIMEURS-ÉDITEURS

RUE GARANCIÈRE, 10

1884

Tous droits réservés

PRÉFACE

Jean de Vivonne, seigneur de Saint-Gouard, marquis de Pisany, n'est pas un grand homme. Cependant, on ne peut guère écrire sur la seconde moitié du seizième siècle sans que son nom s'offre à la plume. Cela vient de ce qu'il fut mêlé, surtout comme négociateur, à quelques-uns des événements les plus considérables de ce temps; cela vient aussi de ce que sa correspondance, volumineuse, riche de détails précis, et rédigée avec la bonhomie, la verve et la couleur d'un vieux Gaulois, est une des sources auxquelles on aime à puiser.

Jean de Vivonne n'est donc pas un oublié. Mais il est imparfaitement connu. J'ai voulu restituer dans son ensemble la franche et fière physionomie du royaliste, ambassadeur et capitaine de cinquante lances, la physionomie du père de madame de Rambouillet. Parmi nos portraits d'histoire, il peut, si je ne m'abuse, faire figure avec beaucoup d'honneur, moins haut certes que le cardinal d'Ossat, mais tout près des évêques de Dax et de Valence, d'Arnaud du Ferrier, du président Jeannin, des négociateurs de son époque les plus estimés. Ceci soit dit en toute justice, et sans mener la bienveillance jusqu'à l'exagération comme certains de ses contemporains ont fait, le mettant hors de pair : tel Brantôme, banal en ses éloges, qui l'a qualifié *ce très grand et non pareil de la chrestienté pour les affaires d'Estat,* et tel l'historien de Thou, qui répétait, avec l'ampleur de son parler d'habitudes cicéroniennes, *qu'il ne connaissait pas de plus belle vie à écrire.*

Les lecteurs du *Correspondant* et ceux de la *Revue des questions historiques* retrouveront ici, mêlées à toutes les autres, des scènes de sa vie que je leur ai déjà fait connaître. Qu'il me soit permis de remercier les directeurs de ces deux recueils de la bonne grâce qu'ils ont mise à donner au public le plus délicat quelques-uns des principaux résultats de mes recherches : le tableau des tribulations de Jean de Vivonne en Espagne et en Portugal, où se peint la douloureuse situation d'un ambassadeur sous les derniers Valois; des détails oubliés sur les parents et sur l'enfance de la marquise de Rambouillet; mon appréciation de l'événement de la Saint-Barthélemy dans ses rapports avec l'Espagne; la critique des *Mémoires de Nevers,* très autorisés jusqu'à ce jour, et que la correspondance de Jean de Vivonne ruine en les démontrant faux, fabriqués, mensongers pour une très grande part, etc.

Aujourd'hui, voici la biographie complète de Jean de Vivonne. On aima cet homme tant qu'il vécut; il avait cessé d'être, que, longtemps après encore, les esprits honnêtes et délicats de l'hôtel de Rambouillet lui donnaient dans leur souvenir la place qu'il méritait. Il y a de la consolation en même temps que de la charité à ne laisser point périr les morts de la génération qui a précédé immédiatement celle dont on est : par une sorte de générosité de cœur on s'entretient d'eux, car on plaint les pauvres gens couchés sous l'herbe ou la pierre, et l'on voudrait réchauffer leurs cendres. Puis on disparaît soi-même de la vie, d'autres vous rendent le même devoir. Puis enfin personne ne songe plus à vous, si l'histoire ne vous trouve digne d'occuper à jamais ou pour un moment la postérité. Mais, en ce cas même, le sentiment des arrière-neveux n'est plus celui des parents et des amis : la partialité du sentiment s'en est allée avec l'obligation morale de respecter. Ainsi le temps marche, faisant son œuvre étrange et triste. Pour nous, qui durons encore, les hommes du seizième siècle et ceux du dix-septième ont eu ce commun sort de finir il y a long-temps ; les uns ne sont guère plus éloignés de nous que les autres ; l'hôtel de Rambouillet n'est pas chose moins évanouie que la cour des Valois et la cour de Henri IV. Les vieux châteaux de Saintonge, où s'accomplit l'enfance de Jean de Vivonne, au milieu de mœurs à demi féodales encore ; sa jeunesse brillante, joyeuse, ardente à vivre ainsi qu'à chercher la gloire ; ses amours avec mademoiselle de Vitry, entre deux combats ; ses chevauchées et celles de ses camarades, la lance sur la cuisse, à travers l'Europe ; puis ses voyages de négociateur ; son séjour parmi les Espagnols ; ses démêlés avec les papes ; ses prouesses dans la cornette blanche ; ses escarmouches contre la princesse de Condé ; le beau tableau de sa vieillesse respectée ; sa mort de chrétien : tout cela nous apparaît au même plan reculé que la maison de la rue Saint-Thomas du Louvre ; la chambre bleue de la marquise ;

son alcôve, où l'on ne s'évertue pas seulement à saluer du bel air, à dire en termes galants de jolies choses, à dorer les réalités terrestres, mais où l'on disserte avec hauteur des grands événements de la politique et de la littérature; ses salons, où, selon mademoiselle de Scudéry, « tout est magnifique et même particulier »; le doux éclat et aussi, hélas! les douleurs de sa vie; les amitiés qui font sa joie; les coups du sort qui déciment son entourage en brisant son âme. Veux-je dire que les années aient eu pour effet de nous rendre insensibles à ces péripéties, à ces choses lointaines? Non pas, et voici justement le triomphe de certains personnages : on les aime par delà le temps, quel que soit l'espace; on s'intéresse à leur carrière; on suit, le cœur pris, le spectacle qu'ils ont donné. Catherine de Vivonne inspire généralement ces sentiments; et son père, moins illustre, n'est certes pas indigne de les faire éprouver.

JEAN DE VIVONNE

CHAPITRE PREMIER

ENFANCE ET JEUNESSE DE JEAN DE VIVONNE

1530-1571

Naissance et premières années. — Campagnes. — L'affaire du comte de Cajazzo.

I

NAISSANCE ET PREMIÈRES ANNÉES.

Au commencement du seizième siècle, on menait sur les bords de la Charente une vie tout autre que dans le reste de la France. C'était un effet de l'influence régionale qu'exerçait la petite cour disgraciée des comtes d'Angoulême : par leur humeur avenante et simple, par l'attrait de leur valeur et de leur courtoisie, ces Valois groupaient autour d'eux dans une intimité familière les gentilshommes de l'Angoumois et de la Saintonge, attardés aux mœurs un peu surannées de l'organisation féodale. Il faut lire les Mémoires du temps et surtout Brantôme pour se faire une idée de la résistance, inconsciente peut-être, qu'opposait ce coin de la France au mouvement déjà prononcé d'une centralisation générale. Là, dans l'amicale et noble domesticité dont s'honore le vassal, on ne trouve pas encore vestige de l'étiquette des palais, qu'imposera l'orgueil des monarques et qui froissera jusqu'à le fausser le caractère, fait de fier dévouement, de notre noblesse chevaleresque.

Les Valois d'Angoulême sont des amis. Quand l'enfant naît, princes et princesses se réjouissent, font le voyage par les mauvais chemins pour l'aller tenir sur les fonts, s'assoient à la table du manoir après la cérémonie, boivent avec les parents à l'avenir du rejeton de la vieille souche, mêlent leurs voix au chœur qui chante les belles actions des ancêtres. Dès qu'il marche, ils le prennent dans leur château, l'admettent à la société de leurs fils et de leurs filles. Cette jeunesse de sang royal et de sang noble grandit côte à côte, comme en famille, avec les mêmes traditions, les mêmes amours, les mêmes fiertés, les mêmes espoirs. De part et d'autre, on se jure déjà pour la vie protection et fidélité. La carrière que fournira l'héritier des seigneurs fera celle de son entourage : quelquefois, ses petits compagnons aiment, dans leurs jeux, à le placer sur un trône, couronne en tête; lui, grave et de bonne grâce, distribue les places, l'épée de connétable, le bâton de maréchal, le gouvernement de ses bonnes villes, et si le Dieu des rois fait jamais qu'il possède le sceptre de l'aïeul Charles le Sage, peut-être il se souviendra de quelques-unes de ces faciles promesses.

Cet héritier des seigneurs s'appelle François d'Angoulême; bientôt, il s'appelle François Ier. Quand le héros prestigieux, paré de toutes les grâces de sa chevalerie, de sa jeunesse en fleur et de sa gloire naissante, recueille la succession de son oncle Louis XII, l'allégresse des vassaux des comtes d'Angoulême est à l'unisson de celle de Louise de Savoie, acclamant son « César pacifique [1] ». La couronne bénéficia de leurs fidélités traditionnelles.

---

[1] *Journal de Louise de Savoie.* « Le 1er jour de janvier **1515**, dit cette princesse, mon fils fut roy de France... Pour ce suis-je bien tenue et

On aime à se représenter les existences, d'un faste simple et grand, que menaient à cette époque les principales familles de la Saintonge et de l'Angoumois. C'était, au sein de la province éloignée, dans les châteaux que n'avaient pas encore dévastés les guerres de religion, tout un train d'autrefois, les équipages de chasse à côté des équipages de guerre, un peuple de serviteurs naissant et mourant dans la maison comme sujets d'un petit royaume, les largesses d'une hospitalité sans limites, table ouverte tout le long de l'an, la gaieté franche d'honnêtes gens, unis par les liens du sang, frères d'armes, riches en communs souvenirs d'expéditions lointaines, et que ne glaçaient point la politesse de surface, la réserve calculée, les hauteurs de prétention des réunions d'étrangers.

Un vieil historien du sol nous a conservé le souvenir du voisinage des Vivonne et des Bremond [1]. Entre Marennes et Saintes, tout près du château de Pisany, ancien principal fief des Rabayne, et qu'habitait Artus de Vivonne, un vétéran des guerres d'Italie [2], le château de Balanzac, dressait ses murs crénelés, hérissés des défenses du moyen âge et

---

obligée à la divine miséricorde, par laquelle j'ay esté amplement récompensée de toutes les adversités et inconvéniens qui m'estoient advenus en mes premiers ans. Humilité m'a tenu compagnie, patience ne m'a jamais abandonnée. »

[1] « In eodem confinio genus heroicum Vivonnæorum spectabile, a quo ducit originem illustris eques Arturus a Vivona Pisanus Sangoarius... Iis vicini sunt Braymontii Balanzacii, sua et avorum virtute clari... » Nicolas ALAIN, *De Santonum regione et illustrioribus familiis*, Santonibus, apud Franc. Audibertum typ. 1598. — Petit ouvrage rarissime et curieux, publié par le fils de l'auteur, et dont M. Louis Audiat prépare une réédition.

[2] Artus de Vivonne avait fait les guerres d'Italie dans la compagnie du duc de Valois, avec une élite des gentilshommes de l'Ouest. Brantôme nomme quelques-uns des hommes d'armes : François de Mareuil, Guy de Laval, François d'Escars, François de Polignac, Fiacre de Salignac, Jacques de Chambray, Artus de Vivonne, Jacques de Clermont, Antoine de la Roche-Andry, François de Bourdeilles, etc. Et il ajoute : « Aussy trouve-t-on parmy les combattants du tournoy du mois de novembre 1514 (à l'occasion du couronnement de Marie d'Angleterre, troisième femme de Louis XII) la pluspart des noms des hommes d'armes de la compagnie du duc de Valois. » *Éd. Panthéon litt.*, t. II, p. 607.

noircis par la poussière de six siècles; le clocher de l'église paroissiale s'élevait au centre de ses remparts encore imposants, et cette disposition des lieux pouvait être justement regardée comme le signe de la mutuelle alliance que se prêtaient le pouvoir séculier et le pouvoir divin [1]. Balanzac avait des priviléges tout particuliers : ses seigneurs rendaient hommage au Roi, armés de toutes pièces et montés sur leur cheval de bataille; ils étaient tenus de défendre une des portes de Saintes, mais pouvaient en retour appeler à la défense de leur forteresse les habitants de cette ville [2]. Démembrement de l'ancienne principauté de Pons, le fief avait passé chez les Bremond en 1340, lors du mariage de Jeanne, dame d'Ars, de Balanzac et de Chadenac, avec Guillaume de Bremond [3]. Au temps qui nous occupe, il appartenait à Jean de Bremond, capitaine et gouverneur de Cognac, chambellan et maître d'hôtel du Roi, grand sénéchal d'Angoumois [4].

Le 10 janvier 1519, Jean de Bremond-Balanzac avait marié sa fille Catherine avec Artus de Vivonne. La jeune femme, élevée fille d'honneur de madame la comtesse d'Angoulême, reçut en dot mille écus d'or soleil et le fief de la Boulidière près Jonzac. L'époux possédait Saint-Gouard en Poitou, qu'il tenait de l'héritage de ses pères [5], et Pisany,

---

[1] Sur la cloche, qui existe encore, se lit cette inscription, d'une philosophie élevée : *Sonus Domini*.

[2] M. Louis Audiat a donné très en détail tout ce qui concerne Balanzac, dans son *Nicolas Pasquier*.

[3] Jeanne d'Ars était fille de Gombaud III, chevalier, seigneur d'Ars, Balanzac, Chadenac, etc., et arrière-petite-fille de Gombaud II et d'Isabelle de Pons. Son mari fut tué à la funeste bataille de Crécy sous la bannière de Renaud, sire de Pons (1346).

[4] Fils puîné de Pierre de Bremond d'Ars, seigneur d'Ars, Balanzac, etc., l'un des vingt-cinq chevaliers du Camail sous Charles VII, et de Jeanne de Livron.

[5] Saint-Gouard donnait son nom à la branche puînée des Vivonne, dont était Artus. Blanche de Montendre l'avait apporté en mariage à Hugues de Vivonne, cinquième aïeul de ce gentilhomme. — Les généalogistes désignent aussi la même branche sous le nom de Fors. Fors, appartenant originairement aux premiers seigneurs de Rochefort-sur-Mer, vint aux

dont lui fit don, en considération du mariage, le président de Torrettes, son oncle maternel.

De l'alliance d'Artus de Vivonne et de Catherine de Bremond-Balanzac, naquit le personnage dont je vais raconter la vie. J'aurais mauvaise grâce à m'étendre en commentaires sur sa famille maternelle [1], mais il m'est permis et, je crois, imposé, de mettre sous les yeux du lecteur quelques renseignements sur les Vivonne.

Ce fut une des premières races de l'ouest de la France. Elle prit son nom de la ville de Vivonne, à quatre lieues de Poitiers, au confluent de la Vive et de la Vonne. On croit que les premiers seigneurs de ce lieu, connus dès la fin du dixième siècle, étaient de la souche des Lusignan, et qu'une de leurs filles, apanagée du fief, le porta en dot à un puîné des ducs de Bretagne : leur postérité serait la maison de Vivonne proprement dite [2]. De là ses armes, qui sont celles de Bretagne brisées : d'hermine au chef de gueules.

La filiation commence avec certitude à Hugues de Vivonne, vivant en 1050 [3], et quatorzième aïeul de mon héros. Viennent ensuite, comme en un beau défilé : Auguste, qui se croisa avec deux de ses parents dès 1096; Calon, qui fit comme eux en 1120; Savary III, sénéchal de Toulouse et d'Albi, capitaine souverain ès parties du Poitou et de la Saintonge, ambassadeur en Espagne en 1344, qui servit en 1340 comme banneret avec quatorze chevaliers et cinquante-

---

Vivonne vers 1299 par le mariage d'Eschive de Rochefort avec Savary de Vivonne, et sortit de leurs mains en 1378 par l'alliance de Catherine de Vivonne, dame de Fors, avec Jacques Poussart, sénéchal du Poitou, *conduisant des gendarmes et de tout l'ost du duc de Bourbon*, selon Froissart. BEAUCHET-FILLAU, *Familles du Poitou*.

[1] L'histoire de la maison de Bremond d'Ars la plus complète est celle qu'écrivit Léon de Beaumont, évêque de Saintes, neveu de Fénelon et sous-précepteur du duc de Bourgogne. Le R. P. Loys, des Cordeliers, l'a continuée. Leurs travaux ont été l'objet d'un résumé en un volume imprimé à Jonzac, Ollière, 1874.

[2] BESLY, *Histoire des comtes de Poitou*.

[3] André DU CHESNE, *Maison de Chastillon*.

sept écuyers; Renaud I*er*, qui comptait sous sa bannière en 1385 dix-huit chevaliers, quatre-vingt-sept écuyers, neuf trompettes, qui gagna la bataille d'Aunay contre les Anglais, et dont le souvenir demeura légendaire en Poitou sous le nom du *Bon Sénéchal;* Savary V, qui périt à Nicopolis; quantité d'autres preux, de qui le sang coula sur tous les champs de bataille du monde du moyen âge.

La dignité d'une race forte se soutient par le bon sang que versent dans ses veines de pures alliances. Mystère de notre humanité, touchant mystère, que de voir les femmes, êtres doux et timides, transmettre à leurs fils toute la sève, toute l'énergie, toute la vaillance des guerriers, leurs ancêtres, endormies dans leurs seins délicats! Les Vivonne s'allièrent aux d'Archiac, Beaumont-Bressuire, Beaupoil-Sainte-Aulaire, Bouchard d'Aubeterre, Bretagne-Avaugour, Chabot, Chasteigner, Chateaubriand, Chastillon, Clermont, Clisson, Craon, Daillon du Lude, Dinan, Loménie, Lusignan, Maillé, Mathas, Montberon, Montendre, Montmorency, Mortagne, Parthenay, La Rochebeaucourt, Rochechouart, La Rochefoucauld, Rochefort, Saint-Gelais, Surgères, Volvire-Ruffec, etc. [1].

C'est vraisemblablement à Pisany, l'an 1530, que naquit Jean de Vivonne. Toutefois, ni le lieu ni la date de l'événement ne nous sont connus d'une façon positive, car les registres des paroisses ne furent institués que quelques années plus tard [2]. Nous savons que les parents de l'enfant habitaient le plus souvent Pisany, sans doute à cause de sa proximité de Balanzac; mais il serait possible que la mère eût fait ses couches à Saint-Gouard, élégante et confortable habitation qui semble avoir été restaurée sous

---

[1] Pour la généalogie de Vivonne, consulter notamment le P. ANSELME, André DU CHESNE, BEAUCHET-FILLEAU.

[2] Ordonnances de Villers-Cotterets (1539) et de Blois (1579).

Louis XII[1]. Quant à la fixation de l'année 1530, elle résulte, avec toutes probabilités, de l'âge auquel s'effectuèrent, selon les témoignages les plus dignes de foi, les différentes étapes de la vie de Jean de Vivonne.

Nous savons peu de choses des premières années de Jean. Force est bien de suppléer aux documents. Son enfance dut être semblable à celle des jeunes gentilshommes de sa condition, toute remplie d'exercices fortifiants pour le corps et de leçons de fidélité au souverain. Il ne paraît pas que son esprit ait reçu beaucoup d'autre enseignement que les préceptes de l'honneur, ou du moins qu'il ait profité sérieusement des doctes leçons du chapelain. Nous verrons qu'il eut toute sa vie la réputation d'un homme aussi spirituel que peu versé dans les lettres.

Notons ici que cependant Jean de Vivonne n'entendit pas uniquement la voix des hommes d'armes à son entrée dans la vie. Toute une famille de robe, l'honneur des parlements de Paris et de Bordeaux, tenait à son père par les liens du sang, venait s'asseoir souvent sous le manteau de la cheminée de Pisany. C'était du président de Torrettes, son oncle[2], qu'Artus de Vivonne avait reçu cette seigneurie fort belle; la mémoire du bienfaiteur devait vivre dans les cœurs des habitants. Nul doute, par conséquent, que la parole mesurée des sages n'ait frappé l'oreille de Jean. Les impressions du début ne s'effacent pas;

---

[1] J'estime — pure hypothèse — que les travaux avaient été exécutés à Saint-Gouard avant la donation de Pisany par le président de Torrettes, et qu'après son mariage en Saintonge Artus de Vivonne fit de Pisany son principal établissement.

[2] Charlotte de Torrettes, mère d'Artus de Vivonne, était fille d'Hélie de Torrettes, premier président au parlement de Paris, et sœur d'autre Hélie de Torrettes, second président au parlement de Bordeaux (le donateur de Pisany), ainsi que de Guy de Torrettes, abbé de Sablonceaux, évêque de Saintes, mort en 1519. — Ces Torrettes avaient pour aïeul Jean Rabasteau, premier président au parlement de Paris, dont le nom est inséparable de l'épopée de Jeanne d'Arc. BEAUCHET-FILLEAU, *Dict. des familles du Poitou*, t. II, p. 578. — On croit qu'ils étaient originaires de Bretagne.

le milieu dans lequel s'accomplit l'enfance forme l'homme de l'avenir. Des vertus des parents, guerriers et magistrats, rangés autour du berceau, découlent celles de l'homme en qui se retrouveront alliées, par un heureux mélange, la fougue du tempérament militaire et les habiletés de la pensée.

A Balanzac, on était d'ardents chasseurs par tradition. Le grand sénéchal était mort. En suppliant « sa très redoutée dame et maîtresse, Madame mère du Roi, d'avoir son âme pour recommandée » ; en confiant la tutelle de ses enfants mineurs à ses gendres, messires Artus de Vivonne et Bertrand Hélyes de la Rochesnard-Pompadour, dont il considérait « applain la loyauté et preudhomie » ; en prescrivant pour le bien de son éternité des messes, des dons « aux pouvres ladres », aux couvents, aux églises, et des fondations pieuses, le vieux seigneur n'avait pas oublié son écuyer Arnaud du Gua, son page Christophe de Lynton, son chirurgien maître Jehan Dupuy, son receveur, son fauconnier, son muletier, son coureur, ses serviteurs de toutes sortes[1]. Le nouveau maître de Balanzac, Charles de Bremond, conservait tout l'état de son père. Premier panetier du Dauphin duc de Bretagne, et de retour d'un voyage à Rennes où ce prince l'avait créé chevalier de ses mains[2], il venait de faire entrer dans sa maison une jeune femme riche et de haute naissance, Françoise de la Rochebeaucourt[3]. Le château retentissait de la réunion des chasseurs, des sonneries des cors, du bruit des meutes; la race « d'espagneux » que l'on y nourrissait était célèbre et devait

---

[1] Testament de Jean de Bremond-Balanzac, Cognac, 9 janvier 1525, Archives de Bremond d'Ars.

[2] R. P. Hilarion de la Coste, *Eloges des Dauphins de France*, p. 408 et s. ; Théod. Godefroy, *Cérémonial français*, t. I, p. 609 et s.

[3] Il l'avait épousée le 28 janvier 1532. Elle était fille de François de la Rochebeaucourt, échanson du Roi, gouverneur d'Angoulême, sénéchal d'Angoumois, et petite-fille de Jean de la Rochebeaucourt, gouverneur d'Angoumois, sénéchal de Saintonge, ambassadeur en Espagne.

un jour attirer l'attention d'un royal veneur, Henri de Navarre[1].

Jean de Vivonne visitait souvent la sœur de son père, Aliénor de Vivonne, qui vivait avec son mari, Georges de Bremond d'Ars, aux Courtils, très modeste logis de cadets situé sous les murs et comme à l'ombre du château d'Ars[2]. Aliénor avait épousé ce cousin germain de sa belle-sœur Catherine à son retour de captivité, car il avait été fait prisonnier à Pavie et n'était rentré en France qu'au bout d'un an. Ces alliances répétées augmentaient l'union des familles, que cimentait une harmonie de sentiments aveuglément dévoués à la couronne. Aux Courtils, comme à Pisany, comme à Balanzac, c'était la même foi royaliste. Ars conservait le souvenir ému des visites dont jadis l'honorait la cour de Cognac[3]. On se montrait, et l'on se montre encore dans la paroisse, le sentier que suivait Louise de Savoie pour se rendre au château de ses serviteurs; ce sentier a conservé le nom de la princesse.

Jean de Vivonne parut de bonne heure à la cour, en qualité d'enfant d'honneur des Fils de France[4]. Il portait alors le nom de Torrettes. Les enfants d'honneur faisaient fonction de pages, pages d'une espèce privilégiée. La liberté de leur âge, la communauté des études et des jeux, mêlaient absolument leurs vies à celles de leurs maîtres : ils formaient comme la pépinière de la cour à venir.

[1] Lettre du roi de Navarre à M. de Balanzac, 1er juillet 1573, Archives de Bremond d'Ars.
[2] Georges, fils puîné de Jean, seigneur d'Ars, épousa Aliénor de Vivonne par contrat du 26 janvier 1527 passé au château de Balanzac. Ils n'eurent pas de postérité, et Jean de Vivonne hérita de sa tante, mais vendit à Charles de Bremond d'Ars tout ce qu'il avait recueilli de cette succession dans la paroisse d'Ars. Arch. de la Charente, E 159.
[3] « Louise de Savoie faisait de fréquents voyages dans les seigneuries de son duché d'Angoulême. Elle visitait souvent les La Rochefoucauld à Barbezieux, les Chabot à Jarnac, les Bremond au château d'Ars, les Montberon à Archiac... » LACROIX, *le Château de Bouteville; Bull. de la Soc. hist. de la Charente*, t. X, p. 129.
[4] Selon la légende au bas d'un portrait gravé, collection du comte Anatole de Bremond d'Ars.

Les aînés de Vivonne étaient en haute faveur. Succédant à la gloire du fameux sénéchal de Poitou, l'ami du roi chevalier[1], grandissait la gloire de son fils, François de Vivonne la Châtaigneraie : le valeureux, l'éblouissant la Châtaigneraie; l'un des cavaliers qui personnifient le mieux l'héroïque et folle génération des hommes de son temps; le premier à la guerre comme aux tournois d'amour; d'une vigueur de corps qui lui rendait possible « de prendre un taureau par les cornes et l'arrester en sa furie »; fanfaron d'une belle insolence, « haut à la main, scalabreux, et querelleux » à l'égard de tous; faisant de ses châteaux, de son hôtel ou de sa tente le lieu de rendez-vous des tireurs d'armes du monde entier; prodigue et somptueux, « que l'eust-on pris plustost pour un prince que pour un seigneur »; superbe sur la brèche, avec son teint bronzé, sa taille d'athlète, quand, au milieu de la mitraille, il s'enroulait d'un geste de rage son guidon autour du corps pour mieux combattre, « car luy ne vouloit autre chose que mener les mains, et n'estre point abstraint à le garder pendu au bout d'une lance ainsy que le commun, et avoir quasy par manière de dire les mains liéez sans les employer[2] ». Le sort de cet invincible sera de périr à vingt-huit ans dans l'arène, du coup d'épée d'un homme faible de bras, sans expérience et sans renommée personnelle[3] : bizarre effet de ce qu'on appelait alors « les fortunes de Mars »!

---

[1] André de Vivonne la Châtaigneraie, sénéchal de Poitou, gouverneur du Dauphin. C'est à lui que s'adresse le mot célèbre de François Ier, rapporté par Brantôme : « Le plus souvent, quand le Roy vouloit faire une partye pour courir la bague, il disoit toujours : *Nous sommes quatre gentilshommes de la Guyenne qui sont Chastaigneraye, Sansac, d'Hessé et moy, qui courons à tous venans...* » *Vie de M. de la Châtaigneraie.* Les deux compagnons d'André de Vivonne étaient André de Montalembert d'Essé et le brave capitaine si connu sous le nom de maréchal de Sansac.

[2] Brantôme, *Vie de M. de la Châtaigneraie.*

[3] Dans l'opinion des contemporains, Jarnac « faisait plus grande profession de courtisan et damcret à se curieusement vestir, que des armes et de guerrier ». *Mémoires de Vieilleville.*

L'exemple des La Châtaigneraie devait être un stimulant pour la jeune ambition du cadet de la branche de Saint-Gouard, et leur appui très utile au débutant à la cour¹. Tout porte à croire que Torrettes revenait souvent en Saintonge. Le corps et l'imagination de l'enfant se reposaient dans cette atmosphère plus saine; l'effervescence des idées, soulevée par le spectacle de la grande scène du monde, se calmait en sa tête ardente sous l'influence des avis du sage entourage. Si j'insiste autant sur l'action vraisemblable de l'éducation, c'est que l'éducation est la semence des principes, qui se développent ensuite, les racines étendues dans la chair et nourries du sang; c'est que sans son œuvre il serait difficile de s'expliquer la frappante originalité que nous découvrirons dans la vie de Jean de Vivonne. Il fallait des conditions particulières pour former la personnalité de cet homme d'épée, royaliste d'un bout à l'autre de sa vie, traversant tout le seizième siècle sans une défaillance de sa foi, et par cela même un rare phénomène.

Jean de Vivonne eut de nombreux frères et sœurs. Seule, l'une de ces dernières, Marie, devait laisser postérité [2]. Les autres mourront sans alliance : Léon, chambellan de Charles IX, Jacques, seigneur de Pisany, tous deux tués à la guerre; Arnaud, le compagnon d'armes et l'ami du brave capitaine Jean de Bourdeilles, frère de Brantôme, dont nous savons qu'il fut l'exécuteur testamentaire en 1553 [3]; Claude, appelée la dame de Verrières, tendrement aimée de Jean;

---

[1] « La cour estoit toute à la disposition de mon feu oncle (La Châtaigneraie), et mesme après la mort du roy François... En ce temps, on eust eu beau estre vaillant et faire autant de braves exploits de guerre comme un César, si l'on n'estoit cogneu à la cour ou quelqu'un ne le poussast, c'estoit peu de sa fortune... » BRANTÔME, *les Duels*.

[2] Marie de Vivonne épousa Jean Chesnel, chevalier, seigneur de Meux, fils de Charles Chesnel et de Jacquette de Rostaing. Leur fils, capitaine au régiment des gardes, s'allia à Suzanne de Gouy, leur petit-fils à Marie de Polignac, dame d'Escoyeux. Leur postérité se fondit dans les Chasteigner la Rocheposay, Galard-Béarn, d'Orvilliers, etc.

[3] *OEuvres de Brantôme*, éd. *Panth. litt.*, t. II, p. 616.

Louise et Marguerite, sur qui toutes données nous font défaut. Successivement, les terres de famille, d'abord partagées, retourneront au seul mâle survivant, et Jean de Vivonne, après s'être appelé Torrettes, se nommera Saint-Gouard et puis Pisany.

S'il y a de la mélancolie à constater une fois de plus combien vite se tarissent les sources, les plus riches en apparence, d'une race généreuse, il y a de la consolation à voir qu'il suffit d'un homme pour réaliser toutes les espérances qu'avait fait naître le spectacle de cette heureuse fécondité. La carrière de Jean de Vivonne fut assez belle pour compenser le brusque arrêt de celle de ses frères. Et c'est sans doute ce qu'eût pensé le Saintongeois jaloux des gloires de son pays, qui s'écriait un jour, les yeux fixés sur la jeunesse en pleine séve, dont la gaieté, le mouvement, les élans vers la vie, remplissaient les vieux murs de Pisany : « O mon Dieu! faites que ces enfants si pleins d'espérance soient les étincelles destinées à jeter un lustre nouveau sur la splendeur de leur race [1] ! »

II

CAMPAGNES.

« Je commansé mon premier mestier à l'eage de quinse ans, qui fut de porté l'arquebuse sur le col », a dit lui-même Jean de Vivonne dans une de ses lettres [2]. A dix-huit ans, il fit campagne pour la première fois [3]. Le détail de ses coups

---

[1] « ...Cui sunt (il s'agit d'Artus de Vivonne) tres filii, Arnaldus, Joannes et Leo, summæ spei. Faxit Deus ut in iis velut ex scintillis reviviscat generis splendor et gloria! » Nicolas ALAIN, *De Santonum regione*. — Jacques n'est pas nommé, je ne sais pourquoi.

[2] Saint-Gouard à Villeroi, Madrid, 13 janvier 1580, Ms. Bibl. nat. F. fr. 16107.

[3] L'âge de dix-sept à dix-huit ans résulte de divers passages de sa corres-

de lance et d'épée nous est peu connu[1]; nous savons au total qu'ils furent bons et qu'ils lui méritèrent le renom d'un brave entre les braves. Par éclairs, nous l'entrevoyons sur un champ de bataille ou dans une expédition aventureuse. Jusqu'à quarante ans, il ne déboucle guère sa cuirasse que dans les instants de paix universelle, et ces instants sont rares.

Il combat aux Pays-Bas sous le règne de Henri II; c'est là qu'il semble avoir commencé d'essuyer les rigueurs de la guerre. Il s'agissait de ravitailler la place de Marienburg, que les Français avaient prise en 1554, et dont Artus de Cossé, seigneur de Gonnort, avait été nommé gouverneur[2]; ce capitaine « estoit là bien à l'escard, et donnait bien de la peyne à le secourir et d'hommes et de vivres[3] »; fort ami de la bonne chère, il fut baptisé par les badins de cour le « maréchal des bouteilles[4] » : Marienburg était un triste séjour pour un homme de ces goûts, bien que sa valeur et ses talents y trouvassent de quoi s'exercer. On l'entretenait le plus souvent et le mieux possible, chaque fois au prix d'efforts considérables. Dans une de ces tentatives, sans doute en 1555 sous les ordres du marquis d'Elbeuf[5], Jean de Vivonne fut blessé et fait prisonnier[6].

---

pondance. Voy. notamment Saint-Gouard au duc d'Anjou, 19 septembre 1572, Ms. Bibl. nat. F. fr. 16104.

[1] Ma principale source, pour les campagnes de Jean de Vivonne jusqu'à Moncontour, n'offre pas les caractères d'une authenticité indiscutable; je n'y ai recouru que faute de mieux, et je ne la donne que pour ce qu'elle vaut : c'est la légende, assez étendue, d'un portrait gravé du personnage. Ce portrait n'est pas signé. L'exemplaire que j'en ai vu fait partie de la collection du comte Anatole de Bremond d'Ars, et je n'ai découvert nulle part le semblable. Celles des indications du graveur que j'ai pu contrôler se sont trouvées justes.

[2] De Thou, *Hist.*, liv. XIII.

[3] Brantome, *le Maréchal de Cossé.*

[4] *Id., ibid.* — Gonnort était frère du maréchal de Brissac, et devint lui-même maréchal, sous le nom de maréchal de Cossé.

[5] De Thou, *Hist.*, liv. XV.

[6] Portrait gravé.

Comment il recouvra la liberté, je l'ignore; mais il ne paraît pas avoir séjourné bien longtemps à l'étranger. Je le trouve en Toscane avec le maréchal Strozzi, à Rome avec le duc de Guise, en Piémont avec le maréchal de Brissac[1].

L'armée du maréchal de Brissac jouissait d'un prestige tout particulier. Son chef avait été relégué dans ce commandement comme en exil : il se trouva que sa disgrâce devint pour lui la source d'une considération sans égale, car il sut s'y faire par ses actions d'éclat presque quotidiennes, son opiniâtreté, ses belles qualités de général et la tenue de ses troupes, un nom glorieux « parmy nous et les peuples estranges ». On se disputait l'honneur et le bénéfice d'apprendre la guerre à son école. De Paris, les princes du sang accouraient en poste, à la nouvelle qu'il allait livrer un combat, pour se ranger à ses côtés et prendre leur part de la fête. Il les traitait en souverain; « il tenoit si grand rang et auctorité, que j'ai veu plusieurs s'en mescontenter et dire que le Roi ne la tenoit si grande[2] ». Quand les officiers de son armée revinrent en France après la paix de Câteau-Cambrésis, ils affectèrent des façons tellement fières, ils se montrèrent « rogues, bravasches, hautz à la main », à ce point que des duels éclatèrent de tous côtés; on les reconnaissait rien qu'aux plumes énormes, menaçantes, insolentes, qu'ils portaient toutes droites sur leurs bonnets[3].

Ceux qui les raillaient, au fond étaient jaloux. Le siècle aimait ces rodomontades, ces parades après la lutte, comme il chérissait les extravagances de courage pendant l'action. On tenait peu de compte aux généraux habiles et froids de leurs succès positifs; ce que l'on admirait, c'étaient les charges de cavalerie, tête baissée, lance en avant, les galopades folles à travers les arquebusades et les forêts de piques, les

---

[1] Portrait gravé.
[2] BRANTOME, *le Maréchal de Brissac*.
[3] *Id., ibid.*

prodiges des combats singuliers. « Le Nestor des Grecs estoit un vieux penard qui ne bougeoit de sa tente, de son pavillon ou de sa cuisine, assis comme une statue immobile, et donnoit ses advis et conseils à la mode d'un morneux président[1]. » Cette époque raffole de ce qui brille : à la guerre, ainsi qu'en politique, elle ne goûte que les vives impressions du moment. Elle a des nerfs de femme. C'est qu'aussi bien c'est la femme qui règne, c'est de la femme qu'il faut chercher l'influence partout. Rois, princes et seigneurs, tous sont à sa merci, donneraient leur carrière, leur vie pour un sourire, et quand ce sourire fait défaut, c'est le soleil qui n'est plus là. « Bien souvent ay-je veu nos roys aller aux champs, aux villes et ailleurs, y demeurer et s'esbattre quelques jours, et n'y mener point les dames; mais nous estions si esbahis, si perdus et faschez, que pour huit jours que nous faisions de séjour séparez d'elles et de leurs beaux yeux, ils nous apparaissaient un an, et toujours à souhaitter : *Quand serons-nous à la cour ?* n'appelant la cour bien souvent là où estoit le Roy, mais où estoit la Reyne et les Dames[2]. » Or, les dames font grand accueil aux héros et fâcheuse mine aux timides. A l'exemple de Vénus qui s'éprit de Mars, explique Brantôme, elles aiment le rude champion « tout suant de la guerre et tout noircy de poussière, et malpropre ce qu'il se peult, sentant mieux le soldat de guerre que son mignon de cour[3] ».

Jean de Vivonne recevait auprès d'elles la récompense promise aux vaillants, et ne se faisait point faute de la demander, paraît-il. Il eut en amour un succès dont on parlait encore, trois quarts de siècle écoulés, à l'hôtel de Rambouillet : il obtint ce que l'on put, avec un peu de bonne grâce, considérer comme les premières faveurs de

---

[1] BRANTOME, *M. le connétable de Montmorency.*
[2] BRANTOME, *François I*er*.*
[3] BRANTOME, *Dames galantes* (*De l'amour des dames pour les vaillans hommes*).

mademoiselle de Vitry[1]. S'il était difficile de se flatter d'ouvrir la liste de la séduisante fille d'honneur, il eût été vain de prétendre à la fermer. Jean de Vivonne eut plus d'un successeur : le poëte Desportes, M. de La Rochefoucauld, l'amiral de Villars, d'autres encore. Le moins sérieux peut-être fut le mari, M. de Simier, qui pourtant n'était pas sans valeur, et qui, pendant une mission en Angleterre, sut se faire aimer de la reine Élisabeth et détester de Leicester[2]. Madame de Simier alla toujours embellissant, se parant, lançant des mots qu'on citait comme des prodiges d'esprit, jusqu'à quarante ans passés[3] ; puis elle tourna à la dévotion, s'occupa de son salut[4], écrivit la *Magdeleine*[5], et mourut[6]. Elle demandait au cardinal du Perron : « Croyez-vous que faire l'amour soit un péché mortel ? » et cet homme avisé lui répondait, son bonnet sur l'oreille droite : « Non, madame, car il y a longtemps que vous seriez morte[7]. »

La noblesse ne tarda pas à s'ennuyer des loisirs, tout aimables qu'ils fussent, que lui faisait la paix honteuse et incompréhensible de Câteau-Cambrésis. L'amour lui-même en vint à languir, faute d'exploits de chevalerie pour l'alimenter. Et puis la province n'avait pas les distractions de la

---

[1] « Il avoit esté fort galant. On croit que ce fut un des premiers amans de mademoiselle de Vitry, depuis madame de Simier. Madame la marquise de Rambouillet, sa fille, avoit plusieurs lettres qu'elle luy escrivoit, mais par malheur on les a laissé perdre. » Tallemant des Réaux, *Historiettes* (4e, *le Marquis de Pisany*). — Louise de L'Hospital-Vitry, fille de François de L'Hospital-Vitry et d'Anne de la Chastre, épousa Jean de Simier, maître de la garde-robe de François duc d'Alençon, et mourut sans enfants légitimes. (La Chenaye des Bois.)

[2] Forneron, *Philippe II*, t. III, p. 187.

[3] « On a remarqué que c'est à quarante ans qu'elle fit le plus de bruit, sans doute parce que l'étude avait alors développé son esprit. » Tallemant des Réaux, *Historiettes* (8e et 9e).

[4] *Perroniana*, art. Cotton.

[5] Le cardinal du Perron lui dit qu'elle avait admirablement réussi la première partie de cette histoire. Tallemant, *Historiettes* (8e et 9e).

[6] De gras fondu, le 6 avril 1608, à Paris. Lestoile, *Journal de Henri IV*.

[7] Tallemant, *Historiettes* (8e et 9e). Pour le bonnet sur l'oreille, voir le portrait gravé du cardinal dans la collection Moncornet.

cour. Partout on soupirait après de nouvelles luttes, de nouvelles chevauchées, de nouvelles gloires. Le besoin d'action, ainsi exagéré, n'est plus expansion de la séve, c'est plutôt détraquement morbide. Il est en grande partie la cause qui va produire les guerres de religion. Tout un pays se soulève, pris de fièvre, de la fièvre de tuer. On s'entr'égorge, les bûchers se dressent, les ruines s'accumulent, les villes flambent et croulent aux cris des femmes qu'on outrage et des enfants qu'on massacre. Et parmi les décombres et les mares de sang, circulent, la tête haute, dans l'ivresse de la force, des bandes de soldats, de soudards, de lansquenets, de reîtres, de fanatiques, de pillards, Français, alliés, mercenaires, le feutre retroussé, la plume au vent, les moustaches en crocs, la latte battant le sol[1]. Cela durera trente ans. Les femmes n'interviendront que pour allumer les courages : témoin cette comtesse du Lude, qui, sous les murs, pendant l'assaut, « promettoit aux assiégeans les belles filles de Niort à discrétion », et qui, peu de semaines après, dans Poitiers, se trouvait exposée pour son compte à tous les hasards d'un sac de ville[2]. Et quand l'ordre sera rétabli, quand ce déchaînement de toutes les fureurs aura pris fin, qu'on ne croie pas que la folie aura cessé : les hommes de guerre de la vieille génération entreprendront de prouver en philosophes graves que la France en masse, que tout le monde en particulier, s'est bien trouvé de la chère période. Le sang-froid et le sérieux de Brantôme, soutenant cette thèse, font frémir : « Bref, il faut dire de la France ce que disoit ce grand capitaine Prosper Colonne de la duché de Milan, qui ressembloyt une oye bien grasse, que tant plus on la plumoit, tant plus la plume luy revenoit.

---

[1] Tout ceci n'est point de la déclamation. Les cheveux se dressent, à considérer n'importe quel coin de la France sous la lumière crue des Mémoires et des dépêches du temps. Aussi bien peut-on affirmer sans paradoxe que l'état normal d'une bonne partie de l'Europe occidentale au seizième siècle, c'est le pillage avec des intervalles de calme.

[2] D'AUBIGNÉ, *Histoire*.

La cause donc en est deue à cette bonne guerre civile, tant bien inventée et introduitte de ce grand M. l'admiral[1]. » Noter que Brantôme est recommandable parmi ses contemporains pour la douceur de ses mœurs, qu'il les blâme souvent quand il juge qu'ils ont passé les bornes, et l'on se fera une idée du temps.

Dès le commencement des guerres civiles, Jean de Vivonne combattit dans les rangs de l'armée royaliste. Il était à la bataille de Dreux[2]; il y vit le duc de Guise réparer les fautes du connétable de Montmorency et rétablir la journée par son génie. Quelque temps après, il eut la douleur de le savoir tombé sous le coup de pistolet de Poltrot de Méré. Toute sa vie, il conserva le pieux souvenir du grand capitaine avec qui il avait débuté dans sa carrière. Un jour, il répondra fièrement aux fils dévoyés qui tenteront de lui faire oublier ses devoirs de fidélité à la couronne : « Je ne me joindrai pas à des rebelles. C'est à l'école de votre père que j'ai appris à servir le Roi; pour ce motif, je considère comme un devoir de vous avertir de rentrer dans l'obéissance au plus vite, si vous ne voulez perdre d'un coup toute la réputation de loyauté de vos ancêtres[3]. »

En 1565, il est dans les rangs du petit nombre de gentilshommes, « la fleur de la noblesse française[4] », accourus pour sauver l'île de Malte de l'entreprise des Turcs[5]. Les tergiversations de Philippe II étaient inconcevables et pleines de périls : depuis des mois, le grand maître Parisot de la Valette résistait aux efforts de la flotte ottomane avec une

---

[1] Brantome, *M. l'admiral de Chastillon.*
[2] Portrait gravé.
[3] Lettre de Jean de Vivonne à Henri III, Rome, 2 juillet 1585, Ms. Bibl. nat. F. fr. 16045.
[4] Vertot, *Histoire de Malte.*
[5] « Quand on crut que Malte serait assiégée pour la seconde fois, le marquis de Pisani, Timoléon de Cossé et Strozzi, qui mourut depuis aux Tercères, se jettèrent dans la place comme volontaires. » Tallemant, *Historiettes* (4°).

poignée de chevaliers; l'Europe consternée voyait tout près de succomber « la citadelle avancée de la chrétienté », car le roi d'Espagne demeurait sourd aux appels de son amiral don Garcia de Toledo. Ce fut à Bayonne, pendant l'entrevue fameuse de Catherine de Médicis et de la Reine Catholique, que l'émotion, l'attrait de la croisade et des aventures lointaines, décidèrent les braves seigneurs à s'arracher aux magnificences des fêtes pour aller affronter les dangers d'une guerre, cette fois vraiment utile : ils s'appelaient Timoléon de Cossé, Philippe Strozzi, Pierre de Bourdeilles de Brantôme, Roger de Saint-Lary de Bellegarde, Hardouin de Villiers de la Rivière, etc. [1]. Ils agissaient bien spontanément : à cette heure même, le gouvernement de la Reine mère flattait les agents du sultan Soliman, protestait de son amitié pour le Grand Seigneur [2]. Ils reconnaissaient, en quelque manière, pour leur chef Timoléon de Cossé, fils du maréchal de Brissac [3]. Prenant la route de l'Italie, ils descendirent la Péninsule, se réunirent à Messine; sur cette côte, ils durent attendre qu'une flotte les vînt prendre [4]. Quand ils arrivèrent dans l'île, la besogne était faite : les infidèles venaient de se rembarquer et de fuir en désordre devant l'armée de secours espagnole, enfin apparue. Les assiégés et don Garcia de Toledo firent cependant grand accueil aux Français [5], qui du moins eurent le plaisir de discourir de leur métier avec des hommes de guerre tels que le marquis de Pescaire, Jean-André Doria, Parisot de la Valette [6].

---

[1] De Thou, *Histoire*, liv. XXXVIII.

[2] Charrière, *Négoc. du Levant*, t. II.

[3] « Nous fismes le voyage de Malthe, où il n'avoit point charge autrement, mais pourtant on luy déféroit, au moins aulcuns, gratuitement; car nous étions tous à nous et nos volontez, et à nos despens. » Brantome, *Timoléon de Cossé*.

[4] Brantome, *Rodomontades espagnoles*; Vertot, *Histoire de Malte*.

[5] « Don Garcia leur fit beaucoup de caresses et d'honneurs, quoiqu'ils fussent arrivés trop tard. » De Thou, *Hist.*, liv. XXXVIII.

[6] Brantôme, témoin oculaire, rapporte quelques-unes de ces conversations : Brissac parlait des campagnes de son père en Piémont; Strozzi,

De retour en France, Jean de Vivonne prend part aux principaux combats de la seconde et de la troisième guerre civile. Il est à Saint-Denis en 1567, à Jarnac et à Moncontour en 1569 [1]. A cette dernière journée, il reçoit une blessure des plus graves, dont il pense perdre la vie ; elle compromettra du moins sa santé pour toujours. Les médecins crurent avoir sujet de craindre une hydropisie, et lui conseillèrent un régime d'une extrême sévérité. Il s'y conforma docilement, et ne cessa dès lors de stupéfier son époque par une sobriété bien unique [2].

Chemin faisant dans la carrière, il avait acquis cette chose si prisée, une compagnie d'ordonnance : il était capitaine de cinquante hommes d'armes. Point de gentilhomme de qualité, point de grand seigneur alors, qui n'aspirât à sa compagnie d'ordonnance. Elle faisait l'orgueil du maréchal, de l'amiral, du gouverneur de province. Cinquante lances *fournies*, c'est-à-dire cinquante gentilshommes, tous accompagnés de leurs archers, de leurs couteliers et de leurs pages, et rivés à la fortune de leur capitaine par ce qui restait en France de traditions chevaleresques, assuraient une influence considérable. Entouré de sa troupe vaillante et dévouée, le capitaine pouvait avoir autant de confiance en sa fortune que ses pères en avaient jadis en la leur derrière les murs de leurs châteaux, le pont-levis dressé. La compagnie remplaçait le donjon du moyen âge. Et c'était une forteresse qui marchait au gré de son seigneur, tour à tour parée pour l'attaque et pour la défense, machine redoutable, élément de puissance envié, en un temps où, les grands rassemblements n'existant guère, l'appoint de quelques centaines de braves suffisait à changer la face d'une bataille et le sort d'un parti [3].

arquebuses dont il s'occupait particulièrement ; les étrangers disaient ne point comprendre encore le traité de Câteau-Cambrésis.

[1] Portrait gravé.
[2] TALLEMANT DES RÉAUX, *Histor.* (4e).
[3] V. le P. DANIEL, *Histoire de la milice françoise*. — Une compagnie

Jean de Vivonne avait obtenu d'autres récompenses encore : il était chevalier de Saint-Michel et gentilhomme de la Chambre du Roi [1].

Je n'ai point de peine à me le figurer, grâce aux dessins qui nous restent [2], au témoignage des auteurs, à sa correspondance surtout. Il m'apparaît, la taille souple et droite, la tête haute, la face un peu longue. Les fatigues excessives de ce temps amincissaient les visages, pâlissaient le teint, affinaient les traits ; les cheveux, plantés debout sur le crâne, élevaient encore le front ; la barbe, taillée en pointe, prolongeait la descente du menton ; et puis les artistes se complaisaient sans doute à forcer l'effet pour accentuer mieux le type : n'est-il pas vrai que toujours, du haut des vieux cadres, nos ancêtres d'alors nous saisissent par de communs caractères, l'élévation du masque, la saillie des arêtes, la noblesse des lignes, une incomparable distinction, la tristesse et l'esprit du sourire, je ne sais quel air de dédain et de lassitude de la vie? Mais quelque fatigués qu'ils soient de l'existence, les hommes du seizième siècle n'ont pas abdiqué l'action, et c'est justement là ce qui distingue leur état d'âme et d'esprit de la *désespérance* au dix-neuvième siècle.

Jean de Vivonne joignait à la mine la plus fière un air de bonne grâce et de franchise qui lui gagnait les cœurs, une mobilité d'expression, une promptitude de gestes, qui résultaient sans doute de sa nature un peu méridionale, mais qui n'entamaient point la dignité de sa prestance. Il était Saintongeois par la pénétration de son bon sens et la ténacité de ses volontés, mais il était plutôt Gascon par

---

de 50 lances *fournies* ou *garnies* comptait facilement 600 hommes à cheval.

[1] V. les quittances où ces qualités lui sont données, Ms. Bibl. nat., Cab. des tit., tit. orig., doss. Vivonne.

[2] Voir, outre le portrait gravé dont j'ai souvent parlé, un lavis assez médiocre. Ms. Bibl. nat. Clérembault 1116.

l'allure de sa pensée rapide, par la fougue de son imagination toujours en travail, ainsi que par sa verve endiablée, son intarissable jactance, son amour de l'effet [1]. Voilà bien des défauts et bien des qualités tout ensemble. Le plaisir qu'il ressentait à confondre un adversaire dans la discussion pouvait lui faire perdre de vue la perspective des résultats plus sérieux. Il eût brouillé ses affaires et celles de dix royaumes pour une question d'étiquette. Raffiné sur le point d'honneur, brave jusqu'à la folie, le sang et les nerfs toujours fouettés, volontiers il croisait le fer avec les gentilshommes et bâtonnait les insolents. Par un contraste digne de remarque, cet homme d'action, et d'une ignorance à peu près complète, recherchait la société des gens de robe et des lettrés [2] ; on se l'imagine, se faisant conter par eux comme un enfant les aventures de l'histoire, afin de s'épargner la peine de les lire. La droiture native de son cœur s'accommodait bien du sévère langage des seules gens qui possédassent une philosophie de principes, au milieu de cette société vouée aux tristes erreurs d'une morale toute relative, et cela parce qu'ils échappaient, par la science, par la comparaison historique et par la réflexion, à la sphère obscure et troublée du siècle.

Jean de Vivonne aimait donc les faciles élégances de l'esprit, comme tous les hommes d'une intelligence bien douée, mais qu'un labeur assis effraye. Il aimait aussi les élégances de la vie somptueuse, les modes nouvelles, les vêtements d'or et de soie, les beaux chevaux, le luxe des équipages et des valets, car il était glorieux. Il dépensait en grand seigneur, quel que fût l'état de sa bourse; alors apparaissait déjà la funeste tendance d'une partie de notre

---

[1] V. l'ingénieux parallèle établi par M. Cherbuliez entre le Saintongeois et le Gascon. (Discours de réception à l'Académie française, 25 mai 1882.)

[2] « Il aimoit les hommes sçavans et toutesfois ne sçavoit rien. » *Thuana*. — « Il aimoit les gens de lettres, quoy qu'il ne fust pas autrement sçavant. » TALLEMANT DES RÉAUX, *Histor.* (4ᵉ).

noblesse vers la dépense immodérée; on ne regardait pas à dissiper le patrimoine pour subvenir aux prodigalités de la cour; il fallait éblouir les yeux, afin d'augmenter ses apparences et d'attirer les honneurs sur sa maison [1].

Ambitieux, certes Jean de Vivonne l'était, mais avec un frein : il connaissait l'art de parvenir, ne reculait pas devant les sollicitations, savait à merveille faire mouvoir ses amis, mais pas une fois sa loyauté de royaliste ne se démentit, toujours il fit sa route dans le chemin droit, estimant peut-être ce chemin le plus sûr encore et que c'était triste calcul ou folie de se perdre dans les voies de la politique d'intrigues.

Pour cet homme, le royalisme est une religion. Parfois, tant de ferveur l'égare, car il ne discute pas assez la moralité des actes royaux. Seulement, s'il met de la complaisance à louer les faits accomplis par le maître, il ne mérite jamais le reproche d'avoir donné de mauvais conseils en personnage jaloux de faire sa cour. Il est sans objection ni résistance aux ordres suprêmes, se fait leur instrument; mais tant que les décisions ne sont pas prises, il ne craint point de heurter les préférences, d'éclairer les sympathies, souvent aveugles, du prince qu'il sert.

Il est sans exemple qu'il ait abandonné un ami. Sa carrière faillit en souffrir dans plus d'un cas, mais il s'acquit de la sorte un renom de droiture bien rare au seizième siècle. « Tout le monde l'aimoit [2]. »

Les actions de l'homme le peindront mieux qu'un portrait plus long. Pourtant, ces quelques traits de plume étaient

---

[1] V. le *Marquis de Grignan*, par M. Frédéric Masson, et notamment le chapitre saisissant de la *Mésalliance*. — Tout le tort de cette faute persistante est à nos rois, ce me semble. Pourquoi donc encouragèrent-ils une pernicieuse habitude? Pourquoi ne voyaient-ils guère le mérite de leurs serviteurs, quand ceux-ci ne faisaient pas de dépense? La fortune des familles économes périclita faute d'honneurs et de charges; celle des familles en vue à la cour s'engouffra dans les coffres des créanciers, ne put se reconstituer que d'expédients. De toutes parts, ce fut l'amoindrissement.

[2] Tallemant des Réaux, *Histor.* (4ᵉ).

nécessaires pour animer son nom, pour faire de l'ombre vague qu'était Jean de Vivonne une figure vivante, que pût suivre avec un peu d'intérêt à travers le monde l'imagination du lecteur.

III

L'AFFAIRE DU COMTE DE CAJAZZO (1571).

Le roi François Ier n'avait guère employé que des ambassadeurs de robe longue : son système était « que l'épée ne sceust tant bien entendre les affaires, ny les conduire et démesler, comme la plume…, car il avoit tousjours en opinion ces gens sçavants [1] ». Henri II se servit davantage de ses capitaines pour négocier avec les cours étrangères. Après lui, sous l'influence de la reine Catherine, l'avènement des hommes de guerre à la politique extérieure devint un fait presque général.

Ce qui dégoûta tout à fait la Reine mère de la robe longue, ce fut de voir « ce bon evesque et sot d'Angoulesme », M. de la Bourdaisière, laisser perdre à la France par sa mollesse la préséance sur l'Espagne en cour de Rome; il fallut que M. d'Oysel-Villeparisis, « bon homme d'épée, brave et vaillant, colère, et point endurant la moindre galanterie qu'on eût voulu faire à son maistre », vînt « braver si bien » qu'il rétablit le pas du Roi Très Chrétien, fils aîné de l'Église, sur le Roi Catholique « qui n'était qu'un cadet ». Depuis lors, on se promit de laisser les évêques et les présidents à leurs chaires et à leurs sièges, mais par l'entraînement de l'habitude on dérogea souvent encore à cette ligne de conduite [2].

---

[1] Brantome, *Contre les ambassadeurs de robe longue.*
[2] *Id., ibid.* — Philibert Babou de la Bourdaisière, créé cardinal en 1560,

Cette époque se faisait une tout autre idée que la nôtre des droits d'un ambassadeur : elle avait besoin d'émotions vives et de luttes partout. Le diplomate qui de nos jours s'armerait et ferait armer ses gens de poignards pour maintenir au besoin ses prérogatives contre les prétentions d'un collègue, passerait certainement pour un insensé ; au seizième siècle, il n'eût fait, en ce faisant, que son devoir, et sa crânerie n'eût pas manqué de provoquer un enthousiasme européen. Il fallait encore que l'ambassadeur fût capable, à l'occasion, d'un coup de main : quand du Mortier reçut à Rome des propositions des Napolitains en révolte sourde contre le vice-roi espagnol, ce magistrat ne sut que répondre, « car cela n'estoit de son gibier ny de sa portée..., ceux de Naples ne demandoient qu'un chef de main ; le roy (François Ier) en conneut bien la faute, mais il ne s'en corrigea guères [1] ». Était-il digne et d'un bon air que l'ambassadeur de France, à ses heures de loisir, s'en allât donner des leçons publiques aux écoles, ainsi que le faisait le président du Ferrier à Venise? Non : un lettré n'a qu'une supériorité sur un soldat, c'est de mieux tourner une harangue devant une assemblée, et « cela sent mieux un prédicateur ou un pédant, qu'un ambassadeur de grand roy ». Il suffit, il est préférable que l'ambassadeur ne fasse pas de phrases et dise simplement ce qu'il doit dire ; ainsi procèdent les ministres de Venise, exposant au Roi la substance des affaires, puis causant avec lui de sa santé, de ses promenades et des dames ; avec trop de paroles, on risque « de descouvrir le pot aux roses » et de gâter tout. Et puis la prestance d'un cavalier impose : quand le prince qui négocie voit l'ambassadeur « lui respondre bravement, quelquefois mettant la main sur le pommeau de l'espée, quelquefois au costé pour faire semblant

---

mort à Rome en 1570. — Henri Clutin, seigneur d'Oysel et de Villeparisis.
[1] BRANTOME, *Contre les ambassadeurs de robe longue.*

de prendre sa dague, maintenant son bonnet enfoncé, maintenant haussé avec sa plume ores au costé, ores au devant, ores en arrière, maintenant laisser pancher à demy sa cappe comme qui voudroit l'entortiller au tour du bras et tirer l'espée », le prince réfléchit. Au contraire, un pauvre homme « ne pouvant tenir autre contenance, sinon quelquefois avec les doigts rhabiller son bonnet carré, racoustrer et estendre bien avec ses deux mains serrées et les poulces estendus sa cornette de taffetas, retrousser sa grande robe de velours ou de satin sur les costés, ne peut donner la moindre terreur du monde ny à penser rien de peur dans l'âme ». Vivent donc les ambassadeurs « aux bravasches et présomptueuses répliques ! [1] »

Jean de Vivonne possédait toutes les qualités pour faire un ambassadeur selon le cœur de la Reine mère et de Brantôme. A plusieurs reprises déjà, il s'était acquitté pour le mieux, en Angleterre, en Écosse, en Allemagne et dans le Levant, de négociations que l'on peut croire assez secondaires, puisque l'histoire ne nous en a pas conservé le souvenir [2]. Il avait quarante ans, quand Charles IX le chargea d'une mission auprès du Saint-Père, considérée comme de la dernière importance.

Cette mission n'offre pas le même intérêt pour la postérité : je ne ferai donc que la raconter brièvement, évitant

---

[1] BRANTOME, *Contre les ambassadeurs de robe longue.*

[2] De ces négociations, je n'ai trouvé de trace que dans les lettres d'érection du marquisat de Pisany, Arch. dép. de la Gironde, série B, reg. 41, f° 46 : « ...En plusieurs ambassades où il a esté envoyé, tant en Levant, en Espaigne, Italie, Allemaigne, Angleterre, Escosse, que en plusieurs aultres régions et vers divers princes et seigneurs, dont il a rapporté ce qui se peult et se doibt espérer d'un grand et fidelle ministre de son Roy... » Les ambassades en Levant, Allemagne, Angleterre, Écosse, ne furent vraisemblablement que de brèves missions d'honneur ou de confiance, telles qu'une lettre ou un salut à porter; peut-être aussi consistèrent-elles simplement à faire partie d'escortes. Elles sont antérieures à 1571, car à dater de cette année je possède presque jour par jour le calendrier de la vie de Jean de Vivonne.

d'autant plus volontiers les détails, qu'ils pourraient manquer d'exactitude : les documents officiels me font défaut, et je n'ai quelques renseignements que de seconde main [1].

Il s'agissait d'obtenir la liberté de Galéas de San Severino, comte de Cajazzo, prisonnier de l'Inquisition. Ce gentilhomme italien s'était attaché au service de la France, ainsi que l'avait fait une partie de sa famille au temps de la conquête du Milanais par Louis XII [2]. Charles IX l'avait pris en grande amitié, et, pendant les dernières guerres civiles, l'avait nommé colonel de la cavalerie légère. Quand fut conclue la paix de Saint-Germain, le comte obtint la permission d'aller à Bologne pour voir ses parents et réaliser ce qui lui restait de biens au delà des monts. Ses ennemis, d'aucuns disent les usurpateurs de sa fortune, le déférèrent au tribunal de l'Inquisition sous l'accusation d'hérésie : il fut arrêté, conduit à Rome, emprisonné.

A la nouvelle de cette voie de fait sur la personne d'un de ses officiers, Charles IX entra dans une de ces colères sans nom, au travers desquelles il brisait tout. Jean de Vivonne fut mandé, reçut l'ordre exprès d'aller réclamer la liberté du comte, de le ramener « à quelque prix que ce fût », et partit pour Rome, au mois de février 1571, en bonnes dispositions de mener les choses cavalièrement. Il était fidèle observateur des pratiques et des croyances de la religion catholique [3], mais aussi fortement imbu de gallicanisme : quand il était question des franchises nationales et du Roi, l'univers pour lui disparaissait. Notons que les quelques patriotes que l'on rencontre au seizième siècle ont tous eu les mêmes sen-

---

[1] Je les tire des *Mémoires de la vie de M. de Thou*.
[2] Pour dire les choses au vrai, le comte de Cajazzo d'alors avait indignement trahi le duc Ludovic Sforza. V. *Histoire du seizième siècle,* par le bibl. Jacob, t. I, p. 249.
[3] « Il estoit très dévot catholique, et toutes ses actions bien composées à l'honneur et à la vertu. » *Souvenirs d'un anonyme,* Ms. Bibl. nat. F. fr. 12795, f° 459.

timents que Jean de Vivonne : c'est alors surtout qu'il eût été d'une absolue vérité de dire du royalisme qu'il est le patriotisme simplifié [1].

Sur le trône pontifical, régnait un saint, mais un saint d'un extérieur un peu alarmant. Avec toutes les vertus et tous les dons de l'intelligence, Pie V se faisait plutôt redouter qu'aimer : son austérité, son naturel sévère, presque dur, son âpre vouloir tenaient à l'écart : on ne l'abordait qu'en tremblant. « Très opiniâtre, les meilleures raisons ne le pouvaient ramener. La contradiction le mettait facilement hors de lui, le rouge lui montait à la figure, et il se servait des expressions les plus vives [2]. » Jean de Vivonne se présenta carrément, et sans ambages réclama la mise en liberté de Cajazzo, attendu, dit-il, que le prisonnier était au service du roi de France, et que personne autre que ce prince n'avait de juridiction sur lui.

Le Pape lui répondit sèchement qu'il était surpris de voir le Roi s'intéresser à un hérétique, que cependant il examinerait lui-même l'affaire en considération des désirs qu'on lui manifestait. Sur quoi, l'ambassadeur se retira; mais ce fut pour revenir peu de jours après à la charge, et déclarer cette fois que sa patience était à bout, et que si dans trois jours on ne lui donnait satisfaction, il aurait recours aux grands moyens.

Les trois jours révolus, il entra chez le Pape sans demander autrement audience, annonça qu'il allait partir et faire partir avec lui l'évêque du Mans, accrédité près du Saint-Siége [3], puis sortit.

« Quand il fut sorti, le Pape fit de grandes plaintes, s'emporta, demanda l'assistance de Dieu et des hommes, jeta les yeux de tous côtés, et s'écria que c'était fait de la religion,

---

[1] Ce mot heureux est de madame Swetchine.
[2] RANKE, *Histoire de la papauté*.
[3] Charles d'Angennes, cardinal depuis l'année précédente, et connu sous le nom de cardinal de Rambouillet.

qu'il n'y avait plus de liberté dans l'Église, qu'un jeune prince qui portait le nom de Très Chrétien prenait par de mauvais conseils la défense des hérétiques, et, ce qui était de plus outrageant, lui avait envoyé un ivrogne qui prétendait, par son audace effrontée, lui donner la loi et à tout le Sacré Collége [1]. » Puis il réunit quelques-uns de ses cardinaux : on sut que Jean de Vivonne commençait ses préparatifs et donnait des ordres de départ à l'évêque du Mans; on eut peur, et l'on opina qu'il fallait céder. Jean de Vivonne fut donc informé que le comte de Cajazzo serait élargi bientôt, mais en même temps on le pria de ne se vanter jamais du ton dont il avait parlé au Saint-Père.

Cajazzo recouvra la liberté fort peu de temps après, et le nonce Salviati fit disparaître les dernières aigreurs entre Rome et Paris. Quant à Jean de Vivonne, le bruit se répandit que le Pape l'avait traité de « *imbriaco* [2] » ; mais un éclat de rire universel s'éleva, lorsqu'on apprit que depuis Moncontour « non-seulement il ne buvoit pas de vin, mais qu'à peine buvoit-il trois verres d'eau en une année [3]...; il ne mangeoit qu'une fois le jour, et luy estoient servis force potaiges et herbaiges avec plusieurs belles oranges doulces, dont il mangeoit aulcunes fois assez à son gré [4]... » Ce que Pie V, accoutumé aux ambassadeurs de robe longue, avait pris pour l'effet du vin, n'était donc que la griserie de bravoure du cavalier français.

Cette mission fit honneur à Jean de Vivonne dans toutes les cours. Les doctes le comparèrent à Popilius Lénas traçant son cercle autour d'Antiochus [5]. Plusieurs années après, le cardinal de Sainte-Croix le citait comme un modèle à

---

[1] *Mémoires de la vie de M. de Thou.*
[2] *Thuana.*
[3] *Mémoires de la vie de M. de Thou.*
[4] Souvenirs d'un anonyme, Ms. Bibl. nat. F. fr. 12795, f° 459.
[5] *Mémoires de la vie de M. de Thou.*

Paul de Foix, ambassadeur de robe longue, et c'est de cette narration du pourpré romain, faite en présence du jeune de Thou, dans une vigne, un jour de mai 1574, qu'est extraite la matière de l'histoire qu'à mon tour je viens de raconter[1].

[1] *Mémoires de la vie de M. de Thou.*

CHAPITRE II

AMBASSADE DE JEAN DE VIVONNE EN ESPAGNE

1572-1583

Jean de Vivonne est envoyé en Espagne. — Expectative et qui-vive de la France et de l'Espagne. — La nouvelle de la Saint-Barthélemy. — Conséquences de la Saint-Barthélemy en Espagne. — L'élection de Pologne. — Avénement de Henri III. — L'affaire de l'avocat David. — Les trois missions du général du Bourg en Espagne. — Les agissements de François de Valois dans les Flandres. — La situation d'un ambassadeur de France en Espagne sous Philippe II. — La question de la succession du Portugal. — Le deux voyages de Jean de Vivonne à Lisbonne. — Derniers mois de séjour à Madrid.

I

JEAN DE VIVONNE EST ENVOYÉ EN ESPAGNE (1572).

De sa quatrième femme, Anne d'Autriche, le roi d'Espagne venait d'avoir un fils, don Fernand, et ce fils paraissait à ses peuples un envoyé du Seigneur, destiné à réparer la *perte* de l'infant don Carlos. Mais descendant de trois côtés de Jeanne la Folle, issu de père et mère oncle et nièce, petit-fils de cousins germains[1], le pauvre enfant devait, ainsi que la plupart de ses frères et sœurs, traîner languissamment quelques jours de vie décolorée sous l'ombre de cet Escurial, mortel pour les fleurs délicates qui cherchaient le soleil, et mourir à six ans. De la postérité sans sève de Philippe II et d'Anne d'Autriche, un seul fils vivra, Philippe III,

---

[1] Anne était fille de l'empereur Maximilien II, époux de sa cousine germaine Marie d'Autriche-Espagne, fille de Charles-Quint.

prince incomplet, frêle comme un roseau, sans pensée.

Charles IX devait des félicitations à son bon frère d'Espagne : il chargea de les porter Jean de Vivonne, que son ambassade pour le comte de Cajazzo avait mis en relief, et que nous appellerons désormais Saint-Gouard, afin de nous conformer à l'exemple de ses contemporains. Mais, en même temps, il lui donna la mission, de plus longue haleine, de remplacer à Madrid l'ambassadeur ordinaire, M. de Forquevaulx ; le soin de sa santé forçait ce gentilhomme à revenir en France, après sept années de séjour au delà des Pyrénées [1].

L'instruction remise à Saint-Gouard est du 16, ses lettres de créance sont du 19 janvier 1572 [2]. Il partit aussitôt, et le 27 février il eut sa première audience. Pour aller au palais comme pour revenir à son logis, il fut escorté par le premier maître d'hôtel du Roi, le comte de Chinchon, et par une troupe brillante de seigneurs de qualité. Forquevaulx l'accompagnait [3].

Philippe reçut honorablement le nouveau ministre. C'était un prince de quarante-cinq ans, déjà fatigué par le poids des couronnes, à la santé ruinée par le labeur incessant du bureau. Son abord était raide et glacé : il s'étudiait avant tout à la majesté royale, et la majesté royale, dans son esprit, équivalait presque à la majesté divine. Il s'estimait l'unique dépositaire de la puissance et de la justice d'en haut : point d'autres limites à l'omnipotence du VICE-DIEU que l'autorité

---

[1] Instruction à Saint-Gouard, 16 janvier 1572, Ms. Bibl. nat. F. fr. 16104. Elle porte qu'il restera dans sa charge « jusques à ce que Sa Majesté lui fasse autre commandement » ; j'ai lieu de croire que c'était une formule assez couramment employée pour accréditer les ambassadeurs, et qu'il ne s'agissait aucunement ici de provisoire. — Lettres du Roi, de la Reine mère et du duc d'Anjou à Forquevaulx, ibid. — Forquevaulx avait remplacé Saint-Sulpice en Espagne en 1565 ; sa correspondance est Ms. Bibl. nat. F. fr. 10751 et 10752.

[2] Lettres du Roi, de la Reine mère et du duc d'Anjou au Roi et à la reine d'Espagne ainsi qu'à la princesse de Portugal, sœur de Philippe, Arch. nat. K. 1528.

[3] Saint-Gouard au Roi, 14 mars 1572, Ms. Bibl. nat. F. fr. 16104.

spirituelle de Rome : encore les frontières des deux pouvoirs, religieux et séculier, étaient-elles si imparfaitement définies pour lui, qu'il entreprenait souvent sur le domaine du Pape. Les orgueilleuses convictions de Philippe sont la raison de sa politique. Dans son âme profondément convaincue de sa mission, inaccessible à la pitié, fermée aux tendresses [1], implacable, fermentent, naissent, se développent, lents à venir, les projets dont le but uniforme est la réalisation d'une utopie superbe : la grandeur de Dieu sur la terre par la grandeur de la famille catholique par excellence. Et Philippe se voue à sa tâche avec l'ardeur d'un moine inspiré. Sombre, blafard, vêtu de noir, dans le silence de ses palais, sans voir personne, sans fêtes, sans détente de l'esprit, nuit et jour il écrit à sa table, expédiant des lettres à ses ministres, à ses généraux, à ses vice-rois, correspondant avec tous les trônes et tous les prétendants aux trônes, condamnant les vies d'un trait d'encre, annotant en marge les mémoires amoncelés dans sa chambre, poussant jusqu'à la manie son goût bizarre des écritures à outrance. Voilà bien le VICE-DIEU dans son nuage, impénétrable et lançant sa foudre. Il signe, il tonne lentement, il semble avoir devant lui l'éternité. Tandis qu'au dehors se précipite et se pousse le flot des événements humains, sans souci du temps qui marche, il compulse ses dossiers. Pour lui, l'occasion à saisir n'existe pas. Il pâlit sur des lettres de plusieurs pages à son secrétaire, occupé pendant ce temps à lui répondre dans un appartement voisin. Il tient à voir le moins possible les ambassadeurs, qui du reste sont

---

[1] Les bons rapports de Philippe avec ses filles Isabelle et Catherine, mis en lumière par M. GACHARD dans sa curieuse publication *Lettres de Philippe II aux infantes*, ne peuvent faire oublier ni sa conduite à l'égard de l'infant Don Carlos, ni l'égoïste personnalité qu'il apporta dans ses quatre ménages. Il traitait bien ceux de ses enfants dont il était fier, en qui il voyait l'avenir de sa race. S'il aima jamais l'une de ses femmes, ce fut Élisabeth de Valois, mais d'un si brutal amour que la Française délicate en mourut.

en général peu curieux de fréquentes et longues audiences : les plus osés s'intimident, perdent l'usage de la langue, rentrent sous terre, en sa présence. Il exige d'eux des mémoires rédigés bien au long, que bien au long il couvre d'observations marginales. En se montrant trop souvent, en faisant sonner sa voix en réponse aux objections d'un mortel, il risquerait sans doute de compromettre sa majesté [1].

Présenté par M. de Forquevaulx au Roi, M. de Saint-Gouard le félicita de la naissance de son fils, lui dit quelques mots des affaires de France, et puis, désireux de faire sa cour pour commencer, lui tendit un mémoire détaillé sur la politique. Le Roi prit le mémoire et promit de l'examiner. « J'espère bien, ajouta-t-il courtoisement, que Sa Majesté Très Chrétienne me fournira l'occasion de la complimenter à mon tour, avant qu'il soit longtemps, de la naissance d'un héritier [2]. »

II

EXPECTATIVE ET QUI-VIVE DE LA FRANCE ET DE L'ESPAGNE

(1572).

Les congratulations des cours n'ont pas une valeur bien significative. Saint-Gouard arrivait en Espagne au moment le plus délicat d'une situation très-tendue. La paix existait entre Charles IX et Philippe II, mais quelle paix! Les deux rois ressemblaient à deux adversaires face à face, les yeux dans

---

[1] J'ai tiré presque tous les détails de ce portrait de la correspondance de Jean de Vivonne, et des *Relations des ambassadeurs vénitiens sur Charles V et Philippe II*, publ. par M. Gachard.

[2] Saint-Gouard à Charles IX, 14 avril 1572, Ms. Bibl. nat. F. fr. 16104.

les yeux, réunissant leurs forces pour l'attaque, et cependant dissimulant encore leurs intentions sous un air d'amitié et sous des paroles doucereuses.

C'était la phase où Charles IX, tout à l'école de l'amiral de Coligny, n'avait d'oreille que pour le vieux soldat, de faveur que pour ses amis, de goût que pour ses projets. Lancé sur la pente où le poussait sa nature enthousiaste et nerveuse, il courait vers un extrême des plus fâcheux : il froissait les prétentions les plus légitimes des catholiques, et mettait en péril avec une désinvolture de sceptique consommé l'avenir de l'orthodoxie dans ses États. Cet adolescent mal équilibré n'avait pas la modération nécessaire pour mener l'œuvre de la pacification à bien : d'un abîme, il fallait qu'il allât à l'autre, et par cahots ; et puis, autour de lui, on s'entendait à semer sa route d'obstacles pour le faire dévier. Il est triste que Coligny n'ait pas rencontré plus d'étoffe dans le prince auquel il apporta son dévouement et ses lumières : prudemment pratiqué, son plan eût hâté de bien des années le repos des consciences et le coup mortel à la prépondérance exagérée de l'Espagne : il consistait à tourner contre l'étranger nos ardeurs guerrières, et, pour commencer, à profiter des embarras que créait à Philippe II la révolte des Pays-Bas.

Philippe II n'ignorait rien. Ses espions le tenaient au courant de tout, et ses espions étaient légion, car ils comptaient dans leurs rangs, outre ses émissaires, une grande partie des mécontents catholiques [1]. Il savait que Charles IX armait ; que ce prince avait des intelligences avec le prince d'Orange, avec les protestants d'Allemagne, avec la reine Élisabeth ; que l'on négociait à la cour des mariages de princes et de princesses avec des hérétiques. Il souffrait autant dans son cœur de monarque que dans son âme de Vice-Dieu. Pourtant, il dissimulait, parce que les Pays-Bas absor-

---

[1] Les cartons du fonds Simancas, aux Archives nationales, sont pleins de ces délations.

baient tous ses efforts, mais sourdement il levait des armées.

Saint-Gouard avait la tâche ardue, il serait plus juste de dire impossible, de tromper Philippe sur ce qui se tramait en France. Il devait même se montrer ému et surpris des précautions silencieuses de la politique espagnole, faire l'effrayé des préparatifs de guerre qui s'exécutaient dans la Péninsule, se courroucer des renforts que le duc d'Albe jugeait prudent de concentrer sur la frontière des Flandres [1]. Son rôle était d'amuser par des semblants d'intervention officieuse entre Philippe et ses sujets révoltés : pour expliquer les allées et venues, et les séjours au Louvre du comte Ludovic de Nassau, frère du prince d'Orange, il lui fallait assurer effrontément au Roi Catholique que ces deux rebelles étaient en instances auprès de Charles IX en vue d'obtenir par sa médiation leur pardon [2].

Il faisait son devoir en conscience. Philippe prenait les mémoires qu'il lui tendait [3], s'enfermait pour les lire, les méditait par agrément autant de temps que si la teneur en eût été sincère, mais n'était point dupe. Après de longues réflexions, il dépêchait quelqu'un de ses ministres à l'ambassadeur afin de lui donner réponse. Le ministre assurait, en termes vagues, que bien sûr le duc d'Albe n'avait pu se permettre de manquer en quoi que ce fût au roi de France, car le gouverneur des Pays-Bas savait trop l'amitié des deux Majestés, mais que pourtant on allait lui écrire de redoubler d'égards; il ajoutait que l'on n'accepterait jamais la soumission des Nassau, s'ils ne se rendaient à merci, car ainsi le voulait l'honneur de Dieu [4].

Le mariage annoncé de Henri de Navarre et de Marguerite de France attristait Philippe au delà de toute expression. Il

---

[1] Instructions à Saint-Gouard, 16 janvier 1572, Ms. Bibl. nat. F. fr. 16104.
[2] Id., ibid.
[3] Ces mémoires sont Arch. nat. K. 1529.
[4] Saint-Gouard au Roi, 14 avril 1572, Ms. Bibl. nat. F. fr. 16104.

écrivait à ses ambassadeurs de travailler vivement à ce que la dispense fût refusée par le Pape [1]. Le secrétaire d'État Gabriel de Cayas vint un jour visiter M. de Saint-Gouard et lui démontrer les inconvénients de cette union, en regard des avantages qu'eût présentés une alliance de la sœur de Charles IX avec le roi de Portugal ou avec un des fils de l'Empereur. C'était la manie du temps de parler en l'air du mariage des princes et des princesses de toute l'Europe : véritable procédé de négociation dont on pensait faire un baume pour adoucir les frottements; je ne sais s'il trompa jamais un crédule. Saint-Gouard, qui de sa vie n'eut de sympathie pour les ministres espagnols, et qui dès cette époque commençait à traiter à la française ces gens plus fiers de façons que de cœur [2], répliqua sèchement à Cayas que son maître n'avait que faire de maris qui, comme le roi Sébastien, ne seraient bons au mariage que dans dix ans. « D'ailleurs, ajouta-t-il, les Filles de France trouvent époux sans qu'on les aide. » On ne dit pas que Cayas ait insisté [3].

Les mauvais rapports de Philippe et d'Élisabeth, aggravés par la découverte de la participation de l'ambassadeur d'Espagne au complot du duc de Norfolk et par l'expulsion honteuse qui l'avait suivie, rendaient plus inquiétant et plus amer au Roi Catholique le spectacle de la bonne intel-

[1] Il voulait que, pour le moins, dans l'acte, le Pape ne lui fît pas l'injure d'appeler *roi de Navarre* celui qu'il ne désignait jamais que du nom de *Henri de Béarn*. Philippe II à don Diego de Çuniga, dépôt des Aff. étr., Simancas, 315.
[2] « Il (Çayas) n'est pas très riche et prend tout ce qu'on lui donne. Quoique fort avancé en âge, il ne néglige point pour cela ses plaisirs... » GACHARD, *Relations des ambassadeurs vénitiens sur Charles V et Philippe II*, p. 190.
[3] Saint-Gouard à Catherine de Médicis, 14 avril 1572, Ms. Bibl. nat. F. fr. 16104. — Notons que Saint-Gouard se montrait sévère pour le roi de Portugal, qui touchait à sa dix-huitième année; mais Marguerite était la belle princesse épanouie que l'on sait, et des bruits fâcheux couraient sur la personne de Sébastien.

ligence de l'Angleterre et de la France. Chassé de Londres avec ses gens au milieu de mille dangers[1], don Guérau d'Espès écrivait de Bruxelles, son lieu de refuge, que la ligue d'Élisabeth et de Charles IX était chose conclue, que le maréchal de Montmorency s'embarquait afin d'aller opérer la ratification du traité[2]. Le maréchal traversait la mer, arrivait auprès de la Reine, recevait le plus brillant accueil et des présents magnifiques; des courriers circulaient constamment entre les deux capitales pour la conclusion d'une ligue offensive et défensive[3]. On comptait, il est vrai, que les projets de mariage entre le duc d'Alençon et l'Anglaise ne seraient « que fumée », car « on savait bien que la Reine ne se marierait jamais[4] ». Mais le fond de l'alliance entre les deux cours était sérieux et terrible, et Gaspard de Schomberg négociait dans le même temps avec succès auprès des princes luthériens de l'Allemagne en vue d'une invasion des Pays-Bas[5].

C'est alors, c'est au moment où Charles IX et l'amiral travaillent le plus fort à multiplier les ennemis de Philippe II, que le Valois cauteleux redouble de protestations d'amitié. Fidèle aux instructions qu'il reçoit, M. de Saint-Gouard poursuit le roi d'Espagne jusque dans ses résidences de la province pour l'assurer des bons sentiments de Charles : il jure que jamais il ne se pliera, comme les autres ambassadeurs, aux façons de négocier de Philippe : il veut bien lui remettre des mémoires, mais il veut aussi lui parler de vive voix. Et par toute la Castille, il se lance à sa poursuite : on le voit à l'Escurial, à Aranjuez, au Pardo[6]; il s'emporte

[1] Thomas Fiesco à Albornoz, 15 et 18 janvier 1572, dépôt des Aff. étr., Simancas 315.
[2] Don Guérau d'Espès à Philippe II, 15 avril 1572, *ibid.*
[3] Lettres au duc d'Albe, 30 juin, 2 et 3 juillet 1572, *ibid.*
[4] Avis de Londres à don Guérau d'Espès, 21 août 1572, *ibid.*
[5] V. GROEN VON PRINSTERER, *Arch. de la maison de Nassau.*
[6] Saint-Gouard au Roi, 22 juin et 22 juillet 1572, Ms. Bibl. nat. F. fr. 16104.

de plus belle contre le duc d'Albe, qui, par ses mouvements de troupes, menace la sécurité de nos frontières ; il proteste que les armements de France n'ont d'autre but que de châtier l'impertinence des corsaires [1]. Le Roi reçoit, impassible, toutes ces déclarations : sa politique est de laisser traîner les choses, quoique l'opinion de ses ministres soit de prendre l'initiative d'une rupture.

Les ministres n'ont pas le beau sang-froid du monarque ; souvent leur colère éclate. Voici le secrétaire Cayas qui demande à Saint-Gouard, le sourire de l'ironie sur les lèvres, si les hérétiques de la Germanie sont entrés enfin dans la ligue de l'Angleterre et de la France. Son interlocuteur lui répond tranquillement qu'il a déjà renseigné le Roi Catholique de manière à le satisfaire, et que les traités qui se font ne porteront préjudice à personne. Cayas s'emporte, et s'écrie que c'est à la fin trop compter sur l'aveuglement ou sur la patience des gens, que l'on sait à merveille à quoi s'en tenir, que la ligue est ourdie contre l'Espagne, et qu'en ce moment même la France équipe en guerre soixante navires de commerce. Sans s'émouvoir, M. de Saint-Gouard reprend : « Vos espions mentent ; ce n'est pas soixante, c'est quatre ou cinq mille navires de trafic, que nous pouvons armer ainsi d'un moment à l'autre. Vous voyez donc bien que vos agents sont mal informés et ne méritent pas l'ombre de créance. » La singulière argumentation du Français ferme la bouche à l'Espagnol, qui ne sait plus que protester des intentions irréprochables de son Roi, uniquement préoccupé de préparer la ruine des Turcs [2].

L'effervescence des esprits dans le peuple n'était pas moins grande que la colère des ministres. On allait s'annonçant et se répétant que les levées de troupes augmentaient toujours en France, que la flotte de la Rochelle menaçait

---

[1] Saint-Gouard au Roi, 21 et 30 mai 1572, Ms. Bibl. nat. F. fr. 16104.
[2] Saint-Gouard au Roi, 21 mai 1572, *ibid*.

sûrement les Indes ou les Pays-Bas, que des renforts formidables d'Allemands n'attendaient pour accourir qu'un signe de Coligny. A la mode fanfaronne de la nation, on affectait de ne rien craindre, mais on s'indignait de paraître aussi longtemps joués par des fourbes [1]. L'humeur était à la guerre; Philippe, seul, semblait ne s'émouvoir pas. En présence de tant d'impassibilité, Saint-Gouard ne savait que penser; il écrivait à son gouvernement de se tenir prêt contre toute surprise [2], et déclarait le taciturne monarque impénétrable [3]. Le Saint-Siége et Venise dépêchaient envoyé sur envoyé à Paris comme à Madrid afin de conseiller la paix [4].

Un incident qui survint au mois de juillet rendit transparentes les faussetés de Charles IX et vraiment burlesques ses hypocrites assurances d'amitié. Jean de Hangest, comte de Genlis, sujet français de la religion réformée, se laissa battre et prendre à la tête d'un renfort qu'il amenait à la ville de Mons, assiégée par les Espagnols et défendue par le comte Ludovic de Nassau : on trouva sur ses lieutenants et sur lui des papiers « bien étranges [5] » et bien compromettants pour le roi de France. C'étaient des ordres formels donnés à M. de Genlis, des instructions à M. de Briquemaut pour préparer les troupes qui venaient d'être taillées en pièces [6], une lettre au comte Ludovic dans laquelle Sa Majesté promettait de consacrer toutes ses forces disponibles à délivrer les Pays-Bas du joug espagnol [7]. Et le duc d'Albe de faire écrire aus-

---

[1] Saint-Gouard au Roi, 22 juin 1572, Ms. Bibl. nat. F. r. 16104.

[2] Saint-Gouard au Roi, 22 juin et 22 juillet 1572, *ibid*.

[3] Saint-Gouard au duc d'Anjou, 16 juillet 1572, *ibid*.

[4] Saint-Gouard au Roi, 30 juillet 1572, *ibid*.

[5] Albornoz à Çayas, Bruxelles, 30 juillet 1572, ap. GACHARD, *Corresp. de Philippe II*.

[6] La traduction en espagnol de ces documents, envoyée par Albe à Madrid, se trouve Arch. nat. K. 1529.

[7] Cette lettre, datée de Saint-Léger, 27 avril 1572, existe encore en traduction espagnole aux Archives de Simancas, papeles de Estado, liasse 551; M. Gachard l'a vue. V. *Corresp. de Philippe II*, t. II, p. 269.

sitôt à Madrid : « J'ai en mon pouvoir de quoi vous frapper de stupeur¹ ! »

Il ne paraît pas que le rouge de la confusion soit monté un seul instant au visage de Charles IX, à la nouvelle du désastre. Il ne vit là peut-être qu'une belle occasion d'exécuter en dilettante un tour de politique raffinée. Impossible d'expliquer autrement que par un abus de l'amour de leur art certaines actions de ces Valois. Résolûment, il écrivit à M. de Mondoucet, son résident auprès du duc d'Albe, de désavouer sans vergogne l'entreprise de M. de Genlis, et, comme signe de sa sincérité, de livrer tous les secrets du prince d'Orange².

A Madrid, Saint-Gouard n'avait cessé, conformément à ses instructions, d'affirmer que le comte Ludovic et Genlis combattaient malgré Charles IX³, et d'exhorter Philippe II à faire châtier vigoureusement par ses généraux les Français prétendus rebelles qui passaient la frontière pour aller secourir les révoltés des Flandres⁴. Il reçut la nouvelle de la défaite de Genlis par une dépêche du secrétaire d'État Villeroi, qui lui traçait sa ligne de conduite. Il se hâta de prendre la plume, écrivit à Philippe, le félicita chaudement du succès remporté : « Les Huguenotz, lui disait-il, qui, contre les très expresses deffenses du Roy, s'estoient assemblez sur nostre frontière, estant entrez dans les Pays-Bas pour aller secourir les frères de Montz, pour la crainte qu'ils ont eue que M. de Longueville (gouverneur de Picardie), lequel se faisoit fort

---

¹ Albornoz à Çayas, Bruxelles, 19 juillet 1572, ap. Gachard, *Corresp. de Philippe II*.

² *Bull. Soc. roy. hist. de Belgique*, t. IV de 1852, p. 340.

³ « ...Je ne me rends pas, puisque Votre Majesté me comende les asseurer n'estre de sa vollonté que telles choses se soyent faictes par le comte... Ce que j'ay faict sonner partout, n'ayant jusques icy, Dieu mercy, manqué de raisons et réponses à ce qu'ilz m'objectaient pour les advis et apparances qu'ilz ont en ce qui s'est passé en l'entreprise dudict comte... » Saint-Gouard au Roi, 22 juin 1572, Ms. Bibl. nat. F. fr. 16104. — Il s'agit de la prise de Mons par le comte Ludovic.

⁴ Saint-Gouard au Roi, 1ᵉʳ juillet 1572, *ibid*.

sur la frontière, ne leur courust sus, et pour ceste ocasion hastant l'exécution de leurs mauvoises délibérations, ont esté rencontrez par don Fédéricq le jeudy 17 du moys passé, combatuz et taillez en pièces, et grande partye faictz prisonniers... L'on s'esbayt comme ils s'estoient mys sous la conduitte du sieur de Genlys, car, comme vous scavez, il n'a jamais esté estimé qu'un fol. Le Roy aura ce jourd'huy ceste bonne nouvelle [1], et scay que Sa Majesté en recepvra tout plaisir, pour veoir si heureulx succez contre ceste quanaille, et s'en resjouira, comme il feit de la reprinse de Valentiennes, pour le plaisir qu'il aura de veoir ses Huguenots ramassez, malheureulx et téméraires, recepvoir en leurs vies et leurs âmes le chastiment qu'ilz mérittent [2]... »

Philippe, parfaitement informé des événements par les missives des Flandres, semble s'être à cet instant donné le hautain plaisir de savourer à fond la fourberie de Charles IX : il jouissait de voir tant de dégradation morale chez un ennemi. A toute minute, il envoyait demander à M. de Saint-Gouard des détails sur l'affaire de Mons, prétendant que son ambassadeur à Paris, don Diego de Çuniga, — un brouillon, — avait si précipitamment rédigé sa lettre qu'elle était inintelligible. M. de Saint-Gouard répondait complaisamment à ces questions [3].

Dans une audience qu'il eut le 27 août, l'ambassadeur se crut obligé de répéter encore son histoire et d'ajouter qu'à l'avenir son maître ferait garder soigneusement la frontière, afin de fermer à ses sujets rebelles le chemin d'une autre équipée. Philippe eut un mot d'une ironie sanglante : « Vous remercierez Sa Majesté de ma part, mais vous la prierez aussi de choisir des gens sûrs, à cause des inconvénients qui

---

[1] Pour donner plus de valeur à son attitude en montrant qu'elle n'était pas le fruit d'une leçon, Saint-Gouard avait eu soin de dire que Charles IX, en train de courre le cerf, ne connaissait pas encore la nouvelle.

[2] Saint-Gouard à Philippe II, 6 août 1572, Arch. nat. K. 1528.

[3] Saint-Gouard à Charles IX, 7 août 1572, Ms. Bibl. nat. F. fr. 16104.

résultent du mauvais choix des gardiens de frontières¹. » Jusque-là, ceux-ci n'avaient servi qu'à faire passer des secours aux insurgés.

Mystérieux agencement des faits de l'humanité! Bizarre effet des combinaisons du sort! Philippe II avait en main des preuves irrécusables que Charles IX le trompait, Saint-Gouard jouait un rôle ridicule, et pourtant à cette heure-là même, à cette date du 27 août, pendant l'audience, un événement prodigieux était consommé déjà, qui donnait tort à Philippe II et légitimait tous les dires de Saint-Gouard.

Il arrive parfois qu'un ciel se voile, se fasse menaçant, annonce l'orage; des lueurs aiguës sillonnent les horizons; la nature frissonne aux présages de la tempête, et, morne, attend l'ouragan infaillible. Mais tout à coup, un vent, venu on ne sait d'où, chasse les nuées et souffle sur cette tristesse des choses : la scène s'est éclairée, la douceur des beaux temps est ramenée, on secoue le mauvais rêve. C'est à côté, dans une autre zone, que l'orage éclatera.

III

LA NOUVELLE DE LA SAINT-BARTHÉLEMY.

Dans la soirée du samedi 7 septembre, un courrier fit son entrée, bride abattue, dans Madrid, et remit au Roi des lettres de son ambassadeur en France. C'était la nouvelle de la Saint-Barthélemy².

---

¹ Saint-Gouard à Charles IX, 5 septembre 1572, Ms. Bibl. nat. F. fr. 16104.
² « La nouvelle des événemens du jour Saint-Barthélemy est arrivée en ce lieu au Roi Catholique par un courrier dépesché par don Diego, le samedy au soir septiesme de ce moys... » Saint-Gouard à Charles IX, 12 septembre 1572, Ms. Bibl. nat. F. fr. 16105 (par erreur, cette lettre est reliée avec celles de 1573). — BRANTOME prétend (*Disc. sur l'admiral de Chastillon*) que ce courrier s'appelait Jean Bourachio : je le trouve partout

Il est aisé de se figurer l'étourdissement et la joie du Roi Catholique à la lecture de la missive. Cet événement stupéfiant valait mieux pour ses affaires que dix victoires. Supprimé, l'amiral qui liguait l'Europe contre lui! Dispersés, les orgueilleux hérétiques qui menaçaient de créer aux portes de l'Espagne une puissance huguenote! Délivrés, ses Pays-Bas que menaçait un flot d'envahisseurs, complices des rebelles du dedans! Isolée, la France dont les protestants de l'Angleterre et de l'Allemagne vont, sans aucun doute, se détourner avec horreur! Philippe a le champ libre : il pourra châtier à son aise ses bourgeois des Flandres, organiser la ruine du Turc, poursuivre pas à pas son rêve lent de monarchie universelle!

Philippe rit. Lui qui n'a jamais montré de tristesse ou de joie d'aucun événement, il rit. Son allégresse a besoin de s'épancher, comme celle du premier venu des mortels : il appelle à grands cris ses familiers, s'agite, leur fait part de l'aventure, exalte son bon frère de France, confesse que, cette fois, sa sagesse s'est trouvée mise en défaut, et qu'il n'eût point prévu pareil cas [1]. Le courrier, que l'on choie, annonce qu'un gentilhomme italien sera dépêché prochainement par le roi de France pour annoncer officiellement la nouvelle : « Un Italien! s'écrie Philippe hors de lui; non,

---

appelé Juan de Olaegui; c'était le secrétaire de l'ambassadeur don Diego de Çuniga. V. GACHARD, ap. *Bull. de l'Acad. de Bruxelles*, 1849; WUTTKE, *Zur Vorgeschichte der Bartholomeusnacht*, p. 170, etc. — Brantôme commet plus d'une méprise à propos de la Saint-Barthélemy. Il dit que le courrier vint en trois jours et trois nuits de Paris à Madrid : c'est faux, car Çuniga écrivit sa lettre pendant le massacre (elle est datée du 23 août, par suite de la précipitation qu'il mit à la rédiger, Arch. nat. K. 1530), Olaegui l'emporta le 26 (v. GACHARD, WUTTKE, etc.), et nous savons qu'elle n'arriva que le 7 septembre. Chose plus grave : Brantôme disserte de l'impression causée par la nouvelle à saint Pie V, mort le 1er mai précédent.

[1] C'était vrai qu'il n'eût osé l'espérer, mais quelque temps auparavant, pour l'acquit de sa conscience, il n'en avait pas moins fait demander à Charles IX, par Çuniga, le massacre des huguenots. V. vicomte DE MEAUX, *Luttes religieuses* (pièces just.).

non! l'acte est trop beau, l'acte est fait de main de Français : c'est un Français qui viendra me l'annoncer! » Puis il songe que M. de Saint-Gouard ne sait encore rien, et vite il fait courir le secrétaire Çayas à son logis[1].

Saint-Gouard eut de la présence d'esprit : d'instinct, il comprit qu'il fallait être calme; bien que confondu de surprise, il accueillit le secrétaire avec un flegme impassible : « Et ne pourront dire que j'y soye allé come qui s'estonnoit que telle chose fust adveneue[2]. » Mais comme Çayas l'avertit que le Roi s'acheminait vers Saint-Jérôme afin de rendre grâces à Dieu, il fit aussitôt demander audience en cet endroit pour le lendemain.

Le lendemain, qui fut un dimanche, dès le matin, M. de Saint-Gouard partit pour Saint-Jérôme. Quand le Roi le vit approcher, « il se prit à rire ; et avecque démonstrations d'un extresme plaisir et contentement, il me commença de louer Votre Majesté du titre de très chrestien, me disant qu'il n'y avoit Roy qui se pust faire son compaignon ni en valeur ni en prudence[3] ». Philippe s'étendit sur les mérites de la longue dissimulation qu'il supposait à Charles IX, sur les périls où la chrétienté tout entière allait être précipitée quand ce prince l'avait sauvée. Saint-Gouard ne faillit pas à tirer parti

---

[1] Saint-Gouard à Charles IX, 12 septembre 1572, Ms. Bibl. nat. F. fr. 16105. « Et aussytost m'envoya ledit seigneur Roy son secrétaire Sayas m'apporter le parabien de ceste nouvelle. » — M. Forneron commet une légère erreur : il croit que c'est au reçu de la lettre de Catherine de Médicis, cinq jours seulement après l'arrivée du courrier de Çuniga, que Philippe II informe Saint-Gouard (*Hist. de Philippe II*, t. II, p. 329); Philippe II informe Saint-Gouard dès le 7 septembre, mais c'est seulement le 12 que Saint-Gouard écrit à Charles IX sur l'événement. — Çayas eut encore une autre mission que d'aller trouver Saint-Gouard : il fut chargé d'écrire, sous la dictée d'Olaegui, la narration de la Saint-Barthélemy; le mémoire ainsi rédigé existe dans notre fonds des Archives de Simancas, et M. GACHARD l'a publié dans le *Bull. de l'Acad. de Bruxelles* de 1849.

[2] Saint-Gouard à Charles IX, 12 septembre 1572, Ms. Bibl. nat. F. fr. 16105.

[3] *Id., ibid.*

de sa situation inespérée, pour faire observer au monarque qu'il avait donc eu grand tort de se défier jusque-là de la véracité française; il dit en se rengorgeant que Sa Majesté Catholique serait contrainte d'avouer de bon cœur qu'elle devait à la France ses Pays-Bas, et qu'un tel présent méritait sans doute un peu de gratitude; il demanda que l'on envoyât à Paris un seigneur de qualité, « tant pour les compliments que pour les négociations requises en telles mutacions ». Le Roi était de trop bonne humeur pour s'offenser des libertés de ce langage. Il promit l'envoyé, se reprit à louer Charles et sa mère; puis, en présence de l'ambassadeur, il fit faire la procession et chanter le *Te Deum;* « qui plus est, depescha par tout son roiaulme, patentes à ce que les evesques par leurs diocèses fissent faire touttes sortes de processions et prières en faveur de Votre Majesté [1] ».

Il y a des envieux de toutes les gloires, même de celle des Saint-Barthélemy. Dès les premiers jours, des gens mal-intentionnés semèrent le bruit que le massacre n'avait pas été prémédité, « que ce faict estoit advenu à l'improviste et non de la délibération de Sa Majesté ». M. de Saint-Gouard, qui tournait à l'enfant gâté, se plaignit « de la mauvoise récompense qu'on faisoit à Sa Majesté après telle œuvre, qui se pouvoit dire n'avoir esté faicte qu'au bénéfice du roy (d'Espagne) ». Il déclara, « puisque l'on vouloit oster à Sa Majesté Très Chrétienne la gloyre qu'elle méritoit, la paiant d'ung tel bienfaict par une ingratitude, qu'il ne la pouvoit nullement comporter sans s'en plaindre [2] ». On apaisa M. de Saint-Gouard en lui disant qu'on ne croyait pas les méchantes langues; on alla jusqu'à reconnaître que depuis longtemps il avait annoncé l'évènement à mots couverts, et qu'on avait été bien aveugle de ne point voir dans ses protestations

---

[1] Saint-Gouard à Charles IX, 12 septembre 1572, Ms. Bibl. nat. F. fr. 16105.
[2] *Id., ibid.*

banales un sens caché. Lui, qui savait ce qu'il fallait croire de la préméditation, dut réprimer malaisément un sourire : « Je leur dis, Sire, que puisque le Roy leur maistre se ressouvenoit que je luy eusse tant dict que cela, qu'il se souvinst encores de plus près, qui est de ce que je luy dis quand je me feus resjouir avec luy de ceste nouvelle... »

« La tuerie n'a pas été préméditée ; c'est un acte inopiné : on ne voulait que la mort de l'amiral, et faire croire que le duc de Guise en était l'auteur...; puis, comme le coup d'arquebuse avait été mal dirigé, comme l'amiral sut d'où il partait, ils se décidèrent, pour éviter sa vengeance, à faire hardiment ce qu'ils ont fait [1]. » Voilà ce qu'écrivait de Paris l'ambassadeur Çuniga, et voilà, parfaitement résumée en deux mots, toute l'histoire de la Saint-Barthélemy [2] : les colères

---

[1] Çuniga à Philippe II, 31 août 1572, Arch. nat. K. 1530.
[2] La non-préméditation est aujourd'hui le plus généralement admise. M. H. Bordier avait donné un regain de faveur à la thèse contraire, par la publication de sa brochure, *la Saint-Barthélemy et la critique moderne*, Genève, 1879. Mais MM. Baguenault de Puchesse, Loiseleur, etc., me paraissent l'avoir réfuté avec beaucoup de force. — Il n'est guère de question sur laquelle on ait davantage écrit, et plus vivement combattu. — Je ne crois pas à la préméditation, c'est-à-dire à la préméditation savante, mûrie, machinée de longue main ; mais je crois qu'il serait plus que téméraire d'affirmer que Catherine n'avait jamais eu, jusqu'à l'attentat sur Coligny, des *envies* du crime : quand de fugitives idées d'un beau coup à faire lui venaient hanter l'esprit, elles se trahissaient par des propos rompus, dont elle voulut plus tard se faire un triste mérite. Voilà tout ce que je puis accorder aux arguments entassés par le *North British Review* (octobre 1868) en faveur de la préméditation, et je pense sur ce point de la même façon que M. RANKE (*Hist. de France aux seizième et dix-septième siècles*, liv. IV). Tout récemment, M. COMBES (*l'Entrevue de Bayonne et la question de la Saint-Barthélemy*, 1882) a cru trouver dans les Archives de Simancas la preuve irréfragable d'une préméditation remontant jusqu'à l'entrevue de Bayonne ! J'ai lu ses documents avec toute l'attention possible ; je n'y ai vu rien, absolument rien, de précis : il n'y est que vaguement question de mesures à prendre contre les huguenots ; c'est mille fois trop peu, quand on connaît la phraséologie des négociations du seizième siècle, pour faire admettre la préméditation à sept années d'intervalle. — Le baron Kervyn de Lettenhove a donc très sagement fait, à mon sens, en analysant la conférence de Bayonne d'après les textes, de ne pas risquer les conclusions de M. Combes ; il est vrai qu'il n'a pas conclu non plus à

soulevées dans l'âme de Catherine de Médicis et des ambitieux du parti catholique par les hauteurs et par l'ascendant de jour en jour croissant de Coligny, la tentative d'assassinat sur sa personne qui fut le résultat de ces colères, puis l'angoisse qui saisit les cœurs des coupables menacés de la vengeance, le conseil de Catherine et de ses Italiens, leurs efforts désespérés pour affoler le Roi dont ils connaissaient « le vice péculier d'humeur coléricque [1] », leur succès, la nuit terrible enfin où « le sang et la mort courent les rues [2] ».

Catherine entendait que l'événement fût présenté partout, non sous le jour véritable, mais sous le jour le plus avantageux : chaque cour recevait donc un rapport différent. Il subsiste en Espagne, aux Archives de Simancas, une relation des plus curieuses, vraisemblablement rédigée sous son inspiration à l'usage de Philippe II [3]; c'est le chef-d'œuvre achevé des rouleries florentines : tout ce qui peut plaire à Philippe, légitimer l'acte, salir des ennemis, est employé. Voici d'abord que le duc de Guise est présenté comme l'unique auteur du coup d'arquebuse sur Coligny; l'amiral blessé dépêche des cavaliers par toute la France, afin d'inviter ses frères à s'armer; les Guise font de même à leurs fidèles : danger d'une conflagration générale. L'amiral parle au Roi, venu pour le visiter sur son lit, avec une superbe qui frise l'insolence; puis il réunit son conseil : on complote de tuer Charles IX,

---

la non-préméditation, il a laissé au lecteur le soin de se former une croyance (*Bull. de l'Académie royale de Belgique*, février 1883). — Quant à l'opinion du savant M. de la Ferrière, que Saint-Gouard connaissait le projet du massacre quelque temps d'avance, mon exposition des évènements montre assez que je ne la partage pas. (*Rev. des quest. hist.*, octobre 1883, comte DE LA FERRIÈRE, *l'Entrevue de Bayonne*.)

[1] TAVANNES.
[2] *Id.*
[3] La copie se trouve à notre Dépôt des Affaires étrangères, sous la cote Simancas 315; elle est de 1847. — Cette relation offre beaucoup d'analogies, quoique plus circonstanciée, avec celle que renfermait la lettre circulaire du duc d'Albe aux seigneurs des Pays-Bas, et qu'a publiée M. GACHARD, *Bull. de l'Acad. de Bruxelles*, 1842. Le duc d'Albe devait tenir ses renseignements d'une personne inspirée par Catherine.

la famille royale, les seigneurs en vue du parti catholique, et de couronner Henri de Navarre. Suit le plan de cette conspiration. Mais le soir, Henri de Navarre, « ayant souppé, ne faisoit que suspirer, et s'estant retiré près une fenestre avec la princesse sa femme, luy desclara ce qui s'estoit passé ce jour, luy adjoustant que la cruaulté du faict ne pouvoit permettre qu'il laissast exécutter une telle entreprise contre les personnes si proches de son sang ». Marguerite vole avertir sa mère. Catherine assemble ses enfants et les princes, « et ainsy fut prise conclusion d'exécutter à la minute ce que l'admiral pensoit faire luy mesme contre eulx ». Voilà le massacre légitimé par la nécessité de la défense; aussi, on met du cœur à la besogne : le récit du meurtre de l'amiral est horrible; sans doute afin de réjouir Philippe, on peint le vieux guerrier sans fermeté, faisant le mort quand les assassins arrivent, puis s'abaissant aux prières, bafoué, tué comme un chien.

Tissu de mensonges! Il n'est presque pas une péripétie de ce conte que ne démentent les aveux des témoins oculaires de la tragédie [1]. Lorsqu'elle atteint un certain degré d'effronterie, la duplicité se condamne elle-même : rien qu'à Madrid, le désaccord et les variations des déclarations du Louvre offrirent bientôt un spectacle absurde. Tandis que M. de Saint-Gouard entrait en colère au seul soupçon que la Saint-Barthélemy n'avait pas été préméditée de longue main, les Valois écrivaient et faisaient dire qu'ils avaient tiré l'épée pour se défendre contre des conjurés, rien que pour se défendre. Quelque temps après, ils mettaient de l'amour-propre à ce que l'on ne doutât pas d'une préméditation dans les règles de l'art.

Il n'est pas que Philippe et son peuple ne se soient aperçus de ces ridicules. Mais peu leur importait, puisqu'ils bénéfi-

---

[1] Tout particulièrement les *Mémoires de Tavannes* et *de la reine de Navarre*, et le *Récit de Cracovie* du duc d'Anjou.

ciaient, au total, du résultat : « Aujourd'huy en ceste court, déclarait Saint-Gouard, il ne se parle que de la valeur, belles délibérations, grandes courtoisies de Votre Majesté [1]. » Philippe redoublait d'assurances de gratitude, annonçait qu'il allait envoyer à Paris le marquis d'Ayamunte, porteur de ses compliments, ordonnait que l'on rendît à tous les marchands français leurs ballots confisqués. Il eût voulu faire plus encore, mais Saint-Gouard était sans instructions et ne savait que demander [2].

Ceci peint bien le désarroi de la cour de France aux premières heures de son lugubre triomphe : M. de Saint-Gouard n'eut l'avis officiel et des instructions que le 12; il y avait cinq jours que Philippe II avait reçu le courrier de don Diego de Çuniga! M. de Saint-Gouard s'en plaignit depuis à son gouvernement, car son embarras était extrême de savoir comment s'orienter seul au milieu des écueils. Enfin arriva un envoyé. Déception! on attendait un gentilhomme de distinction : on vit mettre pied à terre un petit homme de peu de mine, sans équipage, mal vêtu, que M. de Saint-Gouard reconnut avec surprise et chagrin n'être « que le petit Montaigne ». Les Espagnols se montrèrent piqués, « et eulx qui s'estoient deslibérez de bien recepvoir ce compliment venant de la part de Votre Majesté aprez sy grande entreprise, ilz alloient formant une chimère sur tout cecy [3] ». On commençait à dire que puisque c'était ainsi, le marquis

---

[1] Saint-Gouard à Charles IX, 12 septembre 1572, Ms. Bibl. nat. F. fr. 16105.

[2] « Si j'eusse été si heureulx, pour le bien du service de Votre Majesté, avoir eu le bien de ceste nouvelle avecque commandement de négotier quelque cas, j'eusse faict tout ce qu'elle eust voulen désirer, veu ce que j'ay peu connoistre en ce premier mouvement... » *Id., ibid.*

[3] Saint-Gouard à Charles IX, 19 septembre 1572, Ms. Bibl. nat. F. fr. 16104. — Ce Montaigne sans prestige peut être François de Montaigne, secrétaire de la chambre du Roi et de la Reine mère, que des gens malavisés ont confondu avec l'auteur des *Essais*. V. docteur Payen, *Recherches sur Montaigne*, n° 4, Paris, Techener, 1856, p. 10. — M. Payen n'a pu le rattacher à la famille du grand écrivain (p. 68).

d'Ayamunte ne partirait pas. Saint-Gouard, qui tenait au marquis d'Ayamunte, s'avisa d'un expédient : il sema le bruit qu'un envoyé de qualité viendrait bientôt, mena Montaigne aux infantes, et, laissant le malencontreux petit homme occupé de leur remettre les cadeaux de leur grand'mère Catherine [1], partit pour l'audience du Roi, « lequel n'a failly me demander de Montaigne, à quoy je luy ay faict response que je l'avois laissé assez empesché à fournir à la charge de son ambassade, qu'il faisoit valoir comme homme qui venoit de quelque monde nouvellement descouvert pour la diversité de besoignes qu'il apportoit, et qu'il m'avoit bien semblé qu'il estoit du tout appliqué en ce faict et non aux affaires de France et sur les nouveaux événemens, et croyois véritablement qu'il fust en Espagne premier que telles choses advinssent [2] ».

Le marquis d'Ayamunte partit donc dans le courant d'octobre [3]. Il fut suivi de très près par le comte d'Aremberg, chargé « de se conjouir des couches de la Royne [4] », car une fille venait de naître à Charles IX. Mais le roi de France n'avait pas autant de goût que son ambassadeur pour le luxe des négociations ; d'ailleurs, tout l'irritait depuis la Saint-Barthélemy : « Quand vous connoistrez, écrivit-il durement à Saint-Gouard, que l'on ne pourra espérer de tous ces ambassadeurs que dommaige et despence, je seroy bien ayse qu'ils ne soyent sy fréquentz [5]. »

Pourtant, Jean de Vivonne n'avait pas agi, dans ces conjonctures délicates, de façon à déplaire aux Valois. Il s'était

---

[1] Philippe II avait eu deux filles de son troisième mariage avec Élisabeth de France, fille de Henri II et de Catherine de Médicis.

[2] Saint-Gouard à Charles IX, 19 septembre 1572, Ms. Bibl. nat. F. fr. 16104.

[3] Saint-Gouard à Charles IX, 18 octobre 1572, *ibid*. — Les instructions d'Ayamunte, du 11 octobre, ont été publiées par le vicomte DE MEAUX, *Luttes religieuses*, p. 398.

[4] Saint-Gouard à Charles IX, 15 novembre 1572, Ms. Bibl. nat. F. fr. 16104.

[5] Charles IX à Saint-Gouard, 20 janvier 1573, Ms. Bibl. nat. F. fr. 16105.

montré plus qu'indulgent à juger le crime, entrant dans la fiction royale des représailles et de la légitime défense, décorant l'acte du nom d'exécution, félicitant la mère de ses leçons, le fils de son énergie, tout le monde du péril évité [1]. Il n'avait pas eu — l'aveu s'impose — l'attitude ouvertement indignée d'Arnaud du Ferrier à Venise [2]. Son opinion intime se trahit seulement par quelques réflexions plutôt utilitaires que morales : c'est pour les Espagnols qu'on a travaillé, et puis que va-t-il sortir de tout ce gâchis? « Je crains les événemens d'une telle résolution, comme celuy qui est bon tesmoing des calamitez passées du roiaulme et dangier de vostre personne, ne croiant moings que telle et si brave exécution ne tire enquores aprez elle beaucoup de difficultez [3]. »

On regrette aussi de trouver sa main si franche égarée dans une des intrigues les plus basses de ce temps avili : je veux parler du sort fait au pauvre Genlis ainsi qu'à la garnison de Mons après la volte-face de la politique de Charles IX. Charles IX, dans sa démence, avait juré d'exterminer tous les huguenots, pour que pas un ne vînt lui reprocher son forfait [4]; il voulut employer le duc d'Albe comme un suppôt de ses massacreurs, et lui fit demander en grâce par son agent Mondoucet d'égorger les Français pris ou sur le point d'être pris aux Pays-Bas, ses sujets à qui lui-même, bien peu de semaines auparavant, avait donné commission de secourir le comte Ludovic et le prince d'Orange [5]! A Madrid, Saint-

---

[1] Saint-Gouard à Charles IX, 12 septembre 1572, *ibid.* : « Sire, je remertye Dieu et le loue de ce qu'il luy a pleu que Votre Majesté avecque la prudence et aprez tant de dangiers, elle se soyt tirée de la main des tyrans, dangier à la vérité sy grand qu'il ne se peult dire. » — Saint-Gouard à Catherine de Médécis et au duc d'Anjou, 19 septembre 1572, Ms. Bibl. nat. F. fr. 16104.

[2] V. *Un ambassadeur libéral sous Charles IX*, par Frémy.

[3] Saint-Gouard à Charles IX, 19 septembre 1572, Ms. Bibl. nat. F. fr. 16104.

[4] « Tuez-les donc, mais tuez-les tous! » s'était-il écrié comme un enfant furieux, après une heure et demie de résistance à son entourage infernal.

[5] Charles IX à Mondoucet, 26 août 1572, *Bull. Soc. roy. hist. de Belgique*, t. IV de 1852.

Gouard dut supplier le Roi Catholique de faire hâter les exécutions par dépêches [1]. Petit à petit, Genlis et la plupart de ses compagnons périrent [2]; mais à la fin, le cœur, pourtant cuirassé, du bourreau des Flandres se souleva de dégoût : fatigué des importunités dont il était l'objet, le farouche capitaine laissa sortir de Mons sains et saufs, avec des honneurs extraordinaires, enseignes déployées, généraux en tête, la garnison qu'il eût certainement passée au fil de l'épée selon sa coutume si l'on ne l'eût pas obsédé [3]. Saint-Gouard reçut l'ordre de se plaindre à Philippe II de la conduite du duc d'Albe, accusa le gouverneur de faiblesse et d'intelligences pour la paix avec le prince d'Orange, et Philippe promit d'écrire au duc de mieux remplir ses devoirs à l'avenir [4]. La leçon de cet étranger n'en était pas moins donnée au roi de France.

Quand on voit les bons se prêter à devenir les instruments, même secondaires, de pareilles machinations, on comprend ce qu'étaient les pervers. Jean de Vivonne n'avait pas lu Machiavel, puisqu'il ne lisait rien. Il ne modelait point sa conduite sur les maximes des Florentins venus derrière Catherine de Médicis. Personne ne lui contesta jamais, que je sache, de la droiture et beaucoup de générosité naturelle. Mais il subissait l'influence de son siècle. Loin de moi la pensée de mettre en question l'éternel absolu des principes de la morale ! Cependant, il faut tenir compte du milieu, lorsqu'on juge les hommes; il ne serait pas moins insensé,

[1] Mémoire de Saint-Gouard à Philippe II, 8 octobre 1572, Arch. nat. K. 1531, et autre mémoire sans date, Arch. nat. K. 1547, n° 20.
[2] Il en survécut quelques-uns, les frères Genissac entre autres, de la maison de la Chassaigne en Guyenne. La douce reine Élisabeth d'Autriche, veuve de Charles IX, sollicita plus tard leur mise en liberté; Henri III joignit ses prières aux siennes; cela dura des années, et Saint-Gouard ne négligea rien dans leur intérêt. Les Archives de Simancas sont pleines de ses mémoires sur ce sujet; voy. Archives nat. K. 1537, 1538 et 1542.
[3] FORNERON, *Histoire de Philippe II*, t. II, p. 343.
[4] Saint-Gouard à Charles IX, 18 octobre 1572, Ms. Bibl. nat. F. fr. 16104.

proportion gardée, de prétendre à trouver l'application de nos idées épurées dans les actes des hommes du seizième siècle que dans les actes d'un Arabe ou d'un Indien. La règle du bien est impérissable et fixe : le devoir de chacun est de s'en rapprocher dans la mesure de ses moyens; honneur à qui, la connaissant, veut et sait y conformer sa vie, mais miséricorde pour qui n'est pas en situation de la connaître et par suite de la pratiquer parfaitement.

Le seizième siècle est « un temps malade » : c'est un de ses enfants qui le dit. Il y a du vrai dans cette boutade du même : « Qui n'est que parricide en nos jours et sacrilège, il est homme de bien et d'honneur [1]. » Les essais d'esprits supérieurs, tels qu'Érasme et L'Hospital, pour dégager de la formule des diverses religions un fond commun de morale, trésor où pût venir s'alimenter l'humaine sagesse, n'ont abouti qu'à retirer l'une de ses bases à la philosophie pratique des devoirs, et, chancelante, elle s'est abîmée dans le scepticisme de Charron et de Montaigne. L'Église vient de faire entendre sa voix et de formuler à Trente le catéchisme qui pourrait servir de boussole infaillible [2], mais l'Église, toujours admirable en corps, est trahie par un trop grand nombre de ses ministres, cardinaux et moines, qui diminuent la considération et l'autorité de leur sainte robe; d'ailleurs, la foi romaine est mise en question par les nouvelles doctrines : n'est-ce pas la Reine, mère des rois de France, leur éducatrice et leur tutrice, qui parle en riant « de l'ancienne religion », et qui nourrit ses enfants de la moelle des livres huguenots? On ne recourt aux textes religieux que pour servir, excuser, exalter la passion; à qui mieux mieux, on se les renvoie; en les torturant, on est sûr de les trouver complaisants toujours; on jongle avec eux.

---

[1] Montaigne, *Essais*, liv. II, chap. xvii.
[2] Voyez le *Catéchisme du Concile de Trente*, notamment son commentaire admirable du 5ᵉ commandement.

L'obéissance au pouvoir absolu a cet avantage de dispenser de la réflexion difficile. A défaut d'autres, c'est encore une règle. Ce fut celle de Jean de Vivonne. Je ne dis pas qu'il faille la préconiser : elle fait faire des chutes : l'indulgence à l'égard de la Saint-Barthélemy, la participation à l' « exécution » des Français du comte de Genlis, peuvent compter pour deux lourdes fautes ; mais enfin c'est une règle ! La généralité des contemporains n'en eut d'autre que l'intérêt [1].

IV

CONSÉQUENCES DE LA SAINT-BARTHÉLEMY EN ESPAGNE.

« Il s'est faict (en Espagne) ung monde et pensement tout nouveau despuys l'exécution faicte de par delà, ne s'entendant presque parler d'affaires du monde, comme sy cela avoit apporté le remède à touttes sortes de dangiers des maulx qui apparoissoient [2]. »

En France, on n'eût pas été fâché de voir se prolonger la reconnaissance des Espagnols pour la quiétude qu'on leur donnait. On eût désiré que Philippe s'endormît dans la sécurité, profondément convaincu désormais de la pureté d'intentions de ses voisins : on lui faisait faire par Saint-Gouard des offres vagues d'alliance éternelle ; on étalait sous ses yeux comme une espérance la possibilité du mariage d'un infant avec la fille de Charles IX, avant même la naissance

---

[1] Soit lâcheté, soit superstition royaliste et pour sauver l'honneur de la couronne, a fait observer M. le vicomte DE MEAUX (*Luttes relig.*, p. 157), les honnêtes gens du Parlement se prêtèrent au mensonge de la prétendue conspiration. De Thou avoue que son père fit un discours « accommodé au temps », et qu'après avoir félicité Charles IX « de savoir dissimuler pour régner », il ne cessait de détester en particulier la Saint-Barthélemy.

[2] Saint-Gouard au duc d'Anjou, 7 novembre 1572, Ms. Bibl. nat. F. r. 16104.

de celle-ci ¹. Au fond, on n'avait pas de tendresse pour l'Espagne, on se défiait d'elle, on nourrissait le soupçon qu'elle serait plus difficile à manier à présent qu'elle n'aurait plus de frayeurs ², on songeait à lui nuire par tous les moyens.

Catherine n'avait fait la Saint-Barthélemy ni pour réjouir le roi d'Espagne ni par un motif religieux, mais avec le but de substituer son influence personnelle à celle de l'amiral. Elle reprit aussitôt tous les projets du mort à son profit.

Occupée de poursuivre au dedans la ruine complète du parti huguenot qui pouvait lui forger des entraves, au dehors elle s'efforça de renouer le faisceau des alliances protestantes, un moment relâché par une commotion de surprise et d'horreur. L'étrange est qu'elle réussit dans toute l'Europe. En Allemagne, aux Pays-Bas, en Angleterre, les menées de la politique française, ses déclarations bigarrées, le manteau d'Arlequin dont elle couvrait son crime, obtinrent plein succès. On feignit de croire que le 24 août il n'y avait pas eu crime, mais légitime défense. Guillaume d'Orange et le comte Ludovic, ce dernier à peine échappé de Mons, se firent les serviteurs des intérêts des Valois, s'entremettant pour le mariage du duc d'Alençon avec la reine d'Angleterre, projetant même d'enlever l'Empire à Maximilien afin de le donner à Charles IX. Élisabeth accepta d'être marraine de la fille du roi de France ³. Les princes luthériens d'Allemagne se montrèrent aimables aussi. « Ces phénomènes s'expliquent par la terreur que l'Europe eut de l'Espagne : on crut que le coup venait de Madrid, que celui qui avait fait la Saint-Barthélemy des Flandres avait fait la nôtre, que la France emportée si

---

¹ Catherine de Médicis à Saint-Gouard, 29 août 1572, *ibid.* — Saint-Gouard à Charles IX, 19 septembre 1572, *ibid.*

² Catherine le dit formellement dans sa lettre du 29 août à Saint-Gouard, *ibid.*

³ *Correspondance de la Mothe-Fénelon, ambassadeur en Angleterre*, dépêches 182 et 189.

loin allait être tout espagnole et devenir comme un poignard dans la main de Philippe II[1]. »

Mais cela n'eut qu'un temps : Philippe acquit vite la conviction qu'on le trompait, les puissances protestantes ne tardèrent pas à reconnaître la coalition de la France et de l'Espagne pour un fantôme ; tout le monde vit en même temps que le parti huguenot de France n'était pas mort, puisqu'à Nîmes, à Montauban, à la Rochelle, à Sancerre, des bourgeois intrépides affirmaient sa vitalité, n'attendant qu'une noblesse nouvelle pour la placer à leur tête. D'autre part, les ambitieux du parti catholique levaient le front, parlaient haut, s'annonçaient comme aussi peu favorables que Coligny lui-même à ce pouvoir absolu, fait sur l'image du pouvoir des sultans, auquel prétendait Catherine. Discréditée dans l'univers chrétien tout entier, menacée dans son autorité par ses sujets les plus opposés d'idées, la famille des Valois recueillait le fruit de ses crimes plus vite que ne le permet toujours la Providence, quelquefois lente à châtier.

Charles IX a perdu le fil, au milieu du labyrinthe inextricable où les raffinés de la politique de Machiavel l'ont jeté les yeux bandés. Il s'affole, il s'abat, il voit noir après avoir vu rouge, il est transporté d'indignation contre les Espagnols : il sait, de source sûre, que les ingrats s'emploient à le brouiller avec ses bons amis les protestants : « Je n'ay eu peu de peyne, écrit-il à Saint-Gouard, pour remédier à leurs artifices en ces événemens, aiant publiés, et vouleu faire croyre par le monde que nous avions juré ensemble la ruyne de tous ceulx qui font profession d'aultre relligion que de la nostre, et que ce que j'avois fait avecque eulx estoit prémédité de longtemps. De fait, leurs persuasions ont esté receues pour sy fort vraysemblables, estant confortées d'allées et venues de ceulx qui sont envoiez vers moy (Ayamunte et Aremberg), que sy la pure vérité n'eust de soy eu assez de

[1] Michelet, *Histoire de France*, t. X, p. 2.

force pour surmonter son contraire, j'estime qu'ilz fussent parvenuz au-dessuz de leurs intentions, et qu'ilz ne m'eussent pas seulement esloingné et distraict l'amitié de la royne d'Angleterre et des princes et cantons protestants, mais ilz se la feussent acquise et asseurée à mon dommaige... [1]. »

Le mois suivant, c'est une autre plainte : « Ilz publient (les Espagnols) que le tout a esté plustost exécutté par hazard que deslibéracion préveue et meurement considérée, et n'y a aulcune espèce d'imposture dont ils ne s'aydent pour me nuyre [2]. »

On ne saurait faire un reproche à Philippe d'avoir à sa fantaisie puisé dans l'arsenal de déclarations contraires que lui fournissait le Louvre pour les utiliser au détriment des fourbes, et rien n'est plus ridicule que les soupirs de Charles IX, se posant en victime innocente, déplorant l'égoïsme des Espagnols, découvrant avec amertume que leur politique consiste à grandir leur maison royale sans égards pour le voisin [3].

Saint-Gouard, qui vraisemblablement comprenait moins bien encore que Charles IX les plans compliqués de l'avenir à cause de son éloignement, eût voulu voir la France s'engager dans une politique résolûment catholique, après la rupture sanglante avec les sectateurs de l'hérésie. Il recevait à Madrid des ouvertures d'Irlandais, conjurés contre la reine Élisabeth : ces braves gens se faisaient fort, avec cinq mille chevaux, de donner en quarante jours toute leur île au roi de France ; ils assuraient même qu'une tentative sur l'Angleterre pourrait n'être pas dépourvue d'effet, attendu le nombre des mécontents que l'on rencontrerait, les bras ouverts sur le rivage, en débarquant ; ils disaient que l'on devait compter sur les soldats anglais au service du duc d'Albe [4]. Leur chef, que les

---

[1] Charles IX à Saint-Gouard, 20 janvier 1573, Ms. Bibl. nat. F. fr. 16105.
[2] Charles IX à Saint-Gouard, 22 février 1573, ibid.
[3] Charles IX à Saint-Gouard, 17 mars 1573, ibid.
[4] Saint-Gouard à Charles IX, 17 décembre 1572, Ms. Bibl. nat. F. fr. 16104.

Espagnols qualifiaient *duc d'Irlande*, de son nom réel Thomas Stukley, « véritable aventurier, mais possédant au plus haut degré le don d'inspirer la confiance[1] », avait été chassé de sa patrie par la persécution protestante, s'était réfugié près de Philippe II, lui avait fait des propositions; puis il s'était découragé des lenteurs des bureaux castillans, et la Saint-Barthélemy le mettait en goût de s'adresser à Charles IX. « Il est homme qui parle comme celuy qui a de la praticque et de la rayson », jugeait Saint-Gouard, qui lui promettait de parler de ses offres au roi de France, et qui s'entretenait des chances de réussite avec la duchesse de Féria, de naissance anglaise, bien alliée dans la haute aristocratie catholique de son pays et grande amie de Marie Stuart captive[2].

La conquête britannique était une chimère sans doute; cependant, il y avait du vrai dans les dires des Irlandais. La preuve en est qu'ils furent rejoints bientôt à Madrid par des Anglais, porteurs de propositions analogues de la part de leurs concitoyens catholiques. Philippe II les reçut courtoisement, leur fit des cadeaux, mais « les laissa avec peu de propoz[3] ». Il ne se souciait point d'entrer en lutte avec Élisabeth, tant que les Pays-Bas et le Sultan l'occuperaient autant[4]. Charles IX ne se montra pas moins indifférent; il écrivit à Saint-Gouard : « Je suys tant résolu conserver et entretenir l'amitié et bonne voisinance que j'ay

---

[1] Ranke, *Histoire de la papauté*, liv. V.

[2] Saint-Gouard à Charles IX, 17 décembre 1572, Ms. Bibl. nat. F. fr. 16104.

[3] Saint-Gouard à Charles IX, 6 janvier 1573, Ms. Bibl. nat. F. fr. 16105. — On conseillait pourtant à Philippe II d'occuper l'Écosse par le moyen de don Juan d'Autriche. V. *Relacion de la muerte del duque de Norfolk y privacion de la Reyna de Escocia*, dépôt des Aff. étr. Simancas 316. — C'était le rêve de Grégoire XIII, cette expédition de don Juan aux îles Britanniques. V. Ranke, *Histoire de la papauté*, liv. V.

[4] Charles IX, tout affolé qu'il fût, s'en rendait compte, et de cette part était tranquille : « Il luy suffira de conserver ses pays et les réduire en obéyssance entière, sans faire de nouvelles entreprises. » Charles IX à Saint-Gouard, 8 février 1573, Ms. Bibl. nat. F. fr. 16105.

contractée et jurée avecque la royne d'Angleterre ma bonne sœur, que je ne veulx entendre à aulcun party qui soyt pour luy desplaire [1]... »

Jean de Vivonne soumettait encore d'autres projets à son maître. Il s'enflammait pour les plans d'un Portugais, qui demandait huit vaisseaux et qui promettait de conquérir au roi de France tout un empire dans les Indes. « Si les Espaignols eussent mesprisé telles choses, ilz seroient plus qu'empeschez à maintenir leurs Estatz et grandeur, lesquels ne prennent force que de ce seul moien... De là vient l'or et l'argient avecque quoy l'on entreprend tout, et l'on fait adorer son nom et prendre sa loy à ceulx qui ne la connaissent, ne chargeant avecque cela sa concience du bien d'aultruy... » Il eût mieux aimé prendre part à cette expédition d'Argonaute, que de faire plus longtemps métier d'ambassadeur à Madrid. « Si Dieu me faisoit telle grasse que Votre Majesté se vouleust servir de moy en telle entreprise, je lui prometz ne l'abandonner tant que la vye me durera... [2]. »

Charles répondit qu'il avait pris un singulier plaisir à cette communication, et qu'il était impossible de négocier avec plus de grandeur que M. de Saint-Gouard, mais que pour le présent l'état de ses affaires ne lui permettait pas de songer à des expéditions [3]. Ce n'est pas quand on porte au cœur un

---

[1] Charles IX à Saint-Gouard, 20 janvier 1573, *ibid.* — V. aussi lettre du 8 février, *ibid.* — Thomas Stukley se tourna vers Rome, et fut plus heureux de ce côté : Grégoire XIII le nomma son camérier et marquis de Leinster, et dépensa 4,000 scudi pour lui armer des troupes. Il devait se réunir, sur les côtes de France, à la petite bande d'un autre Irlandais appelé Géraldin. Philippe finit par fournir quelque argent, afin d'occuper Élisabeth chez elle. Mais Stukley se laissa, contre toute attente, entraîner à prendre part avec sa troupe à l'expédition du roi Sébastien au Maroc ; il y fut tué. Géraldin tenta seul la fortune, débarqua en Irlande (1579), perdit la vie après quelques succès. Ranke, *Histoire de la papauté*, liv. V.

[2] Saint-Gouard à Charles IX, 2 décembre 1572, Ms. Bibl. nat. F. fr. 16104.

[3] Charles IX à Saint-Gouard, 20 janvier et 8 février 1573, Ms. Bibl. nat. F. fr. 16105.

affreux remords, quand des visions ensanglantées surgissent le jour comme la nuit, ce n'est pas quand le goût de la vie s'est enfui, que l'on forme des desseins de belles aventures et des conquêtes lointaines.

Mais tout le monde ne connaît pas le remords, cette délicatesse suprême des consciences déshonorées. Catherine de Médicis l'ignorait ou n'en tenait pas compte. Elle bravait aussi l'opinion de l'Europe, et, la tête haute, dans l'impudeur de son crime, elle poursuivait ses projets.

V

L'ÉLECTION DE POLOGNE (1573).

La fille des marchands florentins, parvenue au trône de France, voyait dans ses rêves une couronne royale briller au front de tous ses enfants. Son fils adoré, le duc d'Anjou, le seul être, paraît-il, qu'elle ait aimé, n'était pas roi; le deviendrait-il jamais? Charles IX, déjà père d'une fille, pouvait donner un Dauphin à la France, tout malade qu'il fût depuis les récentes secousses. Aussi convoitait-elle ardemment pour le prince bien-aimé le trône des Jagellons, devenu vacant le 7 juillet 1572 par la mort de Sigismond-Auguste, le dernier de leur race en Pologne [1].

La politique de Catherine, toute de mensonge et d'effronterie, était d'un genre à s'user fatalement, à tomber sous le faix de l'évidence, dans les négociations de longue haleine ou dans celles qui traînaient; mais quand elle s'appliquait à des affaires d'une durée limitée, comme l'élection de Pologne, elle n'avait point d'égale : à force d'hypocrite

[1]. Catherine avait mis en mouvement les ressorts de sa politique avant même la mort de Sigismond-Auguste. Pour la mission de Balagny, v. le marquis DE NOAILLES, *Henri de Valois et la Pologne*, liv. I, ch. IV.

assurance, elle bouleversait les jugements, et, faisant du noir le blanc, surprenait les religions, sans laisser le temps du contrôle.

L'habileté de Gaspard de Schomberg à manœuvrer auprès des princes protestants d'Allemagne les plus fanatiques de leur foi, tient du prodige : il sut les décider, les uns à rester neutres dans l'élection, les autres même à s'employer en faveur du prince français que la renommée proclamait à bon droit l'un des agents les plus actifs de la Saint-Barthélemy[1]. Mais tant de dextérité fut encore dépassée, s'il est possible, par les merveilles de Jean de Montluc, évêque de Valence, qui travaillait au cœur même de la Pologne. Un instant, ce personnage intrépide s'était découragé quand il avait vu le funeste effet produit sur les esprits par la nouvelle de la nuit du 24 août : « Au diable soyt la cause qui de tant de maux est cause, avait-il écrit dans ce temps !..... Faictes moy, je vous prie, ce plaisir de parler de moy à la Royne, affin qu'elle pense aux moiens de me faire sortir d'icy[2]. » Puis, il avait repris confiance, en constatant tout ce que l'on pouvait obtenir de ce pays si l'on savait caresser ses vanités : rien ne lui coûta dans ce genre, puisqu'il alla jusqu'à traiter « de charognes mortes de liberté éteinte » les peuples chez lesquels le pouvoir n'était pas encore électif[3] !

L'Espagne tenait les yeux fixés sur la Pologne avec anxiété. Elle secondait de ses vœux et de son or l'élection de l'archiduc Ernest, fils puîné de l'empereur Maximilien. Philippe II

---

[1] De Thou, *Histoire*, liv. LV.

[2] Lettre au secrétaire d'État Brulart, citée par le marquis de Noailles, *Henri de Valois et la Pologne*, t. II, p. 125. — Montluc, parti de Paris sept jours avant la Saint-Barthélemy, l'apprit en route. *Id., ibid.*, t. I, chap. v.

[3] « Vous seuls presque, entre toutes les nations du monde, avez retenu le privilége d'élire vos Rois... là où les autres nations, dépouillées de toutes libertés, sont abattues et prosternées à terre, regardées des passants non sans grand ébahissement comme charognes mortes de liberté éteinte. » Voir le fatras oratoire de cet ambassadeur surprenant du roi de France dans le t. XI de la coll. Michaud.

apprenait, le mépris dans l'âme, l'entente du Roi Très Chrétien avec le Turc. A l'heure où les flottes victorieuses de Lépante couvraient encore la Méditerranée pour la défense de l'Europe contre les infidèles, des courriers d'Allemagne lui apportaient la nouvelle que Sélim favorisait la France jusqu'à faire espérer les deux Valachies aux Polonais s'ils donnaient leur sceptre au duc d'Anjou [1] !

Ces dispositions bienveillantes de la Porte à l'égard du Louvre n'étaient qu'une récompense. L'évêque de Dax, François de Noailles, ambassadeur de France à Constantinople, détachait dans le même temps la République de Venise de la ligue sainte [2]. Ceci s'accomplissait sans que Philippe eût des preuves flagrantes de la nouvelle perfidie des Valois, mais il la soupçonnait, et rien ne contribua davantage à le dégoûter de sa croisade : sa pensée se porta désormais avec plus d'élan vers les Pays-Bas, et, pour un avenir lointain, vers l'Angleterre. « Ilz (les Espagnols) se faschent plus que jamais d'estre si attachez à la Ligue, leur aiant faict confesser, écrit Saint-Gouard, que à ceste heure ilz ne y sont que par nécessité et contrainte, et, par mesme aveu, que Vostre Majesté a très saigement et beaucoup faict de n'y estre entrée... [3] » — « Ilz disent pis que pendre des Vénitiens [4]. » Ils en sont à souhaiter qu'un événement providentiel, tel qu'une diversion du sophi de Perse, vienne les sortir de leur besogne ingrate de soldats de la chrétienté [5]. Et pendant ces découragements et l'attente vaine de ces chimères orientales, Tunis et la Goulette seront prises, le

---

[1] Saint-Gouard à Charles IX, 4 février 1573, Ms. Bibl. nat. F. fr. 16105. — Dès 1570, le Sultan, afin d'obtenir la neutralité de la France, avait fait briller aux yeux de Charles IX la perspective de l'Empire pour lui-même et celle de la couronne de Pologne pour son frère. CHARRIÈRE, *Négoc. du Levant*, t. III, p. 106.

[2] DE THOU, *Histoire*, liv. LV.

[3] Saint-Gouard à Charles IX, 18 mars 1573, Ms. Bibl. nat. F. fr. 16105.

[4] Saint-Gouard à Charles IX, 25 avril 1573, *ibid*.

[5] Saint-Gouard à Charles IX, 7 juin 1573, *ibid*.

Turc redeviendra maître de la Méditerranée, tout le fruit de Lépante sera perdu.

Cependant, les rumeurs de l'élection de Pologne se succédaient, contradictoires, à Madrid : tantôt, la cause de l'archiduc Ernest était désespérée, l'évêque de Valence gagnait du terrain et séduisait jusqu'aux protestants du pays, la noblesse se laissait aller aux douces perspectives d'une sécurité complète du côté de la frontière turque ; tantôt, au contraire, on annonçait que « l'exécution faicte en l'admiral devait oster toutte espérance », bien que Jean de Montluc publiât que cette exécution avait été résolue à la sollicitation de l'Empereur. Quand les nouvelles étaient de ce genre, M. de Saint-Gouard se désolait, Philippe se réconfortait et faisait passer de l'argent à Maximilien « pour faire les praticques et achetter les voix en l'éslection du roiaulme [1] ».

Montluc finit par triompher, en promettant le transfert en Pologne des revenus de quelques provinces françaises, une armée de Gascons pour la conquête de la Lithuanie et de la Livonie, et le châtiment sévère des massacreurs de la Saint-Barthélemy [2] ! Un courrier dépêché de Vienne apprit de bonne heure à Philippe II que le duc d'Anjou avait été proclamé le 9 mai dans la plaine de Varsovie, mais cette fois le Roi Catholique ne crut pas utile de faire part de l'heureuse nouvelle à l'ambassadeur de France ; il tint le fait secret : M. de Saint-Gouard ne sut l'événement que par des lettres de Charles IX, le 8 juin [3]. A cette date, le malheur voulut

---

[1] Saint-Gouard à Charles IX, 22 février 1573, *ibid*. — Saint-Gouard estime que l'élection coûta 600,000 écus au moins à Philippe II. Lettre à Charles IX, 18 juin 1573, *ibid*.

[2] Charles IX désavoua Montluc, quand les ambassadeurs polonais, venus à Paris pour saluer leur Roi, réclamèrent l'exécution des conventions en faveur des protestants français. Montluc déclara qu'il s'était certes engagé, mais que c'avait été sans autorisation, « et qu'au reste cette affaire ne regardait pas les Polonais, et que le Roi n'était pas tenu de ce qu'il avait promis sur cet article ». V. NOAILLES, *Henri de Valois et la Pologne*, t. II, p. 368 et suiv.

[3] Saint-Gouard à Charles IX, 18 juin 1573, Ms. Bibl. nat. F. fr. 16105.

que Philippe fût absent; cela gâta le plaisir de M. de Saint-Gouard. « J'ai esté trez marry, convient-il lui-même, que je n'avois le moien de le voir sur la furye de ce coup pour remarquer et faire proffict de ce que j'en pourrois apprendre, tant à sa contenance que parolle, choses qu'il a touttesfois sy bien composées qu'en l'ung ny en l'aultre on n'y advance pas beaucoup. » Philippe revint à Madrid dans la nuit du 17 au 18, et, dès le matin, Saint-Gouard demanda son audience. Philippe déploya cette impassibilité majestueuse dont il faisait un moyen de gouvernement : en deux mots courtois et dignes, il assura l'ambassadeur du plaisir que lui causait l'élection du prince français à défaut de celle de son neveu.

Saint-Gouard chercha ses effets ailleurs : « Sy tost que j'ai sceu ladicte nouvelle, il me sembla trez à propoz la faire publier partout où j'ai peu à ce peuple, lequel est sy plein de présomption qu'ilz avaient pensé que touttes choses feussent pour eulx, pouvant mettre tout le monde à leurs piedz. » Le chagrin des Espagnols fut immense, « leur aiant donné ce traverz tel coup de baston que les moings reteneuz disent tout haut qu'en Espaigne ne vint jamais pire nouvelle, fesant là dessuz infiniz discours fantastiques et pronostics, et non trop mal à propoz… » Ces peuples du Sud ont l'imagination vive, et puis Saint-Gouard colorait peut-être encore de son enthousiasme les prédictions des pessimistes : dans l'avenir, on apercevait, paraît-il, les enfants de Catherine assis sur des trônes à tous les coins du monde, le duc d'Alençon côte à côte avec Élisabeth sur celui d'Angleterre, les rois de France, d'Angleterre et de Pologne couvrant le globe du réseau de leurs entreprises, la maison d'Autriche-Espagne abaissée par eux, la couronne impériale en leurs mains, leur domination dans l'Italie par le moyen du Turc, et l'Europe finalement à leur merci [1].

---

[1] Saint-Gouard à Charles IX, 7 juin 1573, Ms. Bibl. nat. F. fr. 16105.

Le roi d'Espagne montra de la mauvaise grâce à délivrer un passe-port au roi de Pologne afin que celui-ci pût rejoindre ses sujets : il n'accordait à Saint-Gouard qu'un sauf-conduit spécial, avec indication d'un itinéraire déterminé ; encore fallut-il du temps pour arriver à ce résultat. Saint-Gouard ne s'en contenta point : il voulait que le roi de Pologne pût passer où bon lui semblerait. Sur quoi, Philippe proposa de s'engager à signer un passe-port conçu dans les mêmes termes que ferait l'Empereur ; et l'ambassadeur de déclarer que ses instructions, très positives, ne lui permettaient pas d'accepter une offre aussi vague [1].

Ce que voulait Philippe, c'était faire traîner le départ du duc d'Anjou : il savait par ses agents que ce prince voluptueux et mobile, déjà dégoûté de sa couronne, pleurait à la pensée d'échanger les délices de la cour de France contre les rigueurs de la « Sarmatie barbare », et que la Reine mère hésitait à laisser s'éloigner son bien-aimé : il espérait donc que l'élu des Polonais ne sortirait jamais de France [2]. Mais Charles IX brûlait du désir de voir s'éloigner le frère qu'il détestait : il le fit partir de force, et, pour plus de sûreté, l'accompagna jusqu'en Champagne. L'ambassadeur Çuniga s'était résigné à donner un sauf-conduit, à l'arrivée passe-ports d'Allemagne [3] ; il ne fut pas utile, car on ne traversa pas les États de Philippe II.

Jean de Vivonne entonna l'hymne : « L'on peult dire qu'avecque ses jeunes ans, Votre Majesté s'est couronnée d'infinies coronnes, en conservant la syenne tant principalle, et entre tant de dangiers, et avecque tant de merveilles, que

---

[1] Saint-Gouard à Charles IX, 10 octobre 1573, Ms. Bibl. nat. F. fr. 16105.

[2] « Je sçay qu'ilz s'estoient promiz, sur les avertissemens que l'on leur a donné d'icy, que non seullement il ne sortiroit jamoys de France, mais qu'il n'avoit aulcune vollonté d'en partir ; et n'ont rien obmiz pour traverser ledict voiaige ; par où je recognois leur vollonté. » Charles IX à Saint-Gouard, 10 décembre 1573, *ibid*.

[3] *Id., ibid.*

les régions les plus eslongnées et les plus formidables nations luy ont apporté la leur pour la mettre en protection de sy illustre sang, chose teneue pour miracle et encore pour présaige qu'en ses ans elle verra sa maison commander la monarchie du monde [1]. »

Cette couronne, qui faisait naître tant d'espoirs et tant de dépits, devait être bien éphémère!

VI

AVÈNEMENT DE HENRI III (1574).

Le roi de Pologne était parti en octobre 1573; peu de mois après, il fut roi de France, car Charles IX mourut, le 30 mai 1574, consumé par ses âpres douleurs et remerciant Dieu de n'avoir pas de fils à qui laisser le fardeau de sa couronne[2]. Le moribond eut, durant ses derniers jours, cette tristesse de voir poindre à l'horizon la lueur rouge et sinistre des conflagrations futures : le complot du duc d'Alençon et du roi de Navarre, l'organisation du nouveau parti des *politiques* à côté des autres factions du royaume, les soulèvements des huguenots dans les provinces, tout faisait présager une longue suite de désastres, et démontrait l'inutilité des crimes passés qui chargeaient cette âme de roi près de comparaître devant son juge éternel.

Le courrier de Catherine traversa l'Europe à toute vitesse, et quatorze jours après le trépas de son frère, le roi de Pologne en était instruit. On sait sa fuite de malfaiteur, sur un cheval, pendant la nuit : leurs fourches et leurs bâtons

---

[1] Saint-Gouard à Charles IX, 3 février 1574, Ms. Bibl. nat. F. fr. 16106.
[2] DE THOU, *Histoire*, liv. LVII. — « Il n'eust eu que vingt-quatre ans au mois de juing ensuivant, et néanmoins avoit de grosses riddes sur le front, et estoit tout hâve et courbe. » *Souvenirs d'un anonyme*, Ms. Bibl. nat. F. fr. 12795, f° 459.

en main, les paysans cracoviens coururent inutilement à la poursuite de ce monarque échappé, qui put gagner les États de l'Empereur; toutes les députations de la noblesse restèrent vaines aussi [1]. Henri III alléguait l'urgence de son retour immédiat en France; c'est pourquoi sans doute il alla perdre deux mois en Italie, dans l'éclat des fêtes, se berçant d'harmonie sur les lagunes de Venise, ivre des flatteries des belles femmes, aspirant à pleine gorge la volupté de s'entendre saluer roi de France, donnant Pignerol et Pérouse au duc de Savoie pour prix de son hospitalité [2].

Pendant ce temps, un autre prince, jeune aussi et couvert de lauriers, noyé dans les délices de cette Italie enchanteresse, mais s'indignant de son inaction forcée, convoitait la couronne de Henri III en ses rêves romanesques de gloire. De Naples, don Juan d'Autriche, qui renonçait à poursuivre ses succès contre les Turcs, attendu l'inaction désolante de son frère Philippe II, écrivait à Madrid : « La guerre, la guerre à la France! Jamais pareille occasion ne s'est présentée : la question religieuse divise les esprits, et voici que le duc d'Alençon se pose en compétiteur de la couronne. Rien de plus facile que de s'emparer de Toulon et de Marseille, et puis ensuite de s'avancer au cœur du pays. Nous ne manquerions pas de motifs d'aggression : l'Empereur des Turcs lui-même n'a pas fait autant de mal à Votre Majesté, que les Français n'ont trouvé le moyen de lui en faire sous le manteau de l'amitié. » Don Juan avait conçu ces plans, d'accord avec le duc de Savoie [3]. Il lui fallut reconnaître presque aussitôt qu'il s'était trompé sur bien des points, et que l'avènement de Henri III s'effectuerait sans secousse : « C'est égal! Il faut faire la guerre à la France pour le bien de l'Espagne et de la chrétienté [4]! »

[1] DE THOU, *Histoire*, liv. LVII et LVIII.
[2] DE THOU, *Histoire*, liv. LVII.
[3] Don Juan d'Autriche à Philippe II, 13 juin 1574, dépôt des Aff. étr. Simancas, 316.
[4] Don Juan à Philippe II, 14 juin 1574, *ibid*.

Philippe II était jaloux de son frère, comme de tous les hommes supérieurs à son service : il n'avait nulle envie de lui préparer la couronne de France. Au surplus, il nourrissait alors d'autres projets que celui d'une entreprise contre notre pays. Il expédia, sans se faire prier cette fois, les sûretés nécessaires à Henri III pour traverser ses États[1]. Pourtant, au fond, il était fâché, comme tous ses sujets, de la mort de Charles IX et du nouveau règne. On redoutait monts et merveilles du vainqueur de Jarnac et de Moncontour. « L'on parle icy du Roy comme d'ung aultre Alessandre, écrivait Saint-Gouard. Mesme, l'Empereur en a sy bien escript, qu'il en a donné ung peu de jalousye[2]. » L'Empereur, quand il écrivait, était encore sous le coup de la surprise causée par la fuite de Cracovie, et pouvait s'imaginer que ce héros au galop volait prendre le commandement de ses armées.

Le héros sembla se faire un jeu de confondre tous les pronostics sur son étoile. On s'étonna d'abord de sa marche triomphale et lente à travers les cours de l'Italie du Nord ; elle excita les soupçons des Espagnols, qui ne pouvaient admettre que ce fût un simple voyage de plaisir et qui pensaient y flairer de ténébreuses intrigues contre leur domination là-bas[3]. Puis, quand on le vit, à peine arrivé, s'enfermer dans Lyon avec ses favoris sans mérite, passer le jour à des mignardises, se costumer à faire croire au carnaval, se promener sur la Saône dans des barques multicolores, s'absorber dans les cérémonies des pénitents d'Avignon, on comprit, sans se l'expliquer, la déchéance morale du brillant adolescent d'autrefois[4] : on n'avait plus affaire qu'à un être

---

[1] Les lettres patentes de Philippe au gouverneur de Milan et à ses gouverneurs en Bourgogne sont Arch. nat. K. 1536.
[2] Saint-Gouard à Catherine de Médicis, 12 août 1574, Ms. Bibl. nat. F. fr. 16106.
[3] Saint-Gouard à Henri III, 15 octobre 1574, *ibid.*
[4] DE THOU, *Histoire*, liv. LVIII.

bizarre, « sans cervelle en son front[1] ». A Madrid, les commentaires prirent leur train[2].

Saint-Gouard avait salué, la joie au cœur, l'avénement du prince sous lequel il avait combattu jadis et qu'il croyait, ainsi que bien d'autres, appelé à régénérer la France : « Sire, je loue et remertye Dieu avecque tous ses bons, loyaulx et fideles subjectz et serviteurs, de ce qu'il luy a pleu, aprez avoir esté persécutez de tant de maulx, nous prouvoir d'un Roy sur lequel tout le monde se console comme du vray remedde qui nous estoit nécessaire. Il ne reste plus, sy n'est que ce bon Dieu nous permette que nous soions dignes de jouir de ce bien et que nous soions tous telz comme il adpartient à tel roy avoir ses subjectz, m'asseurant qu'avecque cela non seullement Votre Majesté restaurera son Estat, mais bien le rendra en plus de splendeur qu'il ne feut oncques[3]... » Il douta longtemps de la fâcheuse transformation qui s'était opérée chez son Roi, s'efforçant de se faire des illusions et de les communiquer aux autres. Afin d'arrêter les quolibets des Espagnols, il semait le bruit que le séjour à Lyon se passait à mettre de l'ordre dans les affaires publiques, à lever des armées, à les lancer sur les hérétiques. Il réussit d'abord[4]. Mais ces efforts du serviteur pour l'honneur du maître devaient forcément échouer contre la réalité des faits. On peut dire que la vie de Jean de Vivonne, jusqu'à la fin du règne, se passe en une lutte impossible pour égarer l'opinion au sujet de la dégradation avérée de Henri III, cette indigne incarnation du grand principe monarchique.

[1] D'Aubigné, *Tragiques*.
[2] Saint-Gouard à Henri III, 29 novembre 1574, Ms. Bibl. nat. F. fr. 16106.
[3] Saint-Gouard à Henri III, 15 octobre 1574, *ibid*.
[4] Saint-Gouard à Henri III, 29 novembre 1574, *ibid*.

VII

L'AFFAIRE DE L'AVOCAT DAVID (1576).

Le nouveau Roi ne demandait qu'à jouir dans des vacances d'enfant. Il abandonna complétement toute politique d'entreprise au dehors, et sa préoccupation fut bientôt d'obtenir, à quelque prix que ce fût, la paix intérieure, la paix qu'on avait si tragiquement rompue le jour de la Saint-Barthélemy. La double évasion du roi de Navarre et de François de Valois, duc d'Alençon [1], en donnant à la confédération des huguenots et des politiques deux chefs alertes et dangereux, rendit ces désirs de Henri III plus vifs. A la fin d'avril 1576, fut conclue la paix bien humiliante de Beaulieu, qui désavouait la Saint-Barthélemy, réhabilitait les victimes et faisait du protestantisme un État dans l'État [2].

Seulement, Henri III avait compté sans l'indignation des catholiques : elle allait lui susciter d'amères inquiétudes, car c'est d'elle que la Ligue était sur le point de naître.

Il y a deux choses, comme il y a plusieurs époques, dans la Ligue; et pour juger bien cette association souvent discutée, il importe de tenir compte de tout sans parti pris. Distinguons donc en elle un mouvement national à côté de la révolte d'ambitieux.

La condescendance du Roi pour les huguenots mettait en péril les plus chers intérêts des catholiques : ce n'était pas, en effet, cette bonté du père du peuple qui prépare l'apaisement, la guérison des blessures, la réconciliation pleine de

---

[1] Le duc d'Alençon s'enfuit de la cour en septembre 1575, le roi de Navarre en février 1576. Par l'intimidation, Alençon obtint de sa mère la mise en liberté des maréchaux de Montmorency et de Cossé, retenus captifs depuis la découverte du complot des politiques sous Charles IX.

[2] LA POPELINIÈRE, t. II.

douceur, l'ère de la justice ; c'était la lâcheté du voluptueux sceptique, qui sacrifierait à la sécurité de ses plaisirs toutes les traditions. « Un long cri de douleur et de colère s'éleva des profondeurs de la masse catholique [1]. » Soulèvement de conscience légitime, et dont les effets pouvaient être salutaires, si l'élan n'eût pas été faussé par les chefs chargés de le diriger.

Le troisième duc de Guise, Henri, n'était pas doué du patriotisme qui fut l'égide de la carrière de son père. François de Guise, « M. de Guise le Grand », avait péri trop tôt pour le bien de ses enfants, devenus la proie d'un déplorable éducateur, de leur oncle le cardinal de Lorraine, l'esprit le plus corrompu de la cour, puisque Catherine même s'inclinait devant son « génie politique » avec envie. C'est aux préceptes de cet homme qu'il convient sans doute d'attribuer une grosse part des défauts qui gâtèrent les bonnes qualités et firent le malheur du duc Henri.

Il est certain que, dès les premières heures de la Ligue, l'arrière-pensée des Guise fut surtout égoïste, sous les apparences du zèle religieux. Ils entrevirent la possibilité de donner à la prospérité de leur maison un nouvel essor, de prendre le gouvernement des affaires en même temps que l'influence sur l'esprit du monarque fainéant, peut-être même éventuellement de s'emparer de la couronne.

C'est encore un problème cependant de savoir s'ils eurent une réelle part à l'aventure de l'avocat David, que je vais raconter, parce que le nom de Jean de Vivonne y est demeuré lié par l'histoire.

Jean David, avocat au parlement de Paris, passait pour un homme turbulent, sans sagesse ni conscience ; ses confrères avaient peu d'estime de ses vertus aussi bien que de ses talents. Il se chargeait indifféremment de toutes les causes, possédait même la spécialité des mauvaises, et se

[1] H. Martin, *Histoire de France*, t. IX, p. 428.

faisait constamment condamner à l'amende, si bien qu'il avait reçu le sobriquet d'*Avocat du Roi*, « d'aultant qu'en cela il faisoit plus gaigner au Roy que ne faisoient ses advocats ». C'était le plastron du Parlement [1]. David se consolait de ne posséder point dans la robe la considération d'un Montholon [2], par la faveur dont il jouissait aux halles et dans les carrefours. Il imagina de prêcher, en des réunions secrètes, que les Valois étaient des usurpateurs, et les Guise de véritables descendants de Charlemagne. « Dans une petite assemblée au parloir des bourgeois, il communiqua aux plus influents des quarteniers le projet qu'il avait rédigé dans l'intérêt de la religion catholique », proposa d'aller à Rome afin de tâter le Pape [3] ; « il se coula dans le train de Pierre de Gondi, évesque de Paris », qui se rendait près du Saint-Siége [4] afin d'obtenir pour le Roi l'autorisation d'aliéner des biens du clergé français [5], et partit.

La mission fut dans la ville éternelle au mois de juillet. David paraît avoir trouvé bon accueil auprès du cardinal de Pellevé, l'agent des Guise à Rome, esprit aventureux qui s'attachait volontiers aux romans. Le cardinal se faisait lui-même favorablement écouter de Grégoire XIII, « personnage dont la candeur et l'intégrité estoient merveilleuses, mais qui par la bonté de son naturel se laissoit facilement persuader les choses, outre que, de la façon dont on luy parloit de ceste Ligue, il sembloit qu'elle ne respirât autre chose que foy, que religion, que charité, que zèle du bien public, que correction et réformation d'abus [6]... » On ne

---

[1] *Dialogue des advocats du Parlement de Paris*, par Antoine Loisel.
[2] François de Montholon « avoit acquis une telle réputation de probité qu'on le croyoit sur ce qu'il disoit, non comme advocat, mais comme s'il eût été rapporteur d'un procez, sans luy faire lire aucune pièce ». Il ne prenait que de bonnes causes. *Id., ibid.*
[3] Capefigue, *la Réforme et la Ligue*, chap. lx.
[4] Mathieu, *Histoire de France (Henri III)*, liv. VIII.
[5] V. les lettres de l'évêque de Paris, juillet 1576, Ms. Bibl. nat. F. fr. 16041.
[6] Davila, *Guerres civiles*, liv. VI.

sait au juste ce qui se passa entre le pontife crédule, l'intrigant de la basoche et le prélat factieux. J'incline à penser que Grégoire reçut l'avocat, fut aimable, ne le découragea pas, mais ne s'engagea point non plus, se réservant de l'utiliser selon le cours des événements futurs. Mais la chose sûre, c'est que, revenant à Paris, David mourut par les chemins, que par accident ses bagages tombèrent au pouvoir des protestants [1], et que, peu de temps après, ceux-ci publièrent à Lyon un résumé scandaleux des papiers qu'ils prétendirent y avoir trouvés [2].

Selon cette publication, qui, par elle-même, en raison de son origine, n'a qu'une autorité probante assez mince, le Saint-Siége aurait adopté le projet de la déchéance des Valois et celui de l'élévation des Guise à leur place; il aurait accueilli la fantastique généalogie de l'avocat, concluant que « les rejetons de Charlemagne sont verdoyans, aimans la vertu, pleins de vigueur en esprit et en corps pour exécutter choses haultes et louables », au lieu que « il se voit à l'œil que la race des Capets est du tout abandonnée à sens réprouvé, les uns estans frappez d'un esprit d'estourdissement, gens stupides et de néant, les autres réprouvez de Dieu et des hommes par leurs hérésies... » ; il aurait accepté le plan de la conspiration, qui consistait en ceci : travailler le peuple, engourdir le Roi, lui faire aimer la Ligue, réunir les états généraux, y attirer Navarre et Condé, diriger ces princes et leur faire obtenir de l'assemblée la charge de lieutenant général pour le duc de Guise, puis réduire les huguenots par les armes, enfin jeter Henri III dans un cloître comme Pépin fit pour Childéric.

La surprise fut universelle et grande. Les Guise désavouèrent l'avocat [3] : « ils voulurent que ce David, en cas

---

[1] De Thou, *Histoire*, liv. LXIII.
[2] *Extraict d'un conseil secret tenu à Rome peu après l'arrivée de l'évesque de Paris*, trad. de l'italien en français, Lyon, 1576.
[3] « Tant y a qu'il estoit inconnu à ceste maison de Lorraine, que per-

qu'on l'eust trouvé saisi des prétendus mémoires, fust traitté de fol et de forcené; ils se servirent de la plume de leurs partisans pour écrire contre ces faux bruicts, faisant voir que ce n'estoient qu'absurditez esloingnées de toute apparence de vérité [1]. » Ils assurèrent même que les documents publiés étaient apocryphes et l'œuvre de l'industrie protestante [2]. Mais de Madrid vint la preuve, sinon de la complète véracité du libelle huguenot, au moins de l'existence d'un peu de feu derrière la fumée, car M. de Saint-Gouard réussit à se procurer une copie des mémoires que Rome envoyait à Philippe II pour mettre ce prince au courant de la négociation de David, et la fit passer à Henri III [3].

La découverte de Jean de Vivonne témoignait de l'effer-

---

sonne ne se souvient de l'y avoir veu. » MATHIEU, *Histoire de France* (*Henri III*), liv. VIII.

[1] DAVILA, *Guerres civiles*, liv. VI.
[2] *Id., ibid.*
[3] DE THOU, *Histoire*, liv. LXIII. — De Thou raconte ces événements d'après les récits de son ami Jean de Vivonne. Je suis forcé de me contenter des données sommaires du grave historien, puisque la correspondance de Saint-Gouard manque pour 1576. — Le Père Theiner, le docte auteur des *Annales ecclesiastici*, fait trop bon marché, selon moi, de l'affaire David (II, anno 1576, § 94 et 95), qu'il traite de « merum otiosorum nugatorum et calumniatorum inventum ». Pour une assertion aussi radicale, il se fonde sur le silence du nonce Salviati, dont il a lu les dépêches : preuve insuffisante, car le nonce n'avait que faire de traiter dans ses lettres de Paris de ces ébauches d'intrigues souterraines, desquelles peut-être il n'était pas même instruit. Il néglige d'expliquer la découverte de Saint-Gouard, qui renverse pourtant son système. Admettra-t-on que Saint-Gouard se soit trompé sur la provenance des mémoires interceptés et qu'il ait tenu des papiers d'origine huguenote? mais comment admettre que son erreur se fût continuée toute sa vie? — D'autre part, il est certain que Grégoire XIII était plein de bonté pour les représentants de Henri III, au mois de juillet 1576. V. lettres de Gondi, du card. de Rambouillet et d'Abain, Ms. Bibl. nat. F. fr. 16041. (Ce registre de la correspondance de Rome offre malheureusement une lacune d'août 1576 à mars 1577, et ce sont précisément les dépêches écrites dans cet intervalle qui nous auraient pu donner des éclaircissements sur le rôle du Pape dans la négociation David.) — J'ai déjà dit que Grégoire avait dû renvoyer l'avocat avec de vagues paroles, dont celui-ci construisit sans doute tout un échafaudage glorieux pour lui : d'où les papiers pillés dans ses bagages. Puis, le pontife tint à faire part à Philippe II de la négociation : d'où le mémoire saisi par Saint-Gouard.

vescence des esprits¹. Le Roi, qui n'avait pas attaché d'importance à la publication lyonnaise, s'inquiéta des révélations de son ambassadeur². Il crut se réhabiliter dans l'opinion catholique et supplanter le duc de Guise, en se mettant à la tête de la Ligue. Sa décision, virile en apparence, n'était au fond que de la mollesse, et fut désapprouvée des hommes sages³; en se glissant dans le harnais de guerre de son rival, le Valois s'amoindrit encore. Cette nouvelle oscillation de sa politique parut un signe de plus de son humeur versatile, en même temps que de sa détresse. Le véritable chef de la Ligue, ce n'était pas le roi de France, c'était déjà Philippe II.

VIII

LES TROIS MISSIONS DU GÉNÉRAL DU BOURG EN ESPAGNE (1576-1577).

La paix de Beaulieu, dont nous avons parlé tout à l'heure, ne conféra pas seulement au calvinisme de fâcheux priviléges : elle gratifia le frère révolté du Roi d'avantages tellement exorbitants, qu'elle fut surnommée la *paix de Monsieur*. Déjà duc d'Alençon, François de Valois recevait en accroissement d'apanage la Touraine, le Berry et l'Anjou, et pouvait dorénavant prendre le titre de duc d'Anjou. Pourtant, les

[1] Quelle est la juste part de Guise dans cette aventure? Problème. Mais je me range volontiers à l'opinion de M. Henri Martin : « David semble avoir été un de ces enfants perdus des factions, qui en révèlent prématurément la pensée la plus secrète : le duc de Guise put l'encourager indirectement, lui laisser sonder le terrain en cour de Rome, mais ne lui donna pas officiellement une telle commission. » *Histoire de France*, t. IX, p. 441. — M. DE BOUILLÉ (*Histoire des ducs de Guise*, t. III, p. 36) donne un rôle plus direct aux Guise : « Cette pièce, dit-il, portait, sinon leur signature, du moins leur cachet. » C'est excessif.

[2] « ...Alors le Roi fut frappé de ce second coup... » DE THOU, *Histoire*, liv. LXIII.

[3] *Id., ibid.*

signatures n'étaient pas encore apposées au bas du traité, qu'il songeait à faire faire à sa fortune de nouveaux progrès ; comme il ne pouvait guère plus tirer de Henri III qu'il n'avait obtenu, il résolut de s'adresser au roi d'Espagne, et, dans les derniers jours d'avril 1576 [1], il dépêcha vers Philippe un agent, nommé Claude du Bourg, et chargé, comme on le verra bientôt, d'une mission vraiment bizarre.

De tous les enfants de Catherine de Médicis, François de Valois fut celui dont le caractère offrit, ce me semble, le plus d'analogies avec le caractère maternel ; c'est pourquoi sans doute ces deux personnes s'aimèrent peu. Dans le jeune prince, je retrouve cette activité sans but poursuivi de longue haleine, cette intelligence dépourvue d'honnêteté, cette habileté maladroite à force d'hypocrisie, cette ambition stérilisée par la mésestime universelle, qui furent le fait de Catherine. Je ne puis, je l'avoue, reconnaître du génie politique à de telles gens, quoique des esprits graves aient pensé tout autrement. Et les deux missions de Claude du Bourg pour François de Valois, que je vais raconter, peuvent, à mon sens, servir à témoigner du peu de jugement du cadet de Henri III [2].

Claude du Bourg est une figure curieuse à ressusciter de la poussière des documents, le type achevé de l'ambitieux dans un siècle d'intrigues. Ce personnage possédait une activité rare et beaucoup d'audace, mais un manque absolu de raison et de mesure corrompait ces dons. Ses manières étaient étranges, son humeur singulière, ses discours emphatiques. Point de tenue, aucune fixité d'idées, nulle ligne supérieure de conduite. Il ne s'effrayait pas de mener de front deux ou trois négociations complétement

[1] François de Valois à Philippe II, Moulins, 29 avril 1576, Arch. nat. K. 1541.
[2] Sa sœur Marguerite, qui l'aimait fort, a dit de lui : « Du vray naturel de Pyrrus, il n'aymoit qu'à entreprendre choses grandes et hazardeuses, estant plus né à conquérir qu'à conserver. » *Mémoires*, p. 85, éd. 1842.

contradictoires, pourvu que de l'une d'elles il pensât pouvoir tirer profit. Sans scrupule apparent, il changeait de maître et servait tour à tour les causes les plus opposées. Son ambition, exaspérée jusqu'à la folie, le poussait à se compromettre dans des aventures ridicules, dont sous tous les rapports sa considération souffrit. Toutefois, il convient de mettre de la modération à le juger, comme à juger la plupart de ses contemporains : il faut plaindre, plus encore que blâmer, les victimes de la perturbation morale et politique de cette époque néfaste. Outre que de bien haut partaient de tristes exemples, les amertumes toutes particulières dont avait été traversée la carrière de Claude du Bourg étaient faites, à coup sûr, pour rompre l'équilibre de son cœur et celui de son cerveau.

Ce neveu d'un chancelier de France avait vu marcher au supplice et périr d'une horrible mort son frère, le célèbre conseiller Anne du Bourg [1]. De pareils événements de famille, douloureux par eux-mêmes, créent en outre une situation délicate à un ambitieux. Désavouer le mort, c'était la honte. S'insurger contre la couronne, se déclarer du nombre des mécontents, c'était sacrifier sa carrière. Claude était conseiller du Roi, secrétaire de ses finances, trésorier de France à Riom, trésorier de l'extraordinaire des guerres ; il n'avait pas quarante ans, il possédait l'un des plus robustes appétits d'honneurs qui se puissent imaginer. Vraisemblablement, il adopta le parti politique de se taire, de ménager tout, de ne mécontenter personne, et, parmi les difficultés que lui créa cette situation peu nette, contracta l'habitude de la duplicité. Cette ligne de conduite ne lui fut bonne

[1] Claude du Bourg, né en Auvergne vers 1522, était fils d'Étienne, seigneur de Seilhoux, Malozat, Guérine, etc., contrôleur général des aides et tailles d'Auvergne, maître des requêtes de la Reine, et d'Anne Thomas. Il était neveu du chancelier de France Étienne du Bourg. V. *Recherches sur le nom de du Bourg*, par Henri DU BOURG, Toulouse, 1881. — Le supplice du conseiller du Bourg, mis à mort pour hérésie, est de 1559.

qu'à moitié : s'il put un instant se croire en faveur quand il obtint, en 1563, l'ambassade de Constantinople, il éprouva la déception de s'en voir révoqué avant son départ [1]; et puis, en la place de figurer dans la belle charge qu'il avait de si près touchée, il passa la plus grande partie des années 1563 et 1564 en prison : on l'avait arrêté sous prétexte de malversations et de faux; son innocence fut reconnue, paraît-il [2]. Tout porte à croire qu'il ne se consolait point de l'ambassade perdue, car on le trouve, quelques années plus tard, occupé de jouer fort témérairement, sans aucun mandat, le rôle d'ambassadeur près la Porte. L'aventure est surprenante, et l'on ne m'en voudra point de la rapporter. Les Turcs avaient infligé des avanies à des Marseillais trafiquant dans leurs parages; parti pour demander des sûretés en vue d'une « navigation » dont il était « conducteur », Claude du Bourg ne craignit pas d'élargir sa mission jusqu'à se présenter comme le fondé de pouvoirs du roi de France, chargé de renouveler les traités de commerce antérieurs; il le fit, à la barbe du résident, M. de Grandchamp, dont la colère égala l'impuissance : l'intrigant profita d'une brouille entre ce ministre et le gouvernement ottoman, noua des intelligences avec les membres du Divan, se rendit agréable, poussa l'impertinence au point d'user de son crédit pour faire emprisonner le propre secrétaire de Grandchamp, intercepta les correspondances venues du Louvre, etc., finalement parvint à conclure, comme au nom de Charles IX, un traité de commerce très avantageux qui permettait à nos nationaux de naviguer dans les mers orientales. Grâce à cette convention, tant que vécut Sélim II, le pavillon de France flotta seul, à côté de celui de Venise, sur les rivages du Levant [3]. Mais Charles IX n'en fut pas moins courroucé

---

[1] Charrière, *Négoc. du Levant*, t. III, p. 63 et s.
[2] *Oraison prononcée à Messieurs des comptes par le sieur de Guérine*, sans date, mais de 1564 et avant le 25 octobre.
[3] Le traité de du Bourg, daté d'octobre 1569, fut imprimé à Tours chez

contre son trop zélé sujet : du Bourg acquit, à son retour, la conviction que sa disgrâce était complète [1].

Sans doute, cette déception acheva de l'aigrir et le précipita dans le parti des *malcontents* sous les ordres de François de Valois. C'était un désespéré, prêt à tout entreprendre : c'était un homme comme il en fallait à François pour ses menées compromettantes. Voyons, après cette digression peut-être un peu longue, de quelle négociation le chargeait ce prince au lendemain de la paix de Beaulieu.

Saint-Gouard eut connaissance de l'arrivée du général Claude du Bourg à Madrid, dans la seconde quinzaine de mai [2]. Sur-le-champ, il comprit que son devoir était de contrecarrer les démarches de cet envoyé : la réputation du général était mauvaise, et puis le Roi ne pouvait voir d'un bon œil les secrètes pratiques d'un frère aussi remuant. D'autre part, comment entrer en lutte ouverte avec François de Valois, à l'heure même où venait de s'opérer la réconciliation solennelle du prince avec la couronne? Saint-Gouard prit le parti de considérer l'arrivant comme un imposteur, en souvenir de l'équipée de Constantinople; et quand du Bourg le vint visiter, il le traita du premier coup comme tel. « Ce soir, raconta-t-il après leur entrevue, je vis séans set ambassadeur extravagant, lequel je estonnay des quatre piès, et si bien qu'il ne sçavait que faire pour réparer ses manifestes manteries et folies. » Et il se hâta de communiquer sa façon de

Pierre Regnard l'année suivante. On peut le lire ap. CIMBER et DANJOU, *Archives curieuses*, 1re série, t. VI, p. 385. — Ce ne fut, à bien prendre, que la ratification du traité conclu par la Forest sous François Ier. Chaque avénement d'un sultan nécessitait le renouvellement des capitulations. *Négoc. du Levant*, t. III, p. 63 et suiv.

[1] *Négoc. du Levant*, t. III, p. 95 et suiv.

[2] L'arrivée de du Bourg est du 20 mai. Du Bourg à Philippe II, 21 mai 1576, Arch. nat. K. 1541. Saint-Gouard parait ne l'avoir connue qu'au bout de quelques jours. — Du Bourg tenait fort à son titre de « général pour Sa Majesté ès pays et mers du Grand Seigneur »; on l'appelait couramment le *général du Bourg*.

voir aux Espagnols, leur certifiant que Claude du Bourg ne méritait pas la moindre créance [1].

Philippe répliqua qu'il ne pouvait refuser audience à qui se présentait comme envoyé du duc d'Anjou, et reçut le général le 30 mai [2]. Le général lui bailla les lettres de Monsieur, puis de vive voix exposa l'objet de sa mission naïve : en voici le résumé :

Son Altesse, assura-t-il, était étrangère à tout sentiment d'ambition : elle n'avait eu, de sa vie, d'autre but que le bien public, et tout récemment, quand elle avait pris les armes contre son frère, ç'avait été « pour la manutention et conservation de la couronne de France », dont elle se trouvait l'héritière présomptive. Pourtant, devant ses yeux étincelaient les grands exemples « des roys très chrestiens ses progéniteurs »; sa jeunesse ardente, son sang généreux, ses vertus guerrières lui faisaient souhaiter de se distinguer : elle ne connaissait, « pour ne dégénérer et forligner à ses antécesseurs de très louable et très heureuse mémoire, chose plus chère et plus recommandable, après le service de Dieu, que de faire reluire par les armes la gloire et célébration de son nom »; de toutes parts, à cette heure, elle recevait les avances de princes étrangers, qui, les bras ouverts, l'appelaient à leur alliance : on lui proposait des entreprises de différentes sortes, et notamment contre les États du Roi Catholique. Mais il lui répugnait de s'arrêter à de telles idées : elle préférait solliciter la bienveillance du grand monarque : sur toute la terre, il n'était souverain de qui l'amitié lui fût plus précieuse; et Philippe, qui possédait « plusieurs royaumes, États et souverainetés », ne refuserait pas sans doute « d'agrandir Son Altesse d'honneurs et de biens,

---

[1] Saint-Gouard à Çayas, 26 mai 1576, Arch. nat. K. 1539. — Dans une audience, Saint-Gouard représenta du Bourg comme un méchant homme et peu catholique (mal hombre y poco catolico). Résumé de la négoc. de du Bourg, Arch. nat. K. 1541, n° 39.

[2] Résumé de la négoc., Arch. nat. K. 1541, n° 39.

et luy en despartir comme à ung prince auquel il ne pouvait en toute la chrestienté faire meilleure eslection, ne de prince issu de maison plus grande et plus illustre, plus plein de foy, de vertu, d'intégrité, rondeur et sincérité, etc. [1] ».

C'était plaisant; quel autre mot pour qualifier négociation et discours? On se représente Philippe, écoutant ce fatras avec son sang-froid ordinaire, réclamant un mémoire, promettant de l'examiner, puis congédiant « poliment en termes généraux » l'ambassadeur. Dans les bureaux de la chancellerie, le mémoire fut étudié; les réflexions qu'il suggéra donnèrent le résultat suivant : « Nous voyons bien que le duc voudrait une partie de nos États, peut-être la main d'une infante par-dessus le marché [2]. » Mais il fallut du temps pour découvrir et formuler cette vérité, il n'en fallut pas moins ensuite pour prendre un parti : durant trois semaines, le général attendit avec impatience la réponse qu'on ne lui communiquait pas, écrivit lettres sur lettres afin de hâter une solution [3]. Cependant, Saint-Gouard s'indignait et faisait tapage; au Louvre, on se déclarait dans la stupéfaction de cette « estrange et impertinente mission », on proclamait impossible qu'elle émanât de Monsieur, on jurait de tirer de l'imposteur du Bourg un exemplaire châtiment [4].

Enfin, Philippe mit fin à ses réflexions. Il rédigea sa réponse au duc d'Anjou : ce ne fut qu'une lettre de phrases vagues et banales, dans laquelle il remerciait Son Altesse des bons sentiments qu'elle lui témoignait, et l'assurait en retour de ceux qu'il lui portait [5]. Du Bourg reçut le pli cacheté le 23 juin; on lui fit don d'une chaîne d'or de 500 écus; il partit, fort mécontent de M. de Saint-Gouard,

[1] Memento des propositions de du Bourg, 2 juin 1576, Arch. nat. K. 1541.
[2] Résumé de la négociation, Arch. nat. K. 1541, n° 39.
[3] Du Bourg à Philippe II, 7 et 13 juin 1576, Arch. nat. K. 1541.
[4] Extrait d'une lettre de Henri III à Saint-Gouard (copie faite par ce dernier pour Philippe II), 16 juin 1576, *ibid.*
[5] Philippe II à François de Valois, 23 juin 1576, *ibid.*

mais satisfait des Espagnols qu'il assura de son désir de les servir. « Cet homme est si charlatan, écrivirent les ministres dans leurs volumineux résumés, qu'on ne peut faire de fond sur ses offres ¹. » Telle était, en dernière analyse, l'impression qu'il avait laissée de son passage.

En instruisant de sa conduite son ambassadeur en France, Philippe ajoutait : « Je ne pouvais traiter avec mépris l'envoyé du duc. Saint-Gouard était déchaîné contre lui : il a tout fait pour m'empêcher de lui donner audience. Mais ma politique est de ne mécontenter personne : je veux conserver l'amitié des deux frères : sait-on l'avenir? le duc peut prendre de l'empire sur le Roi : donc il ne faut point se l'aliéner ². » Mais Çuniga répondait à son maître que Claude du Bourg ne lui semblait pas un homme à ménager : « La Reine mère me l'a traité de grand vaurien et de fou. Et d'autre part, on assure que cet homme n'oserait se présenter devant le duc d'Anjou ³. »

Il était vrai que, dans ses lettres à son frère, François de Valois désavouait absolument le général : il affectait même une colère démesurée contre ce fourbe, annonçant qu'il allait faire partir pour l'Espagne un gentilhomme avec charge de détruire là-bas son édifice de mensonges, et suppliant Henri III de le faire arrêter, mort ou vif, où qu'il fût ⁴. Mais du Bourg n'en était pas moins l'envoyé de François : celui-ci le recevait à Bourges, écoutait le compte rendu de sa mission, et presque aussitôt le renvoyait à Madrid avec de nouvelles lettres pour le Roi Catholique : « D'autant, disait le duc à Philippe II, que pour la résollution entière des particularités du trété, Votre Majesté a descléré à bouche audit du Bourg qu'elle en prendroit bientost résolution, je vous renvoye

---

¹ Résumé de la négoc., Arch. nat. K. 1541, n° 39, et K. 1542, n° 3.
² Philippe II à Çuniga, 2 juillet 1576, Arch. nat. K. 1540.
³ Çuniga à Philippe II, 30 juillet 1576, Arch. nat. K. 1541.
⁴ Extrait d'une lettre de Henri III à Saint-Gouard (copie faite par ce dernier pour Philippe II), 21 juillet 1576, *ibid.*

ledict du Bourg exprès, sufisamment instruit de mon intention pour en conférer et tréter amplement avec Votre Majesté... ¹. »

Protégé contre le Roi par une escorte que lui composa le duc, du Bourg traversa la France ², franchit de nouveau la frontière. A Barcelone, il fut bavard et donna mauvaise idée de sa discrétion au vice-roi de Catalogne, don Hernando de Toledo, grand prieur de Castille, qui crut devoir faire part de son sentiment à la cour ³. Philippe et ses ministres n'avaient pas besoin d'être refroidis sur le compte de l'arrivant : les rapports de don Diego de Çuniga, les propos de Saint-Gouard avaient encore diminué pour eux le prestige du général. Ils accueillirent la nouvelle de son retour avec une mauvaise humeur prononcée : « L'ambassadeur de France dit que c'est un fripon, un fieffé faiseur de dupes : nous n'entendons pas, s'écriaient-ils, qu'il vienne à Madrid ; qu'on lui fasse boire des petits vins de Barcelone ! cela l'arrêtera peut-être ⁴.. Grand Dieu ! il ne nous manquait plus que cet ennui ! Qu'on l'arrête, qu'on lui dépêche quelqu'un pour lui parler ⁵ ! »

Mais du Bourg s'avançait toujours, plein de confiance, avec le souvenir de sa chaîne d'or et l'espoir d'éclatants succès. Il tenait à ne pas faire la rencontre de M. de Saint-Gouard, et parlait, afin de l'éviter, de tourner Madrid ⁶. L'inspiration était bonne, car juste à ce moment M. de Saint-Gouard suppliait le Roi Catholique : « Ne vouloir ouir le Bourc, ains me donner pouvoir et assistance que en quelque part que il se puise retrouvé dans les pais de son obéisanse,

---

¹ François de Valois à Philippe II, 11 août 1576, Arch. nat. K. 1541.
² Du Bourg à Philippe II, Perpignan, 28 août 1576, *ibid*.
³ Hernando de Toledo à Çayas, 2 septembre 1576, *ibid*.
⁴ Çayas à Hernando de Toledo, 9 septembre 1576, *ibid*.
⁵ Note marginale de Philippe II sur une lettre de Çayas du 15 septembre, Arch. nat. K. 1541, n° 57.
⁶ Du Bourg à Çayas, 28 août, 13 et 19 septembre 1576, Arch. nat. K. 1541.

je le puise prandre et envoier, les piez et mains liées, à Sa Majesté Très Chrestienne ¹... » Même, il menaçait les Espagnols des plus grands malheurs, de son départ sans doute, si cette fois ils donnaient audience à « ce bon seigneur le Bourc ² ». Il articulait très-nettement ces deux points : 1° le général n'a pas de mission du duc; 2° il n'a pas même remis les lettres de Sa Majesté Catholique au duc, et c'est lui qui les a lues pour en faire son profit ³.

Il accueillit fort mal la nouvelle que Philippe, au mépris de toutes ses observations, avait consenti à revoir « l'abominable personnage ⁴ ». En vain, Çayas lui certifia que Claude du Bourg était bien envoyé de Monsieur, et qu'il avait présenté des lettres de créance; en vain, le secrétaire ajouta que la mission ne comportait rien de préjudiciable aux intérêts du roi de France, et que jamais d'ailleurs le Roi Catholique ne consentirait à nuire au Roi Très Chrétien. Saint-Gouard se déclara personnellement offensé du peu de cas qu'on faisait de ses assurances : « C'est un imposteur! répétait-il. Je veux qu'on me coupe la tête, si je n'arrive à prouver que c'est un coquin! Je n'ai plus qu'à m'en aller d'ici, puisqu'on ne me croit plus et qu'on ne croit plus mon maître ⁵ ! » Philippe, qu'il ennuyait, prit le parti de l'éviter ⁶.

Saint-Gouard n'exécuta pas ses menaces. Quant à du Bourg, après son audience et pendant que Philippe réfléchissait, il s'était retiré jusqu'à Tolède, désireux, comme il

---

¹ Saint-Gouard à Philippe II, 19 septembre 1576, Arch. nat. K. 1541.
² « Je serois très-marry d'estre contrinct en set affaire de fere chause où le service de Sa Majesté Très Chrestienne et mon debvoir ont à me présip·ter, s'il ne luy est guardé le respect qui est deu... » Saint-Gouard à Çayas, 19 septembre 1576, ibid. — V. aussi plaintes de Saint-Gouard, 21 septembre 1576, ibid.
³ Dutartre à Philippe II, 21 septembre 1576, ibid.
⁴ Du Bourg eut audience le 21 septembre. V. du Bourg à Çayas, 22 septembre 1576, ibid.
⁵ Çayas à Philippe II, 24 septembre 1576, ibid.
⁶ « Je ne veux pas répondre moi-même à l'ambassadeur, mais faire répondre. » Note marginale de Philippe II sur la lettre de Çayas du 24 septembre 1576, ibid.

l'avouait lui-même, de s'éloigner un peu de Madrid et de l'ambassadeur de France [1]. A Tolède même, la position ne lui paraissait pas sûre : il se sentait entouré d'ennemis; il redoutait un coup de main de M. de Saint-Gouard. Il pressait de ses efforts et de ses vœux la réponse du roi d'Espagne. Sa situation était certainement digne de compassion, car les dangers qu'il savait devoir retrouver en France n'étaient pas moindres que ceux de la Péninsule [2].

Philippe souhaitait son départ; aussi mit-il une promptitude relative à élaborer une lettre de réponse au duc d'Anjou : lettre peu satisfaisante, car elle ne renfermait que des phrases de compliments, et se terminait ainsi : « Il n'y a rien à faire pour le moment, je verrai plus tard. » Il la data du 4 octobre [3], et la fit passer à Tolède, avec ordre formel à du Bourg de se mettre en route immédiatement.

L'agent se sentit blessé de tant de précipitation. Partout, il avait vu donner deux audiences au moins aux négociateurs, et lui n'en avait eu qu'une seule. Il écrivit au monarque, sollicita la permission de l'approcher une fois encore : il lui restait tant à dire! « Je ne suys, Sire, qu'un petit verd de terre, moins que rien. Pourtant ne veulx-je obmettre vous avoir faict service en plusieurs endroictz, et d'en avoir la preuve en main, et d'avoir moien de servir Votre Majesté [4]... »

Dès lors, le général du Bourg ne se maintient plus en Espagne que par une lutte continue contre la volonté des Espagnols. Les injonctions de départ se multiplient [5]. Pour des raisons futiles, la police de Tolède le vexe jusqu'à envahir

[1] Du Bourg à Çayas, 22 septembre 1576, Arch. nat. K. 1541.
[2] Du Bourg à Çayas, 23 septembre 1576, ibid.
[3] Philippe II à François de Valois, 4 octobre 1576, Arch. nat. K. 1540.
[4] Du Bourg à Philippe II, Tolède, 8 octobre 1576, Arch. nat. K. 1542.
[5] Çayas à du Bourg, 13 octobre 1576, le corrégidor de Tolède à Çayas, 14 octobre, Arch. nat. K. 1542; Çayas à du Bourg, et note de Philippe II sur une lettre de Çayas, Arch. nat. K. 1542, nos 1 et 29, etc.

son domicile et jusqu'à y opérer des perquisitions ¹. Saint-Gouard intercepte sa correspondance avec les ministres ², entretient à ses trousses des espions ³. Malgré tout, l'entêté se cramponne au sol de la Castille, imaginant chaque jour de nouveaux prétextes pour temporiser ⁴. C'est qu'à présent la vie lui paraît si pénible en France, qu'il rêve de quitter sa patrie et d'être employé par l'Espagne en quelque mission orientale : il entretient Philippe de merveilleux projets en Turquie.

Enfin, Philippe se lasse le premier; peut-être aussi sa curiosité s'excite. Il consent à prendre connaissance des plans du général sur le Levant, mais au moyen d'écrits seulement, car sa résolution demeure bien arrêtée de ne le plus voir. Claude du Bourg se soumet, et livre aux bureaux royaux un projet dans lequel François de Valois est intéressé. Il n'est pas sûr que les propositions de l'intrigant méritassent le dédain : son prestige était tout autre en Orient qu'en Occident; il avait conservé sur le Grand Seigneur et sur le Divan un réel crédit. Cependant, on ne lui fit, après examen des pièces, qu'une de ces réponses « en termes généraux » où la chancellerie de Philippe II excellait : on lui promit de se servir de lui, si l'occasion s'en présentait ⁵.

---

¹ Du Bourg à Philippe II, Tolède, 11 octobre 1576, Arch. nat. K. 1542.
² Du Bourg à Çayas, 8 octobre 1576, *ibid*.
³ « Despuys six jours, y a en ceste ville des hommes françoys venuz et envoiez de Madrid pour descouvrir mes actions, le jour de mon partement et le chemin que je doy faire. Vous sçavez, Monsieur, le risque et fortune que je cours, si j'ay occasion de me garder et recommander à Dieu. » Du Bourg à Çayas, 11 octobre 1576, *ibid*.
⁴ Voici l'un de ces prétextes : dans ses lettres au duc d'Anjou, Philippe avait écrit en abrégé le mot *sérénissime* pour qualifier Son Altesse, et omis le titre de *général* devant le nom de du Bourg. Du Bourg fit prier le Roi Catholique de recommencer ses lettres, « d'autant que ce sont choses esquelles l'on prand en France garde de bien près ». Du Bourg à Çayas, 22 octobre 1576, *ibid*. Sur le rapport de Çayas, on refusa cette satisfaction au pauvre du Bourg; Çayas à Philippe II, 25 octobre 1576, et Çayas à du Bourg, 26 octobre, *ibid*.
⁵ Çayas à du Bourg, 26 octobre 1576, *ibid*.

C'est dans ces tristes conditions qu'il dut quitter Tolède, puis l'Espagne, de chaque ville adressant à Philippe des prières et des offres de service nouvelles[1], poursuivi des malédictions de l'ambassadeur de France[2].

Il semble que Jean de Vivonne eût tort de s'irriter autant pour une aussi triste campagne. Pourtant, on va voir que Claude du Bourg était réellement dangereux, et que la France se fût bien trouvée de son emprisonnement.

Moins de six mois après, la nouvelle parvenait à Saint-Gouard que « le Bourc » se disposait à faire encore le voyage d'Espagne, et cette troisième fois comme agent du roi de Navarre[3]! En effet, le général ne servait plus François de Valois : à son retour en France, il avait trouvé le duc si parfaitement d'accord avec son frère que celui-ci lui confiait l'armée de la Loire à mener contre les confédérés; le duc n'avait point voulu ou point pu couvrir de sa protection son compromettant serviteur, qui, sans soutien, menacé, traqué, s'en était venu se jeter dans les bras ou plutôt aux pieds de Henri de Montmorency-Damville et de Henri de Navarre[4]. Navarre, occupé de guerroyer en Gascogne, pauvre chef de partisans réduit aux tentatives désespérées, n'avait pas complétement repoussé les avances du fugitif : il avait écarté son idée d'appeler les Turcs à l'aide[5], mais il avait bien voulu

---

[1] De Barcelone, du Bourg sollicitait encore des lettres de recommandation pour les Génois et les Siciliens : il voulait faire délivrer à ces derniers, dans l'espoir d'une récompense, les priviléges commerciaux du Levant obtenus par les Français. Du Bourg à Çayas, 18 novembre 1576, Arch. nat. K. 1542.

[2] Saint-Gouard à Philippe II, 30 octobre 1576, Arch. nat K. 1540.

[3] Saint-Gouard à Philippe II, 29 avril 1577, Arch. nat. K. 1543.

[4] C'est du moins ce qui semble résulter des documents suivants : Saint-Gouard à Philippe II, 29 avril 1577, Arch. nat. K. 1543; Saint-Gouard à Philippe II, 19 août 1577, et du Bourg à Philippe II, 24 août 1577, Arch. nat. K. 1542.

[5] « En cette extresmité (où était Navarre), sembloit que tout moyen de se deffendre fût licite. Et de fait Henry de Montmorency, sieur de Danville, gouverneur de Languedoc, associé du roy de Navarre, bien que de contraire religion, ne fit point difficulté de luy addresser un nommé du

lui permettre d'aller demander un secours d'argent au roi d'Espagne : c'était soi-disant, il est vrai, pour entreprendre une croisade contre les musulmans [1], mais l'invention était d'une singularité rare, et, pour se l'expliquer, il faut songer que, si le Béarnais n'avait guère de chances de gagner quoi que ce fût à pareille négociation, il ne pouvait du moins rien y perdre. Bien différente était sa situation de celle du duc d'Anjou, frère du Roi, richement pourvu d'apanages et que la dignité de son rang eût dû détourner de se risquer dans certaines manœuvres.

Claude du Bourg ne descendit pas directement en Espagne : il se rendit d'abord en Savoie pour traiter d'un mariage entre le prince de Piémont et la sœur de Henri de Navarre [2], puis à Gênes pour offrir à la République de s'entremettre dans son intérêt auprès du nouveau sultan Amurath [3], sur qui, paraît-il, il avait autant d'influence que jadis sur Sélim. Dans cette ville, il s'embarqua, fit voile vers Barcelone, afin d'aller proposer au Roi Catholique « de se liguer et associer contre le Turc ». Pensait-il seulement à la difficulté de concilier selon la pudeur ses différentes négociations? Je ne le crois pas, car il les confiait toutes fort ingénument à Philippe II dans ses missives.

Bourg, plusieurs fois employé en Levant par nos Rois, qui se faisoit fort de faire venir le Turq à Aiguesmortes... » *Vie de du Plessis-Mornay*, p. 39. — L'entreprise reçut certainement un commencement d'exécution, ainsi que le prouve une lettre d'Amurath III, annonçant à Navarre qu'il va envoyer « 200 voiles surgir aux ports d'Aigues-Mortes ». Berger de Xivrey, t. III, p. 364. — Mais le futur Henri IV eut l'honnêteté d'y renoncer, sur les sages observations de Mornay et de La Noue. *Vie de Mornay*, p. 39.

[1] Navarre à Philippe II, Agen, 3 avril 1577, et Propositions de du Bourg à la cour d'Espagne, 2 août 1577, Arch. nat. K. 1542. — M. Berger de Xivrey, qui a publié la lettre de Navarre du 3 avril, s'est trompé sur le but de la mission de du Bourg, *Lett. de Henri IV*, t. I, p. 132.

[2] Du Bourg à Philippe II, 2 août 1577, Arch. nat. K. 1542.

[3] Grâce, paraît-il, aux bons offices de du Bourg, Sélim II avait accordé aux Génois les mêmes privilèges que ceux obtenus par les Français pour le trafic au Levant; il s'agissait de leur faire confirmer cette concession par Amurath, et de plus restituer Chio moyennant redevances. Du Bourg à Çayas, 24 août 1577, *ibid*.

A Barcelone, le vice-roi de Catalogne l'empêcha de pousser plus loin, en vertu d'un ordre venu de Madrid, et lui dit qu'il se devait résigner à communiquer par lettres avec la cour[1]. Pour se faire bien voir, le général commença par découvrir à don Hernando de Toledo je ne sais quel projet mystérieux, tramé par la France, d'un coup de main sur Barcelone et Valence[2]. Je doute que la révélation ait bouleversé les Espagnols; en tout cas, elle ne les influença pas d'une manière bien efficace en faveur de l'intrigant : on continua de le tenir à distance, et de ses offres non plus que de ses demandes on ne fit aucun cas. Aux projets de croisade de Henri de Navarre[3], il ne fut donné que de fort vagues encouragements, et l'on se déclara dans l'impossibilité de trouver de l'argent à prêter[4].

Ici se place le plus triste incident des trois missions de Claude du Bourg en Espagne. Dévoré d'ambitions inassouvies, l'aventurier voulut à tout prix avancer ses propres affaires : il écrivit à Philippe qu'il se sentait froissé de la disgrâce où le tenait Henri III, et que les injustes soupçons de ce monarque à son égard l'indignaient : il était accusé d'avoir livré des secrets d'État à l'Espagne; or, en toutes circonstances, il n'avait agi que selon la voix de sa conscience de catholique, afin de servir le prince de la chrétienté le plus capable de faire le bien : « Pour toutes ces impressions et vaines accusations, ajoutait-il, je ne laisseray d'adviser Votre Majesté que je la voy tres

---

[1] Du Bourg à Philippe II, 2 août 1577, Arch. nat. K. 1542.

[2] Du Bourg à Çayas, 2 août 1577, ibid.

[3] Proposition adressée à la cour par du Bourg, agent du roi de Navarre, 2 août 1577, ibid. — Du Bourg peignait le Béarnais comme désespéré des guerres civiles et comme convaincu que le seul remède était dans une diversion contre les Turcs ; il ajoutait que l'appui du Roi Catholique était nécessaire, et, pour débuter, demandait à ce prince un prêt de 200,000 écus. Voit-on bien Philippe II s'imposant des sacrifices afin de concourir à la restauration de la paix en France? Depuis qu'il s'était emparé de la haute Navarre, il n'appelait plus le roi de Navarre que *le prince de Béarn*.

[4] Deux lettres de Philippe II au roi de Navarre, août 1577, ibid. : « Je vous prie vous contenter de la mienne bonne volonté, qui est d'ung vostre grand amy, qui vous désire, mon bon cousin, tout byen et prospérité... »

mal advertye des négotiations du Levant et d'un traitté qui a esté faict le troisiesme jour de juing dernier passé, non eslongné du réussible. Il importe grandement à Votre Majesté et à l'estat présent de ses affaires qu'elle ayt prompte et pleine notice et cognoissance dudit traitté et d'ung autre, faict en conséquence d'iceluy. » Et il se disait prêt à communiquer les pièces[1], ne demandant en retour que l'appui de l'Espagne en vue de lui faire obtenir des Génois une honnête récompense de ses bons offices[2].

Cette fois, il faut reconnaître que Saint-Gouard avait ses raisons de haïr « le pernitieulx personnage ». Et de fait — était-ce pressentiment ou résultat des informations de sa police? — il l'exécrait plus que jamais. « Je me esbahis comme la terre le peult soufrir[3] », s'écriait-il.

En rentrant en France, Claude du Bourg apprit la paix de Bergerac, et se hâta d'en écrire aux Espagnols[4], à qui la nouvelle ne causa point d'agrément. L'accord des partis ne lui fut guère profitable : il n'obtint pas son pardon de Henri III[5]. Poursuivi par la vengeance royale, il continua de chercher son salut en même temps que sa fortune dans de douteuses intrigues. Il devait, du reste, très peu de temps après, clore son étrange existence par une triste fin : il mourut dans une prison d'Italie au commencement de 1580[6].

---

[1] Du Bourg à Philippe II, 24 août 1577, Arch. nat. K. 1542. — C'étaient les deux conventions conclues avec Amurath par Gilles de Noailles, abbé de Lisle, et frère du fameux évêque de Dax, confirmations des traités de commerce antérieurs qui n'étaient plus observés. *Négoc. du Levant*, t. III, p. 694 et s.

[2] Du Bourg à Çayas, 24 août 1577, Arch. nat. K. 1542.

[3] Saint-Gouard à Philippe II, 19 août 1577, *ibid.*

[4] Du Bourg à Çayas, Agen, 24 septembre 1577, *ibid.*

[5] Écoutons Saint-Gouard s'exprimer sur son compte dix mois plus tard : « Si le Bourc retournoit à voulloir traitter avec Votre Majesté, Sa Majesté Très Chrestienne la supplye qu'il ne soyt receu ne ouy, pour ne donner lieu à un homme si pernitieulx, plein de mensonges, impostures et maulvoise vye, perturbateur de repoz, calompniateur rachetté du supplice et qui se forge des négociations lui-même. » Saint-Gouard à Philippe II, 12 juillet 1578, Arch. nat. K. 1549.

[6] Il passait à Venise, se rendant à Constantinople de la part du duc

Par le traité de Bergerac, voici donc catholiques, calvinistes et politiques en apparence réconciliés. A la grande contrariété de Philippe II, une paix précaire va régner en France. François de Valois rêve déjà de l'utiliser pour se tailler aux Pays-Bas une souveraineté.

IX

LES AGISSEMENTS DE FRANÇOIS DE VALOIS DANS LES FLANDRES (1577-1578) [1].

Nul doute que, malgré son peu d'affection pour son dernier fils, Catherine de Médicis n'ait désiré son couronnement dans les Flandres : c'était, nous le savons, son espoir et sa manie d'assister au règne de tous ses enfants. Mais il me paraît plus difficile de préciser ce que pensait Henri III de tels projets; ses sentiments sont encore un problème; très vraisemblablement, ils étaient confus, variables, et lui-même avait de la peine à les démêler bien. Il abhorrait et jalousait son frère, comme il avait été pour son compte abhorré et jalousé de Charles IX : par ce motif, il eût voulu l'anéantissement des rêves de grandeur de Monsieur[2], en même temps

---

d'Anjou pour attirer les Turcs en Espagne et faciliter par cette diversion l'entreprise du prince aux Pays-Bas, quand l'ambassadeur de France, Arnaud du Ferrier, le fit arrêter, puis conduire dans la forteresse de la comtesse de la Mirandole, amie de Henri III (décembre 1578 — janvier 1579). C'est là qu'il mourut (1580). *Négoc. du Levant*, t. III, p. 770 et s., 781 et s., et t. IV, p. 786. — De la vie de Claude du Bourg, tout est curieux.

[1] Dès la fin de 1573, le duc d'Albe, cet ennemi juré de la France, que Jean de Vivonne prenait tant de plaisir à battre en brèche aux audiences, avait été rappelé de son gouvernement dans une complète disgrâce. Sous Requesens, les armes espagnoles avaient remporté quelques succès, promptement interrompus par la mort de ce capitaine (mars 1576). Et quand, au mois de novembre suivant, arriva don Juan d'Autriche, il trouva tout le pays dans un état d'affreuse confusion. On m'en voudrait de faire ici l'historique des événements des Pays-Bas.

[2] « On portait envie à l'accroissement de la fortune de mon frère (Fran-

qu'il se fût trouvé ravi d'aise de le voir quitter la France[1] : les Pays-Bas auraient été la Pologne de François. Je n'ose affirmer que Henri ne songeât pas en outre à l'avantage de renverser la domination espagnole sur nos frontières du nord-est : c'eût été la reprise et la réussite des plans de Coligny; ces considérations pouvaient entrer accessoirement dans son esprit.

Quoi qu'il en fût, il importait de persuader à Philippe II que l'on désirait passionnément son triomphe et la soumission des rebelles, et Jean de Vivonne recevait l'ordre d'insister fréquemment, au cours des audiences, sur ces douteuses vérités. Dès la fin de 1577, tandis que commençaient à se nouer entre Monsieur et les Flamands de sérieuses intrigues, le Louvre crut utile de dépêcher à Madrid un envoyé, chargé de renchérir sur les affirmations de M. de Saint-Gouard et, détail assez piquant, de transmettre les conseils de la Reine mère « à son bon fils d'Espagne ». Cet envoyé fut Jules Gassot, conseiller et secrétaire du Roi[2]. Conformément à ses instructions, il donna l'avis de suivre « la voie doulce », pour ne point achever d'exaspérer les révoltés; il proposa même la médiation de Catherine, qui, dit-il, était désirée par les états des Flandres. Saint-Gouard, joignant sa voix à celle de Gassot, recommanda vivement au Roi Catholique « de profiter de la bonne volonté de Leurs Majestés Très Chrétiennes[3] ».

Durant l'année 1578, la politique et les chances de Monsieur se dessinèrent très nettement. La défaite de Gembloux

çois), auquel l'on donna tous les jours nouveaux empeschemens, pour le retarder d'assembler ses forces et les moyens qui lui estoient nécessaires pour aller en Flandres. » Marguerite DE VALOIS, Mémoires, p. 131.

[1] « Le Roi, qui souhaitoit avec passion de voir son frère et toute sa suite hors du royaume... » DE THOU, Histoire, liv. LXVI.
[2] Fils naturel de Jacques Gassot, général des finances. — Ses lettres de créance sont du 17 novembre 1577, Arch. nat. K. 1543.
[3] Saint-Gouard à Çayas, décembre 1577, Arch. nat. K. 1548. — Voyez aussi propositions transmises par Gassot, 16 décembre 1577, et réponse de Çayas à Saint-Gouard, 13 janvier 1578, ibid.

(31 janvier) rendit plus pressante pour les confédérés des Pays-Bas la nécessité de chercher du secours au dehors : ils accueillirent avec empressement les avances positives du prince français [1], et reçurent ses troupes. Un manifeste fort obscur fut lancé par François. Il s'y déclarait contraint par la pitié, malgré l'opposition de sa mère et de la noblesse française, d'aller secourir les infortunés Flamands; il protestait de la droiture de ses intentions, disait qu'il n'avait point l'envie de défendre des rebelles contre leur souverain, mais seulement de leur faire obtenir des libertés légitimes [2]. Puis, il partit pour Mons, et conclut avec les états, le 15 août, un traité par lequel il obtint la promesse, si les Flandres se décidaient à choisir un prince, d'être préféré dans l'avenir à tout autre candidat [3].

Cependant, Saint-Gouard prodiguait à Madrid les assurances du déplaisir qu'éprouvaient de ces agissements Henri III et Catherine. Il qualifiait de « détestable » l'entreprise des Flandres : « Mon maître, disait-il, souhaite ardemment de voir couronnés de succès les efforts du Pape, de Venise et de la Savoie pour en détourner son frère [4]. Bien plus, il dépêche à Son Altesse M. de Bellièvre, avec mission de lui faire des remontrances; M. de Bellièvre doit aussi pousser jusqu'auprès des états afin de leur déclarer que Monsieur n'aura pas l'appui de la France, puis jusqu'auprès de don Juan afin de lui communiquer le résultat de ses négociations. Sa Majesté regrette de ne rien connaître de plus efficace à tenter; elle attend que le Roi Catholique lui fasse part d'un désir : elle se met tout à son service [5]. »

---

[1] V. négociations de La Fougère, de Rochepot et de Sorbier des Pruneaux, ap. DE THOU, *Histoire*, liv. LXVI.
[2] *Id., ibid.*
[3] DUMONT, *Corps diplomatique*.
[4] L'archevêque de Nazareth de la part du Pape, Michaeli de la part de Venise, l'ambassadeur de Savoie de la part de son prince, étaient dépêchés vers le duc d'Anjou. Mémoire de Saint-Gouard à Philippe II, 12 juillet 1578, Arch. nat. K. 1549.
[5] *Id., ibid.*

Henri III n'avait garde de se déclarer plus ouvertement contre François : il tremblait de la peur que celui-ci, se tournant contre lui, ne rentrât en France avec ses huit mille bandits et ses alliés les Allemands [1]. Il vivait au jour le jour, sans résolution, sans projets, affamé de plaisir et de paix, comme un satrape amolli.

Il redoutait, autant que l'ambition de son cadet, les colères des Espagnols. C'est pourquoi, non content des protestations incessantes qu'il leur faisait faire par la bouche de Saint-Gouard [2], il dépêchait à Philippe un gentilhomme de grande qualité, Louis d'Angennes de Maintenon, capitaine de cinquante hommes d'armes et grand maréchal des logis [3], afin de conjurer par cette ambassade extraordinaire les effets de son ressentiment [4]. Puis, c'était le général de l'Ordre de Saint-François, qu'employait la Reine mère, en vue de se concerter avec le Roi Catholique sur les moyens d'arrêter les folies d'Anjou [5].

Philippe avait trop d'embarras et trop d'ennemis déjà, pour songer à déclarer la guerre à la France. D'ailleurs, François de Valois ne réussissait point : des difficultés intérieures et la désunion de ses alliés le dégoûtèrent vite : dès le mois de janvier 1578, il quitta les Pays-Bas.

Mais il devait y retourner.

---

[1] V. RANKE, *Histoire de France*, t. II, p. 22 et s.
[2] Saint-Gouard à Philippe II, 29 juillet 1578, Arch. nat. K. 1545.
[3] Louis d'Angennes, seigneur de Maintenon, époux de Françoise d'O, l'un des neuf fils de Jacques d'Angennes et d'Isabeau Cottereau.
[4] Henri III à Philippe II, 2 août 1578, Arch. nat. K. 1549.
[5] Mémoire chiffré, Arch. nat. K. 1550, n° 2.

X

LA SITUATION D'UN AMBASSADEUR EN ESPAGNE SOUS LE RÈGNE DE PHILIPPE II.

Jean de Vivonne ne comprenait même pas que l'on pût être infidèle à son Roi. Son sentiment à l'égard des gentilshommes rebelles tenait de l'horreur et de la pitié[1]. « Partout, pensait-il, la condition des traistres et de ces change-bandières est de finir misérables, estant chose trop commune et sue que si, pour cause d'estat ou aultre, l'on se sert de la trahison, que néantmoings les traistres sont tousjours haïz et soupçonnez, quelques bons services qu'ils puissent faire... Je ne sçay comme un François noble et généreux veuille faire mettre son honneur en vente[2]. » Le dévouement de cet homme était absolu : « Sire, s'écriait-il avec sincérité, je n'ay au monde devant les yeulx que ce qui est de votre roial service, ne saichant comme il se peult trouver homme craignant Dieu et estimant son honneur qui puisse penser aultre cas[3]. »

Il est vrai que la carrière des « change-bandières » était généralement souillée; mais quand on songe à la situation que faisaient les derniers Valois à leurs serviteurs fidèles, on est tenté de proclamer la vertu de ceux-ci quasi surhumaine. Les dégoûts dont on abreuvait les ambassadeurs, à l'heure même où d'indignes favoris étaient gorgés, passent l'imagination : on traiterait de fantaisie ridicule l'exposé de tant

---

[1] « ...Abhorrisant tellement la trahison d'un costé et en aiant tant de pitié de l'aultre, que je ne sais presque qu'en dire... » Saint-Gouard au Roi, 26 décembre 1578, Ms. Bibl. nat. F. fr. 16106.

[2] Saint-Gouard à Henri III, 26 décembre 1578, Ms. Bibl. nat. F. fr. 16106.

[3] Saint-Gouard à Henri III, 7 janvier 1580, Ms. Bibl. nat. F. fr. 16107.

de misères, si des pièces indiscutables n'existaient pour établir la vérité des faits.

Dès les premiers temps de son séjour à Madrid, M. de Saint-Gouard manque d'argent; à tous les pas qu'il veut faire pour le service du Roi, cette gêne l'arrête[1]. Le dégoût survient bientôt, comme une conséquence inévitable : il n'est pas en Espagne depuis six mois, qu'il supplie son maître de le rappeler à ses côtés, regrettant la vie des camps et sa compagnie d'ordonnance. Dans son ambassade s'est engloutie déjà la meilleure partie de ses ressources personnelles. « Partant d'icy, s'écrie-t-il, je n'auray rien au monde de quoy je puisse vivre, y estant venu achever le peu de ce qu'il me restoit du passé, ne pouvant moings faire pour l'honneur du maistre que je sers[2]. » Par ces confidences, nous apprenons quelles brèches les fastueuses habitudes de Jean de Vivonne avaient déjà faites à son patrimoine. Il eût été nécessaire que, chaque trimestre ou « quartier », ses appointements et pensions lui fussent payés régulièrement[3]. Or, on ne lui paie rien! Il s'effraie du gouffre de ruine ouvert devant ses pas, il s'apitoie sur son sort, ses plaintes sont touchantes : « Je supplye avoir pitié de la vieillesse qui m'assaille avecque la pauvreté, aiant vingt-cinq ans que je sers de mon bien et de ma vye, sans que homme du monde puisse dire que je aie perdeu une seule occasion où les gens de bien vont pour se signaler de ce qu'ilz sont, estant resté de deulx aultres frères qui ont esté tous faisant la mesme profession…[4]. »

« Monsieur de Saint-Gouard, répond le Roi, le service que je reçoy de vous en la charge que vous faictes m'est tant utile et agréable, que sy vous aymez mon contentement, ne devez

---

[1] Saint-Gouard à Charles IX, 21 mai 1572, Ms. Bibl. nat. F. fr. 16104.
[2] Saint-Gouard au duc d'Anjou, 19 septembre 1572, ibid.
[3] Brevet d'une pension de 2,000 francs aux Archives de la Charente, E 158.
[4] Saint-Gouard au duc d'Anjou, 19 septembre 1572, Ms. Bibl. nat. F. fr. 16104.

désirer estre ailleurs... Je m'aperçoy bien que tant plus vous allez en advant, avez plus de lumières et connoissance de touttes choses, qui m'est un grand soulaigement et advantaige...[1]. »

L'ambassadeur se résigne quelque temps, et puis il est repris de désespoir. Il y va de l'intérêt de Sa Majesté de le remplacer par un homme qui puisse tenir la position avec honneur; pour lui, il est dans l'impossibilité de faire figure désormais, « ne pouvant davantaige extanter...[2]. » Il ne lui reste de crédit nulle part[3]. Pour comble de malheur, les protestants occupent la région où sont situés ses domaines : il va se trouver privé de ses revenus; une fois déjà, il est resté cinq ans sans en jouir[4]!

Alors on cherche à le leurrer par des espérances à long terme : on lui fait espérer une part dans les vacances du cardinal d'Este, quand ce prélat trépassera. « Dieu me garde, écrit Saint-Gouard au secrétaire d'État Villeroi, que je soye si vilain en mon avarice que je désire que ung tel personnaige meure, lequel je croys trez dévotieulx serviteur à Sa Majesté, y ayant plusieurs par le monde pareils à moy et peu de ceulx de la qualité dudit cardinal. J'aimerois mieulx mourir de faim... Puisque la disposition du maistre est peu tournée à moy, je me contente de mon estre qui sera tousjours dénué de bien. Et tout ce qu'ils peuvent faire pour moy et pour leur service, c'est d'envoyer icy homme qui y ait moien d'y estre; quant à moi, je ne l'ay plus pour y estre plus longuement..., je me résous à n'aller plus advant[5]. » Menaces, mais menaces vaines! On ne quittait pas Madrid ainsi!

Rien ne fut plus sensible au pauvre serviteur que le passe-droit dont il fut victime au sujet de l'abbaye de Sablon-

---

[1] Charles IX à Saint-Gouard, 17 mars 1573, Ms. Bibl. nat. F. fr. 16105.
[2] Saint-Gouard à Charles IX, 3 février 1574, Ms. Bibl. nat. F. fr. 16106.
[3] Saint-Gouard à Charles IX, 14 février 1574, *ibid.*
[4] Saint-Gouard à Villeroi, 4 mars 1574, *ibid.*
[5] *Id., ibid.*

ceaux. A deux pas des châteaux de Balanzac et de Pisany, ces demeures où s'était écoulée son enfance, dans un site sauvage, au milieu des forêts, s'élevait la fondation de Guillaume le Pieux, duc d'Aquitaine [1]. Les Vivonne ou leurs alliés l'avaient possédée longtemps [2]. On s'était accoutumé dans la famille à la considérer comme une propriété véritable, on avait fait des sacrifices pour l'embellir et même enclavé dans ses murs des fiefs héréditaires. Jean de Vivonne, tout homme d'épée qu'il fût, avait obtenu du Roi la promesse d'être nommé commendataire quand la vacance se produirait. Elle se produisit. Quel ne fut pas le désappointement de l'ambassadeur, à la nouvelle que M. de Biron allait lui ravir l'abbaye! Quoi! il lui faudrait renoncer à l'espoir longtemps caressé de Sablonceaux, à ses forêts où couraient les cerfs, à ses jardins chargés de fleurs et de fruits, à ses gros revenus, à tout ce bel ensemble de choses qui complétaient si bien ses domaines de Saintonge, et cela dans le temps où la gêne, endurée pour le service du Roi, commençait de peser plus intolérable que jamais sur lui! Et puis cette spoliation n'était-elle pas déshonorante? ne témoignait-elle pas tout au moins du peu de cas qu'on faisait de sa personne?

Pris de colère, il écrit à Charles IX pour supplier et se plaindre. Il récapitule ses longues campagnes, ses blessures qui l'ont « estropié de bras et de jambe », les promesses multipliées qu'on lui a faites [3]. Les moyens de récompenser

---

[1] Nicolas ALAIN, *De Santonum regione* : « In proximo autem agro saltuoso atque arenoso, Guillelmus Pius Aquitaniæque dux, dictum cœnobium Sabbloncelense, à situ loci ità nancupatum, à fundamentis excitavit, altissimis nemoribus aviaque solitudine et mœnibus cinctum, opimisque proventibus ac reditibus ditavit, in eoque canonicos Augustinos instituit. Hic horti et opaca nemora cincta, in quibus belluæ et feræ silvestres, ut cervi et aliæ ejus generis, circumspiciuntur. »

[2] Le *Gallia christiana* ne donne guère que la liste des abbés réguliers ou des prieurs claustraux : il mentionne seulement Jean de Torrettes, abbé de Sablonceaux en 1515 (t. II).

[3] « ...L'abbaye de Sablonceaux, laquelle il luy a pleu de sa bonté par plusieurs foys me donner, comme avoient aussy faict les Roys ses prédé-

Biron, fait-il observer, ne manquent point, mais « la rayson ne veult pas qu'il triomphe d'avoir faict que Votre Majesté à son occasion ayt faict une indignité à ung homme de bien... Ladicte abbaye n'a rien de commung avec M. de Biron et est loin de sa maison, et au contraire elle est augmentée aux dépens de la mienne et enclavée en ma terre. Suppliant Votre Majesté que je ne me voye avec ce desplaisir, qu'elle ayt vouleu qu'aultre ayt triomphé de moy avec ung tel desdain et défaveur qu'elle m'avoit faict et aprez lequel je ne veulx vivre une heure toutte seulle [1]. » Fier comme il l'était, Saint-Gouard ne respirait plus, de l'inquiétude de se voir infliger un dessous.

Charles IX mort, il ne perd pas un jour pour tâcher d'intéresser à son sort la Reine mère régente : « Je puys dire, Madame, que je suys le seul de mon aage et qualité qui suys sans auculnes grasses et bienfaicts de troys roys que j'ay avecque toutte fidélité servys, aiant plustost vouleu gaster pour ce faict tout ce qu'ung homme de bien de père m'avoit laissé, qui avoit aussy trez bien servi... Mon extresme nécessité me faict, supplyer Votre Majesté ne souffrir cest affront me soyt faict que l'on m'oste l'abbaye que le feu Roy et Votre Majesté m'avoient donné à ma maison... Du peu d'estat que l'on me faict icy, il y a ung an que je ne suys paié, tant de l'ordinaire qu'extraordinaire, m'aiant cousté à recouvrer les assignations plus qu'elles ne vauldront, encores qu'elles ne fussent payées [2]... »

Dès que Henri III est en France, Saint-Gouard lui commence par lettres l'exposé de ses malheurs : « ...Votre Majesté, je m'asseure, aura souvenance du bon devoir qu'elle mesme a veu que j'ay tousjours rendeu à fidellement servir

cesseurs à ceulx de ma maison pour les bons et fidèles services qu'ilz avoient tousjours faicts... » Saint-Gouard à Charles IX, 20 mai 1574, Ms. Bibl. nat. F. fr. 16106.
[1] *Id., ibid.*
[2] Saint-Gouard à Catherine de Médicis, 16 juin 1574, *ibid.*

ceste couronne, où j'ay tout despendeu mon bien et duquel les rebelles en haine de ma fidélité ont faict tel degast en neuf ans qu'ils en ont jouy, qu'il ne fault plus que j'en fasse aulcun estat; ayant falleu avecque cela que je me soye engaigé avecque tout le monde pour m'entretenir aux armées... De plus, j'ay esté envoié en ceste charge, où j'ay esté si mal payé de mes estatz, que je puys jeurer à Votre Majesté que j'ay esté contrainct jusques icy de faire de nécessité verteu... Que Votre Majesté reconnoisse vingt-huit ans qu'il y a que je suys horz de ma mayson!... En considération de quoy, le feu Roy me donna une abbaye qui estoit d'ung de mes parents et partye en ma terre, enrichie d'icelle et de la dépouille des miens, laquelle néantmoings me feut enviée de M. de Biron [1]... »

Biron avait sur Saint-Gouard l'énorme avantage de n'être pas à plusieurs centaines de lieues : les Valois ne se souciaient guère des absents : Biron obtint Sablonceaux [2].

Comme consolation, on fit don à Jean de Vivonne, après des années de vaines promesses, de l'abbaye de Valence, au diocèse de Poitiers. Il en conçut de la joie d'abord, mais ne tarda pas à s'apercevoir que son bénéfice était un nid à procès. La veuve de l'abbé défunt, madame de Baptresse, refusa de vider les lieux, alléguant que Valence n'était pas une abbaye vacante, parce que, si le bénéficiaire était mort, le titulaire qui la régissait vivait encore. Ce fut une cause célèbre, et le procès traîna longtemps. Les amis de Saint-Gouard, le secrétaire d'État Villeroi en tête, s'entremirent; la veuve fut enfin déboutée devant le conseil privé [3]. Néan-

---

[1] Saint-Gouard à Henri III, 15 octobre 1574, Ms. Bibl. nat. F. fr. 16106.
[2] Voici l'épilogue de cette affaire : « Votre Majesté sait que l'on me doibt l'abbaye de Sablonceaulx, à la poursuitte de laquelle après avoir faict infinyes despences, l'on me la print pour la donner à M. de Biron, me promettant la rescompence des premiers jours, qui ont passé six ans... » Saint-Gouard à Catherine de Médicis, 22 novembre 1579, *ibid.*
[3] V. BRANTOME, *Contre les eslections aux bénéfices.* — Qu'était-ce que M. de Baptresse? Certainement un Nuchèze, mais BEAUCHET-FILLEAU

moins, l'ambassadeur, après les transes qu'il avait dû subir, après les dépenses qu'il avait dû faire [1], ne put entrer en jouissance, même l'arrêt rendu [2]. Je ne sais s'il goûta jamais des douceurs de son bénéfice, mais à coup sûr ce ne fut pas tant qu'il résida en Espagne, sa correspondance en fait foi [3].

Au cours du temps, la pénurie s'aggrave, les lamentations s'accentuent. Le patient se déclare « du tout à bout de son art et de toutte sorte de crédit ». Il redoute de recevoir un affront, s'il continue de ne payer point ses créanciers [4]. Il demande, les mains jointes, qu'on le laisse retourner à son premier métier [5]. Il ne désire rien tant que de partir de Madrid. « J'y suys si ruyné, pauvre et nécessiteulx, qu'il n'est plus possible que je le supporte et endure... » Il rougit jusqu'au blanc des yeux de l'état où le voient les Espagnols, gens hautains et portés naturellement au mépris des pauvres hères [6]. « De bon cœur j'entrerays en une gallaire pour servir le rheme en la main, plutost que de demourer davantaige icy... Je craintz bien que la nécessité que je combatz avecq tant de misère ne me force à ung extresme s'il n'y est remeddié. » Il menace de tout laisser là. « Touttes choses

---

(*Dict. des familles du Poitou*) n'ose pas fixer son identité d'une façon précise, et donne seulement aux noms isolés : « M. de Nuchèze, seigneur de Baptresse, chambellan du Roi, qui percevait les revenus de l'abbaye de Valence en 1571 et en fut désigné administrateur en 1573. » Peut-être s'agit-il de Louis de Nuchèze, seigneur de Baptresse, gouverneur de Cognac, époux de Madeleine de Saint-Gelais. — V. *Gallia christiana*, t. II (Valence).

[1] « Pour en server un sy bon droict, j'ay fait une grande despence, et quand j'en seray frustré, ce sera une telle honte et confusion pour moy qu'il ne fault plus que j'espère aulcune chose... » Saint-Gouard à Catherine de Médicis, 12 novembre 1579, Ms. Bibl. nat. F. fr. 16106.

[2] Le 11 avril 1581, il déclare au Roi qu'il renonce à l'espoir de jouir jamais de son abbaye; Ms. Bibl. nat. F. fr. 16108. — Dès le 20 février 1580, il a remercié joyeusement Villeroi de lui avoir fait gagner son procès, F. fr. 16107.

[3] V. Saint-Gouard à Villeroi, 14 mai 1582, Ms. Bibl. nat. F. fr. 16108.

[4] Saint-Gouard à Henri III, 7 janvier 1580, Ms. Bibl. nat. F. fr. 16107.

[5] Saint-Gouard à Villeroi, 13 janvier 1580, *ibid*.

[6] Saint-Gouard à Henri III, 31 janvier 1580, *ibid*.

sont venues me charger si fort, que je suis contrainct de
donner avec la charge en terre... D'estre confiné icy toutte
ma vie, Votre Majesté scayt bien que ce n'est pas la raison¹! »
Il souhaiterait d'achever ses jours au fond de sa province, « car
à la véritté si, au lieu d'avoir désiré une honorable vieillesse,
par ma disgrâce il me la fault passer pauvre et misérable, je
le sentiray moings en ma patrye, parmy les miens, qu'estant
constitué icy comme sur ung théâtre à la veue de tout le
monde² ». Il soupire donc après l'heure où, sans un sou pour
acheter un cheval, « le baston blanc au poing », il lui sera
donné de cheminer en pèlerin dévalisé sur la route de France.
Voilà le refrain de sa correspondance pendant onze années.

Ce malheureux, que traquent ses créanciers sans trêve ni
merci, le Roi lui doit à la fois jusqu'à 25,000 écus et plus. Les
trésoriers de l'épargne, spéculateurs sordides, presque tous
marchands italiens venus à la suite de Catherine de Médicis,
lui font attendre indéfiniment ses appointements, ou le pour-
voient d'assignations mauvaises sur des caisses de receveurs
généraux situées aux quatre coins de la France. Quand les
gens d'affaires qu'il entretient à grands frais se présentent
pour opérer le recouvrement à Poitiers, à Rennes ou à
Limoges, ils trouvent les deniers envolés : on leur répond
que la somme a été affectée à quelque autre destination; ils
se retirent et font parvenir à Madrid la note du coût³. Cela

---

[1] Saint-Gouard à Catherine de Médicis, 31 janvier 1580, Ms. Bibl. nat.
F. fr. 16107.

[2] Saint-Gouard à Henri III, 5 septembre 1580, *ibid.*

[3] « ...A la fin, Sire, seulx qui font mes afaires ne m'envoiant que pour
huict ou neuf cens escuz de frais faictz à prosuivre, et me mandant pour
résolusion qu'il n'y a poinct de moien d'en avoir jamais rien et que en tous
ces lieux là il n'y a poinct d'argand pour moy... » Saint-Gouard à Henri III,
11 avril 1581, Ms. Bibl. nat. F. fr. 16108. — « ...Ne me pouvant garder de
me plindre que l'on me donne toutes mes asignasions faulses, qui m'ont
aporté, depuis dis et huict moes, pour plus de mil escutz de fres, sans que
j'en aie peu estre paié d'une seule... » Saint-Gouard à Catherine de
Médicis, 11 avril 1581, *ibid.* — Il y a des assignations et des quittances au
nom de Jean de Vivonne, Bibl. nat., Cab. des tit., tit. orig., doss. Vivonne.

n'est pas croyable, mais cela est. A la longue, ces assignations prennent un nom dans la langue usuelle : couramment, dans les correspondances, elles s'appellent de *fausses assignations*. Lorsque, au delà des monts, l'ambassadeur les reçoit, il les met au rebut, et frémit seulement à la pensée de ce qu'elles pourraient lui coûter s'il avait la naïveté de se méprendre à leur sujet. De temps en temps, la Reine mère fait passer un petit sac d'or à l'oublié : rares aubaines[1] ! Ce n'est pas avec si peu de chose que seront levées les hypothèques qui pèsent sur les vieilles terres patrimoniales de Saintonge[2].

Un jour, Saint-Gouard prononce crûment le mot de sa situation : c'est « un exil[3] ». C'est l'exil, loin de la source des faveurs, au milieu d'un peuple ennuyé et dédaigneux, dans une misère à peine dorée, et nul doute que l'ambassadeur, s'il eût été poëte, n'eût écrit ses *Tristes*.

Il n'aimait pas les Espagnols. « Il disoit que, s'il croyait leur ressembler de mine, il ne se montreroit jamais en public, tant il avoit d'amour pour sa nation et d'aversion contre l'Espagne[4]. » Tant d'antipathie a de quoi surprendre en cet homme aimable, à la nature de qui répugnaient les longs ressentiments.

Mais l'Espagne de ce temps-là n'était point séduisante. Philippe avait jeté sur sa cour comme un manteau de glace. Tout y était compassé, terne, méthodique, vieux, mort. Plus de conversations joyeuses, plus d'abandon, d'élégance, de douceur dans les rapports; l'apprêt partout : « On ne voit

---

[1] Saint-Gouard au Roi et à la Reine mère, 11 avril 1581, Ms. Bibl. nat. F. fr. 16108. — Nulle part les confrères de Saint-Gouard ne sont beaucoup mieux traités que lui. V. *Lettres de la Mothe-Fénelon, ambassadeur à Londres*, et l'*Ambassadeur libéral (Vie d'Arnaud du Ferrier, ambassadeur à Venise)*, par Frémy.

[2] Saint-Gouard à Henri III, 28 août 1581, Ms. Bibl. nat. F. fr. 16108.

[3] Saint-Gouard à Catherine de Médicis, 28 août 1581, *ibid*.

[4] Tallemant des Réaux, *Histor*. (4ᵉ).

jamais rien de nouveau ici, écrivent des Vénitiens... Si quelqu'un sait une nouvelle, il est trop prudent pour la raconter¹!... *Non si cavalca, non si convita; si giuoca et si fa all'amore.* » Tristes amours! rien que des galanteries comme celles du maître, brutales, où le cœur ni l'esprit n'avaient leur part. La femme du monde était assujettie et voilée, presque cloîtrée; la courtisane s'étalait impudemment².

Les seigneurs affectaient de traiter les étrangers avec une arrogance insupportable. Chez tous ceux qui s'aventuraient dans la Péninsule, ce n'était qu'un cri, cri de colère et de moquerie, au sujet de la manie d'orgueil qui sévissait à cette époque en Espagne : du grand jusqu'au page, jusqu'au laquais, il n'était personne qui n'en fût possédé, personne qui n'affichât le *sosiego*, c'est-à-dire l'indifférence hautaine, l'apathie dans la morgue. On ne saluait pas les ambassadeurs; le nonce du Pape lui-même n'obtenait pas toujours qu'on se découvrît devant lui³.

Les dossiers de Philippe le suivaient partout. Les résidences royales ressemblaient à des tombeaux, hantés par des légions de scribes, animés seulement du bruit des plumes et du froissement des papiers de chancellerie⁴. Quand la cour avait besoin de distractions, elle les allait chercher dans des retraites, à l'ombre des voûtes des couvents. Chacun se courbait sans mot dire sous la règle claustrale, les reines et les princesses même. On mourait du manque d'air et de rire, la gorge toujours serrée. « Mesdames les Infantes assistent tous les jours aux sermons et services qui se font en la chappelle

---

[1] V. Prescott, *Règne de Philippe II*, t. VI, ch. I.

[2] *Id., ibid.*; et Gachard, *Relations des ambassadeurs vénitiens sur Charles V et Philippe II.*

[3] Gachard, *Relations des ambassadeurs vénitiens*, p. 190.

[4] « Le Roi ne partait jamais de Madrid pour aller habiter un de ses palais, sans emporter avec lui une aussi grosse liasse de papiers que s'il eût été un pauvre clerc gagnant sa vie au moyen de sa plume. » Prescott, *Règne de Philippe II*, t. VI, ch. I.

du pallais... [1]. — Hier, l'on les sortit du pallais pour les faire changer d'air, les ayant logées au monastère de las Descalcas où il y a quelques petits jardrins. Tous les enfantz y sont aussy, et le prince assez mal avec une fiebvre tierce [2]. »

La grande aristocratie s'aperçut de bonne heure que Philippe, toujours paresseux à donner, ne lui tenait assez de compte ni du désagrément ni de la dépense de la vie de cour. Elle se retirait dans ses châteaux, demeures splendides, petites capitales bâties au milieu de petits empires, où dans un faste de princes elle prenait plaisir à trôner : là, tandis que le châtelain, gouvernant ses domaines et ses vassaux, pouvait s'imaginer qu'il était roi, la châtelaine oisive, entourée de ses filles d'honneur sans dot et de ses troupeaux d'esclaves blanches et noires, buvant dans la coupe d'or que lui présentait son page à genoux, ressemblait véritablement à quelque reine de l'Orient [3]. L'été surtout, Madrid devenait un désert; il n'y restait que les gentilshommes de la chambre et du Conseil [4].

Jean de Vivonne se trouvait loin des gais passe-temps français. Où donc étaient les délices semi-païennes de la cour des Valois; les banquets où l'on causait si doucement d'amour et de guerre aux sons de la musique; les intrigues spirituelles et raffinées des châteaux de la Loire; l'escadron volant des filles d'honneur de la Reine mère; les chevauchées ardentes poussées sous les bois, derrière le cor et les chiens [5]? Puis, à ce

---

[1] Saint-Gouard à Catherine de Médicis, 20 mars 1581, Ms. Bibl. nat. F. fr. 16108.
[2] Saint-Gouard à Catherine de Médicis, 10 juillet 1581, ibid. « Cette cour, s'écria un jour Fourquevaux, semble un monastère de nonnains! » Fourquevaux à Catherine de Médicis, 4 août 1571, ap. la Bibl. nat. à Paris, de M. Gachard. — Pour la multitude inimaginable des exercices religieux, processions, sermons, visites aux cloitres, etc., voir les Lettres de Philippe II à ses filles, publ. par M. Gachard.
[3] V. Prescott, Histoire du règne de Philippe II, t. VI, p. 1.
[4] Gachard, Relations des ambassadeurs vénitiens, p. 190.
[5] Quand on chassait en Espagne, ce n'était guère qu'à tir, le plus souvent dans des enclos, et pour tuer. On pêchait aussi quelquefois. V. Gachard, Lettres de Philippe II à ses filles, passim.

sentiment vague, le mal du pays, se joignait en lui la colère des mauvais procédés dont, à toute minute, on le faisait l'objet.

Les ministres espagnols, très ombrageux, le tenaient en suspicion. Ils flairèrent vite en l'ambassadeur de France un homme plein de zèle, éveillé, constamment aux aguets, à la poursuite des nouvelles, nouant des intrigues avec les étrangers de passage à Madrid, et « faisant son profit de tout ». Dès les premiers mois, il fut donc mis par ordre supérieur en une sorte de quarantaine : des gentilshommes, qui le fréquentaient pour le charme de ses rapports, reçurent la défense formelle de le visiter [1]. Sa surveillance était, à vrai dire, d'autant plus dangereuse, qu'il savait discerner avec tact les faux bruits des rumeurs bien fondées : il se moquait spirituellement de don Diego de Çuniga, lequel mandait de Paris à son Roi « touttes les nouvelles qui se publiaient par les cabarets et tentes de la court, pour vrayes [2] ».

Sauf quelques éclairs très fugitifs de sympathie, l'opinion publique était, du reste, plus que défavorable aux Français : il en rejaillissait sur notre résident mille éclats désagréables.

A son arrivée, M. de Saint-Gouard, ami des beaux appartements ainsi que de toutes les belles choses, avait demandé d'être logé plus grandement que ses prédécesseurs; Philippe avait promis des améliorations; mais il fallut lutter contre la mauvaise volonté des commis, qui non seulement ne voulaient pas entendre parler d'embellissements, mais encore retiraient pièce à pièce le mobilier existant. Les procédés journaliers de ces cuistres provoquaient chez M. de Saint-Gouard de véritables transports de fureur [3].

[1] Saint-Gouard à Charles IX, 18 octobre 1572, Ms. Bibl. nat. F. fr. 16104, et le même au même, 18 juin 1573, F. fr. 16105.
[2] Saint-Gouard à Charles IX, 18 juin 1573, Ms. Bibl. nat. F. fr. 16105.
[3] Saint-Gouard à Çayas, 29 octobre 1573, Arch. nat. K. 1531. — Le logement se trouvait dans la maison de Juan de Medrano, de qui Saint-Gouard, aussi bien que ses prédécesseurs, n'avait du reste qu'à se louer. Saint-Gouard à Philippe II, 29 août 1576, Arch. nat. K. 1541.

D'autres fois, c'était le corrégidor de Madrid qui malmenait ses gens, menaçait de les faire fouetter et pendre, refusait brutalement au maître d'hôtel de lui délivrer des vivres pour de l'argent; il eût voulu, vexation ridicule, que l'ambassadeur vînt lui-même aux provisions. « Je seray contrinct de le fere entandre au Roy mon maistre, déclarait Jean de Vivonne indigné à la cour, et luy dire que il envoie issi un esclave pour embasadeur et non un homme de bonne condition et onneur, qui endure d'un corrégidor impudant et insolant tout se qu'il vouldra [1]... Je vous asure que le corégidor de Madrilh n'aurait oquasion de fere pandre mes jans pour me donner du pein, si je advois les blés que je entans se estre cueillis sete année en mes maisons, aiant plus de désir de les aler manger sur le lieu que non issy [2]. » On voit que Jean de Vivonne ne se laissait guère intimider par le terrible monarque. On voit aussi que les glorieux, quand ils font rodomontade de leurs biens de France devant un Espagnol, ne parlent pas des hypothèques qui les grèvent.

Il arrivait encore que M. de Saint-Gouard fût obligé de dégainer contre les spadassins de la rue ou contre les polissons du ruisseau. Dans ces rencontres, il ne fallait pas qu'il s'attendît à trouver protection auprès des magistrats. La canaille venait conspuer ses gens jusque dans son logis. Quand un de ses serviteurs sortait pour une course, il devait prendre garde « à de bons coups d'espée ou que l'on ne luy quittast la cape ». Un soir, l'écurie fut envahie par des gens vociférant contre la France, qui se donnèrent le plaisir patriotique de couper la jambe à l'un des palefreniers. Le lendemain, ils assaillirent un homme de l'ambassade sur la voie publique; le malheureux s'était risqué dehors afin d'escorter un camarade à sa demeure en ville : devant la maison même, ils l'entourèrent, lui prirent son épée, le rouèrent de coups.

---

[1] Saint-Gouard à Çayas, 21 juin 1578, Arch. nat. K. 1548.
[2] Saint-Gouard à Çayas, 22 juin 1578, *ibid*.

Ses cris firent accourir les serviteurs en masse ; M. de Saint-Gouard était à leur tête : une mêlée terrible s'engagea, chacun y combattit pour sa vie. Pendant la nuit suivante, un alcade et des soldats se présentèrent à l'ambassade, forcèrent les portes qu'on n'ouvrait pas, pénétrèrent dans l'écurie, s'emparèrent de deux jeunes garçons et du pauvre palefrenier mutilé, les traînèrent en prison. Saint-Gouard, dès le point du jour, envoya son secrétaire demander justice ; mais les alcades déclarèrent que si les gens de M. de Saint-Gouard ne se venaient constituer prisonniers d'eux-mêmes, on les irait chercher, on les pendrait aux jambages de la porte. M. de Saint-Gouard dut s'adresser au Roi Catholique pour modérer leur ardeur[1].

Je ne prétends pas dire que M. de Saint-Gouard eût toujours une conduite calme, de nature à tempérer le feu des passions. Il ne détestait pas les rixes. Les Français qui faisaient métier d'espions aux gages de l'Espagne l'exaspéraient. Il regardait de travers depuis longtemps le Marseillais Reboul, « un fourbe qui a servy de desa de laquay et qui ne vault rien sinon pour estre geté à un reme en gualère pour toutte sa vie [2] ». Pour deux cents écus par an, le misérable donnait tous les quinze jours les nouvelles du Languedoc et de la Provence. M. de Saint-Gouard le rencontra dans Madrid, et, son mépris débordant, le régala publiquement d'une volée de coups de canne. « Et si je ne me feusse trouvé par fortune ung baston au poing, sur quoy je m'appuyois pour la faiblesse de la maladie de laquelle je ne faisois que rellever, je croy asseurément que je luy eusse miz la teste aux pieds [3]. » Les Espagnols n'aimaient pas les gens battus : on retira « toutes ses provinces » à l'espion. « Les coups de baston que je luy ay donnés l'ont tant désauthorizé, que

---

[1] Saint-Gouard à Philippe II, 2 décembre 1574, Arch. nat. K. 1536.
[2] Saint-Gouard à Çayas, Arch. nat. K. 1548, n° 14.
[3] Saint-Gouard à Henri III, 2 mars 1580, Ms Bibl. nat. F. fr. 16107.

j'entendz qu'il se en va misérable et à pied comme ung coquin [1]. »

Il n'est pas malaisé de deviner quels résultats l'hostilité d'Espagnol à Français produisait à l'égard de nos nationaux, simples particuliers, qui se hasardaient au delà des Pyrénées. Les traitements indignes subis par les traficants français entretenaient Saint-Gouard dans un état d'irritation perpétuelle : ses notes courroucées, ses lettres de menaces, ses suppliques, remplissent encore les cartons où sont déposées les archives de la chancellerie de Philippe II. Dans tous les ports, c'étaient quotidiennement des arrestations arbitraires et des vols flagrants. — A Valence, de pauvres gens, munis d'un sauf-conduit de Philippe, sont cependant arrêtés. On accepte les sept mille ducats qu'ils offrent en garantie, mais on les charge de chaînes, on les jette dans une affreuse prison, on leur impose des gardes à leurs frais, on les laisse au fond de leur trou noir, exténués de faim, attendant la mort, dans l'impossibilité de trouver un écrivain qui leur ose ou veuille dépêcher « un ordre de justice » pour la défense de leur cause [2]. — A Carthagène, procédés analogues : « aiant pour praticque qu'il leur sufist que les navires et équipages soiant françoys (pour) sans aultre raison leur séquestré leurs biens, metre les personnes en prison où l'on les faict mourir de fin et tout cruel traictemant; et puis s'il y est proveu par la bonté et justice de Votre Majesté, si aucuns restant avecque les vyes, ils sont renvoiés en chemise avecque perte de tous leurs biens, parse que aucun de seulx qui ont mis telle injustice en règne n'en ont receu nul chastiement [3]. » — Près de Gibraltar, un navire français, appartenant au consul de Henri III et qui faisait le négoce avec le Maroc, est capturé par le capitaine don Francisco de Vargas et par l'auditeur

---

[1] Saint-Gouard à Henri III, 3 avril 1580, Ms. Bibl. nat. F. fr. 16107.
[2] Saint-Gouard à Philippe II, 10 novembre 1575, Arch. nat. K. 1537.
[3] Saint-Gouard à Philippe II, 19 avril 1576, Arch. nat. K. 1539.

des galères don Juan de Mendoza : ils « mettent tous les hommes à la calle et chesne, les laissant mourir de faim sans leur voulloir donner ung morceau à manger des victuailles qui estoient en leur vaisseau ; et de la marchandise, ilz l'ont transportée deçà et delà sans voulloir ouyr[1] » ; on n'a pas plus de pitié « que si ce fusiant chins ». Les bandits et bourreaux se constituent en tribunal, entament une instruction dérisoire, étendent sur des chevalets leurs victimes épuisées par le jeûne, et, quand elles parlent, vaincues par la torture, ils falsifient leurs aveux. Enfin l'auditeur des galères met un terme à tant de peines en prononçant la mort : « la bestiale sentence » reçoit son exécution : d'affreux supplices ont lieu. L'iniquité « est si manifeste, que entre les Turs elle ne seroit telle[2] ». — A Bilbao, on intercepte et vole la correspondance de nos marchands, on les maltraite[3], on les condamne à périr. Ces « carnasseries » ne s'accomplissent pas brusquement, dans un coup de colère ou de convoitise ; elles durent des années, et le peuple se montre sympathique aux persécuteurs, « estant icy le juge de sacques et le dénonciateur, triomphant la teste haulte, qui sont deux bellistres de nulle considération et qualité ; mais d'avoir faict ce beau chef-d'œuvre d'avoir ruyné ces pauvres subjectz, il semble qu'ilz en sont estimez[4] ». — Vainement l'ambassadeur réclame et réclame encore ; vainement Henri III écrit lui-même pour demander justice[5]. Les lenteurs des bureaux royaux retardent sur l'entrain de ce régime de corsaires. Et puis Philippe II est mal informé[6].

Faut-il bien s'étonner de ces brutalités sauvages des pas-

[1] Saint-Gouard à Philippe II, fin décembre 1577 ou commencement de janvier 1578, Arch. nat. K. 1547, n° 21.
[2] Saint-Gouard à Çayas, 19 et 26 janvier 1578, Arch. nat. K. 1548.
[3] Saint-Gouard à Philippe II, 26 juin 1578, *ibid.*
[4] Saint-Gouard à Henri III (extrait de lettre), Arch. nat. K. 1528, n° 1, et Saint-Gouard à Çayas, 12 mai 1579, Arch. nat. K. 1553.
[5] Henri III à Philippe II, 12 novembre 1578, Arch. nat. K. 1549.
[6] Saint-Gouard à Henri III, Arch. nat. K. 1528, n° 1.

sions individuelles et populaires, quand on voit quelle indélicatesse régnait dans les relations officielles des cours? Il était dans les mœurs de se dérober en pleine paix et par la violence les lettres qu'apportaient les courriers : joies de la maraude, si l'on parvenait à déchiffrer; déception, si le mystère des signes résistait à l'effort des habiles! Philippe avait créé un service d'Italiens, gens avisés et subtils, qui se piquaient de pénétrer tous les chiffres. M. de Saint-Gouard, de son côté, possédait un secrétaire, nommé Longlée, fort bon maître en cet exercice [1]. Et l'on peut croire que le Louvre des Valois et des Médicis n'était pas sans se trouver également bien pourvu.

Le corrégidor de Burgos, sans doute en vertu d'un ordre supérieur, arrête les lettres de Saint-Gouard à leur passage, les ouvre, puis, soigneusement recachetées, les laisse continuer leur route. Mais Saint-Gouard vient à l'apprendre : le danger n'était pas mince, la correspondance interceptée dévoilait toutes ses intrigues avec les Portugais; heureusement, l'indiscret n'a pu « mordre au chiffre ». Saint-Gouard s'indigne, fait des remontrances aux secrétaires Idiaquez et Çayas. Eux se lavent les mains de cette escapade, et disent que c'est « une soterie (sottise) du corigidor de Bourgues (Burgos) ». L'offensé s'en va trouver le Roi : celui-ci le renvoie majestueusement à son ministre Idiaquez. Il faut donc renoncer à toute satisfaction. « A la vérité, c'est un très vilain tour, déclare l'ambassadeur dépité. Ils pensent estre fins, mais ils ne sont que meschants et trompeurs. Je vous suplie vous en vouloir resentir, monsieur de Villeroy, et leur faire prandre toutes leurs depesches [2]. »

Voici les représailles. A Blois, des inconnus attirent le courrier de l'ambassadeur don Juan Bautista de Tassis dans un guet-apens, lui mettent le poignard sur la gorge, le

---

[1] Saint-Gouard à Villeroi, 3 avril 1580, Ms. Bibl. nat. F. fr. 16107.
[2] Saint-Gouard à Villeroi, 20 février 1580, et Saint-Gouard à Henri III, 2 mars 1580, *ibid.*

battent à grande volée, lui arrachent ses dépêches. Naturellement, ces dépêches vont au Louvre. Henri III prend son temps pour les lire, ne consent à recevoir Tassis qu'après avoir déchiffré le grimoire; aux plaintes de l'Espagnol, il répond, sans même se donner la peine de dissimuler sa moquerie, que sans doute des Portugais réfugiés sont les auteurs du coup. Le cardinal de Granvelle, après avoir lu le rapport de Tassis sur cet événement, mande M. de Saint-Gouard auprès de lui : d'un air de reproche, il lui fait observer que le Roi Catholique, lui, rend toujours les dépêches volées dès qu'il les tient. M. de Saint-Gouard, charmé dans le fond, mais que ce succès désarme, écrit à Henri III pour lui conseiller de ne plus laisser détrousser les courriers de Tassis, parce que le prestige de l'autorité royale serait atteint si l'on pensait que le roi de France fût incapable de contenir les Portugais réfugiés [1].

Il y a aussi l'histoire des frères écossais. Mais de celle-ci, M. de Saint-Gouard a toute la responsabilité. C'étaient deux braves catholiques, passés en Espagne afin de se mettre au service du grand Roi; Philippe les avait bien accueillis et chargés d'une mission pour les Pays-Bas. Avant de quitter Madrid, l'idée leur vint d'aller visiter M. de Saint Gouard. Celui-ci leur témoigna sa surprise que d'aussi bons gentilshommes abandonnassent le roi de France, à qui l'Écosse avait tant d'obligations; il fut éloquent, les émut jusqu'aux larmes. Ils protestèrent qu'ils étaient liés au Prince Très Chrétien comme l'écorce à l'arbre, que leur pauvreté seule les obligeait à prendre du service en Espagne, qu'ils quitteraient tous les partis du monde pour celui de France si l'on voulait les employer, fût-ce à dix écus de traitement. Ils quittèrent l'ambassadeur gonflés de repentir, versant des pleurs, se comparant à Judas Iscariote, parlant de s'aller

---

[1] Saint-Gouard à Henri III, 28 août 1581, Ms. Bibl. nat. F. fr. 16108.

pendre ainsi que lui. Cependant, M. de Saint-Gouard calculait froidement à quoi ces frères écossais pourraient être utiles : à la place de Sa Majesté, certes il eût pris le parti de les débaucher aux Espagnols, mais provisoirement il se résolut à leur faire dérober leurs papiers. Il écrivit donc au gouverneur de Bordeaux, « à ceste fin qu'il leur attirât ce passe-temps sur le chemin », et, pour plus de sûreté, les fit suivre d'un homme de confiance [1].

XI

LA QUESTION DE LA SUCCESSION DE PORTUGAL.

Les dernières années du séjour de Jean de Vivonne à Madrid furent presque uniquement occupées par la question du Portugal.

L'étrange et fougueux roi Sébastien avait disparu pendant la bataille d'Alcazar au Maroc, sous les cadavres de tout ce que le Portugal comptait de valeureux, de noble et de grand. Sur le trône de ce pays pour longtemps épuisé par cette saignée formidable, monta le grand-oncle du défunt, le cardinal Henri, vieillard débile, qui ne semble avoir eu d'autre mission que de présider à la dispute navrante de ses dépouilles (1578).

En vain le roi-cardinal fit demander à Rome des dispenses pour se marier : les prétendants à l'héritage n'avaient cure de ces velléités séniles ; personne ne voulait croire au prodige d'une résurrection dynastique ; la bande tournait autour du moribond, guettant l'heure de l'action décisive, et cependant intriguant.

Il y avait trois compétiteurs sérieux : le roi d'Espagne, qui tenait ses droits de sa mère Isabelle, sœur aînée du cardinal

[1] Saint-Gouard à Charles IX, 9 juillet 1573, Ms. Bibl. nat. F. fr. **16105**.

et fille d'Emmanuel le Grand ; le duc de Bragance, agissant au nom de sa femme Catherine, fille d'un frère du cardinal ; don Antonio, prieur de Crato, fils légitimé, mais par acte secret, d'un autre frère du cardinal et de la Juive Yolanda Gomez. Venaient ensuite : le duc de Parme, époux de la sœur aînée de la duchesse de Bragance ; le duc de Savoie, époux d'une sœur du cardinal [1] ; enfin Catherine de Médicis, qui déclarait toute cette famille bâtarde depuis le treizième siècle et se posait comme la seule héritière légitime d'Alphonse III, mort en 1279, et de sa première femme Mathilde de Boulogne [2].

De par les lois du royaume, le sceptre revenait à la duchesse de Bragance, petite-fille par mâle d'Emmanuel le Grand et mariée à un seigneur portugais, si toutefois on considérait — question douteuse — don Antonio comme un enfant naturel. Philippe avait surtout pour lui sa force. Souvent, la force prime le droit !

De Madrid, Saint-Gouard suivait les événements avec zèle. Il correspondait avec le consul de France à Lisbonne, Pierre Dor ; il tenait son gouvernement au courant des nouvelles, donnait son appréciation, stimulait par des lettres l'ardeur des agents français opérant sur les lieux. Il comprenait fort bien au surplus la portée de sa tâche : les brigues de la Reine

---

[1] C'était le moins fondé des prétendants et le moins âpre aussi. « Emmanuel-Philibertus, filius Beatricis, licet natu minoris quam Isabella esset, tamen regnum ambiebat, sed modestissime. » Je ne prends pas sous ma responsabilité les solécismes. Tableau généal., Ms. Bibl. nat. F. fr. 16106. — Il ne maintenait sa candidature que pour faire comme tout le monde. Il proposa cependant à Philippe II de lui céder le Piémont et la Savoie en échange du Portugal : singulier trafic ! Saint-Gouard à Henri III, 13 janvier 1580, Ms. Bibl. nat. F. fr. 16107.

[2] « Catharina Medicea, Henrici II vidua, jus prætendebat ab Alphonso et Amahide, comitissa Bononiensi, ex qua Catharina genus ducebat, cui superstiti Alphonsus aliam uxorem super induxerat, ac proindè omnes spurios eos prætendebat. » Tableau généalogique, Ms. Bibl. nat. F. fr. 16106. — Il est vrai qu'Alphonse III avait répudié Mathilde de Boulogne sans le consentement du Pape, afin d'épouser Béatrix de Gusman ; cela s'était passé vers l'an 1262.

mère pour se faire décerner la couronne n'étaient qu'une parade de luxe, bonne à montrer que l'on avait la main partout; il est vrai que l'on eût accepté volontiers quelque île de l'Océan ou quelque colonie des Indes, et don Antonio promettait de ces bribes en échange de l'appui des Valois [1]; mais il s'agissait, avant toute chose, d'empêcher Philippe II de s'approprier un nouveau royaume et d'accroître d'autant sa puissance envahissante. A ce but tendront tous les efforts de Saint-Gouard.

L'excellent homme qui portait dans ses mains vacillantes le fardeau trop lourd du sceptre portugais, rêva d'abord de mettre les rivaux d'accord par la légalité : c'était, pensait-il, un moyen d'obtenir la paix de ses derniers jours et d'épargner après sa mort une crise à son pays; cela ne compromettait point d'ailleurs ses rêves de mariage et de postérité. Il invita tout le monde à dépêcher des procureurs afin de plaider. Il admit jusqu'aux prétentions de Catherine de Médicis, et donna trois mois à l'agent de cette princesse, l'évêque de Comminges, pour aller rassembler en France les pièces nécessaires ; mais il en eut presque aussitôt regret comme d'un ridicule et hâta les dépositions des autres procureurs pendant l'absence du Français[2]. Philippe, qui comptait plus sur sa force et sur sa politique que sur la bonté de sa cause, écrivit à la Chambre de Lisbonne « qu'il avoit desjà faict consulter cette affaire tant de foys qu'il estoit bien asseuré que le roiaulme lui appartenoit, et qu'il ne vouloit point mettre sa justice en contention, et quant ilz ne se vouldroient donner à luy par amour il verroit de les avoir par forse [3] ». Henri, peiné de cette lettre, manda don Christoval de Mora, l'un des agents les plus habiles de Philippe, qui révolutionnait positivement le

[1] Pierre Dor à Saint-Gouard, 15 mars 1579, Ms. Bibl. nat. F. fr. 16106.
[2] Pierre Dor à Saint-Gouard, 8 octobre 1579, *ibid*. — L'évêque de Comminges était un bâtard de Louis de Saint-Gelais-Lansac, confident de Catherine.
[3] Pierre Dor à Saint-Gouard, 15 mars 1579, *ibid*.

royaume par ses intrigues, et lui reprocha de manquer de conscience et de vouloir suborner le peuple[1]. Philippe tenait à ne pas s'aliéner le vieillard : il consentit enfin à se plier à sa fantaisie.

Les Cortès d'avril 1579 donnèrent une liste de vingt-deux noms, parmi lesquels Henri fit choix des onze juges du procès. Ce procès « fut une comédie; les ambassadeurs de Philippe y jouèrent le premier rôle[2] ». Les notions du juste et de l'injuste y furent si subtilement bouleversées, que les juges, affolés et perdus, en vinrent à déclarer leur impuissance à rien décider[3].

A la suite de cette infructueuse tentative, le duc d'Ossuna sut décider le roi-cardinal à reconnaître, de sa propre autorité, Philippe II pour son héritier. Cela se fit d'abord par un traité secret, car Henri se trouvait naturellement gêné pour affirmer sa compétence après se l'être déniée lui-même, et puis il craignait « ses peuples, qui disent que le Roy peult fere ce qu'il vouldra, qu'ilz mourront plustost advant consentir les Espaignolz[4] ». La haine nationale était vivace. « Le peuple est si portugoiz, qu'ilz se donneroient plustost à un Turc que de se soumettre à des Castillans[5]. »

Philippe voulait une déclaration publique. Le 18 janvier 1580, l'évêque de Leyria se présenta donc aux Cortès : il les harangua de la part de Henri, leur dit que ce prince les chargeait de nommer son successeur, mais ne voyait pour sa part, après mûre réflexion, que deux prétendants sérieux, la duchesse de Bragance et Philippe II, celui-ci beaucoup mieux fondé que celle-là; que par conséquent sa conscience lui

---

[1] Pierre Dor à Saint-Gouard, 15 mai 1579, Ms. Bibl. nat. F. fr. 16106.
[2] DE THOU, *Hist.*, liv. LXIX.
[3] Saint-Gouard envoyait à Henri III tous les documents qu'il pouvait se procurer. Il y en a de fort curieux en espagnol et en portugais, concernant les menées de Philippe et de ses agents en 1579, Ms. Bibl. nat. F. fr. 16106.
[4] Pierre Dor à Saint-Gouard, 8 octobre 1579, *ibid*.
[5] Saint-Gouard à Henri III, 31 janvier 1580, Ms. Bibl. nat. F. fr. 16107.

faisait désirer de voir proclamer le Roi Catholique, « qui estoit si grand et puyssant prince qu'il ne falloit penser venir à la forse avecque luy sans s'asseurer de la totalle ruyne ». L'assemblée bondit comme un seul homme, couvrit de ses cris la voix du prélat, « et aulcuns furent pour luy mettre les mains dessuz et luy faire outrage ». Lui, sans mener plus loin son discours, retourna vers son maître ; bientôt après, il revint dire aux députés que le Roi persistait dans sa manière de voir, et les menaça d'une déclaration dans le sens qu'il préférait s'ils refusaient de se prononcer eux-mêmes. Cette fois, les opinions commencèrent d'être divisées [1]. A la troisième visite de l'évêque de Leyria, les Cortés se contentèrent de demander un délai : il leur fut accordé quelques jours. Ils allaient vraisemblablement se prononcer pour don Antonio ou pour le duc de Bragance, ce qui n'offrait qu'un intérêt de second ordre au roi-cardinal, uniquement préoccupé de trouver le repos, quand ce pauvre monarque l'obtint en mourant.

Il mourut de faiblesse, le 31 janvier, « à unze heures de la nuit, avec l'esclipse [2] ». Et cinq gouverneurs, qu'il avait pris le soin de désigner, saisirent aussitôt les rênes du gouvernement [3].

Depuis longtemps, Philippe II se préparait. La conquête du Portugal est peut-être la seule affaire qu'il n'ait pas laissée péricliter par ses lenteurs accoutumées. Du commencement à la fin, il agit « sans la moindre indécision, avec vigueur et prestesse [4] ». Des levées énormes s'opéraient dans tous ses États, étaient dirigées sur la frontière des deux royaumes [5]. A la nouvelle que les Portugais faisaient mine de nommer eux-mêmes leur roi, il pressa la concentration des troupes. En

---

[1] Saint-Gouard à Catherine de Médicis, 31 janvier 1580, Ms. Bibl. nat. F. fr. 16107.

[2] Saint-Gouard à Henri III, 7 février 1580, *ibid*.

[3] De Thou, *Hist.*, liv. LXIX.

[4] « Sin la minor indecision y con singular vigor y presteza. » Canovas del Castillo.

[5] Saint-Gouard à Henri III, 7 et 31 janvier 1580, Ms. Bibl. nat. F. fr. 16107.

même temps, toujours formaliste, « il a assemblé douze des plus fameux théologiens qui se retrouvent en ceste court, desquelz il a voulu (savoir) si, avec ce qu'a dict le roy de Portugal en sa faveur, il pouvoit de saine conscience avec les armes forcer les Portugois : tous l'ont asseuré qu'il le peult [1] ». Le sol de l'Espagne trembla du pas des soldats et des chevaux, du roulement de l'artillerie traînée par les bœufs et par les mules au galop [2].

Chacun de ces bruits avait un retentissement douloureux dans l'âme de Saint-Gouard. Le 7 février, pendant la nuit, il écrivait à Henri III pour lui faire part de ses inquiétudes; sa besogne fut interrompue subitement par l'entrée d'un homme déguisé : sous le manteau de ce mystérieux visiteur, il reconnut avec surprise un seigneur des plus qualifiés, le cousin germain du duc de Bragance, don Rodriguez de Castro [3]. Ce gentilhomme de sang royal vivait à la cour de Philippe II, qui l'honorait au point de lui permettre de parer son cheval de la housse, faveur faisant plus d'un jaloux. Il expliqua le but de sa démarche à M. de Saint-Gouard : il venait, de la part du duc de Bragance, lui demander conseil et solliciter l'appui du roi de France. « Le duc de Bragance est-il homme à défendre énergiquement ses prétentions ? » lui répliqua Saint-Gouard. — « Jusqu'à la mort. Il y a cent cinquante mille hommes en Portugal : tous marcheront sûrement avec lui. Mais il a besoin cependant de la puissante assistance du roi de France. » — « Il est fâcheux, reprit l'ambassadeur, que vous ayez attendu si longtemps pour vous adresser à nous; mais peut-être cependant n'est-il pas trop tard : un grand roi comme le mien a toujours aux mains le

---

[1] Saint-Gouard à Henri III, 7 février 1580, Ms. Bibl. nat. F. fr. 16107.
[2] Saint-Gouard à Henri III, 26 mai 1580, *ibid*.
[3] Don Rodriguez de Castro, quatrième comte de Lemos, premier marquis de Sarria, époux de Thérèse d'Andrade, était fils de Denis de Portugal et de Béatrix de Castro, et petit-fils de Ferdinand duc de Bragance. V. Moréri.

pouvoir d'obliger ses amis. » — « Quels renforts pourrez-vous nous faire passer? » — « Autant qu'il vous plaira. Seulement il faut que le duc envoie quelqu'un à Sa Majesté pour négocier. Hâtez-vous, et surtout pas un mot aux Espagnols de tout ceci. » Sur ces demi-assurances de bon vouloir, don Rodriguez quitta Saint-Gouard, afin d'écrire à son cousin le résultat de sa conversation [1].

Ces deux personnes eurent dans la suite plusieurs entrevues du même genre. Don Rodriguez venait à l'ambassade de France, toujours dans le plus grand mystère, la nuit, et masqué. Jean de Vivonne était réellement sympathique à la cause de Jean de Bragance; il ne faisait aucun fond sur les destinées du prieur de Crato, qu'il savait léger, frivole, de mince valeur, sans fermeté : dès les premiers temps, il avait reçu de don Antonio des lettres découragées qui pronostiquaient le succès du roi d'Espagne [2]. Il considérait donc le duc de Bragance, époux d'une femme ambitieuse et tenace [3], comme le seul obstacle à susciter à Philippe. Il le disait à Henri III [4].

L'ambassadeur de Portugal à Madrid, qui se trouvait dans une situation des plus fausses depuis la mort du roi-cardinal, vint aussi trouver Saint-Gouard à son logis, mais de la part des gouverneurs, et le supplia d'amener une intervention de la France en faveur de leur pays, tout au moins d'intercéder auprès du Roi Catholique afin d'empêcher l'invasion. Saint-Gouard ne put répondre que par des paroles évasives : les Valois n'étaient pas disposés à se compromettre encore [5].

Les Valois se contentèrent, en cet instant, d'envoyer un

---

[1] Saint-Gouard à Henri III, 7 février 1580, Ms. Bibl. nat. F. fr. 16107.
[2] Ms. Bibl. nat. Fonds espagnol, 183.
[3] « Sa femme était d'un caractère fort impérieux. » DE THOU, *Hist.*, liv. LXX.
[4] Saint-Gouard à Henri III, 20 février 1580, Ms. Bibl. nat. F. fr. 16107.
[5] Saint-Gouard à Henri III, 20 mars 1580, *ibid*.

agent en Portugal, moitié pour éclairer la situation, moitié pour nouer des intelligences avec les divers prétendants. Sa mission paraît avoir été peu précise : elle répondait bien à ce besoin vague d'intrigues à tout prix qui faisait le fond de la politique de Catherine et de son fils. Au lieu de prendre parti, fût-ce dans l'ombre, on laissait couler le temps et s'aggraver les événements dans des pratiques puériles. Cet agent se nommait Abbadie; Saint-Gouard le vit à son passage à Madrid, et se montra peu satisfait de ses mérites : « J'ay peur, dit-il, qu'il ne soit un peu bien faible et qu'il n'ayt pas assez de fondemantz pour porter le poez d'un si grand édifise [1]. »

En arrivant en Portugal, Abbadie adopta le contre-pied des idées de Saint-Gouard. Il descendit chez notre consul, Pierre Dor, entièrement gagné par don Antonio, prit la même ligne politique que lui, ne visita le duc et la duchesse de Bragance que pour la forme, au contraire négocia vivement avec leur rival. M. de Saint-Gouard faisait peu de cas de Pierre Dor, « petit brouilleur et finot [2] », qu'il employait à lui procurer des singes sur les quais de Lisbonne [3]. Il le soupçonnait de s'être laissé leurrer, ainsi qu'Abbadie, par les promesses d'enrichissement du prieur de Crato [4]. Le soupçon devait avoir du fondement, car la coutume de Jean de Vivonne n'était point de calomnier; mais l'attitude des deux agents se pouvait justifier. « Je ne trouve pas, écrivait Abbadie, que les Portugois soyent fort inclinez au party du seigneur de Bragance. Le seigneur don Antonio a le peuple fort à sa dévotion, et beaucoup de la noblesse qui luy font

[1] Saint-Gouard à Villeroi, 20 mars 1580, Ms. Bibl. nat. F. fr. 16107.
[2] Saint-Gouard à Henri III, 18 mai 1580, *ibid*.
[3] Pierre Dor à Saint-Gouard, 10 février 1580, *ibid*. — Ce Pierre Dor commit l'imprudence, on le sut plus tard, de fabriquer des lettres de Henri III et de la Reine mère à don Antonio et à la Chambre de Lisbonne : ces lettres promettaient des secours. Il imita même le seing royal. Saint-Gouard à Henri III, 6 décembre 1580, *ibid*.
[4] Saint-Gouard à Henri III, 18 mai 1580, *ibid*.

beau semblant [1]. » C'était vrai : les sympathies nationales affluaient à ce persécuté des derniers règnes [2], que réhabilitait et favorisait le nonce [3].

Pierre Dor se chargea d'aller demander du secours au Roi et à la Reine mère en faveur de don Antonio, et partit effectivement pour la France [4]. Vers le même temps, un singulier émissaire débarquait en Portugal, suivi d'un seul valet, et se rendait aussitôt auprès de don Antonio. Il disait s'appeler le baron de Montaigu, et figurer parmi les gentilshommes de Monsieur. Pour se donner du prestige, don Antonio affirma tout haut que c'était un envoyé secret du duc d'Anjou, du roi de Navarre et de la reine d'Angleterre, porteur de lettres de ces trois personnes. On comprit mal qu'un même homme pût se trouver chargé de tant de messages, et Saint-Gouard déclarait impossible que le frère de son roi s'aventurât dans de telles intrigues [5]. Seulement, les messagers que dépêchait un peu partout François de Valois semblaient généralement invraisemblables, tant qu'ils n'étaient pas reconnus pour vrais.

On conçoit dans quelle délicate situation se trouvait Saint-Gouard pour répondre à don Rodriguez de Castro durant leurs causeries nocturnes. Henri III lui fit part de sa résolution, qui n'en était pas une, « de donner à la sourde faveur aux Portugais, ne se déclarant que aultant qu'il verroyt luy venir le plus à propoz [6] ». L'ambassadeur loua la prudence royale, mais donna le conseil d'une décision aussi rapide que possible : il eût voulu que l'on reconnût avec soin d'où venait le vent, puis que l'on en suivit le sens pour heurter Philippe; lui, jugeait le vent favorable au duc de Bragance; il croyait

---

[1] Abbadie à Saint-Gouard, 2 mai 1580, Ms. Bibl. nat. F. fr. 16107.
[2] De Thou, *Hist.*, liv. LXIX et LXX.
[3] Saint-Gouard à Henri III, 18 mai 1580, Ms. Bibl. nat. F. fr. 16107.
[4] Abbadie à Saint-Gouard, 2 mai 1580, *ibid.*
[5] Saint-Gouard à Henri III, 18 mai 1580, *ibid.*
[6] Saint-Gouard à Henri III, 3 avril 1580, *ibid.*

les gouverneurs et la majeure partie de la noblesse ses partisans résolus[1]. Il eût aimé de voir ce prétendant s'entendre avec don Antonio, par la médiation de la politique française : don Antonio, déjà vieux de cinquante ans, chevalier de Malte, eût régné, mais eût pris l'engagement de ne point demander de dispense pour se marier, et reconnu comme son héritier le fils de son rival; pour prix de ses services, le Roi Très Chrétien eût obtenu Madère, la Guinée, le Brésil, le droit de commerce avec les Indes orientales[2]. Le salut du Portugal était peut-être dans cette combinaison.

Mais Saint-Gouard n'avait point l'autorisation de tramer ces grandes choses. Il se devait borner au rôle plus modeste d'exciter par tous les moyens le zèle des Portugais contre l'Espagne. Du moins jouait-il ce rôle avec science : constamment don Rodriguez venait lui demander à quand les secours de France; sa réponse était qu'ils partiraient sans aucun doute dès que Sa Majesté verrait les Portugais bien déterminés « et de furye décidez à ne pas laisser faire un pas aux Castillans[3] ». La France, ajoutait-il, pouvait-elle s'avancer dans cette grosse aventure, au risque d'y être abandonnée quelque jour, tant que les gens du pays n'auraient pas prouvé qu'ils étaient capables de ne « monstrer aucune flaquesse, mais ung cueur de vraiz Portugaiz »[4]? Évidemment non. — Don Rodriguez était forcé de convenir que M. de Saint-Gouard avait cent fois raison[5]. — « Il fault nécessairement leur user de ce stille pour que le cueur leur croisse, écrivait Saint-Gouard au Louvre, et avec cela il seroit trez à propos que Votre Majesté feist à la sourde quelque démonstration qui les animast[6]. »

Les Portugais avaient crié beaucoup, fait de grands ser-

[1] Saint-Gouard à Henri III, 23 mars 1580, Ms. Bibl. nat. F. fr. 16107.
[2] *Id., ibid.*
[3] Saint-Gouard à Henri III, 3 avril 1580, *ibid.*
[4] Saint-Gouard à Henri III, 18 mai 1580, *ibid.*
[5] Saint-Gouard à Henri III, 3 avril 1580, *ibid.*
[6] Saint-Gouard à Henri III, 18 mai 1580, *ibid.*

ments de patriotisme, varié leurs épithètes contre les Castillans, brandi des épées et des étendards : claquements de langue et cliquetis de ferraille, tout cela! Jean de Vivonne ne s'y fiait qu'à demi : « J'ay bien peur que infin les Portugois se laissant prandre les mins en la poche, enquore qu'ils disant qu'ils seront plutaust du diable que de Castille! Mais infin je croy que se ne seront que parolles, si aultre que heulx ne s'en meslant[1]. » Par exemple, il se fiait absolument à l'intégrité des cinq gouverneurs[2]; il ne savait pas que la majorité d'entre eux appartenait au roi d'Espagne; tout au plus les supposait-il capables de prolonger le provisoire à dessein pour conserver plus de temps l'honneur de leur poste[3]. Et quant aux Bragance, il était convaincu de leur inébranlable fermeté[4]; il s'imaginait les voir gagner du terrain tous les jours[5]; il se désespérait, à la pensée que la France perdait l'occasion d'une utile alliance avec eux[6].

Il apprit avec stupeur, presque simultanément, la proclamation de don Antonio et la soumission à Philippe II du duc de Bragance. Tandis que l'un, salué des cris populaires à Santarem, entrait en triomphe dans Lisbonne et faisait s'enfuir de Sétubal les trois gouverneurs dévoués à l'Espagne, l'autre commençait de négocier avec le Roi Catholique, était froidement reçu d'abord, et finalement obtenait un accommodement[7]. Don Rodriguez de Castro vint voir Saint-

---

[1] Saint-Gouard à Villeroi, 20 avril 1580, Ms. Bibl. nat. F. fr. 16107.
[2] Ce qui l'induisait en erreur sur le patriotisme des gouverneurs, c'était qu'ils avaient dépêché à Henri III le négociateur Barretta pour demander du secours; Saint-Gouard à Henri III, 13 juin 1580, *ibid.* — Mais ils ne l'avaient fait qu'afin de donner satisfaction au peuple mutiné. De Thou, *Hist.*, liv. LXX.
[3] Saint-Gouard à Henri III, 18 mai 1580, Ms. Bibl. nat. F. fr. 16107.
[4] Saint-Gouard à Henri III, 1er juin 1580, *ibid.*
[5] Saint-Gouard à Henri III, 13 juin 1580, *ibid.*
[6] *Id., ibid.*
[7] Il y a à la Bibliothèque nationale (F. fr. 16107, fos 292 à 320) des documents espagnols envoyés par Saint-Gouard à Henri III et concernant les événements de juin.

Gouard, assez embarrassé, peut-on croire, balbutia quelques mots d'assurances et d'excuses vagues, et partit pour rejoindre son cousin [1].

Saint-Gouard ne s'était pas trompé sur les affaires de Portugal autant qu'il pourrait paraître : le duc de Bragance et sa femme ne se rendaient que parce qu'ils jugeaient avec raison toute résistance impossible sans l'appui moral de la France, et d'autre part le prieur de Crato n'était assurément pas capable de défendre la couronne que venaient de lui décerner à l'improviste un évêque et quelques milliers d'enthousiastes. Néanmoins, l'ambassadeur conçut du dépit de l'apparent démenti que recevaient ses prédictions : dans son for intérieur, il rendit Henri III responsable du nouveau tour des événements; longtemps après, quand la cause de don Antonio sera perdue, il se plaindra fort aigrement du peu de cas qu'on a fait de son jugement [2]. Sur l'heure, il se rangea pourtant, sans hésiter, du parti du seul champion que l'on pût opposer à l'Espagne, insista sur l'urgente nécessité de lui prêter main-forte [3]. Mais ses lettres devinrent aussi brèves qu'elles avaient été détaillées, prolixes même, auparavant.

Pour le Portugal, l'élévation de don Antonio fut le commencement de la fin. Les armées du Roi Catholique, massées sur la frontière autour de Badajoz, le duc d'Albe à leur tête [4], n'attendaient qu'une occasion pour couvrir de leurs flots les vallées du Tage. Philippe, qui s'était transporté — fait unique — au milieu de ses troupes, trouva le prétexte désiré dans le mouvement populaire de Santarem, et lâcha son torrent.

---

[1] « ...Le seigneur don Rodrigues m'est venu voir, bien picqué de l'estat auquel sont de présent les affaires de Portugal, et m'a dict s'en voulloir aller, le plus tost qu'il pourra, trouver le duc de Bragance, lequel il dict et croyt asseurément qu'il prendra plustost tous autres partys que de se retirer vers le Roy Catholicque... » Saint-Gouard à Henri III, 7 juillet 1580, Ms. Bibl. nat. F. fr. 16107.

[2] Saint-Gouard à Henri III, 1er octobre 1582, Ms. Bibl. nat. F. fr. 16108.

[3] Saint-Gouard à Henri III, 7 juillet 1580, Ms. Bibl. nat. F. fr. 16107.

[4] Philippe venait de le relever de sa disgrâce.

En même temps, selon son habitude invétérée, il fit mettre à prix la tête du roi de Lisbonne[1]. En même temps aussi, les trois gouverneurs qui s'étaient enfuis de Sétubal publièrent à Castro-Marino, dans les Algarves, un édit de reconnaissance du roi d'Espagne, et cet édit jeta la perturbation dans les consciences des Portugais indécis[2].

Le duc d'Albe marcha rapidement. En quinze jours, il était à Sétubal, terrorisait la ville, s'embarquait pour Lisbonne sur la flotte du marquis de Santa-Cruz qui l'avait rejoint. Le bruit de l'approche de ces deux conquérants de réputation sinistre jeta la capitale dans une panique indicible : quelques journées auparavant, don Antonio passait en revue les harengères costumées en amazones, tout le monde jurait de mourir pour la liberté; à présent, on ne sortait plus des maisons, on se cachait dans les caves, les moines seuls avaient du cœur et parcouraient les rues en agitant des piques et poussant des clameurs. Don Antonio, maintenu dans le devoir par la surveillance de l'évêque de la Guarda, eut de la peine à réunir quelques milliers d'hommes afin de faire face au débarquement. Ils se dispersèrent dès le commencement de l'action. Le conseil de ville capitula. Don Antonio esquiva les poursuites et courut à Santarem : la ville qui l'avait acclamé roi le repoussa. Il gagna le nord, organisa la défense à Porto, puis, au bruit de la marche des Castillans, disparut sans qu'on sût où[3].

M. de Saint-Gouard lui-même, malgré son pessimisme, demeura confondu de cette précipitation des choses. Jamais

---

[1] Saint-Gouard à Henri III, 11 juillet 1580, Ms. Bibl. nat. F. fr. 16107. — Philippe avait quitté Madrid dans les premiers jours de mars; il s'était acheminé sur Guadalupe, puis sur Mérida, puis sur Badajoz. Il avait mal reçu les ambassadeurs portugais à Mérida. Saint-Gouard à Henri III, 26 mai 1580, *ibid.*

[2] « Vous ne sauriez vous imaginer la quantité de personnes qui accourent de tous les villages, demandant des grâces ou la confirmation de leurs charges. » Albornoz à Çayas, 5 juillet 1580, *Doc. inéd.*, t. XXXII.

[3] De Thou, *Hist.*, liv. LXX.

il n'eût cru que le Portugal se fût résigné si facilement : qu'était-ce donc que la haine traditionnelle des deux peuples, le fier langage des Portugais avant la lutte[1] ? Il devint plein de mépris pour cette pauvre nation, que pourtant il serait peu juste de condamner sans atténuation : elle n'avait plus d'hommes depuis l'expédition du roi Sébastien au Maroc. « Je les tiens à ceste heure pour la plus misérable et abattue nation qui soyt en toutte Europe, croyant asseurément que l'on les mettra en province comme pays conquis, sans leur garder aulcunes de leurs coustumes antiques[2]... »

Sans défense, tremblant de peur, couchés à terre tels que des moutons pitoyables, les Portugais enduraient l'horrible contact des loups castillans abattus à la proie. Les violences furent atroces. « Les excès qui se commettent ici, confessait Albe pourtant blasé, dépassent tout ce que j'aurais jamais imaginé ; non, je n'aurais pas cru que des gens de guerre pussent arriver à un tel degré de brigandage[3]. » Cette appréciation d'un connaisseur doit faire foi.

Lorsque tout danger fut passé de compromettre la majesté royale dans la mêlée, Philippe quitta son poste d'observation de Badajoz à pas lents, s'avança dans l'intérieur du Portugal jusqu'à Thomar. Il traînait à sa suite les Bragance, qu'il avait été chercher chez eux à la campagne[4] et qu'il affectait de combler de témoignages d'amitié. Il était reçu partout « avec une apparence alègre, mais tout le monde n'était pas d'oppinion qu'en général les intérieux correspondaient aux visaiges ne aux parolles[5] » ; du reste, il faisait bonne mine à ses nouveaux sujets, « obligeant la volleinté de tous par les grâces qu'il leur faisait, selon qu'ilz les deman-

---

[1] Saint-Gouard à Henri III, 22 août 1580, Ms. Bibl. nat. F. fr. 16107.
[2] Saint-Gouard à Catherine de Médicis, 5 septembre 1580, *ibid*.
[3] Albe à Philippe II, *Doc. inéd.*, t. XXXII, p. 368.
[4] A trois lieues d'Elva. Saint-Gouard à Henri III, 12 mars 1581, Ms. Bibl. nat. F. fr. 16108.
[5] Saint-Gouard à Henri III, 20 mars 1581, *ibid*.

daient ou les voyait attachez chaiscun en son particullier¹ ».
Au mois d'avril, dans une salle du couvent de l'Ordre du Christ
de Thomar², Philippe, vêtu d'une tunique d'or comme un
dictateur romain, mais couvert par-dessous d'une cotte de
mailles, reçut le serment des Cortez; la famille des Bragance
entendit la messe à ses côtés, sous la même courtine que
lui, « ce que l'on tint pour une des plus grandes faveurs
que l'on luy pouvoit faire³ ». Les députés séparés, comme
la peste avait cessé de régner à Lisbonne, il se rendit enfin
dans cette ville. Il venait de publier un pardon général, sauf
quelques exceptions; « mais tous les jours, nonobstant ledit
pardon, l'on prend en Portugal force gens qui sont sub-
çonnez d'estre encores affectionnez à don Anthoine, et croy
que ceste persécution durera comme il y aura quelqu'un qui
aura de quoy perdre et des ennemyz⁴ ».

Don Antonio empoisonnait la satisfaction de ces premières
heures de la conquête. Il était le point noir. On ne pouvait
le prendre; on ne savait ce qu'il était devenu, ni ce que
peut-être il machinait dans l'ombre; on avait pourtant des
raisons de croire qu'il errait de cachette en cachette au nord
du Douro : des cavaliers espagnols à sa poursuite l'avaient
vu le long d'une côte, luttant dans une barque contre la
tempête, rejeté par le vent au rivage; mais il s'était dérobé,
comme toujours, par un prodige ⁵. L'imagination populaire
s'excitait, bâtissant des contes. Au moindre soupçon sur un
inconnu, on l'arrêtait, on le mettait à la gêne, « luy demandant des nouvelles de don Antonio ⁶ ». Les Français étaient
particulièrement maltraités, car on les soupçonnait d'intelligences avec le fugitif. Le consul Pierre Dor, qui, de retour

---

¹ Nouvelles de l'estat du Portugal, mars 1581, Ms. Bibl. nat. F. fr. 16108.
² Ms. Bibl. nat. Fonds portugais, 66, f⁰ˢ 31 à 37.
³ Saint-Gouard à Henri III, 15 mai 1581, Ms. Bibl. nat. F. fr. 16108
⁴ Saint-Gouard à Henri III, 26 avril 1581, *ibid.*
⁵ Saint-Gouard à Henri III, 12 mars 1581, *ibid.*
⁶ Saint-Gouard à Henri III, 15 mai 1581, *ibid.*

de son voyage en France, n'avait point cessé ses maladroites cabales, se trouvait réduit à se cacher, et le duc d'Albe promettait à qui le lui découvrirait 4,000 écus [1]. Un frère du négociateur Abbadie, traficant à Lisbonne, endura la torture. M. de Saint-Gouard n'ignorait rien [2], quelque précaution que l'on prît en vue d'étouffer l'écho de ces abus de force. Philippe avait une curieuse épouvante de ses doléances : « Je crains bien, écrivait-il, d'avoir à entendre d'interminables plaintes de ce que l'on a donné des tours de corde à des Français, surtout si Saint-Gouard, qui est à Madrid, vient à le savoir. Il faut leur distribuer quelque chose et leur procurer un navire, pour qu'ils s'en aillent sans crier et sans repasser par Madrid [3]. »

Enfin, on apprit un jour que don Antonio n'était plus en Portugal, mais en France. Traqué comme une bête fauve depuis huit mois, il avait fui par mer jusqu'à Calais [4]. Saint-Gouard s'était pourtant efforcé de le détourner d'abandonner la partie : il eût aimé de le voir demeurer en Portugal, comme une épine au pied des Espagnols [5].

Lui-même ménageait au Roi Catholique un sérieux ennui, celui de sa visite à Lisbonne.

---

[1] Ms. Bibl. nat., Fonds portugais, 66, f° 17.
[2] Saint-Gouard à Henri III, 15 mai 1581, Ms. Bibl. nat. F. fr. 16108.
[3] *Doc. inéd.*, t. XXXIV, p. 260.
[4] Son départ est de juin 1581, l'entrée de Philippe II à Lisbonne est de la fin du même mois; mais on ne sut pas immédiatement la nouvelle rassurante. En novembre, le lieu de refuge de don Antonio était encore un problème.
[5] V. les réponses de Saint-Gouard à des lettres de don Antonio et de Pierre Dor, Ms. Bibl. nat. F. fr. 16107 (fin du vol.).

XII

LES DEUX VOYAGES DE JEAN DE VIVONNE A LISBONNE.

Saint-Gouard ne se pouvait faire à l'idée de demeurer à Madrid, loin du Roi Catholique : ce n'était pas amour de ce prince, c'était souci de sa propre dignité : sa mission d'ambassadeur lui semblait rabaissée. En partant, au mois de mars 1580, Philippe avait chargé le cardinal de Granvelle de traiter à sa place avec les résidents des cours tant que durerait son absence [1]; il ne se souciait pas de remorquer à sa suite ces façons d'espions, que d'ailleurs il n'eût pu faire voyager sans de grands frais. Les résidents acceptèrent la situation sans mot dire. Seul, celui de France se montra piqué. Le cardinal de Granvelle lui déplaisait, je ne sais pourquoi, d'une façon particulière; et puis était-ce pour séjourner à cent lieues du Roi qu'il lui fallait pâtir indéfiniment dans son exil d'Espagne? Il se jura, dès qu'il aurait la moindre communication à faire, de monter à cheval et de piquer droit vers Philippe. L'ambassadeur d'Espagne en France, lors des derniers états, avait bien refusé de loger à Beaugency et positivement exigé d'être admis à Blois! « Je n'ay moindre désir de faire le service de Votre Majesté et à n'y laisser perdre un seul point de son autorité [2]. » Au gré de Jean de Vivonne, les autres résidents manquaient de fierté, et certainement méritaient que leurs maîtres leur fissent couper la tête comme à des ministres infidèles [3].

---

[1] Granvelle avait pris la tête des affaires à la chute d'Antonio Perez (1579); il partageait les soins du pouvoir avec Idiaquez, Christoval de Mora, Çayas; ce dernier était l'un des rares débris du parti politique fondé par le prince d'Eboli. V. MIGNET, *Antonio Perez et Philippe II*, chap. III.
[2] Saint-Gouard à Henri III, 8 mars 1580, Ms. Bibl. nat. F. fr. 16107.
[3] *Id., ibid.*

Partir pour le camp royal, c'était bien! mais comment partir? Pour faire ce coup, il fallait des ressources, et Saint-Gouard était à sec. Précisément à ce moment, il déclarait en toute franchise qu'il n'avait plus le moyen ni de rester à Madrid, ni de retourner en France, ni de suivre le souverain en Portugal [1]. Cette dernière combinaison était encore la plus irréalisable des trois. « Pourtant, expliquait-il à son gouvernement, je me délibère d'achever de vendre tout le peu qui me reste, et plustost avec deux mulles de louage aller trouver le Roy Catholique aussy tost [2]. » Chaque jour, quelqu'un de la Cour s'en allait. Madrid devint plus triste encore que de coutume. Il n'y resta que le cardinal de Granvelle et les résidents [3], ceux-ci fort occupés de se disputer à qui recevrait la permission de parer son cheval de la housse, à l'instar de l'ambassadeur de France [4] : quand le ministre de Savoie l'obtint, Saint-Gouard affirme que l'on ne vit plus que lui, se pavanant par les rues [5].

Ce qui retint M. de Saint-Gouard, ce fut, à la réflexion, la crainte de courir au-devant d'un affront s'il violait la consigne. Il eut peur que, parvenu près de Philippe, on ne lui donnât pas de logement. La dignité de son caractère eût souffert de cette avanie, de cette posture d'intrus mendiant un gîte [6]. Il se tint donc immobile une grande année, année sans fin, au cours de laquelle il refusa d'avoir un seul entretien d'affaires avec le cardinal de Granvelle et sollicita sans relâche son rappel en France. Mais il savait les nouvelles par un espion qu'il avait dépêché au camp espagnol [7].

Ce fut Henri III qui voulut enfin le voyage de Portugal.

---

[1] Saint-Gouard à Villeroi, 8 mars 1580, Ms. Bibl. nat. F. fr. 16107.
[2] Saint-Gouard à Henri III, 10 mars 1580, ibid.
[3] Saint-Gouard à Henri III, 20 mars 1580, ibid.
[4] A la fin, ils l'eurent tous. Saint-Gouard à Henri III, 2 avril 1581, Ms. Bibl. nat. F. fr. 16108.
[5] Saint-Gouard à Villeroi, 13 janvier 1580, Ms. Bibl. nat. F. fr. 16107.
[6] Saint-Gouard à Villeroi, 20 avril 1580, ibid.
[7] Saint-Gouard à Henri III, 18 mai 1580, ibid.

Le 17 juin 1581, Saint-Gouard reçut des lettres du Louvre : elles lui ordonnaient de se mettre en route immédiatement, pour aller demander justice des inqualifiables procédés dont les Français de Lisbonne étaient victimes de la part des Espagnols, et, pendant le chemin, d'ouvrir les yeux et de « faire son profit de tout ». L'ambassadeur ne se dissimula pas un instant la difficulté de quitter Madrid : pourtant, il se mit en devoir de se disposer en vue du départ, lui fallût-il mener en voyage le train « d'ung petit agent desvallizé et disgracié ». Ses créanciers grondèrent, à la nouvelle de ces apprêts. Pour les faire taire, il n'avait « pas un réal » à leur donner [1]. Au bout d'un mois d'efforts, il dut confesser son impuissance et qu'il ne pouvait bouger [2].

Il reçut de son Roi, sur ces entrefaites, un nouveau courrier, celui-là béni ! Henri, subitement indigné de ce que Philippe ne tenait à la cour de France que des agents et point d'ambassadeurs accrédités [3], très aigri d'ailleurs contre l'impertinente personne de don Juan Bautista de Tassis [4], déclarait prendre en considération les motifs invoqués par Jean de Vivonne pour son rappel, et le rappelait en effet. M. de Longlée, élève et secrétaire de M. de Saint-Gouard, homme de tête et très au courant de la politique, resterait au delà des monts afin d'expédier les affaires jusqu'à nouvel ordre ; on lui promettait de beaux appointements. Quant à M. de Saint-Gouard, il devait aller prendre congé du Roi Catholique, puis venir recevoir à Paris de brillantes récompenses de ses services [5].

[1] Saint-Gouard à Henri III, 25 juin 1581, Ms. Bibl. nat. F. fr. 16108.
[2] Saint-Gouard à Henri III, 10 et 24 juillet 1581, *ibid.*
[3] Henri III à Saint-Gouard, 13 juillet 1581, Ms. Bibl. nat. F. fr. 16107. C'est par erreur que cette lettre est classée parmi celles de 1580.
[4] Il n'était question depuis longtemps que de l' « impertinence » de Tassis, que l'on traitait dans les correspondances de « petit agent ». Saint-Gouard à Catherine de Médicis, 26 avril 1581, et à Henri III, 12 juin, Ms. Bibl. nat. F. fr. 16108.
[5] Henri III à Saint-Gouard, 13 juillet 1581, Ms. Bibl. nat. F. fr. 16107.

Saint-Gouard fut ravi d'aise : « Je baise très humblement les piés à Votre Majesté de la faveur qu'il luy plest me fere de me retirer de sete tant longue légasion ¹. » Cependant, comme il aimait Longlée à l'égal d'un fils, il lui conseilla de ne point s'engager dans la galère, avant, du moins, d'être nanti d'une forte somme par provision ; et, pénétré d'aussi bons avis, le secrétaire partit afin de poser ses conditions au Roi. En outre, Saint-Gouard n'avait, pour son propre compte, point de confiance dans les promesses royales, et crut bon de témoigner qu'il n'était pas dupe. « Quant à se qu'il plest à Votre Majesté me dire par ses lettres, que quand je seray de par delà l'on regardera de me satisfaire, elle me pardonnera si je réplique à set article, lequel me signifie (ou pour le moins l'extresme et la nécessité en quoy je me retrouve à sete heure le me font croire) qu'il sufist à VV. MM. me sortir d'issy pour estre défaictes de mes importunitez… Mais laisant toutes sortes de raisons pour jouir du bénéfise qu'elles me font de me révocquer d'issy, j'en partiray le plus taust que je pourray, enquore que se dust estre un baston blanc au poing. » Il déclarait enfin que son départ serait une fuite, et qu'il allait s'esquiver si décrié que le crédit des ambassadeurs de France ne s'en relèverait jamais ².

Ceci n'est pas sans donner de l'appréhension sur certains points. J'ai comme un soupçon qu'à cette date il dépista plus qu'il ne satisfit ses créanciers. Quoi qu'il en soit, le désir de quitter Madrid décuplant ses facultés, il sut trouver le moyen d'en sortir, et d'en sortir vite. Moins d'un mois après, il était au monastère de Belem, à l'embouchure du Tage, aux portes de Lisbonne. De cette station, il écrivit au Roi Catholique pour lui faire part de sa venue. Le secrétaire Idiaquez lui répondit, et lui dit qu'il le logerait dans sa maison même. « Bon ! se dit Saint-Gouard, ils veulent me surveiller mieux

---

¹ Saint-Gouard à Henri III, 28 août 1581, Ms. Bibl. nat. F. fr. 16108.
² Saint-Gouard à Catherine de Médicis, 28 août 1581, *ibid.*

à leur aise, m'empêcher de recevoir mes amis. » Et son parti fut pris de ne pas accepter l'hospitalité du ministre. Il la refusa [1].

Mais, sur les flots du Tage, à l'horizon, voici venir une galère et deux brigantines : c'est Idiaquez, qui ne se paye pas des excuses qu'on lui donne, et qui, par ordre de son maître, vient chercher le fâcheux. Avant que la flottille d'honneur ait touché la rive, M. de Saint-Gouard, feignant de n'avoir rien vu, saute avec ses quelques serviteurs dans deux petites barques, met le cap sur Lisbonne, file à force de rames, serrant le bord du large fleuve, de façon à tenir à distance les gros bâtiments qui ne peuvent quitter les eaux profondes. Vainement don Juan de Idiaquez multiplie ses signaux : les barques ne comprennent rien et fuient comme devant des corsaires. Elles atterrissent en rade. Saint-Gouard s'en va descendre précipitamment dans le logis qu'il peut trouver, et, quand Idiaquez accourt lui renouveler ses offres, refuse absolument d'abandonner ce gîte : c'était un affreux cabaret. « Je ne viens pas à Lisbonne, dit-il sèchement, pour être régalé; j'y viens pour les affaires de Sa Majesté Très Chrétienne. Et puis, je ne veux gêner personne. Je me trouve bien où je suis, puisque le Roi Catholique, qui sait conquérir les royaumes, ne sait pas trouver dans une ville de soixante mille maisons un local indépendant à l'ambassadeur de France. » Pour se venger, on le laissa dans son taudis [2].

Le dimanche qui suivit cette arrivée bizarre, il eut audience. Il commença par déclarer que l'entrevue n'était point inutile après vingt mois d'éloignement; puis il parla des Français maltraités et remit le mémoire qu'il avait préparé sur ce sujet; enfin, il annonça son prochain départ et le choix provisoire de M. de Longlée, dont il fit l'éloge. Le Roi ne fut guère plus prodigue de ses paroles que de coutume.

[1] Saint-Gouard à Villeroi, 20 septembre 1581, Ms. Bibl. nat. F. fr. 16108.
[2] Saint-Gouard à Henri III, 2 octobre 1581, *ibid*.

L'intention de Saint-Gouard était de revenir, trois ou quatre jours écoulés, demander une réponse à son mémoire, puis de s'acheminer tout droit vers la France. Par malheur, comme Philippe s'absenta sur ces entrefaites pendant environ deux semaines, il dut attendre le retour du monarque à Lisbonne [1].

Dans son cabaret, bouge ignoble, sa détresse atteignit des proportions inouïes. Le peu qu'il avait en poche s'épuisa vite. Il manquait de tout. On plaignait, on raillait ce malheureux, réduit « à pire condision qu'un pauvre valet ». Il retrouvait des créanciers jusqu'à Lisbonne, et ceux-ci semblaient hostiles au point que, dans les rues, il n'osait tourner la tête, de peur de voir quelqu'un « la main sur ma cape pour la prandre en déducsion de se que je luy doibs, pour ne perdre pas tout [2] ». Il souffrait d'une maladie d'yeux, n'y voyait « presque goutte », et cependant devait rédiger lui-même ses longs rapports, parce qu'il avait congédié ses scribes [3]. Ses lettres de ce temps existent encore, d'une écriture haute et droite, telle qu'il seyait à personnage de qualité, mais confuse et tremblée, d'une orthographe surprenante, avec l'emploi des locutions et des désinences que nos paysans de la Saintonge et du Poitou ont conservées jusqu'à nos jours. Chacun, à cette époque, se faisait honneur de garder à la cour les façons de parler de sa province.

La gaieté de ce Français de race ne perdait, malgré tout, jamais ses droits. Il s'amusa de la mésaventure de don Pedro de Valdès, qui, battu par les habitants des Açores en révolte contre l'autorité castillane, était rentré dans le port de Lisbonne avec l'appareil d'un triomphateur, « faisant grande

---

[1] Saint-Gouard à Henri III, 2 octobre 1581, Ms. Bibl. nat. F. fr. 16108.
[2] *Id., ibid.*
[3] « Pardonnès mes broullars et movaise escripture, estant tant tourmenté de la vue que je ne vois presque goute, n'aiant à sete heure personne à qui je veule fere rien copié... » Saint-Gouard à Villeroi, 2 octobre 1581, *ibid.*

fanfaronnie de salve de artillerie et arquabuse » : l'amiral n'avait pas jeté l'ancre, qu'un alcade débarquait à son bord et l'écrouait dans la citadelle[1]. Cet échec donnait des inquiétudes à Philippe, car il prouvait l'animosité des îles de l'Atlantique, et ces îles étaient des stations de première utilité sur le passage des galions chargés de l'or et des produits des Indes.

Saint-Gouard étudiait avec une compassion moqueuse l'humiliation des Portugais : les meilleurs, selon son témoignage, n'avaient d'autre souci que de s'appliquer à deux mains le joug sur le front[2]; les autres se vendaient entre eux, afin de conquérir les faveurs du maître. Il y avait « une forte inquisition » contre les gens qui se plaignaient du règne de Philippe. La ville respirait à peine, terrorisée sous la gueule des canons toujours braqués; on parlait d'un gros renfort d'Allemands qui s'approchaient pour tenir garnison, nouveaux persécuteurs sans doute[3]. Tout cela ne répondait guère à la réputation de longanimité que Philippe était en devoir de se faire en Europe, semant le bruit qu'il traitait ses nouveaux sujets avec douceur et pitié « comme l'on faict les folz[4] ». Saint-Gouard savait désormais ce qu'il en fallait croire, et ne se faisait pas faute de rectifier les erreurs de l'opinion publique. Sa surveillance et l'activité de ses rapports avec les habitants le rendirent rapidement plus odieux encore aux Espagnols qu'ils ne l'avaient cru possible au début. Ils auraient donné beaucoup pour le déloger de son cabaret[5]. Mais il ne parlait ni de le quitter, ni de quitter Lisbonne.

Au contraire, après le retour de Philippe, il entreprit de

---

[1] Saint-Gouard à Henri III, 2 octobre 1581, Ms. Bibl. nat. F. fr. 16108 : « L'on dit qu'il ne fera peu si s'en sauve avecqs la teste. » Il eut un commandement dans l'Armada et fut fait prisonnier par les Anglais.
[2] Saint-Gouard à Villeroi, 20 septembre 1581, *ibid*.
[3] Saint-Gouard à Henri III, 2 octobre 1581, *ibid*.
[4] Saint-Gouard à Catherine de Médicis, 29 mai 1581, *ibid*.
[5] Saint-Gouard à Henri III, 8 novembre 1581, *ibid*.

négocier au sujet des affaires des Flandres. Le 26 juillet, François de Valois avait été proclamé seigneur souverain des Pays-Bas par les États; il poursuivait la conquête de sa principauté, en même temps que celle de la main de la reine Élisabeth. Il s'agissait pour Saint-Gouard de faire accepter le tout à Philippe II : Henri III venait de l'en charger. Le roi de France et la Reine mère se posaient en chefs de famille désolés de l'escapade d'un écolier, mais impuissants à mettre un frein à « ses jeunesses [1] ». En outre, l'ambassadeur devait déclarer que jamais Catherine de Médicis ne renoncerait à ses droits sur le Portugal tant que la justice n'aurait pas prononcé sentence, et parler sérieusement, en termes vagues, d'une entente de la France et de l'Espagne pour le bien général de la chrétienté. A de tels discours, le Roi Catholique ne cachait point son impatience, et, chose bien significative, il ne demandait même pas de mémoires sur ces questions. Il était prévenu par le cardinal de Granvelle de ne rien croire de ce que lui dirait l'ambassadeur, attendu que ce ne serait qu'inventions et mensonges. « Pourtant, faisait observer Saint-Gouard en riant, le cardinal ne connaît point ma façon de négocier! C'est par dépit qu'il m'abime ainsi [2]. »

Le secrétaire Idiaquez avait avec le Français des conversations orageuses sur la politique. Un jour de novembre, il vint au cabaret, il annonça que le Roi Catholique se décidait

[1] Henri III faisait publier à son de trompe des lettres menaçantes contre qui s'armerait pour la cause de son frère. « Mais de tous ces mandemens, n'en fut veue aucune exécution, le Roy se contentant de les avoir fait publier. » *Journal de Lestoile*, 17 mai 1581. — Voici le résumé de la fin de la carrière de François de Valois :
Signature de son contrat de mariage avec Élisabeth, 11 juin 1581 ;
Prise de Cambrai, 18 août ;
Fiançailles en Angleterre, 22 novembre ;
Puis rupture ;
Proclamation comme duc de Brabant, 19 février 1582 ;
Coup manqué sur Anvers, 17 janvier 1583 ;
Départ des Pays-Bas, juin 1583 ;
Mort, 10 juin 1584.
[2] Saint-Gouard à Henri III, 26 octobre 1581, Ms. Bibl. nat. F. fr. 16108.

à faire partir pour la France l'agent Maldonado qui traiterait des questions posées par M. de Saint-Gouard. C'était dire à ce dernier : « On ne veut pas de vous pour intermédiaire, et votre présence ici ne sert de rien : pliez bagage. » C'est pourquoi la réponse fut aigre : « Je suis charmé de voir le Roi Catholique se décider enfin à travailler au bien de la chrétienté. Dites-lui de ma part, puisque vous avez sa confiance, que je lui conseille bien de persévérer. La paix universelle serait un grand bonheur pour tout le monde, et lui-même en a plus de besoin que n'importe qui, car il a fort à faire de mettre un peu d'ordre dans ses États. Vous le reconnaîtrez, si toutefois vous n'êtes pas atteint de la maladie générale des ministres, qui pensent toujours voir leur maître à la veille de posséder la monarchie du monde. L'histoire des royaumes antiques a démontré le péril de ces illusions. » — « Merci de vos conseils, répliqua l'Espagnol. Je les transmettrai certainement à Sa Majesté, qui les goûtera fort. » On se sépara [1].

Philippe II, pas plus que les Valois, ne songeait un instant à la possibilité de l'âge d'or, qu'il était question, au cours des négociations, de ramener sur la terre du seizième siècle. Le voyage de Maldonado, comme les belles paroles que prononçait par ordre M. de Saint-Gouard, n'étaient que des élégances de la politique d'atermoiement [2]. En France et en Espagne, on armait des flottes pour se disputer les Açores sans déclaration de guerre. Philippe savait par ses espions que Catherine prêtait l'oreille aux propos de don Antonio et de Vimioso, son fidèle, et que Philippe Strozzi préparait des navires autour de Belle-Isle. Et tous les jours Saint-Gouard voyait partir « infinys Portugois et quelques Castillans pour tuer par poison ou autrement le seigneur don Antonyo et le comte de Vymiose »; il en partait

---

[1] Saint-Gouard à Henri III, 8 novembre 1581, Ms. Bibl. nat. F. fr. 16108.
[2] Saint-Gouard à Henri III, 18 et 23 novembre 1581, *ibid*.

aussi « pour tuer ou empoisonner le prince d'Oranges¹ ».

Jean de Vivonne obtint satisfaction en faveur de quelques-uns de ses compatriotes maltraités : ce fut le plus clair résultat de son séjour à Lisbonne². Mais il ne put recevoir l'ombre d'une réponse lorsqu'il parla des tours de corde infligés au frère d'Abbadie³. L'animosité contre les Français allait toujours croissant; elle devint de la rage quand se répandit un moment la fausse nouvelle du mariage de la reine Élisabeth et du duc d'Anjou. Il était vrai pourtant que sans les arrivages de blé des traficants que l'on persécutait, on fût mort de faim ; « il hust falu, ou que les Portugoes fusiant du tout sortis de Portugal, ou bien que les Castillans l'usiant abandonné⁴ ».

Plus de cinq mois s'étaient écoulés depuis l'arrivée de Saint-Gouard à Lisbonne, et Henri III prétendait lui imposer un plus long martyre. Mais la patience d'un homme qu'on laisse sans argent ne saurait durer toujours. Contre l'ordre de son maître, l'ambassadeur quitta son cabaret. « Je ne say plus que fere, s'écriait-il, ne où donner de la teste. » Les perspectives qui l'attendaient à Madrid n'étaient pas gaies pourtant : ses créanciers l'avaient fait exécuter ; on avait vendu ses chevaux et sa garde-robe, et, comme cela n'avait point suffi pour éteindre ses dettes, il tremblait d'être conduit en prison : scandale affreux⁵ !

Il partit, passa par Séville, traînant partout ses idées tristes. Heureusement, à trois journées de Madrid, un sauveur se présenta : c'était Longlée, qui revenait de France, porteur d'un peu d'argent. A l'aide de cette somme, « il se refit du mieux qu'il put », et paya ses créanciers les plus

---

¹ Saint-Gouard à Henri III, 4 décembre 1581, Ms. Bibl. nat. F. fr. 16108.
² Saint-Gouard à Henri III, 18 novembre 1581, et ordre du roy d'Espagne, 10 décembre 1581, *ibid.*
³ Saint-Gouard à Henri III, 5 janvier 1582, *ibid.*
⁴ Saint-Gouard à Henri III, 28 décembre 1581, *ibid.*
⁵ Saint-Gouard à Henri III, 15 janvier 1582, *ibid.*

impérieux. Le pauvre gentilhomme n'était pas avare : de son petit trésor si péniblement conquis, il eut la générosité de distraire aussitôt sept cents écus, pour solder certain Sévillain de qualité qui s'offrait à servir d'espion au roi de France [1]. Un mandataire, dépêché en Saintonge, fit une vente de mobilier, lui rapporta le prix [2]. Alors, il reprit docilement le chemin de Lisbonne, afin d'y négocier d'après de nouvelles instructions de Henri III.

En approchant de cette capitale, il écrivit à don Juan de Idiaquez : il l'informait de son retour, le priait de lui faire avoir une audience, et, s'il était possible, un bon logement, « d'aultant, ajoutait-il, que j'ay faict preuve de la difficulté qu'il y a de se loger à Lisbonne [3] » ; puis il s'avança jusqu'au bourg d'Aldea-Gallega, qui n'était qu'à trois lieues. « Pourquoi donc revenez-vous ? » fut la réponse qu'il reçut par lettre en cet endroit [4]. — « Pour traiter affaires d'importance avec Sa Majesté Catholique », répliqua-t-il [5]. — Second message, celui-ci de Philippe : « Il est déraisonnable, à l'heure où la Reine mère manifeste ouvertement ses prétentions sur le Portugal et fait partir des flottes contre nous, de prétendre résider au cœur de ce pays pour y cabaler à l'aise avec les naturels. Vous pouvez bien faire comme les autres résidents, qui ne refusent pas de négocier avec le cardinal de Granvelle. Pourtant, si votre mission est vraiment grave, dites-nous quelle elle est : nous aviserons peut-être à nous aboucher avec vous [6]. »

Jean de Vivonne pensa que jamais sans doute on n'avait agi de cette façon avec un ambassadeur de France, et son sang bouillonnait. Mais il se contint, et dépêcha son fidèle Longlée

[1] Saint-Gouard à Henri III, 29 avril 1582, Ms. Bibl. nat. F. fr. 16108.
[2] Saint-Gouard à Villeroi, 14 mai 1582, ibid.
[3] Saint-Gouard à Idiaquez, 4 juin 1582, Arch. nat. K. 1447.
[4] Idiaquez à Saint-Gouard, 6 juin 1582, ibid.
[5] Saint-Gouard à Idiaquez, 7 juin 1582, ibid.
[6] Philippe II à Saint-Gouard, 8 juin 1582, ibid. — V. aussi Saint-Gouard à Henri III, 11 juin 1582, Ms. Bibl. nat. F. fr. 16108.

pour tâcher d'obtenir l'audience. Entre temps, il observait les personnes et les lieux : les routes étaient pleines du va-et-vient de gens à mines suspectes, qu'il soupçonnait d'être des assassins de profession aux gages du roi d'Espagne; l'un d'eux lui parut destiné au duc d'Anjou : il eût voulu le faire suivre et surveiller jusqu'en Flandre par un habile homme; mais le moyen de payer cet émissaire, il ne l'avait pas [1].

Longlée revint à Aldea-Gallega : grâce à « son bon procédé et jugement », il avait réussi. A Lisbonne, Saint-Gouard fut logé chez un riche Génois, appelé Estevan Lalcare, qui le vint chercher avec une galère et une brigantine. Fidèle à sa consigne comme du reste aux lois de la courtoisie, Lalcare ne voulut pas souffrir qu'il fît « cuisine à part » : c'était le priver du moyen de recevoir à table des amis dont il eût pu tirer d'utiles renseignements. Au surplus, le Génois ne perdit pas de l'œil les faits et gestes et les accointances de son commensal incommode : celui-ci se sentait étroitement surveillé, mais il ne vit pas la possibilité de s'en plaindre. Il exprima seulement sa surprise à Idiaquez des préliminaires dont on avait fait précéder son arrivée, « laquelle façon a assez de similitude à celle dont l'on use aux trompetes et tabourins en une guerre ouverte, m'aiant faict demourer treize jours audict Aldea-Gallega [2] ».

Il eut audience le 21 juin. Sa mission, qu'il prétendait être si grave et de substance, ne comportait en réalité qu'un retour aux puériles et vagues négociations de son premier voyage. Il assura Philippe du désir qu'avaient ses maîtres d'éviter la guerre et de fonder la paix de l'humanité : Philippe répondit qu'il n'attaquait personne, tandis qu'on l'attaquait de tous côtés. L'ambassadeur supplia Sa Majesté Catholique de croire que la Reine mère et le roi de France détestaient les entreprises du duc d'Anjou sur les Flandres;

[1] Saint-Gouard à Henri III, 11 juin 1582, Ms. Bibl. nat. F. fr. 16108.
[2] Saint-Gouard à Henri III, 25 juin 1582, *ibid*.

il ajouta que le meilleur moyen d'arrêter ces équipées serait de donner à Monsieur la main d'une infante : le monarque sourit avec mépris : « Don Juan de Idiaquez ira causer de tout cela avec vous. » Enfin Saint-Gouard déclara que Catherine, n'abandonnant pas ses prétentions portugaises, était décidée à les soutenir de toutes les façons, qu'elle avait accueilli don Antonio par compassion, et qu'elle lui permettrait comme à tout autre de s'enrôler pour soutenir les droits qu'elle avait. « Je réfléchirai, répliqua Philippe sans changer de voix. Très prochainement, mon secrétaire ira vous répondre [1]. »

Le lendemain, Idiaquez vint voir M. de Saint-Gouard, mais pour son compte et sans mission du Roi. Les conversations de ces deux hommes prenaient toujours un tour surprenant d'aigreur. Cette fois, ils se querellèrent sur ce point : savoir qui, de la France ou de l'Espagne, avait le plus à souffrir de sa voisine. Puis le passé leur servit de champ de bataille. « Il est dur cependant, fit observer Idiaquez, de penser qu'on commençait, il y a quelques mois, de nous demander la main d'une infante, à l'heure même où l'épouseur courtisait la reine Élisabeth en Angleterre et s'apprêtait à fondre sur les Flandres de son beau-père comme s'il eût été déjà cessionnaire de ses droits. Cette situation bizarre ne comporte, ce me semble, aucune réplique. » — « Des répliques! fit Saint-Gouard imperturbable. Mais tout ce que j'ai dit au Roi Catholique répond victorieusement à ces billevesées [2] ! »

Idiaquez revint une semaine après. Cette fois, il apportait à l'ambassadeur français le fruit lentement mûri des réflexions royales : c'était que Philippe eût désiré voir Henri III s'entremettre auprès de son frère, au lieu de se borner à des regrets stériles; qu'il ne pouvait traiter avec M. de Saint-

---

[1] Saint-Gouard à Henri III, 25 juin 1582, Ms. Bibl. nat. F. fr. 16108.
[2] *Id., ibid.*

Gouard du mariage d'une infante, vu l'absence de lettres expresses du roi de France, mais qu'il ferait part de ses intentions à don Juan Bautista de Tassis; qu'il était fort triste des armements de la Reine mère contre lui, son bon fils; que quant à M. de Saint-Gouard, il devait au plus vite retourner à Madrid auprès du cardinal de Granvelle [1].

Un accès de goutte, puis la jaunisse, mirent le Roi dans son lit deux ou trois semaines, l'empêchèrent de donner à Jean de Vivonne son audience de congé [2] : celui-ci put et dut donc rester à Lisbonne jusqu'à la fin du mois de juillet. Le 10, il vit la flotte espagnole lever ses ancres et s'éloigner sous les ordres du marquis de Santa-Cruz, pour aller à la rencontre de celle de Philippe Strozzi qui déjà tenait la mer : singulière situation de deux gouvernements, en lutte sans être en guerre [3] ! Fidèle à ses habitudes d'activité, sans se préoccuper de la surveillance et des observations de son hôte Estevan Lalcare, il recevait jour et nuit les Portugais les plus amoureux de la liberté de leur pays, s'entretenait avec eux, croyait trouver dans leurs cœurs assez de haine pour ne désespérer pas absolument d'une insurrection. Au contact de ces gens verbeux, ardents, brûlés de fièvre, ses nerfs commençaient à s'agiter : il rêvait de fomenter la révolte dans la ville : on eût fait main basse sur les forteresses, capturé le Roi Catholique, soulevé le Portugal, taillé les Castillans en pièces. Le départ de la flotte rendait l'entreprise praticable, et ces coups d'audace ne paraissent plus ridicules quand ils ont réussi [4]. Ce n'était certes pas le plan d'un ambassadeur de robe longue.

La crainte de n'être pas approuvé de ses maîtres le retint.

---

[1] Saint-Gouard à Henri III, 2 juillet 1582, Ms. Bibl. nat. F. fr. 16108.
[2] Saint-Gouard à Henri III, 9 et 16 juillet 1582, *ibid*.
[3] « J'ai des droits sur le Portugal, et je les ferai valoir, disait Catherine de Médicis à Tassis, mais ce n'est pas une raison pour rompre avec le Roi Catholique... » V. Tassis à Philippe II, 6 mars 1582, Arch. nat. K. 1560.
[4] Saint-Gouard à Henri III, 16 juillet 1582, Ms. Bibl. nat. F. fr. 16108.

Et puis Philippe se leva, dès qu'il put, afin de lui donner son audience de congé. « Je croy que la seule cause qui l'a meu ainsy à l'improviste de m'apeler et que je le vise en l'estat auquel il est, n'est aultre que le désir que luy et ses ministres ont que je sorte de ce lieu [1]... » Philippe était fort maigre, d'un visage très altéré, tel qu'un simple mortel abattu par la maladie : il ne put se tenir debout, s'assit et fit prendre un siège à Saint-Gouard. Tous deux échangèrent leurs compliments, comme si, dans le même instant, Espagnols et Français ne se fussent point égorgés aux Açores [2].

Et cinq jours plus tard, Jean de Vivonne suivait, assez doucement, la route de Madrid [3].

XIII

DERNIERS MOIS DE SÉJOUR A MADRID (1582).

Il arriva le 17 août. Il trouva la ville en ébullition. La joie courait les rues et les places publiques, et, comme d'ordinaire chez ce peuple, s'exhalait en rodomontades : on venait d'apprendre, par des rumeurs encore peu précises, la défaite de Philippe Strozzi. « Il n'est à suporté les fanfaronnies et insolances que disant ces jans issi depuis que sete nouvelle court parmy heulx, semblant que Jésus-Christ ne soit asuré en Paradis et qu'il est en danger qu'ils l'y aillant prandre pour le crusifier aultre fois. Quant au sac de Paris, ils le tiennant ausi asuré que seulx qu'ils ont faict d'Anvers et de Lisbonne [4]. » On parlait déjà d'allumer des feux de joie,

---

[1] Saint-Gouard à Henri III, 23 juillet 1582, Ms. Bibl. nat. F. fr. 16108.
[2] *Id., ibid.*
[3] Saint-Gouard à Henri III, 20 août 1582, *ibid.*
[4] Saint-Gouard Catherine de Médicis, 20 août 1582, *ibid.*

quoique les plus sages fussent d'avis qu'il fallait attendre une confirmation de la nouvelle[1].

Quand parvint la relation officielle du marquis de Santa-Cruz, la jubilation fut de l'ivresse[2]. Les Espagnols avaient attaché beaucoup plus d'importance que nous à la lutte engagée sur l'Océan : nous avions fait partir nos navires, insoucieux, séduits par l'attrait d'une expédition brillante, comme le joueur risque un peu d'or sur une belle chance; eux avaient vu s'éloigner leur flotte, le cœur serré d'angoisse, avec la conviction que Santa-Cruz allait soutenir une partie dont le Portugal était l'enjeu. La Péninsule se couvrit de feux de joie pendant des semaines, « durant enquores par toute Espaigne les fêtes commensées sur sete oquasion... Il ne se voit à sete heure marchandise plus requise de par desà que le discours-estampe sur la relasion de la victoire du marquis, qui se vand à chaque pas que l'on puisse fere[3]. » Le 10 septembre, deux mois après son départ, Santa-Cruz rentrait dans le port de Lisbonne, en triomphe, couvert d'applaudissements, sous une pluie de fleurs, traînant à sa suite comme des esclaves le petit nombre de Français qu'il n'avait pas fait massacrer : on les mit aux galères[4].

Ces bruits sonnaient tristement à des oreilles aussi délicates que celles de Jean de Vivonne. Il éprouvait une humiliation bien amère du mépris affiché maintenant contre son pays. « L'insollance de ces gens icy est venue à tant, qu'ils crachent au visaige des François qu'ils trouvent par les rues[5]. » C'est qu'aussi l'hypocrite politique de Catherine avait été

---

[1] Saint-Gouard à Henri III, 20 août 1582, Ms. Bibl. nat. F. fr. 16108.
[2] Saint-Gouard à Henri III, 3 septembre 1582, *ibid*.
[3] Saint-Gouard à Henri III, 17 septembre 1582, *ibid*.
[4] Saint-Gouard à Henri III, 1er octobre 1582, *ibid*. — Santa-Cruz fit égorger, de sang-froid, après l'action, presque tous ses prisonniers. Parmi les victimes se trouvait un Vivonne la Châtaigneraie : Fabio, fils de Charles de Vivonne, chevalier des ordres du Roi, sénéchal de Saintonge, et de Renée de Vivonne.
[5] Saint-Gouard à Henri III, 7 octobre 1582, *ibid*.

mal couronnée par l'expédition des Açores : d'étranges circonstances déshonoraient notre défaite. Trois navires seulement avaient combattu vaillamment ; les quarante-sept autres s'étaient dispersés, sans leur prêter secours. A côté des braves, Strozzi, Brissac[1], Beaumont, Borda, la Châtaigneraie, il faut citer les lâches ou les traîtres, Sainte-Soulaine et Fumée en tête[2], de qui la conduite faisait rougir M. de Saint-Gouard : « Ils devraient, écrivait-il, mourir de honte, en mettant le pied sur le sol français[3]. » Il se consolait mieux de la défaillance du comte de Vimioso : la confession de ce Portugais à l'ennemi lui semblait « impertinentissime », mais c'était un Portugais[4].

L'état d'humiliation de notre résident ne laissait donc rien à désirer aux plus âpres ennemis de la France. Heureusement, Jean de Vivonne était au terme en même temps qu'au comble de ses chagrins. Il venait de recevoir son rappel, définitif cette fois. Il achevait ses derniers préparatifs de départ, s'épuisant en efforts surhumains pour acquitter ses dettes, faisant argent de tout, vendant jusqu'à ses chemises[5]. Au mois de décembre, tout avait passé dans les mains des marchands[6].

La date précise de son retour ne m'est pas connue; il faut la placer à la fin de décembre 1582 ou dans les premiers mois de 1583. Henri III eût voulu l'employer, avant qu'il sortît d'Espagne, à l'exécution du coup de main sur Lisbonne, car il avait goûté l'idée; mais il n'était plus temps de tenter cette aventure : Philippe II avait fait venir des renforts, et les Portugais se trouvaient découragés par l'échec des Fran-

---

[1] Brissac s'enfuit, mais après une lutte glorieuse et quand son bâtiment fut hors de combat.
[2] La conduite de don Antonio fut équivoque.
[3] Saint-Gouard à Henri III, **17 septembre 1582**, Ms. Bibl. nat. F. fr. 16108.
[4] *Id., ibid.*
[5] Saint-Gouard à Henri III, **3 septembre 1582**, *ibid.*
[6] Saint-Gouard à Henri III, **20 décembre 1582**, *ibid.*

çais¹. En revanche, M. de Saint-Gouard, le pied à l'étrier déjà, s'occupait de porter un maître coup du même genre à ses amis les Espagnols : il soudoyait des hommes pour incendier la flotte à l'ancre dans le port de Lisbonne, et faisait de belles promesses à des ingénieurs chargés de diriger l'opération. Il comptait sur M. de Longlée pour surveiller la besogne².

Il partit enfin, bien las du métier d'ambassadeur, n'ayant plus de confiance en la justice des rois, résolu de s'ensevelir pour le reste de ses jours dans un de ses châteaux³.

¹ Saint-Gouard à Henri III, 1ᵉʳ octobre 1582, Ms. Bibl. nat. F. fr. 16108.
² Saint-Gouard à Henri III, 20 décembre 1582, *ibid*. — Ce projet n'eut pas de suites.
³ Faut-il croire à un troisième voyage de Jean de Vivonne à Lisbonne avant son départ? Je ne le pense pas, malgré le passage suivant de l'historien de Thou : « La nouvelle du combat des Açores étant arrivée en Espagne, Vivonne de Saint-Gouard, craignant quelque chose de semblable à ce que je viens de raconter [l'exécution des prisonniers], part en diligence de Madrid, et va joindre le Roi pour lui demander la vie des prisonniers. Ce prince, qui ne savait pas encore le détail, lui fit une réponse ambiguë et le congédia; mais quand il en eut été instruit, il voulut excuser l'acte sur ce qu'on n'avait pas su que ces prisonniers fussent des personnes d'une si grande distinction. » *Hist.*, liv. LXXV. — Nous avons la correspondance de Saint-Gouard jusqu'au 20 décembre 1582 et sans lacunes (Ms. Bibl. nat. F. fr. 16108) : il n'y est pas question de ce voyage. A cette date déjà, Philippe II connaissait « le détail » depuis longtemps, puisque la rentrée de Santa-Cruz est du 10 septembre. C'est pourquoi j'imagine que de Thou aura confondu les prisonniers des Açores avec les marchands prisonniers pour qui l'ambassadeur avait fait, en 1581, son premier voyage de Portugal.

CHAPITRE III

PREMIÈRE AMBASSADE DE JEAN DE VIVONNE PRÈS DE SIXTE-QUINT

1585-1586

Jean de Vivonne en France. — Son arrivée en Italie. — L'élection de Sixte-Quint. — Le nouveau pape. — La France, l'Espagne et la Ligue. — L'affaire de l'archevêque de Nazareth. — La mission de l'évêque de Paris, Pierre de Gondi.

I

JEAN DE VIVONNE EN FRANCE (1583-1585).

M. de Saint-Gouard fut à la cour, pour rendre compte de sa charge, au commencement de 1583. Cette année n'eut d'autres événements que les extravagances toujours plus ridicules du Roi, ses fausses dévotions aux cérémonies des flagellants, ses désordres, son abandon entre les mains de favoris cupides, ses profusions sans limites à leur profit. Tandis qu'à s'arracher les honneurs, les gouvernements et l'or, les ducs de Joyeuse et d'Épernon faisaient scandale[1], les Guise développaient leur popularité, sapaient le trône vermoulu par des pasquils, s'occupaient de ranimer sourdement la Ligue, correspondaient avec Philippe II, lui livraient les secrets de la France en échange de ses pistoles, s'abaissaient au rôle de chefs de faction gagés par l'étranger[2].

---

[1] V. DE THOU, *Hist.*, liv. LXXVIII.
[2] La preuve de ces hontes existe, flagrante, aux Archives nationales, dans

Triste spectacle! Il frappa la vue de Jean de Vivonne dès son arrivée. L'heure n'appartenait pas aux vieilles gens dont la vie s'était consumée au service du maître! On fit bonne mine cependant au nouveau venu : ses rapports et ses conseils furent écoutés poliment; on l'amusa de promesses illusoires; on le leurra, entre autres chimères, de l'espoir d'un don de cent mille livres, qui ne lui furent jamais payées[1]. Avec cette somme, il eût pu mettre un peu d'ordre dans le délabrement de ses affaires. La seule récompense qu'il obtint fut belle, il est vrai, mais honorifique : il reçut, le 31 décembre, le collier du Saint-Esprit[2]. C'était à peu près l'unique distinction que le Roi n'eût pas encore indignement prostituée à ses caprices : par un reste de sagesse, il réservait exclusivement pour l'élite de la noblesse et pour ses braves capitaines l'ordre qu'il avait créé.

Saint-Gouard se rendit ensuite en Saintonge, avec la charge de gouverneur du château de Saintes[3]. Il devait pourvoir à la sûreté de cette place importante. Il s'acquitta de sa mission avec son dévouement habituel, et, comme de coutume, s'endetta pour le Roi, car il lui fallut payer de sa bourse les trente hommes qu'il avait ordre d'y entretenir. Le château, paraît-il, était à cette époque en fort mauvais état et sans

---

les cartons K du fonds Simancas. « Singulière fatalité, qui rapporte dans nos mains après trois siècles les pièces de ces comptes mystérieux, les rassemble comme pour un *contador* royal, et décèle ce que se cachaient entre eux les agents divers de ces largesses déshonorantes! » FORNERON, *Philippe II*, t. III, p. 227. — Le duc de Guise avait pris, dans les correspondances, le nom de guerre de *Hercules;* il adopta plus tard celui de *Mucio*.

[1] Saint-Gouard à Henri III, 17 juillet 1585, Ms. Bibl. nat. F. fr. 16045.
[2] V. le P. ANSELME, promotion du 31 décembre 1583.
[3] Il résulte d'une délibération des magistrats municipaux de Saintes que Jean de Vivonne était encore à la cour au mois de décembre 1583. « ...Sera escript à messeigneurs de Pons, Biron et Pizany, lettres de supplications et remonstrances pour les pauvres habitants du présent pays. » Procès-verbal du 4 décembre 1583, ap. ESCHASSERIAUX et AUDIAT, *Études, documents et extraits relatifs à la ville de Saintes*. — Notons que Jean de Vivonne s'appelait encore Saint-Gouard, mais pour les Saintongeais c'était déjà M. de Pisany.

munitions, malgré son intérêt stratégique; il eût fallu six mille livres pour le réparer et le pourvoir de tout; ceci passait la bonne volonté comme les moyens du gouverneur [1].

Il s'occupait de parer tant bien que mal aux exigences de sa funeste situation pécuniaire. Le Roi continuait d'être son débiteur endurci [2], tandis que lui se faisait un devoir d'honnête homme de satisfaire ses créanciers. Après avoir hypothéqué ses biens pendant son séjour en Espagne, il imagina, ne pouvant payer l'usure, de les donner en antichrèse ou mort-gage [3]. Il eut donc le chagrin de voir les étrangers entrer dans ses châteaux, s'y comporter en maîtres, toucher les revenus de ses terres en guise d'annuités [4]. Le chevalier des ordres du Roi, le négociateur fameux dont le nom retentissait depuis tant d'années dans l'Ouest, devait trouver de l'amertume à ces crises en plein pays natal : ce n'est pas d'aujourd'hui que la province est un peu moqueuse pour le retour des brillants enfants prodigues à leur berceau.

Il comptait cependant en Saintonge des parents et des sympathies vraies. De la postérité, jadis si riche et si vivante, d'Artus de Vivonne, il ne restait plus que Jean, sa sœur bien-aimée Claude, et les Chesnel de Meux. Mais les Bremond étaient nombreux sur les bords de la Charente : le chef de la famille, le baron d'Ars, jadis pupille et compagnon d'armes de Saint-Gouard, obtint précisément à cette époque le commandement des pays de Saintonge, d'Angoumois et d'Aunis, et des ville et gouvernement de la Rochelle, avec le titre de lieutenant général de Sa Majesté [5]. Quant au seigneur

---

[1] Saint-Gouard à Henri III, 12 juin 1584, Ms. Bibl. nat. F. fr. 16045.
[2] *Id., ibid.*
[3] Saint-Gouard à Henri III, 17 juillet 1585, *ibid.*
[4] Durant ses quelques mois de province, il paraît avoir fait du château de Saintes son séjour. C'est là que le corps de ville l'alla trouver. V. procès-verbal du 1er mars 1584, *ap.* ESCHASSERIAUX ET AUDIAT.
[5] Lettres royales du 27 avril 1584; *Maison de Bremond d'Ars*, par Léon DE BEAUMONT et le P. LOYS. — Charles de Bremond, baron d'Ars, gen-

actuel de Balanzac, cousin germain de Jean de Vivonne, il avait adopté la religion de sa mère protestante et le parti du roi de Navarre, qui le mettaient pour le moment dans des conditions moins heureuses [1].

C'est à cette époque qu'il faut, selon toutes les vraisemblances, placer une anecdote assez piquante, rapportée par Brantôme [2]. M. de Saint-Gouard se prit de querelle avec un gentilhomme saintongeois. Celui-ci, mauvaise tête, parlait haut, traitait l'ancien ambassadeur comme son égal. Le bruit « de ces petites gallanteries et bravades » parvint aux oreilles de Henri III, qui s'irrita de l'impertinence affichée à l'égard « d'un gentilhomme fort qualifié, chevallier de son ordre et son ambassadeur d'Espaigne ». Et quelle ne fut pas la surprise de l'audacieux, un beau jour, en voyant arriver un héraut d'armes, solennellement chargé de lui signifier sa faute et de l'appeler à comparaître devant le conseil du Roi ! — « Mais, s'écria-t-il, je ne connais Saint-Gouard que comme voisin ! j'ignorais qu'il fût chevalier du Saint-Esprit ! il n'est plus ambassadeur en Espagne ! En Saintonge, c'est un simple Saintongeois !... » — Ces excuses furent-elles admises ? je l'ignore. Le résultat certain de l'aventure fut de donner une importance énorme au provincial, qui se trouva très fier d'avoir reçu, non pas un archer, non pas un huissier, mais le héraut du Roi, « comme si ce fust esté un prince estranger

---

tilhomme de la chambre, capitaine de cinquante hommes d'armes des ordonnances de Sa Majesté, lieutenant général commandant pour le Roi ès provinces d'Angoumois, Saintonge et Aunis, etc., naquit en 1538 et mourut en 1599, après avoir épousé : 1° Louise d'Albin de Valsergues-Céré ; 2° Jeanne Bouchard d'Aubeterre, veuve de Louis de la Rochefoucauld, comte de Roissac, et qui se remaria en troisièmes noces à Jacques de Pons, marquis de la Caze.

[1] François de Bremond-Balanzac, panetier du Roi, capitaine de cent hommes d'armes, fils de Jeanne de la Rochebeaucourt. — Salomon, le fils qu'il eut de son mariage avec Louise de la Forest-Vaudoré, abjura le protestantisme à Saint-Denis en même temps que Henri IV. *Maison de Bremond d'Ars*, par BEAUMONT et LOYS.

[2] Dans son *Discours sur les duels*.

pareil du Roy, ou autre grand seigneur de son royaume ». Quant à Jean de Vivonne, j'imagine que tant de pompe le grandit dans l'opinion de ses voisins, si l'embarras de ses affaires l'y avait pu diminuer.

Ceci rappelle naturellement une autre histoire, qui faillit avoir pour Saint-Gouard une plus fâcheuse issue et dont il est difficile de fixer la date. Cette fois, il était en présence d'un de ses pairs, son cousin la Châtaigneraie; on ne pouvait contester aux deux gentilshommes le droit de se battre : ils se battirent, mais « quasi à la veue de la cornette du Roy, qui marchoit, s'estant mise à l'escart » ; sans doute Henri III avait dépêché son cornette sur le terrain afin de rendre un malheur plus difficile. Les lances engagées, Saint-Gouard glissa du pied et tomba : « c'est une fortune de Mars, à qui le plus vaillant homme du monde est subject. » La Châtaigneraie fut « courtois sur le vaincu », car « il ne le voulut tuer, ains luy permit de se relever ». Le duel allait recommencer de plus belle, quand accourut le cornette, qui sépara les champions [1].

Jean de Vivonne ne resta que peu de mois en Saintonge. Bien qu'il se fût promis de ne jamais plus accepter de charge à l'étranger, un ordre du Roi, qu'il reçut au commencement de juin, le trouva prêt à l'obéissance. Henri III lui commandait d'aller remplacer à Rome l'ambassadeur Paul de Foix, menacé d'une fin prochaine par le mauvais état de sa santé [2]. Docilement, il quitta le château de Saintes, le laissa sous la garde de son lieutenant Pernes et des Provençaux qui formaient la garnison, s'achemina vers la cour afin de prendre ses instructions [3].

---

[1] Brantome, *les Duels*.

[2] Henri III à Saint-Gouard, 23 mai 1584, Ms. Bibl. nat. F. fr. 16045. — Paul de Foix mourut en effet la même année.

[3] Saint-Gouard à Henri III, 12 juin 1584, *ibid*. — Saint-Gouard reçut, en même temps que l'ordre de quitter Saintes, trois mille écus, dont mille destinés à l'indemniser du voyage de Rome, et deux mille « pour son

A la cour, il essaya bien de soulever quelques objections, argua de sa pénurie. Peine inutile : on lui enjoignit formellement de partir; et, pour l'encourager, on lui promit non seulement de le « faire payer et récompenser du passé », mais encore de lui « donner de très honorables moyens de despendre pendant cette nouvelle charge [1] ». Il partit.

C'était le temps où les mines pratiquées sous notre sol par l'Espagne et par les Lorrains allaient éclater. Le duc d'Anjou mort, certes les catholiques sincères devaient porter au cœur un deuil immense, de la pensée que l'héritier éventuel du trône de saint Louis professait l'hérésie; certes la question se posait de savoir si les intérêts sacrés de la foi religieuse ne primaient point l'ordre antique des successions de notre monarchie, et si le disciple de Calvin n'était pas déchu du droit de gouverner un peuple soumis à la doctrine de Rome. L'insurrection, venue des consciences, se pouvait donc justifier. La responsabilité des Guise et de leurs acolytes devant l'histoire est de l'avoir presque déshonorée; d'avoir tenté les masses populaires, en les plaçant dès le début dans l'alternative de sacrifier l'un des deux saints principes, la patrie, la foi; d'avoir agi par des motifs d'égoïsme sous couleur de zèle religieux, et, se tournant du côté qu'ils pensaient rencontrer leur plus grand avantage, de s'en être allés quêter leur récompense à venir aux pieds du Roi de l'Escurial, quand ils auraient dû tout attendre de la reconnaisance nationale et du contentement du devoir accompli.

Cet alliage du bien et du mal dans la Ligue fait que l'histoire a de la peine à porter son jugement : il prescrit, par cela même, de la modération et de l'indulgence à l'égard des hommes du temps; il explique qu'il ne leur fût pas aisé de se prononcer pour un parti. Le rôle des papes

---

immeublement ». C'est ce que nous apprennent deux quittances qu'il signa le 7 juin 1584. Ms. Bibl. nat., Cab. des tit., tit. orig., doss. Vivonne.

[1] Saint-Gouard à Henri III, 17 juillet 1585, Ms. Bibl. nat. F. fr. 16045.

était délicat entre tous les rôles. De mille parts, on les assaillait afin d'obtenir leur approbation, soit par intérêt politique, soit par scrupule de conscience. Ils ne pouvaient deviner les destinées de Henri IV. Quelques-uns — de hauts génies — s'efforcèrent de tenir la balance droite. D'autres, moins habiles ou plus faibles, se jetèrent aux extrêmes. Il est certain, par exemple, que Grégoire XIII apercevait surtout en la nouvelle association la protectrice du catholicisme. Mais après lui, Sixte-Quint allait venir.

A Rome, où se rend Jean de Vivonne, va se trouver transporté pendant dix ans le centre de gravité de la politique du monde. Suivons notre ambassadeur.

II

L'ARRIVÉE DE JEAN DE VIVONNE EN ITALIE
(mars-avril 1585).

M. de Saint-Gouard mit le pied en Italie vers la fin du mois de mars 1585. Moins qu'à toute autre époque, en ce siècle de communications difficiles, les princes perdaient les occasions de se présenter les uns aux autres leurs compliments ; les ambassadeurs s'arrêtaient donc quelque temps dans les États qu'ils traversaient, pour échanger avec le souverain des paroles de courtoisie ; ils prenaient l'air du pays et rendaient compte de leurs impressions à leur maître : c'était peut-être le seul avantage pratique de pareilles haltes, car jamais, que je sache, les phrases d'aménité, les protestations, le sourire des lèvres, n'ont dans ces circonstances modifié les humeurs, adouci les ressentiments, ni fait taire la voix de l'intérêt quand elle avait à parler.

Le premier gouvernement que rencontra Saint-Gouard sur son chemin, n'était pas un gouvernement ami. La paix de Câteau-Cambrésis n'avait pu faire oublier à la Savoie non plus qu'à la France la longue hostilité des deux peuples : la grande ombre d'Emmanuel-Philibert, l'allié de l'Espagne et le vainqueur de Saint-Quentin, planait entre elles, et l'attitude du jeune duc Charles-Emmanuel n'était point de nature à faire présager la concorde. En ce moment même, on le savait à Saragosse pour épouser la fille de Philippe II ; il n'était bruit, dans toute la péninsule Italique et à la cour de Henri III, que de la bonne intelligence des deux princes, des extraordinaires marques de déférence que le beau-père donnait à son gendre, et des témoignages d'affection que lui rendait celui-ci. Les voisins de la Savoie souffraient tous également de voir s'accroître l'influence, déjà si grande, de l'Espagne en Italie [1].

Cette amitié du Roi Catholique et du duc ne pouvait être du goût de Jean de Vivonne. Ce qu'il vit, en traversant la Savoie, ne le satisfit pas davantage. Il apprit qu'à Turin et dans tous les États de Charles-Emmanuel, c'était « ung cas d'inquisition de sçavoir le françois [2] ». Un grand scandale agitait tous les esprits : madame l'amirale, la veuve de Coligny, depuis longtemps en butte aux injustices parce qu'elle se publiait servante de Sa Majesté Très Chrétienne, refusait d'accepter pour gendre le fils du baron Sfondrato, l'ennemi reconnu de la France ; on avait pris sa fille à la vaillante femme, on l'avait « enfermée dans le chasteau de Nice pour la marier malgré elle » ; elle n'avait plus d'espoir qu'en Henri III. Le cœur chaud de Saint-Gouard fut si vivement ému de ce spectacle, qu'il joignit ses prières à celles de la persécutée, « au nom des services qu'il avait peu rendre à Sa Majesté [3] ».

[1] V. Vincenzo Gradenigo au doge de Venise, Saragosse, 18 mars 1585, et Antonio Tornimbene au même, Barcelone, 13 juin 1585, publ. par le baron de Hubner, Sixte-Quint (pièces just.), t. II, p. 455 et 457.
[2] Saint-Gouard à Henri III, 22 avril 1585, Ms. Bibl. nat. F. fr. 16045.
[3] Id., ibid. — Pour les persécutions dont Jacqueline d'Entremont fut

Le marquis d'Este, qui gouvernait en l'absence du duc de Savoie, daigna pourtant faire quelques avances à notre ambassadeur, lorsqu'il apprit son arrivée dans la ville de Turin : une personne qu'il lui dépêcha pour le prier d'accepter un logement, le trouva bien installé chez un ami, dans une attitude de froide réserve, et ne remporta qu'un refus. M. de Saint-Gouard s'était fait une véritable réputation pour son invincible ténacité dans le maintien de ses prérogatives : parmi toutes les cours de l'Europe, on le citait déjà comme un maître en étiquette. Il lui sembla que le marquis d'Este eût pu venir le trouver lui-même, et, dès que cette opinion eut pris racine dans son cerveau, il jura son fameux « *Que jamais je ne parte d'ici*[1] » qu'il ne ferait pas le premier pas. Il ne passa qu'un jour à Turin, le 25 mars, fêta l'Annonciation de Notre-Dame, alla visiter le duc de Nemours à sa cassine, mais ne mit pas les pieds chez le marquis d'Este, « car le marquis n'était que le ministre d'un duc, tandis que lui représentait le plus grand roi de la chrétienté[2] ». Puis il sortit, tout fier, des États de Charles-Emmanuel, en traversant Tortone. A deux ou trois lieues des portes de cette ville, il eut la satisfaction de voir venir à sa rencontre sept ou huit coches, que lui envoyaient la reine de Danemark et la duchesse de Brunswick : il ne manqua donc pas de faire visite à la reine de la part de son maître, et se félicita d'avoir été reçu par cette dame « avec un infini contentement et humilité[3] ».

Au sortir du Piémont, il n'eut garde de passer par le Milanais, possession espagnole, et, suivant la rive droite du Pô,

---

victime en Savoie, voir Gaudenzio Claretta, *Giacomina d'Entremont ed Emanuele Filiberto*, étude récente extraite de la *Nuova Rivista*.

[1] « Son affirmation et jeurement ordinaire estoit : *Jamais je ne parte d'icy.* » *Souvenirs d'un anonyme*, Ms. Bibl. nat. F. fr. **12795**, f° 459. — Ceci peint bien l'humeur remuante et trop souvent comprimée du personnage.

[2] Saint-Gouard à Henri III, 22 avril **1585**, Ms. Bibl. nat F. fr. **16045**.

[3] *Id., ibid.*

se dirigea vers les États du duc de Parme, Octave Farnèse. Comme il entrait dans le Plaisantin, il vit venir à lui « un très honnête gentilhomme », envoyé du duc avec mission de lui faire honneur. En approchant de Plaisance, ce fut le petit-fils du duc lui-même que rencontra sur son chemin l'ambassadeur; le jeune prince le conduisit au palais ducal, où Farnèse l'accueillit gracieusement et le fit loger avec sa suite, et, quand les Français partirent, ils furent accompagnés jusqu'à la frontière. L'époux de la fille de Charles-Quint [1], le père du grand lieutenant de Philippe II [2], ne pouvait oublier, malgré tout, sa naissance italienne, ses méfiances de race à l'égard de l'Espagne et l'importance qu'il y avait à ménager le roi de France, à qui l'unissaient tant d'intérêts communs.

A Mantoue, même accueil du duc Guillaume de Gonzague, qui fit profession d'un grand dévouement à Sa Majesté Très Chrétienne. Là encore, régnait un prince que les liens du sang et de la reconnaissance auraient dû rendre l'aveugle serviteur du Roi Catholique [3], mais que la prudence politique engageait à conserver de bons rapports avec nous.

La comtesse de la Mirandole fit deux lieues hors de sa petite capitale pour aller à la rencontre des arrivants. Il fallut entendre le récit de ses inquiétudes : les Espagnols menaçaient la ville, qu'elle travaillait de toute son ardeur à fortifier. M. de Saint-Gouard inspecta les travaux avec la compétence de l'homme de guerre, jugea que la place pouvait devenir une des meilleures de l'Italie et qu'il y avait

---

[1] Marguerite d'Autriche, fille naturelle de Charles-Quint, l'ancienne régente des Pays-Bas.

[2] Alexandre Farnèse.

[3] Frédéric de Gonzague avait été fait duc de Mantoue par Charles-Quint en 1530, et ses deux fils, François et Guillaume, avaient épousé deux nièces du grand empereur. Le duc Guillaume était donc cousin germain par alliance de Philippe II.

intérêt pour Henri III à prendre sous sa protection le minuscule patrimoine de son amie [1].

Le 12 avril, l'ambassadeur naviguait sur le Pô, se rendant à Ferrare, quand sa barque fut rejointe par celle d'un courrier venu de Rome; son secrétaire, parti devant lui pour préparer les lieux, lui dépêchait cet homme, afin de l'instruire au plus vite d'une grosse nouvelle qui pouvait modifier singulièrement les conditions de sa mission et les rapports de la France avec le Saint-Siège : Grégoire XIII était mort, le 10, presque inopinément, d'une bronchite [2].

On allait élire un nouveau pape : le devoir du représentant de la France était de précipiter sa marche pour favoriser l'élévation au trône de Saint-Pierre d'un pontife « moins bon Espagnol » que celui qui venait de s'éteindre. Aussi Saint-Gouard ne fit-il que passer, sans s'arrêter, à la cour de Ferrare : il y reçut du duc Alphonse d'Este « tout l'honneur et bon traitement qui se peult dire [3] » ; il eut du regret de ne pas rester davantage auprès de ce digne prince, de mœurs et de sympathies toutes françaises, qui se tenait debout et découvert devant nos ambassadeurs, et qui ne perdait pas une occasion de se déclarer le serviteur très dévoué du Roi Très Chrétien, son cousin. A Florence, il ne put accepter qu'un dîner, malgré toutes les instances du grand-duc François de Médicis, dont la politesse était proverbiale [4]. Le 18, il entrait enfin dans Rome.

Il y trouva tout « sens dessus dessous, comme est la coustume en pareilles occasions [5] ».

---

[1] Saint-Gouard à Henri III, 22 avril 1585, Ms. Bibl. nat. F. fr. 16045.
[2] Saint-Gouard à Henri III, 12 avril 1585, *ibid*.
[3] Saint-Gouard à Henri III, 13 avril 1585, *ibid*.
[4] Saint-Gouard à Henri III, 22 avril 1585, *ibid*.
[5] *Id., ibid.*

III

L'ÉLECTION DE SIXTE-QUINT (avril 1585).

C'était une grosse affaire que l'élection d'un pontife. Selon l'expression du cardinal d'Este, « il ne s'estoit sitost faict un pape, qu'il ne se pensast à l'eslection du successeur[1] ». Je me contenterai d'exposer sommairement quel était l'état des esprits, et de raconter avec beaucoup de brièveté les principaux événements du conclave[2].

Sous le flux et le reflux mobiles des opinions qui formaient et désagrégeaient les factions, l'observateur perspicace pouvait distinguer comme trois grands courants qui, s'entrecroisant, se fondant parfois, la plupart du temps luttant ensemble, donnaient au Sacré Collége un aspect profondément troublé. Tout cardinal devait choisir d'abord, selon ses sympathies ou selon son intérêt, entre la « partialité » de France et celle d'Espagne, puis se ranger sous la bannière d'un neveu de pape, enfin accepter pour chef suprême le cardinal Farnèse ou le cardinal de Médicis, ces deux champions en guerre qui prétendaient à mener tout. On conçoit qu'il fût laborieux de former de tant d'éléments divers un parti compacte, et difficile de présager le résultat de l'élection.

La France et l'Espagne auraient eu un intérêt considérable à voir poser la tiare sur le front d'un ami vraiment dévoué et durable, vu l'influence prépondérante du Saint-Siége

---

[1] Le cardinal d'Este à Villeroi, 8 mai 1585, Ms. Bibl. nat. F. fr. 16042.
[2] Des détails circonstanciés pourraient sembler longs et fatigants, et d'ailleurs les personnes désireuses de s'instruire spécialement des faits qui précédèrent l'élection de Sixte-Quint pourront se reporter avec fruit aux cent pages substantielles que le baron de Hubner a consacrées à démêler l'écheveau compliqué de ces intrigues dans son livre de *Sixte-Quint*.

en Italie et dans les affaires de tout le continent. Mais la France ne comptait guère de dévouements parmi les cardinaux, qu'elle avait cessé de s'attacher par des caresses : elle ne pouvait s'appuyer que sur « la partialité de Monseigneur le cardinal d'Este, lequel en ceste occasion employait bien le vert et le sec pour le service de Sa Majesté [1] ». Louis d'Este faisait, ainsi que son frère, le duc régnant de Ferrare, profession d'un zèle à toute épreuve pour nos intérêts; fils de Renée de France, petit-fils de Louis XII, deux fois légat près de Charles IX et de Henri III, il avait alors le titre officiel de protecteur de la France en cour de Rome. « Votre Majesté, déclarait Saint-Gouard, doit à Monseigneur le cardinal d'Este tout ce qui se peult à un bon parent et serviteur de ceste qualité... C'est un très grand et singulier instrument pour négocier. » Seulement, il était fort seul de son parti, et ne devait qu'à l'ascendant personnel de sa naissance, de sa fortune, de ses talents et de ses vertus la considération dont il jouissait parmi ses collègues. Il avait pour lieutenant, « du tout dévotieux », le cardinal de Rambouillet. Son dessein était de faire traîner l'élection, pour donner aux prélats de France le temps d'accourir : il écrivit à Henri III « de les faire monter à cheval et arriver avec la plus grande vitesse possible, les Espagnols faisant de grandes praticques pour eslire le Pape premièrement que fussent arrivez les cardinaulx françois ». Ils n'arrivèrent pas [2].

Tout autre était l'influence de Philippe II sur le Sacré Collége. Saint-Gouard compte avec tristesse jusqu'à quarante de ses membres qui sont, « si j'ose le dire comme je le panse, très deslibérez de faire pape le meilleur Espaignol qui s'y trouvera ». A la vérité, il se console presque aussitôt par cette réflexion, cependant un peu mélancolique : « Mais

---

[1] Saint-Gouard à Henri III, 22 avril 1585, Ms. Bibl. nat. F. fr. 16045.
[2] Le cardinal d'Este à Henri III, 10 avril 1585, Ms. Bibl. nat. F. fr. 16042.

je veulx dire avecque cela à Votre Majesté qu'elle croye que, qui ce soyt (l'élu), il ira toujours où il pensera faire ses affaires[1]. » Sans doute, Philippe n'a pas plus d'illusions sur le dévouement de ses candidats, car il déploie peu d'ardeur pour utiliser l'énorme crédit qu'il a parmi les électeurs, presque tous créatures ou sujets de l'Espagne. Peut-être aussi ce despote bizarre éprouve-t-il des scrupules à peser sur les opérations du conclave : sa vie n'est pas sans des contrastes entre un aveugle désir de dominer et le remords d'une âme timorée qui s'effraie, quand elle s'examine, de l'irréligieuse violence des moyens employés : il faut savoir tenir compte à cet absolu de ces délicatesses. Quoi qu'il en soit, il affecte de se désintéresser de l'élection pontificale et déclare qu'il faut tout remettre à la grâce du Saint-Esprit. Mais en cette circonstance comme en bien d'autres, son orgueilleux et entreprenant ambassadeur, le comte d'Olivarès, prend l'initiative, remue tout de sa main passionnée et s'expose aux reproches du maître pour son zèle indiscret.

Les neveux des papes défunts sont les chefs naturels de coteries bien plus tranchées, puissantes, disciplinées, que les factions de France et d'Espagne. Leur petite armée se compose des cardinaux nommés par l'oncle : Farnèse gouverne ainsi les cardinaux de Paul III, Borromée et Altemps ceux de Pie IV, Alessandrino ceux de Pie V, San Sisto ceux de Grégoire XIII. La « partialité » de San Sisto est la plus nombreuse, car le débonnaire Grégoire a fait un nombre inouï de cardinaux pour ne chagriner personne, et la mort n'a pas encore eu le temps d'éclaircir leurs rangs ; c'est aussi la plus fidèle à son chef, parce que le souvenir du bienfait est plus proche et plus vif.

Mais, dominant la lutte, se déploient deux drapeaux

---

[1] Saint-Gouard à Henri III, 22 avril 1585, Ms. Bibl. nat. F. fr. 16045.

rivaux, sur lesquels tous les pourprés fixent les yeux, ceux-ci déjà déterminés dans leur choix, ceux-là ballottés de l'un à l'autre et dans l'attente d'une inspiration ou d'un ordre qui les jette soit du côté de Farnèse, soit du côté de Médicis. Le cardinal Farnèse est doyen de l'illustre assemblée, il a fait élire et vu passer six papes depuis la mort de son oncle Paul III; cette fois, il pose sa candidature, et ne doute guère de son triomphe ou du moins de celui de Savello, son *alter ego*. Le cardinal de Médicis ne veut à aucun prix de ces deux hommes : toute son activité, tout son esprit d'intrigue, tout son crédit, il les emploiera à écarter la tiare de leurs têtes. C'est que le frère du grand-duc redoute pour Florence l'étreinte des Farnèse : Octave règne au nord, à Parme et à Plaisance; le jour où son frère le cardinal gouvernera le patrimoine de saint Pierre au sud, c'en sera fait de la prépondérance de la Toscane en Italie, surtout si l'Espagne s'entend avec cette famille détestée.

Pour se faire une idée du bouleversement de Rome au moment où Saint-Gouard y fit son entrée, le 18 avril, huit jours après la mort de Grégoire XIII, il faut joindre à ces cabales, à ces factions, à ces intrigues d'un intérêt supérieur, les cabales, les factions et les intrigues de tous les princes et principicules de la chrétienté, les efforts des mandataires de la Ligue enrégimentés par le turbulent Nicolas de Pellevé, cardinal de Sens, l'effervescence populaire, l'agitation des rues, l'inquiétude d'une surprise des barons ou des bandits.

Le lendemain de son arrivée, qui fut le vendredi saint, M. de Saint-Gouard demanda audience à l'assemblée des cardinaux, et fut admis malgré les menées espagnoles[1]. Il dit au Sacré-Collége qu'il trouvait bon de lui remettre ses lettres, comme au représentant du Saint-Siège pendant la vacance du trône pontifical. Il annonça qu'il était venu à Rome avec

---

[1] Saint-Gouard à Henri III, 22 avril 1585, Ms. Bibl. nat. F. fr. 16045.

l'intention de s'efforcer toujours de concilier les intérêts de
Sa Majesté Très Chrétienne et ceux de la religion ; il ajouta
que, ces intérêts étant étroitement unis, la besogne lui serait
facile, qu'il se faisait une juste idée de sa nouvelle mission,
et qu'il savait que d'être ambassadeur près du Pape, cela
différait bien de l'être près d'un autre prince, puisque ce
qui tourne au profit du Saint-Siège tourne toujours au profit
de la chrétienté tout entière ; il exhorta les cardinaux à faire
choix d'un pape vertueux et sage, sans esprit de parti,
comme le rendaient nécessaire les circonstances du temps
présent, les progrès de l'hérésie, l'attitude menaçante des
infidèles ; il conclut en protestant du dévouement de son
maître à la papauté, du désir que nourrissait ce prince de
marcher dans la route constamment suivie par ses ancêtres,
et, pour finir, glorifia le héros qui luttait et triomphait dès
l'âge de quatorze ans pour la défense de la foi [1].

Ces belles paroles ne produisirent vraisemblablement sur
l'assemblée que l'effet de la plupart des discours officiels ;
mais elles régularisèrent la position de notre ambassadeur à
Rome, et lui permirent, le surlendemain [2], quand les cardinaux se furent processionnellement rendus de Saint-Pierre
au Vatican, de pénétrer dans l'enceinte du conclave, afin
d'arrêter, avant sa fermeture, les dispositions suprêmes, de
concert avec les cardinaux amis [3].

Là, se trouvaient également les autres ambassadeurs. Le
comte d'Olivarès passait de groupe en groupe, prenant
autant de mouvement que le lui permettait la gravité castillane ; il causa quelque temps avec l'agent des Guise, le cardinal de Pellevé ; il recommandait chaudement le cardinal
Farnèse.

[1] Proposition faite par Saint-Gouard, à sa réception à la congrégation des cardinaux, le 19 avril 1585, *ibid.*
[2] Le 21 avril, jour de Pâques.
[3] Saint-Gouard à Henri III, 22 avril 1585, Ms. Bibl. nat. F. fr. 16045.

M. de Saint-Gouard s'entretint avec le cardinal d'Este. Farnèse avait déjà tenté d'obtenir l'appui de l'ambassadeur de France. « Le cardinal Farnèse eust bien voullu que je l'eusse aydé de la partialité de monseigneur le cardinal d'Este, et m'en a parlé assez librement... J'ai dissimulé avec lui le mieux que j'ai pu [1]. » Le prélat se recommandait de vieilles lettres que lui avait écrites Henri III, lui promettant son concours au cas où Grégoire XIII mourrait. Saint-Gouard répondit évasivement à Farnèse que si Sa Majesté lui donnait des instructions en sa faveur, il ne manquerait pas de s'y conformer. Il trouvait ce cardinal trop porté vers la politique de son neveu, le prince de Parme, lequel s'était fait le partisan déclaré de Philippe II. Le soir de l'entrée au conclave, quelques instants avant que les ambassadeurs se retirassent, Saint-Gouard vit s'approcher Farnèse, qui tenta de nouveaux efforts et qui s'excusa presque de son intimité avec l'Espagne en lui disant à l'oreille « que ce pays avait en main la restitution de la citadelle de Plaisance et infinité d'aultres affaires n'important pas moins que la conservation de toutte sa maison [2] ». Cette dépendance des Farnèse était précisément ce qui déplaisait le plus à Jean de Vivonne, ce qui terrifiait le cardinal florentin, et ce qui devait causer l'échec du candidat par l'alliance des factions d'Este et de Médicis.

Trois coups de sonnette annoncèrent, sur les dix heures du soir, que le conclave était « serré ». Tous les profanes se retirèrent, laissant les électeurs seuls en face de leur grande et pénible tâche. Le conclave dura deux jours et trois nuits, et l'agitation ne cessa ni jour ni nuit.

Médicis dépensa pour cette élection ce qu'il eût fallu d'intelligence et d'activité pour bouleverser un grand empire ou conquérir un monde. Son adresse à détacher ses collègues du parti de Farnèse, sa claire vue dans ce labyrinthe

---

[1] Saint-Gouard à Henri III, 22 avril 1585, Ms. Bibl. nat. F. fr. 16045.
[2] *Id., ibid.*

obscur, tiennent du prodige. Dès le principe, il a deux alliés, Este et Alessandrino, et leur concède tout, pourvu qu'ils maintiennent l'exclusion de Farnèse ; c'est ainsi qu'il fait le sacrifice de Cesi, puis de Sirletto, qui déplaisaient à Este. Puis, on gagne Altemps à la faction, et l'on met en avant deux noms, Albani et Montalto.

C'est alors que le cardinal d'Este, appelé par de Thou « l'ornement du Sacré Collége », se révèle profond politique et grand homme de bien. Sa qualité de protecteur de France, son attachement aux Valois, ne l'ont pas aveuglé sur les intérêts de l'Église et du monde chrétien : il sent qu'un pape servilement français serait aussi détestable qu'un pape servilement espagnol ; il veut un pape indépendant, et déclare qu'il n'a de répugnance ni pour Albani, ni pour Montalto, mais qu'il ne les acceptera que s'ils ne déplaisent pas aux cardinaux espagnols.

Le chef des cardinaux espagnols était Madruccio, qui comprenait aussi bien qu'Este lui-même ses devoirs. Ces deux hommes d'élite discutent ensemble, oublieux de toute préoccupation mesquine, au nom de l'intérêt bien entendu de la chrétienté, quel sera le meilleur pontife, et leur choix s'arrête sur Montalto.

Tous les Espagnols font comme Madruccio. San Sisto s'intimide du nombre grossissant de la faction d'Este-Médicis : nature faible, il suit la foule, et le troupeau des Grégoriens le suit. C'en est fait de la fortune de Farnèse et de celle de Savello. Le 24, à huit heures du matin, une voix retentit dans la chapelle, la voix du cardinal d'Este : « Plus de bulles de scrutin ! Le Pape est fait : adorons-le ! » Et le nom de Montalto retentit sur toutes les bouches [1].

[1] Pour tous les détails du conclave, voir la lettre du cardinal de Médicis au grand-duc de Toscane, Rome, 24 avril 1585, publ. par HUBNER, *Sixte-Quint*, t. II, p. 459 (pièces just.).

IV

LE NOUVEAU PAPE

Cette élection surprit généralement : on avait bien songé au cardinal Montalto, que sa réputation et l'estime publique classaient en un bon rang parmi les *papables*, mais on n'eût jamais cru que ce disgracié du règne de Grégoire XIII obtiendrait les voix de la faction grégorienne, car elle devait craindre le ressentiment du « moine ». La France et l'Espagne virent sans plaisir ni chagrin l'avènement de Sixte-Quint : nous savons que ç'avait été précisément le but visé par les cardinaux d'Este et Madruccio, de faire asseoir sur le trône du Vatican un pontife qui tint la balance égale entre les deux puissances. Au surplus, dans ses rapports au Louvre, Este ne chercha pas à parer son élu d'une complaisance qui n'était pas dans sa nature, il s'excusa seulement de n'avoir pu faire mieux [1]. « Le Roi [Philippe II], notait-on d'autre part en Espagne, n'a pas éprouvé une complète satisfaction en apprenant l'élection du Pape. Il aurait préféré San Giorgio ou tout autre cardinal aussi complaisant pour lui que l'a été le pontife défunt [2]. » Pour les amis de l'indépendance italienne, pour tous ceux qui n'envisageaient que le bien général de la chrétienté, la joie fut entière.

Nous allons entrer avec Jean de Vivonne sur la scène où le nouveau Pape va jouer un grand rôle : c'est le moment d'étudier sa physionomie, afin de le mieux comprendre.

Sixte-Quint avait soixante-quatre ans. Il possédait une

---

[1] Saint-Gouard à Henri III, 24 avril 1585, Ms. Bibl. nat. F. fr. 16045.
[2] Tornimbene au doge, Barcelone, 16 mai 1585, publ. par HUBNER, *Sixte-Quint*, t. II, p. 467 (pièces justificatives).

excellente santé[1]. On dit qu'il était d'une taille un peu moins élevée que la moyenne, et qu'il se tenait penché, comme pliant sous le faix de pensées trop lourdes ; qu'il avait la tête forte, le front haut, l'œil de l'homme qui réfléchit ; que le jeu de sa physionomie mobile rendait à merveille les idées qui traversaient son esprit en s'y pressant ; qu'il avait dans le port et dans le geste quelque chose de grand et d'intimidant, non pas la haute mine de race, mais l'air un peu fier que donne à l'homme fils de ses œuvres la conscience de sa force quand il se compare à ceux qui l'approchent.

Il était né d'un jardinier de Grottamare et se nommait Felice Peretti. Sa famille, d'origine albanaise, avait connu des temps meilleurs ; les vicissitudes de la guerre l'avaient fait déchoir. Lui-même garda, paraît-il, les pourceaux dans son enfance, mais, dès l'âge de neuf ans, il obtint d'entrer au couvent des cordeliers de Montalto. A douze ans, nous l'y trouvons novice, et faisant des progrès dans ses études, à stupéfier ses maîtres. A dix-neuf ans, fra Felice est un prédicateur de renom, dont la vive éloquence, la science profonde émerveillent les principales villes de la Péninsule, et qui compte parmi les grands personnages et les grands hommes d'illustres amitiés. Un peu plus tard, on lui reproche bien l'excessive sévérité qu'il déploie comme recteur de plusieurs couvents de son ordre, puis comme consulteur du Saint-Office. Mais la pureté de sa doctrine le désigne au choix de Pie IV, qui l'attache en qualité de théologien à la fameuse ambassade envoyée en Espagne pour

[1] Ce fut précisément à cause de la vigueur de son tempérament que le cardinal de Médicis jeta les yeux sur lui, dans l'espoir qu'il survivrait à Farnèse. Ainsi tombent les légendes absurdes sur les prétendus stratagèmes employés par Montalto pour se faire élire. Des fameuses béquilles qui ont fait tant de bruit, il n'y a pas trace dans les correspondances des ambassadeurs. M. de Hubner a démontré d'ailleurs avec évidence que ces fables avaient été fabriquées de toutes pièces par les faiseurs de manuscrits apocryphes du siècle suivant, et complaisamment acceptées par l'historien Leti.

faire le procès de l'archevêque de Tolède, accusé d'hérésie. Pie V le nomme évêque de Sainte-Agathe, puis cardinal, et le comble de faveurs. Sous le pontificat de Grégoire XIII, dont le cœur tendre jusqu'à la banalité, jusqu'à la faiblesse, n'a jamais pu se faire à l'âpre énergie de ce caractère d'acier, le moine-cardinal est au contraire absolument méconnu, abreuvé de dégoûts, tenu à l'écart de toutes les affaires; il endure ce supplice, terrible pour les âmes supérieures, ce supplice où pourtant elles trouvent, parce qu'il les force à se replier sur elles-mêmes en comprimant leur essor, comme une impression d'amère jouissance : le dédain des médiocres, l'arrêt dans la carrière aux horizons magnifiques. Mais voici qu'un retour du sort a porté l'homme de génie à sa vraie place. Ses facultés vont pouvoir se développer à l'aise dans un champ immense.

Des facultés, Sixte-Quint en avait assez pour frapper d'étonnement l'imagination des contemporains et celle de la postérité, puisqu'il accomplit en cinq ans des œuvres assurément inouïes. Cette figure est demeurée quasi légendaire, comme toutes celles d'un caractère qui tranche[1]. Il est des gens que l'on remarque dans la foule et dont on se souvient toujours; il est des personnages qui sont pour jamais en relief sur leur siècle. Sixte-Quint n'a ni les qualités ni les défauts du vulgaire, et leur contraste même est à surprendre. C'est un aigle, dont l'œil clair aperçoit du premier coup le but noble qu'il faut toucher et qui s'y élance avec le mépris des obstacles de personnes ou de choses. De là, cette constance et cette fixité fécondes en grandes œuvres, en regard de cette apparente mobilité qui désespère tous ceux qui traitent avec lui. De là, cette justice parfaite à côté d'actes véritablement despotiques. Sa sévérité, son besoin

---

[1] « Il avait une de ces natures qui se gravent profondément dans la mémoire des hommes et qui donnent croyance aux récits les plus fabuleux et les plus extraordinaires. » RANKE, *Histoire de la papauté*, liv. IV.

de dominer, lui font trop souvent oublier que l'abus du juste est le suprême de l'injuste. Qu'importent pour lui les moyens, puisqu'il doit atteindre au sommet visé? Et quelle colère quand un rocher barre la route! quels efforts de Titan pour le déplacer! Efforts souvent excessifs. La moindre contrariété soulève des orages en cette nature puissante, fait monter au cerveau des flots de sang aveuglants, et parfois éclatent des emportements, des cris, des rugissements, qui font trembler les ennemis et gémir les amis. La sève de ce vieillard déborde. Il dort à peine, ne mange guère, et travaille sans cesse. S'il cause avec quelqu'un, il lui faut prendre sur lui pour écouter, car il parlerait toujours. Soit singularité, soit calcul, il est aussi diffus dans ses conversations qu'il est net dans ses conceptions et ses idées : ce sont de longues tirades où l'esprit s'égare, des citations sans fin de l'Écriture, des comparaisons historiques dont l'abus déconcerte la patience la plus éprouvée, des retours perpétuels sur sa propre existence, sur ses actes et surtout sur ses mérites. Vaniteux jusqu'à la naïveté, il éprouve le besoin de se glorifier sans cesse et de mettre ses faits et gestes en parallèle avec ceux de son prédécesseur, qu'il poursuit mesquinement de sa rancune au delà du tombeau. Ce personnage, en dépit des services immenses qu'il a rendus au monde chrétien et particulièrement à la France, ne sera jamais sympathique. C'est que l'homme privé manque des qualités aimables qui gagnent les cœurs : son rude orgueil, son inflexible sévérité, le peu de souci qu'il a des intérêts et même des vies pourvu qu'il parvienne, font de cette grande figure dominant son époque quelque chose de sombre et d'alarmant. Et cette impression nuit à l'admiration de la postérité, comme elle étouffa l'amour des contemporains

Voilà l'homme avec qui Jean de Vivonne allait avoir à

traiter, c'est-à-dire à lutter, pendant quatre ans. Est-il besoin de dire par avance que les audiences de Rome ne ressembleront pas à celles de Madrid et de Lisbonne?

V

LA FRANCE, L'ESPAGNE ET LA LIGUE.

Le premier soin de l'ambassadeur, quand il apprit l'élection par un envoyé du cardinal d'Este, fut d'aller trouver le protecteur afin de s'inspirer de ses conseils. « M'ayant dit les bonnes qualitez du Pape, il [le cardinal] m'a aussy donné toute espérance qu'il seroit si bon pape qu'il auroit en singulière recommandation tout ce qui despendroit du service de Votre Majesté, et que sur ce il estoit d'advis que j'allasse baiser les piés à Sa Sainteté, et me resjouir avec elle de son avénement au pontificat. De ce pas mesme j'y suis allé, où j'ay trouvé une si grande presse qu'il estoit impossible d'entrer, si le cardinal de Sens, qui est venu exprès de la chambre de Monseigneur le cardinal d'Este, ne fust venu me faire espaulle [1]. » Le Pape dinait en face du cardinal Altemps, qui négociait l'introduction d'Olivarès. Saint-Gouard attendit en silence la fin du repas, puis s'approcha, baisa les pieds du Saint Père et l'assura de la joie que causerait à Henri III la nouvelle de l'élection, le suppliant d'avoir en retour pour les affaires du roi de France toute la considération que méritait un prince aussi digne d'affection et de respect. « Et lors me recevant avec un visage fort allègre, le Pape m'a dit, me mettant sa face contre la mienne, qu'il recevoit de très bon cueur ceste visite, et que le cardinal d'Este, auquel Votre Majesté debvoit beaucoup pour la singulière affection qu'il

[1] Saint-Gouard à Henri III, 24 avril 1585, Ms. Bibl. nat. F. fr. 16045.

portoit à son service, l'avoit faict pape, ne luy ayant demandé pour récompense de ce service que d'avoir les affaires de Sa Majesté en singulière recommandation et affection, comme il vouloit et prétendoit faire, et que nous en reparlerions plus à loisir[1]. » Au fond, Sixte-Quint savait à merveille qu'il ne devait de reconnaissance à personne, et qu'il n'avait été pris, malgré son mérite, que comme un pis aller par tout le monde.

Il fit cependant à notre ambassadeur un grand plaisir; mais on va voir que ce plaisir lui coûtait peu. M. de Saint-Gouard, toujours ami de la pompe et de la représentation, avide des occasions d'humilier l'Espagne, lui demanda et obtint qu'il rétablit un ancien usage d'étiquette aboli par Grégoire XIII : les ambassadeurs furent appelés à servir le pontife à la « séance en capelle », et l'on décida que le ministre de France paraîtrait à la cérémonie au même rang que sous Pie V, c'est-à-dire le second, après celui de l'Empereur et avant celui d'Espagne. Le comte d'Olivarès n'était pas d'humeur à céder le pas à son entreprenant rival : le 1ᵉʳ mai, jour du couronnement, il ne parut pas à Saint-Pierre, et, comme il se trouva que l'ambassadeur de l'Empereur était malade, M. de Saint-Gouard eut la satisfaction de marcher au premier rang depuis les appartements de Sa Sainteté jusqu'au lieu où elle devait revêtir les ornements, de lui porter la queue, de recevoir le poêle des mains des barons et des conservateurs romains, et de présenter l'eau pendant la messe. Il y eut bien quelques envieux pour remarquer qu'il avait partagé ce dernier soin avec l'un des princes japonais que les Jésuites venaient d'amener de leur invraisemblable pays[2] et dont l'aspect faisait la joie de la cour et de la ville; mais sans doute ce détail secondaire échappa au principal intéressé, puisque celui-ci n'en

---

[1] Saint-Gouard à Henri III, 24 avril 1585, Ms. Bibl. nat. F. fr. 16045.
[2] De Thou, *Hist.*, liv. LXXXI.

fit pas mention dans sa longue narration à Henri III [1].

Saint-Gouard, afin de ne pas demeurer en reste de bons procédés à l'égard d'un pontife si bien intentionné, n'omettait rien de ce qu'il pensait devoir lui plaire. Il ne manqua pas de mettre au dos d'une des lettres qu'à tout événement Henri III avait envoyées au cardinal d'Este, l'adresse du cardinal Montalto, puis porta la missive au Saint-Père, et lui dit que Sa Majesté l'avait écrite avant l'élection, parce qu'elle pronostiquait qu'il serait pape pour ses vertus. « Avec une chère allègre et riante », le Saint-Père répondit que Sa Majesté n'avait point tort de se réjouir d'une élection qui lui serait certainement favorable. Et cette phrase fut accompagnée de promesses de services, « faites dans des termes si spéciaux » qu'il semblait au ministre de France impossible de douter de leur sincérité [2].

Certes Sixte-Quint était sincère : il aima toujours la France, et le grand effort de sa politique extérieure fut de la soustraire aux griffes de l'Espagne, oiseau de proie qui la guettait. Mais ce qu'il voulait, ce qu'il voulut sans relâche, c'était, ce fut son existence, son autonomie, la conservation de sa foi, car pour lui la France était indispensable à l'équilibre de l'Europe et nécessaire aux intérêts catholiques. La misérable cour des Valois, leurs intrigues byzantines, la versatilité de cette mère et de ce fils étranges, lui donnaient des nausées, soulevaient son cœur de dégoût. D'un bras vigoureux, il bandait déjà son arc de fer, avec la résolution de faire parvenir inflexiblement sa flèche au but. Tant mieux pour qui l'aidera ; tant pis pour qui gênera son tir, car il sera couché par terre, fût-il roi. Que Henri III s'obstine à compromettre par sa politique d'expédients le plus beau des pays catholiques, il sauvera malgré ce prince l'héritage des fils aînés de l'Église. Écoutez comme, un mois après son élec-

---

[1] Saint-Gouard à Henri III, 8 mai 1585, Ms. Bibl. nat. F. fr. 16045.
[2] *Id., ibid.*

tion, il pose ses principes et la formule de ses actes futurs :
« Le Pape, raconte Saint-Gouard, me dit, avec infinies belles et courtoises paroles, qu'il voulloit que je fisse entendre à Votre Majesté et l'asseurasse de sa part que *non seullement il la favoriseroit de son argent et force, mais aussi de son propre sang,* m'y adjoustant *pourveu qu'elle ne se fortifiast des huguenotz parce qu'en tel cas il ne le pourroit*[1]. » Ces mots ont été soulignés sur l'original, sans doute de la main du secrétaire d'État Villeroi. Vraisemblablement, Villeroi saisissait la portée du programme et s'en effrayait, connaissant les dispositions indécises de son maitre. Je défie que l'on cite un mot, un acte de Sixte-Quint, par lesquels il ait un seul instant déserté la ligne droite inflexiblement tracée d'avance.

Sur un point, Sixte hésite, lors de son avénement : comment juger la Ligue et que faire d'elle? Son éloignement de la politique sous Grégoire XIII l'avait rendu relativement ignorant des affaires de la chrétienté. On savait cela, et de toutes parts on cherchait à en tirer profit. Les rapports et les jugements les plus contradictoires lui parvenaient sur cette association, qu'on lui peignait, tantôt comme faite d'intrigants et d'ambitieux rebelles, tantôt comme l'unique espoir et le seul appui du catholicisme en France.

Les honteuses conventions du pacte de Joinville, qui livraient, pieds et poings liés, la France à l'Espagne, avaient été soigneusement tenues secrètes par les chefs de la Ligue, et, dans le manifeste qu'ils avaient lancé de Péronne, le 31 mars, ces gens ne craignaient pas de s'intituler « les derniers Français », prêts à mourir « en armes pour le service de Dieu et de leur patrie ». Mais Sixte-Quint avait trop de clairvoyance pour ne pas trouver étranges les procédés de ces excellents serviteurs de leur pays, leur prise d'armes subite, leur façon de faire main basse sur les villes et les

---

[1] Saint-Gouard à Henri III, 4 juin 1585, Ms. Bibl. nat. F. fr. 16045.

places fortes, l'inconvenante intolérance qu'ils affichaient dans leurs rapports avec leur misérable prince aux abois[1]. Saint-Gouard ne perdait pas une occasion de mettre habilement en lumière le contraste qu'il y avait entre leurs paroles et leurs actions; le pontife, avec son esprit d'autorité, son amour de la subordination, son respect des institutions établies, prêtait une oreille attentive et sympathique à ses discours, et trouvait mauvais que des révoltés fissent chez Henri III ce qu'il n'eût pas manqué de réprimer rigoureusement dans ses propres États. Il convenait « qu'il n'y avoit rien à se fier d'eux (des Ligueurs), mais bien à s'en garder[2] », et si l'ambassadeur lui peignait le tableau des agissements espagnols, il blâmait vertement Philippe II de son insupportable manie d'intervention dans les affaires du voisin[3].

Mais d'autre part résonnaient d'autres cloches et d'autres sons. Les cardinaux de Pellevé et de Vaudemont, celui-ci poussé par celui-là, travaillaient à détruire les dernières illusions du Saint-Père sur Henri III « par mille horribles calomnieux mensonges[4] ». Jean de Vivonne se multipliait; malheureusement, il était presque seul, les partisans espagnols faisaient rage, les pourprés français eux-mêmes com-

---

[1] Sixte écrivait au cardinal de Bourbon : « Incredibili cum molestia audivimus de motibus isthic excitatis... nec quicquam cupimus magis quam eam isthic pacem florere quæ vere est pax, hoc est quam affert animorum in pietate colenda catholicaque religione tuenda contensio atque concordia; qua voluntate quoniam vos esse profitemini nec quicquam aliud nisi catholicæ religionis dignitatem atque incolumitatem spectare, non possumus in hac parte vestrum studium non magnopere laudare; sed tenere nos arbitramur quod in consiliis capiendis actionibusque suscipiendis spectari maxime oporteat, primum ut rectus finis sit, tum ut quæ ejus finis obtinendi causa suscipiuntur honesta sint, deinde ut personarum earum, quarum de rebus agitur, status ac dignitatis ratio habeatur : in primis vero ut regis ipsius authoritas et majestas omni cum honore et obedientia agnoscatur... » (Lettre du 15 juin 1585, Arch. du Vatican, Sixt. V. Reg. an 1, vol. XXX, p. 16.) — L'honnêteté du but, l'honnêteté des moyens, le respect de l'autorité royale : tels sont les conseils du pontife.

[2] Saint-Gouard à Henri III, 4 juin 1585, Ms. Bibl. nat. F. fr. 16045.

[3] *Id., ibid.*

[4] *Id., ibid.*

battaient leur prince, enfin un grand renfort parvenait à la cabale hostile : le 2 juin, le duc de Nevers entrait dans Rome et demandait audience au Pape pour plaider la cause de la Ligue[1].

Cet avocat des rebelles arrivait dans des dispositions d'esprit assez singulières. Il ne fut jamais de leur parti qu'à contre-cœur : en donnant sa signature à la Ligue, le 15 décembre précédent, il avait fait ses réserves en faveur de l'autorité royale et du maintien de la loi salique ; il avait pris part au pacte de Joinville, au mois de janvier, mais ç'avait été avec un trouble profond. Si le caractère du Roi le désolait, les projets des Guise et l'alliance avec l'Espagne le révoltaient. Il eût voulu mettre sa conscience en repos, à l'ombre d'une sanction éclatante de la Papauté. L'autorisation secrète donnée par Grégoire XIII ne lui paraissait pas suffisante : il en désirait une solennelle et publique. Et c'était parce que le remords l'assiégeait, qu'il se préparait à fournir sur la conduite de son parti des explications capables d'en

---

[1] Sur le voyage de Nevers à Rome en 1585, il est impossible de donner la moindre créance aux *Mémoires* de ce seigneur, publiés par l'académicien GOMBERVILLE au siècle suivant : correspondances, narration, tout est un roman. — On y voit le Pape et le duc, le 4 août, s'entretenir en politiques profonds de la paix de Nemours et de l'avenir qu'aura cette réconciliation, puis, le 20, tous deux s'attendrir et mêler leur larmes en causant de la malheureuse France. Or, Nevers avait quitté Rome au milieu de juin, trois semaines avant la conclusion de la paix de Nemours, qui est du 7 juillet. V. Saint-Gouard à Henri III, 17 juin 1585, Ms. Bibl. nat. F. fr. 16045 ; et Olivarès à Philippe II, 20 juin 1585, apud HUBNER, *Sixte-Quint*, t. III, p. 218 (pièces just.). — On ne s'imagine pas le tort que les légendes du dix-septième siècle ont fait à la vérité. Tous les historiens, que je sache, ont suivi pas à pas Gomberville, adopté sa chronologie et ses fictions. V. notamment Henri MARTIN, *Histoire de France*, t. X, p. 5 et 6. La bonne foi de chacun peut être surprise ainsi par les fabricants de documents, et mon observation n'a d'autre but que de rectifier un point erroné. A l'avenir, il me paraît impossible de se fier aux *Mémoires de Nevers* : toutes leurs pièces ne sont pas fausses, il est vrai ; mais il faudrait faire la critique des deux volumes au point de vue de l'authenticité. — Le baron de Hubner a écrit d'après les manuscrits, sans s'occuper des *Mémoires de Nevers* : il a donc évité le piège, mais il n'a pas crié gare. — J'ai fait une démonstration plus complète de tout ceci dans la *Revue des quest. hist.*, janvier 1884.

atténuer les torts : cette conscience en désarroi venait quêter l'approbation du grand juge de la chrétienté, fallût-il égarer la religion du Pape, fallût-il dissimuler, amplifier et mentir pour se la faire donner.

Saint-Gouard se déclare assez mal édifié du tour que prennent les idées du Saint-Père [1], quand un beau jour celui-ci, questionné par lui sur Nevers, nie d'abord qu'il l'ait jamais vu, puis s'embarrasse comme un écolier pris en faute, et finit par avouer en rougissant que le cardinal Alessandrino a écrit au duc qu'il pouvait venir lui baiser les pieds, puis, grossissant la voix, s'écrie qu'il est bien libre après tout de recevoir qui bon lui semble. Saint-Gouard n'a pas tort de s'alarmer : le pauvre duc se démène de belle manière pour apaiser ses troubles intimes; il entasse raisons sur raisons pour les Guise et contre Henri III; il taille en menus morceaux la personne du monarque; jamais coups plus rudes ne furent portés par un compagnon plus déterminé. Le cardinal de Pellevé s'échauffe au spectacle de cette besogne, bat des mains, crie sur les toits qu'il se fait gloire d'appartenir à la Ligue, tandis que l'indignation de Saint-Gouard croît en raison de cet enthousiasme et de cette joie. La colère de l'ambassadeur devient si grande, que dans ses lettres il conte tout au Roi, et la conduite de Vaudemont et de Pellevé, et les propos de Nevers qui traite journellement Sa Majesté de monarque incapable et pusillanime; il ajoute, car il a tout à fait perdu la tête, que si jamais il peut, lui, Saint-Gouard, mettre la main sur ce maudit, celui-ci n'en sera pas quitte à bon marché; quant aux deux prélats, la seule chose à faire est de les jeter en prison quand ils rentreront en France [2].

Il donne à Henri III, par mêmes lettres, des conseils d'une exécution plus pratique. Il voyait Sixte-Quint tourner, et

---

[1] Saint-Gouard à Henri III, 4 juin 1585, Ms. Bibl. nat. F. fr. 16045.
[2] Saint-Gouard à Henri III, 7 juin 1585, Ms. Bibl. nat. F. fr. 16045.

son grand bon sens lui disait à quel vent, car sa fougue de loyauté ne l'aveuglait sur aucun des défauts déplorables du maître qu'il servait. Il devait s'affliger de sa mollesse, de ses tergiversations, du manque de suite de ses idées, puisqu'il lui déclare que l'intention des rebelles est, à n'en pas douter, de faire tomber la couronne du front de leur Roi pour la ramasser, et prend la liberté d'ajouter, dans un fier langage, que le devoir d'un prince est d'user de vigueur pour conserver la couronne qu'il tient de Dieu. Si l'on voyait Sa Majesté « prendre le frein aux dents », monter à cheval et se mettre à la tête de ses douze mille Suisses, de ses troupes françaises, de ses reîtres allemands, « messieurs les colliguez » se feraient tout petits, les fidèles prendraient courage, et le Pape n'hésiterait plus. « Il est vray que en ceste matière il ne faut perdre le cueur ny le temps, et faudroit y marcher sans nulle sorte de tempérament ne acception de personne, n'ayant jamais appris que là où il est question de l'Estat, il faille en user autrement [1]. » Et Jean de Vivonne, dont le sang brûle, supplie le Roi de le rappeler auprès de lui; il veut le servir de son bras; il se fait fort de lui mener trois cents bons chevaux, avec lesquels il ne perdrait pas son temps.

L'ambassadeur et le protecteur ne tardèrent pas à constater avec chagrin les résultats obtenus par les agents ligueurs. Eux n'avaient rien à répondre, quand le Pape les acculait en logicien à l'imbécile attitude de leur prince; ils ne pouvaient que protester en termes vagues de ses bonnes intentions, et, quittant le terrain de la défense pour celui de l'attaque, ils se hâtaient de couvrir d'opprobre la politique criminelle des Guise. Le grand avantage de Nevers et de Pellevé était qu'ils avaient, au contraire, réplique à tout : à les entendre, Henri III était un enfant débile qu'il fallait secourir et sauver malgré ses cris, et le seul but de la Ligue, c'était

---

[1] Sa'nt-Gouard à Henri III, 16 juin 1585, Ms. Bibl. nat. F. fr. 16045.

le salut de la cause nationale et chrétienne. Sixte-Quint commençait à ne savoir que penser de tout cela : « Que voulez-vous que je vous dise! crie-t-il à Saint-Gouard. Le duc de Nevers me jure que ses amis veulent uniquement servir Henri de Valois et chasser les hérétiques. Je ne puis les blâmer[1]! » Et Saint-Gouard, serrant les poings, faisant des efforts de patience au-dessus de sa nature pour ne point éclater, déroule son chapelet de litanies et d'invectives. Il laisse le Pape plus indécis qu'avant l'entretien. — A l'audience suivante : « Pourquoi Sa Majesté Très Chrétienne n'agit-elle pas enfin? D'autres ne seraient pas contraints d'agir à sa place! Dites-lui, monsieur de Saint-Gouard, que je suis prêt à l'aider de toutes mes forces, mais à la condition qu'elle ne se serve point des huguenots et qu'elle veuille fermement les expulser de son royaume. J'ai l'assurance à présent que les colligués n'ont que cette intention-là[2]. » Aussi M. de Saint-Gouard, sortant de là, se dit que décidément le Roi ne doit pas espérer grand'chose du nouveau pape.

Sixte-Quint n'est pas si confiant en la Ligue qu'il aime d'en avoir l'air : sous les pieux dehors de l'association, il devine tout, la trahison, les projets des ambitieux, les honteux compromis, les visées coupables. Son embarras est extrême. Enfin, il prend une mesure qui ne compromet rien : il charge Nevers d'un bref pour le cardinal de Bourbon, bref dans lequel il engage ce prélat à se joindre, avec ceux de sa faction, au parti de Henri III contre les hérétiques. Il manifeste aussi l'intention de faire une bulle, pour exhorter tous les catholiques à s'unir à leur roi en vue de l'extermination des huguenots; mais Saint-Gouard parvient à parer ce coup droit[3]. En revanche, Sixte refuse obstinément à l'ambassadeur de déclarer rebelles et anticatholiques les

---

[1] Saint-Gouard à Henri III, 16 juin 1585, Ms. Bibl. nat. F. fr. 16045.
[2] Id., ibid.
[3] Saint-Gouard à Henri III, 17 juin 1585, ibid.

« colligués », s'ils ne rendent pas au Roi les places dont ils se sont emparés[1].

Les hésitations du Pape avaient attristé Nevers de nouveaux remords : au lieu d'une bulle qui justifiât hautement et clairement les entreprises de la Ligue, il n'emportait que le souvenir d'admonestations verbales assez sévères et qu'un bref conçu dans les termes les plus banals. Le jour de son départ, qui fut le 18 juin, il n'y tint plus, et courut, botté, éperonné, chez le cardinal Madruccio, pour lui conter ses scrupules. Le protecteur d'Espagne dut passer deux heures à tâcher de lui rendre un peu de calme[2], et n'y réussit qu'à demi. Le duc quitta Rome, en apparence rasséréné, « mais il écrivit au cardinal de Bourbon et au duc de Guise, afin de leur faire savoir qu'il renonçait à la Ligue, parce que, disait-il, sa conscience ne lui permettait pas de rester dans ce parti, et qu'il ne croyait pas qu'il fût permis à un particulier, pour quelque raison que ce fût, de prendre les armes contre la volonté de son prince, sans une autorité publique[3] ».

VI

L'AFFAIRE DE L'ARCHEVÊQUE DE NAZARETH.

Sixte-Quint avait voulu gagner du temps. Il souhaitait d'amener une entente entre le roi de France et les Guise, et de rétablir ainsi l'unité du parti catholique. « Il espère, constatait Olivarès, que les deux factions lui remettront le soin de les réconcilier, et que cette tâche ardue ne sera pas au-dessus de ses forces[4]. » Il comptait, s'il n'y réussissait pas,

---

[1] Saint-Gouard à Henri III, 17 juin 1585, Ms. Bibl. nat. F. fr. 16045.
[2] Olivarès à Philippe II, 20 juin 1585, publ. par Hubner, *Sixte-Quint*, t. III, p. 218 (pièces just.).
[3] *Publica auctoritas*, l'autorité du Pape. De Thou, *Hist.*, liv. LXXXI.
[4] Olivarès à Philippe II, 20 juin 1585, publ. par Hubner, t. III, p. 218.

parvenir du moins à se former une conviction éclairée sur la valeur et les intentions respectives des deux camps, et méditait, à cet effet, d'envoyer en France un homme capable de l'instruire directement du véritable état des choses.

Le poste de nonce à Paris était occupé par l'évêque de Bergame, Jacques Ragazzoni, fort sympathique au gouvernement français, « pour ce que, meu de la vérité, il avoit mandé à Rome les mauvais desseins des ligueurs sous ombre de relligion [1] », et dont tous les rapports n'étaient qu'un panégyrique des actes de Henri III. Sixte forma le projet de le remplacer par un ministre moins complaisant, et jeta les yeux sur l'archevêque de Nazareth, Fabio Mirto Frangipani. Ce fut l'origine de l'un des incidents les plus critiques de a carrière de Jean de Vivonne.

L'archevêque de Nazareth n'était pas un inconnu en France, car il y avait été nonce, mais son zèle pour la Ligue y avait laissé de fâcheux souvenirs. Il courait parmi les royalistes une sorte de dicton peu flatteur pour lui : « *An potest a Nazareth aliquid venire boni*[2]? » Sa naissance napolitaine qui le faisait sujet de Philippe II, ses amitiés tout espagnoles, ne pouvaient qu'augmenter les méfiances légitimes que causaient ses antécédents. Dans son désir d'apprendre la vérité d'une bouche impartiale, Sixte-Quint commettait donc la faute de placer auprès du trône français une personne presque hostile.

M. de Nazareth avait encore contre lui de n'être pas sympathique au cardinal de Médicis, et l'on sait, par la mésaventure du cardinal Farnèse au dernier conclave, s'il faisait bon être de ceux que n'aimait pas le cardinal de Médicis. Ce

---

[1] Lestoile, *Journal de Henri III*, juillet 1585.

[2] *Id., ibid.* — On avait semé dans Paris des distiques sur le pauvre prélat : il y était peint avec tous les attributs du diable ; qu'on en juge :

En præsto Nazaræus atrox, furialis Erynnis,
Furcifer, insignis fraudibus atque dolis,
Numinis irrisor, justi contemptor et æqui...
Etc., etc. (Lestoile, *eod. loc.*)

prélat remuant n'eut pas de cesse qu'il n'eût fait épouser à Saint-Gouard et au cardinal d'Este toutes ses rancunes. Il mit son industrie à grossir démesurément à leurs yeux l'importance du choix d'un nonce et les objections que pouvait soulever la nomination de l'archevêque, si bien que cette chose de second ordre prit insensiblement, grâce à la rare opiniâtreté de tous, les proportions d'un incident des plus graves et presque d'un événement d'État.

La première fois que Sa Sainteté parle de son projet, le cardinal d'Este et M. de Saint-Gouard se bornent à faire observer qu'il y aurait d'autres noms plus agréables à la cour du Louvre que celui de Frangipani, et l'affaire reste en suspens [1]. Mais Sixte ne renonçait pas facilement à ses idées : il revient sans relâche à la charge. Le pire est que son malheureux candidat, rejeté, combattu, malmené par les partisans de la France, va se jeter tout éploré dans les bras des Espagnols : on l'aperçoit, le jour entier, contant ses peines et les injustices dont il est victime au comte d'Olivarès, au cardinal Farnèse, au cardinal de Pellevé. Saint-Gouard en fait la remarque au Saint-Père, et lui demande s'il pense que cette attitude soit de nature à provoquer les sympathies françaises. « On me dit, réplique le Saint-Père, que votre roi se sert des huguenots et qu'il a fait alliance avec Élisabeth ; vous m'assurez qu'il n'en est rien, que Sa Majesté se prépare à tirer justice éclatante des hérétiques, et que c'est précisément afin de ménager ses forces pour cette entreprise, qu'elle a jusqu'ici négligé de châtier les révoltés catholiques. Tout le monde a l'air de bonne foi, je ne sais qui croire. Je vais donc envoyer en France M. de Nazareth, qui me dira de quel côté se trouve la vérité. Et s'il m'est prouvé que le Roi veuille combattre fermement l'hérésie, je me taillerai pièce à pièce plutôt que de ne pas lui porter secours [2]. »

---

[1] Saint-Gouard à Henri III, 8 mai 1585, Ms. Bibl. nat. F. fr. 16045.
[2] Saint-Gouard à Henri III, 16 juin 1585, *ibid*.

Après les raisons, ce sont les caresses : un jour, à la chapelle, en revêtant les ornements pontificaux, Sa Sainteté met sa joue contre celle de Saint-Gouard, et le prie d'approuver le choix de l'archevêque. De ce pas difficile, Saint-Gouard se tire comme il peut, par des paroles évasives [1].

Sixte-Quint se décide à passer outre, car il s'est juré de ne pas céder; d'ailleurs, il veut de bonne heure donner à tous la mesure de son énergique volonté. Il prévient le nouveau nonce qu'il se doit tenir prêt à partir au premier jour. Saint-Gouard, en désespoir de cause, conseille au Roi de faire bon visage à l'archevêque, lorsqu'il arrivera, par respect pour Rome, mais d'affecter ensuite de ne lui témoigner aucune confiance, de traiter avec lui le moins possible, de rendre inutile son intermédiaire en chargeant les ministres de France près le Saint-Siége de tout ce que les princes communiquent d'habitude directement aux ambassadeurs accrédités chez eux [2].

Il est difficile de présumer ce qu'eût pu produire cette tactique de bouderie si le Roi l'eût adoptée. Mais il prit une résolution plus radicale : l'archevêque de Nazareth, qui s'était mis en route en litière et qui voyageait à très petites journées, trouva à Lyon des lettres du Louvre qui lui intimaient l'ordre de ne pas aller plus loin; le gouverneur Mandelot venait de recevoir des instructions dans le même sens. Le prélat s'arrêta et écrivit au Pape.

Le Pape ne savait rien encore, quand Saint-Gouard, chargé par Henri III de dorer cette pilule amère, se présenta devant lui, le 22 juillet. L'ambassadeur se flattait de l'espoir que la nouvelle de la paix, conclue avec la Ligue [3] et si vive-

---

[1] Saint-Gouard à Henri III, 16 juin 1585, Ms. Bibl. nat. F. fr. 16045.
[2] Saint-Gouard à Henri III, 17 juin 1585, *ibid*.
[3] Paix de Nemours, 7 juillet 1585. — Signalons un intéressant article du comte Édouard DE BARTHÉLEMY sur la paix de Nemours (*Revue des quest. hist.*, avril 1880). L'auteur, grâce à des documents nouveaux, nous fait assister aux conférences d'Épernay, aux humiliations de Catherine, à

ment désirée par le Saint-Père, l'aiderait à mener à bonne fin sa délicate mission; mais il n'avait pas songé que cette paix retirait à l'opposition contre M. de Nazareth toute raison valable, puisque ce dont on avait fait un crime au prélat était précisément ses accointances avec les rebelles. Le sourire aux lèvres et de l'air victorieux d'un homme qui va faire sa cour en annonçant un événement heureux [1], il eut l'audace de débuter par demander un secours d'argent pour Henri III, vu que la paix de Nemours garantissait les bonnes intentions de ce prince et ouvrait enfin une ère nouvelle, celle de l'union de tous les catholiques du royaume contre les hérétiques. Sixte montra moins d'enthousiasme qu'on n'eût pu l'espérer; il répondit avec méfiance qu'il ne connaissait pas les conditions du traité, et qu'il attendrait, pour s'engager, un bon commencement à l'entreprise qui devait décider du sort des huguenots. Alors, sans se décourager, Saint-Gouard demanda, comme une autre récompense, que Sa Sainteté reconçât au choix qu'elle avait fait de l'archevêque de Nazareth et conservât l'évêque de Bergame à son poste; il ajouta, mais entre parenthèses, que le Roi venait de prier le nouveau nonce de s'arrêter à Lyon, bien certain que le Saint-Père ne lui refuserait pas une aussi petite faveur en un pareil moment.

L'habile manœuvre de l'ambassadeur réussit en partie, puisque le fougueux pontife ne le chassa pas de sa présence immédiatement. Sans doute, la surprise empêcha Sixte-Quint de sentir l'outrage, comme il fit quelques heures plus tard. Il se montra seulement très froissé du procédé du Roi, déclara qu'il y voyait une atteinte à la dignité du Saint-Siège ainsi qu'à son autorité propre, ne manqua pas de faire

la hautaine impertinence des chefs ligueurs, aux angoisses poignantes de la cour éperdue. Henri III ne put même obtenir des Guise qu'ils renonceraient à l'alliance de l'Espagne! Et il signa!

[1] Saint-Gouard à Henri III, 23 juillet 1585, Ms. Bibl. nat. F. fr. 16045.

observer avec beaucoup de logique que le moment était mal choisi de reprocher à M. de Nazareth ses amitiés dans le camp ligueur, puis se radoucit un peu, et finit par promettre qu'au bout de quelque temps de charge il rappellerait son nonce, si l'on ne lui fermait pas la route de Paris. Saint-Gouard se retira.

Mais Saint-Gouard ne tarda pas à voir arriver chez lui le cardinal Rusticucci, « fort honnête seigneur, très bien disposé pour Sa Majesté par suite de son dévouement au cardinal d'Este, mais très prudent et sevré en sa charge [1] ». Le Pape avait réfléchi : sa colère montait lentement et menaçait d'être effroyable ; il parlait à présent, si l'on continuait de refuser son nonce, il parlait de congédier l'ambassadeur de France et même de ne plus traiter avec le protecteur. La menace fit bondir M. de Saint-Gouard : on touchait aux prérogatives de sa charge, on perdait le respect dû à son roi ! Il répondit « le plus doucement qu'il put », mais vertement encore [2] : « Quel rapport y a-t-il entre Mgr le cardinal d'Este et l'archevêque de Nazareth, ce factieux signalé par mon maître à Sa Sainteté, cet homme dont l'envoi donne à soupçonner le Pape d'inimitié contre la France ? Le Pape parle de me renvoyer ? qu'il le fasse donc, j'en serai bien aise ! Au moins, je pourrai là-bas servir mon roi plus utilement qu'ici, qu'ici où l'on n'a plus moyen de traiter avec dignité ses affaires. Mais j'avertirai des humeurs qui règnent en cette cour ! » Le cardinal Rusticucci écoutait avec surprise et tristesse : il voyait bien que le pauvre gentilhomme s'abusait encore sur Sixte-Quint ; il déplorait ces deux colères, dont le choc pouvait produire un orage. Il tâcha de calmer son interlocuteur, et l'on convint enfin que Saint-Gouard écrirait à Henri III pour lui demander de laisser venir M. de Nazareth jusqu'à Paris,

[1] Le cardinal Rusticucci venait d'être nommé ministre des affaires des princes, c'est-à-dire ministre des affaires étrangères.
[2] Saint-Gouard à Henri III, 23 juillet 1585, Ms. Bibl. nat. F. fr. 16045.

puis que Sa Sainteté rappellerait l'envoyé presque aussitôt.

Saint-Gouard écrivit[1], mais le ressentiment de Sixte allait plus vite que les courriers.

Le 25 juillet, comme l'ambassadeur revenait de la messe et se préparait à se rendre à l'audience qu'il avait obtenue pour quatre heures, un homme vint, de la part du Pape, l'avertir de ne pas se présenter au Vatican, et lui transmit l'injonction brutale de quitter Rome le jour même et les États pontificaux dans les cinq jours.

Il répondit[2] fort dignement qu'il trouvait le procédé bien injustifiable; qu'il n'avait rien fait qui pût l'expliquer, qu'habituellement on entendait les gens avant de les condamner; que le ministre d'un grand roi méritait d'autres traitements; que si c'était au ministre qu'on en voulait, il fallait prévenir le maître et lui demander le châtiment du serviteur; que si c'était au maître, le ministre n'était pas tenu d'obéir à des ordres déraisonnables, car le Sacré Collège devait connaître d'une affaire aussi grave; que néanmoins il voulait faire ce que désirait le Pape, parce qu'il y allait de la dignité de la couronne de France; qu'il sortirait donc de Rome le soir même et de l'État ecclésiastique dans les cinq jours, laissant au monde chrétien le soin de juger les débuts du Pape dans la chaire de Saint-Pierre et sa conduite à l'égard d'un roi si méritant du Saint-Siège. Puis, il ferma la bouche au messager, qui se permettait de justifier en termes impertinents la conduite du Pape, donna l'ordre à sa maison de se tenir prête pour prendre le chemin de France, fit seller un cheval et courut à Tivoli conter tout au cardinal d'Este en sa villa[3].

[1] Saint-Gouard à Henri III, 23 juillet 1585, Ms. Bibl. nat. F. fr. **16045**.
[2] Saint-Gouard à Henri III, 29 juillet 1585, *ibid*.
[3] L'aventure de Jean de Vivonne est racontée par Tallemant des Réaux, mais avec un luxe de détails assez invraisemblables : « ...Il avoit offert au Roy d'enlever le Pape par une porte secrète qui estoit au bout d'une galerie du Vatican, où le Saint-Père avoit accoutumé de se promener seul... » *Historiettes*, 4e. L'imagination populaire aime le violent et l'imprévu; le

Le cardinal fut étourdi de la violence du Pape : il ne s'attendait pas à ce coup [1]. Il dit à son collègue de demeurer chez lui, tandis qu'il irait à Rome et tâcherait d'arranger l'affaire. A Rome, il trouva tout en émoi. Sixte-Quint luttait seul contre la désapprobation et les remontrances universelles : l'ambassadeur de Venise le sermonnait au nom des intérêts de la chrétienté, étroitement liés à ceux de la France [2]; Olivarès lui-même oubliait son animosité contre notre pays, ses griefs à l'égard d'un collègue trop taquin, pour ne considérer que l'atteinte aux prérogatives d'un ambassadeur [3]; la ville murmurait tout haut de l'implacable sévérité de son nouveau souverain [4]; les gentilshommes français résidant à Rome juraient en masse qu'ils allaient quitter ce sol inhospitalier, et de fait beaucoup commençaient leurs paquets [5]; le cardinal de Rambouillet se multipliait au Vatican, mais ses efforts de conciliation échouaient, aussi bien que la rumeur populaire, devant l'inflexibilité du Saint-Père. Ceux du cardinal d'Este demeurèrent d'autant plus infructueux, que sa vue devait en cette circonstance rappeler plus d'un souvenir irritant au cœur ulcéré du pontife. Tout ce que les deux prélats consternés obtinrent, fut que Sa Sainteté ne ferait pas de scandale au consistoire [6].

C'est le propre de la nature humaine, dans les grandes crises de la vie, de passer, sans transition et d'un seul coup, d'un état d'esprit à l'état tout opposé. M. de Saint-Gouard avait commencé par faire bonne

scandale du renvoi de notre ambassadeur fut pour elle un régal ; elle se plut encore à l'embellir d'accessoires brillants.

[1] « ...Il m'estoit advis que je songeois, et ne pouvois croire ce que je voyois. » Este à Henri III, 3 août 1585, Ms. Bibl. nat. F. fr. 16042.

[2] Vincenzo Gradenigo au doge, 23 août 1585, publ. par HUBNER, *Sixte-Quint*, t. III, p. 12 (pièces just.).

[3] L'abbé de Plainpied à Villeroi, 12 août 1585, Ms. Bibl. nat. F. fr. 16045.

[4] L'abbé de Plainpied à Catherine de Médicis, 31 juillet 1585, *ibid*.

[5] *Id., ibid.*

[6] Este à Henri III, 30 juillet 1585, Ms. Bibl. nat. F. fr. 16042.

figure : la conscience du rôle qu'il devait jouer, l'attention dont il était l'objet, maintenaient sa prestance ; il se grisait de ses paroles, de son indignation, de sa fierté. Il se déclarait à hauts cris l'offensé, protestait encore, le 29, qu'il était heureux de retourner auprès de son maître, et que, « quand le Pape l'enverroit prier avec tout le Sacré Collège de retourner à Rome, il n'en feroit rien [1] ». Mais une nuit d'insomnie abat ce feu ; les dangers de sa situation lui apparaissent dans toute leur réalité : qui sait, avec l'humeur chancelante de Henri III, s'il ne va pas être sacrifié aux nécessités de la politique, s'il ne sera pas le bouc émissaire de cette aventure ? Le cardinal d'Este revient, le jour qui suit, et lui rapporte que le Pape, loin de songer à plier, s'entête de plus en plus dans son ressentiment, qu'il paraît cependant moins irrité contre le Roi, mais qu'il rend, assez injustement, responsable de tout le malheureux ambassadeur [2]. Celui-ci s'effraye tout à fait, et la chose en valait la peine ; il écrit trois lettres : à son maître, à la Reine mère, à M. de Villeroi. Après s'être disculpé de son mieux près de Henri III [3], il sollicite l'intervention de Catherine et flatte ses vanités de politique et de femme : « Madame, c'est mon très grand regret d'avoir veu pour icy les affaires aux termes que Votre Majesté verra par celles que j'écris au Roy ; et encore qu'il n'y ait rien de ma faulte, je ressens ce malheur de telle sorte que je ne désire rien moins que la mort, puis[que] je l'ay eu tel que j'aye été le premier assailly, je puis dire, de la furye de ce lion, qui a donné par ceste action à penser à tout le monde le bien que l'on doibt espérer de son règne. C'est toujours une recharge aux affaires, pour exercer vos verteus et faire reluire votre prudence, par laquelle elle rend les plus grandes et difficiles

---

[1] Saint-Gouard à Henri III, 29 juillet 1585, Ms. Bibl. nat. F. fr. 16045.
[2] Este à Henri III, 3 août 1585, Ms. Bibl. nat. F. fr. 16042.
[3] Saint-Gouard à Henri III, Tivoli, 30 juillet 1585, Ms. Bibl. nat. F. fr. 16045.

choses à raison [1]... » En face de son ami Villeroi, son affliction éclate librement : « Monsieur, si je sçavois faire force à ceste estoile qui a l'influence de brouiller le monde, croyez que je n'y espargnerois nulle sorte d'art ni diligence... Cecy me donne un grand tour de reins; et s'il y avoit rien de ma faute, j'en serois mort de desplaisir. Je désire, sur tout ce que je puis, de me retrouver aux piés du Roy, et, luy ayant donné compte de mes actions, aller trouver ma sépulture, hors de laquelle je n'espère jamois aulcun repos ni contentement, m'estimant le plus défortuné homme d'avoir si mal concleu cette légation, mais remettant le tout aux mains du jugement de Dieu [2]. »

Quelques jours après, il prend de nouveau la plume [3], et sa lettre au secrétaire d'État n'est qu'un pamphlet contre Sixte-Quint. Le portrait qu'il trace de son terrible antagoniste est étrangement chargé, car il se trouve dans cette disposition d'esprit qui fait tout voir sous un jour désavantageux. « ...Le Pape se découvre furieux et moins véritable, ayant tous les jours nouvelle prise, ou avecq quelqu'un des cardinaulx, ou avecq quelqu'un de ses ministres, ou seullement des aultres princes qui en ont auprès de luy. Ce qu'il promet le matin, il le nie au soir. Ceulx qui l'ont faict sont ceulx qu'il défavorise le plus. Personne ne peult avec luy, et Alessandrin ne sçait où il en est, et chacun croit qu'il sera bientost par terre... Ce pontife fait mine de vouloir braver tout le monde hors de jugement, raison et saison. Il s'est tost découvert, et à ceste heure chacun en dit comme il en trouve. A son événement, j'avois creu qu'il seroit juste et amy de la vérité, et qu'il embrasseroit ce qui estoit en la cause du Roy; mais, paraissant icy ceux qui vinrent pour le

---

[1] Saint-Gouard à Catherine de Médicis, 30 juillet 1585, Ms. Bibl. nat. F. fr. 16045. — Cette lettre, écrite à Tivoli, est datée de Rome, sans doute par erreur provenant de l'habitude.
[2] Saint-Gouard à Villeroi, 30 juillet 1585, *ibid.*
[3] Saint-Gouard à Villeroi, 3 août 1585, *ibid.*

parti contraire et assistés des ministres espagnols, je le vis aussytost changer de couleur comme le caméléon... » Suivent d'amères critiques de son gouvernement, de l'excessive rigueur qu'il déploie dans la répression, des impôts qu'il lève en se vantant que c'est pour faire la guerre aux huguenots de France. La postérité sait ce qu'elle doit penser de l'admirable activité de Sixte-Quint en matière de finances et contre les bandits.

Jean de Vivonne, qui craint par-dessus tout d'être abandonné par le Louvre, risque quelques-unes de ses vues sur la conduite qu'il y aurait à tenir : tout lui paraît meilleur que de reculer; il ne s'effrayerait point de nouvelles vitres brisées, car sa responsabilité serait mise hors de cause et ferait place à celle d'autrui : « Luy demander [au Pape] ung concile général, et, en défaut qu'il ne le voudroit accorder, en faire en France ung national, le feroit penser en sa conscience, pour la peur qu'il auroit que ceste Église gallicane prinst résolution de se valoir de ses forces [1]. »

Henri III était absent quand arrivèrent à Paris les lettres de Saint-Gouard relatant son expulsion; ce fut Villeroi qui les lut et qui se chargea d'y répondre. Le ton de sa réponse était rassurant [2] : la justice s'opposait à ce que l'on maltraitât un aussi brave gentilhomme, pour un événement auquel tout le monde avait sa part; en conséquence, le secrétaire d'État déclarait impossible de traiter les affaires plus dignement que M. de Saint-Gouard, et ne doutait pas que Sa Majesté n'en fût satisfaite.

Il se fit son avocat, lorsque Henri III revint. D'ailleurs, Saint-Gouard avait à Rome des amis qui travaillaient en sa faveur et dans l'intérêt de la justice. « De mémoire d'homme, écrivait-on à Catherine, il n'est venu ambassadeur qui ayt mieux compareu que le seigneur de Saint-

[1] Saint-Gouard à Villeroi, 3 août 1585, Ms. Bibl. nat. F. fr. 16045.
[2] Villeroi à Saint-Gouard, 6 août 1585, *ibid*.

Gouard [1]. » — « L'opinion des plus vertueux et non intéressés est que M. de Saint-Gouard doibt retourner à Rome, et le Roy escrire à Sa Sainteté qu'il recepvra l'archevesque et qu'il la prie de recepvoir M. de Saint-Gouard. M. de Saint-Gouard ne s'en souciera guère ; mais il faut que le Roy luy écrive aussy dans ce sens, louant ce qu'il a fait, mais luy enjoignant de retourner à Rome... Il faut luy commettre de faire et prester l'obédience, de sorte que ce seigneur rentrera dignement à Rome, avec honneur et dignité accrue et redoublée... Jamais on n'a veu d'ambassadeur remplir plus dignement ses fonctions, jamais on ne trouvera à le remplacer. Toute la Cour se réjouira de le voir revenir, et le Pape luy mesme, qui l'aime et l'apprécie [2]. »

Henri III prit bien les choses : il soutint son représentant, qu'il avait compromis. Il chargea le Pape de tous les torts, déclara qu'après une « sottise » il était naturel que l'on cherchât à rejeter « le blâme et la coulpe de son action » sur la tête d'un autre, mais que lui ne serait pas dupe de cette manœuvre de Sixte-Quint. Il écrivit dans cet esprit à l'ambassadeur, ajoutant toutefois qu'il était contraint de ménager Sa Sainteté, vu qu'il avait besoin d'un secours d'argent [3]. Les ressources étaient épuisées à tel point, que les cardinaux de son conseil, le cardinal de Bourbon en tête, avaient résolu de donner hypothèque sur leurs propres biens jusqu'à concurrence de trois ou quatre cent mille écus, remboursables sur les premiers deniers qu'on espérait obtenir du Saint-Siège [4].

L'expulsé profitait de ses loisirs forcés pour soigner sa goutte aux bains de Lucques, situés dans une république

---

[1] L'abbé de Plainpied à Catherine de Médicis, 31 juillet 1585, Ms. Bibl. nat. F. fr. 16045.

[2] L'abbé de Plainpied à Villeroi, 12 août 1585, *ibid.* — Le cardinal d'Este aussi comblait Saint-Gouard d'éloges ; v. sa lettre à Henri III, 3 août 1585, Ms. Bibl. nat. F. fr. 16042.

[3] Henri III à Saint-Gouard, 17 août 1585, Ms. Bibl. nat. F. fr. 16045.

[4] Villeroi à Saint-Gouard, 6 août 1585, *ibid.*

indépendante. Il pensait et disait à qui voulait l'entendre qu'à la place de son maître il eût bien su montrer au Pape qu'on pouvait se passer de lui, qu'il eût « mis les mains avecq le conseil de ses cours de Parlement à la vente du temporel de l'Église », qu'il n'était « pas à propos sur cette escapade de Sa Sainteté de lui demander de grâce », et que sans aucun doute « on en voudroit faire les renchéris [1] ». Néanmoins, il respirait mieux, et savait gré de sa constance au faible monarque. Son secrétaire La Boderie, qu'il avait laissé derrière lui pour vendre ses meubles et pour atténuer les mille inconvénients de son départ précipité, lui rendait compte de tout ce qui se passait à Rome, en homme intelligent et dévoué [2]. L'indiscrétion d'un tiers avait livré à La Boderie le contenu d'une lettre de Henri III à Sixte-Quint, et cette lettre était telle que pouvait la souhaiter l'ambassadeur. Henri s'y montrait courroucé, se posait carrément le défenseur de son ministre, réfutait les deux griefs articulés contre cet innocent : 1° Si M. de Saint-Gouard a commencé, comme le prétend Sa Sainteté, par accepter la nomination de l'archevêque de Nazareth [3], Sa Sainteté a tort de rendre M. de Saint-Gouard responsable de ce qu'on a, depuis, découvert des motifs pour la repousser ; 2° M. de Saint-Gouard a parfaitement agi, en n'avertissant pas sur-le-champ son maître des menaces proférées par Sa Sainteté, car les ambassadeurs font sagement parfois de ne pas répéter tous les mots inconsidérés des princes, afin de ne pas échauffer leur souverain. — Henri terminait en déclarant que Sixte-Quint ne verrait jamais d'autre ambassadeur résident que M. de Saint-Gouard [4].

[1] Saint-Gouard à Villeroi, des bains de Lucques, 18 août 1585, Ms. Bibl. nat. F. fr. 16045.
[2] La Boderie à Saint-Gouard, 26 et 27 août 1585, *ibid.*
[3] Jean de Vivonne nia toujours énergiquement le fait, et jusqu'en marge des lettres où l'on lui rendait compte de ces discours de Sixte-Quint.
[4] Les renseignements de La Boderie étaient justes ; c'était bien dans ce sens que le Roi écrivait au Pape. V. Henri III à Sixte-Quint, 16 août 1585, Ms. Arsenal, 5416, p. 985.

Cette attitude était bien fière et bien fatigante pour le dernier des Valois; elle était étrange, de la part d'un prince qui ne cessait de crier à tous les échos qu'il se voyait perdu, corps et biens, si le secours du Pape lui faisait défaut. Sixte connaissait l'homme et la situation de l'homme, et n'était nullement inquiet. Surexcité par les propos du méchant cardinal de Pellevé, que cette occasion de ruiner une carrière ravissait d'aise [1], il se bornait à répéter au cardinal d'Este qu'il aimait la France, qu'il avait de l'affection pour le Roi, mais qu'il jugeait en tout contraire à sa dignité de rappeler un ambassadeur dont pour plus d'un motif il croyait avoir à se plaindre [2]. Sa manière d'être constituait le plus grave danger pour la fortune et la réputation de Saint-Gouard. Celui-ci tomba malade, sans doute de ses angoisses [3], dans une hôtellerie de Lucques, que, comble de malheur, il ne savait comment payer [4]. Dans les derniers mois de 1585, il quitta l'Italie et revint en France, prenant les chemins de traverse afin d'éviter les villes, « fuyant d'estre contrainct de voir personne [5] », laissant à ses amis le soin de rétablir ses affaires, si toutefois la chose n'était pas impossible, hélas!

VII

LA MISSION DE L'ÉVÊQUE DE PARIS (1585-1586).

Désireuse de renouer au plus vite avec le Vatican tout en sauvegardant son pauvre honneur, la cour du Louvre, qui ne

---

[1] Este à Villeroi, 4 et 19 septembre 1585, Ms. Bibl. nat. F. fr. 16042.
[2] La Boderie à Saint-Gouard, 27 août 1585, Ms. Bibl. nat. F. fr. 16045.
[3] *Id., ibid.*
[4] Saint-Gouard à Henri III, 29 août 1585, Ms. Bibl. nat. Dupuy, 28, f° 84.
[5] *Id., ibid.* — Vraisemblablement, il était à la cour au mois de décembre. V. ESCHASSÉRIAUX et AUDIAT, *Études et documents sur Saintes*, pr. verb. 26 décembre 1585.

pouvait ni se passer d'un agent pour les affaires qu'elle méditait, ni nommer un remplaçant à M. de Saint-Gouard après ses serments de résistance, résolut de prendre un moyen terme et de dépêcher à Rome un envoyé extraordinaire. Le Pape fut donc informé de la prochaine arrivée de l'évêque de Paris, Pierre de Gondi [1]. La nouvelle lui fut agréable, car il en fit « de grandes démonstrations de contentement ». Un homme d'esprit, qui l'observait, écrivait en ce temps à la Reine mère avec un peu d'optimisme, mais beaucoup de connaissance du cœur humain et beaucoup d'entente des ressorts qui déterminent nos actions : « Et pourroit advenir qu'en signe de réconciliation parfaite, il feroit beaucoup pour l'advancement du désir du Roy, et quand il ne feroit que ce qu'il dit ouvertement, le Roy seroit bien secoureu. Il n'en parle point à petit semblant. Je vous dis, Madame, qu'il luy est échappé de dire qu'il emploieroit tous les moyens du Saint-Siège pour faire le plus grand Roy qui ait esté en France depuis cinq cents ans. Et a souvent répété cela. Dieu le veuille assister à l'effect de si bonnes paroles, ne me semblant pas debvoir obmettre à vous en donner advis et y joindre que souvent la reconnaissance d'une faute réconciliée apporte grand argument de bien réparer son erreur [2]. »

[1] Entre temps et depuis l'expulsion de Saint-Gouard, Sixte-Quint avait lancé, le 9 septembre, sa fameuse bulle privatoire (irrévérencieusement surnommée le *brutum fulmen*) contre Henri de Navarre et le prince de Condé. *Mémoires de la Ligue*, t. I, p. 343, éd. 1590. Elle les déclarait hérétiques, relaps, déchus, eux et leurs héritiers, de toute principauté, et incapables de succéder au royaume de France. C'était une faute à tous les points de vue, mais, dans la pensée du pontife, c'était un moyen de cimenter l'union des ligueurs avec leur roi, en élargissant l'abîme qui séparait les calvinistes de la couronne et rendant inutile l'intervention de l'Espagne. — Remarquer que Sixte avait refusé constamment cette bulle aux instances du duc de Nevers et du cardinal de Vaudemont, afin de bien montrer qu'il ne cédait à la pression d'aucun parti.

[2] L'abbé de Plainpied à Catherine de Médicis, Rome, 20 novembre 1585, Ms. Bibl. nat. F. fr. 16045. — Cet abbé de Plainpied, auditeur de rote, devait être Pierre de Tollet, abbé commendataire de Plainpied en Berry, secrétaire du Roi, maison et couronne de France, premier aumônier de la Reine mère.

La mission de l'évêque de Paris fut en effet heureuse : il obtint du Pape presque tout ce qu'il voulut.

Il venait surtout pour solliciter l'autorisation d'aliéner une partie des biens du clergé et pour négocier le retour de M. de Saint-Gouard. Sur le premier point, Sixte se fit à peine prier pour la forme pendant deux audiences ; à la troisième, il consentit à charger le cardinal de Sainte-Croix, fort ami du cardinal d'Este et des intérêts français, de réunir une congrégation chez lui afin d'en délibérer [1]. La congrégation s'assembla, permit l'aliénation, et le Saint-Père rédigea la bulle qui fut aussitôt envoyée en France [2]. Il fallait aider le Roi Très Chrétien, dont le trésor était à sec et qui manifestait enfin l'intention d'agir vigoureusement contre les huguenots ; Sixte-Quint prétendait ne le pouvoir faire de ses deniers, attendu que son prédécesseur ne lui avait point laissé « de quoy achetter un pain [3] » ; mais il eût « vendu sa peau » plutôt que de ne pas secourir Henri [4].

Pierre de Gondi rencontra plus de difficultés quand il voulut négocier au sujet de l'affaire de l'ambassadeur et du

---

[1] Pierre de Gondi à Henri III, 18 décembre 1585, Ms. Bibl. nat. F. fr. 16045. — Le cardinal d'Este n'avait rien pu obtenir, quelque effort qu'il déployât. Este à Villeroi, 22 octobre 1585, Ms. Bibl. nat. F. fr. 16042.

[2] Pierre de Gondi à Henri III, 15 janvier 1586 et 6 février 1586, Ms. Bibl. nat. F. fr. 16045.

[3] Pierre de Gondi à Henri III, 15 janvier 1586, *ibid.*

[4] A maintes reprises, les rois de France firent appel à la générosité du clergé national et lui demandèrent des secours urgents qui ne leur furent pas refusés. Mais ce fut aux États d'Orléans, sous Charles IX, que l'on formula pour la première fois l'idée de porter la main sur le patrimoine ecclésiastique. La couronne goûta l'expédient financier ; le Parlement résista le plus qu'il put à de telles entreprises ; pourtant, le 17 mai 1563, il se vit contraint d'enregistrer, dans un lit de justice, l'édit qui ordonnait une vente jusqu'à concurrence de 100,000 écus de rente ; on n'avait pas même attendu le consentement du Pape. — Henri III, pressé par le besoin, fit ce qu'avait fait son frère, et le fit plus souvent : le 20 octobre 1574, il prescrivit, avec l'autorisation de Grégoire XIII, une aliénation jusqu'à concurrence de 1,000,000 livres tournois ; au mois d'août 1576, une bulle pontificale permit de nouveau de dépouiller le clergé jusqu'à concurrence de 150,000 livres tournois de rente. A l'occasion de l'édit qui suivit cette bulle, le Parlement adressa des remontrances très vives, déclara

nonce. « Le Roi, disait-il au Pape, n'a jamais eu l'idée de congédier M. de Nazareth ; il l'a seulement prié de s'arrêter à Lyon jusqu'à ce que ses lettres parvinssent à Votre Sainteté ; le gouverneur Mandelot avait reçu l'ordre de traiter l'archevêque avec honneur en attendant. Le Roi n'eût pas éprouvé de répugnance à recevoir ce prélat en qualité d'ambassadeur extraordinaire ; mais l'accepter comme nonce résident, il ne le pouvait, car il n'a pas de confiance en lui depuis que, sous Charles IX, le personnage a clairement montré son inimitié contre la France. Qu'y a-t-il dans tout cela de blessant pour Votre Sainteté ? A l'heure actuelle encore, le Roi ne comprend rien à l'outrage qu'elle lui a fait en chassant son ambassadeur. Et de tout autre que du Saint-Père, il n'eût pas manqué de tirer une vengeance éclatante[1]. » Le Pape répondait en termes vagues, convenant bien que M. de Saint-Gouard était « un très honneste et bon gentilhomme », mais ajoutant « qu'il avoit un peu la teste seiche[2] ». Il opinait que le roi de France, ne manquant point d'autres intérêts auxquels penser, devait oublier cette affaire. Il déclarait que l'ambassadeur et le protecteur de France méritaient d'être châtiés pour les intrigues qu'ils avaient ourdies. Par des tiers, il faisait proposer à Gondi de lui remettre l'autorisation écrite de rétablir Saint-Gouard en sa charge, mais à la condition que Gondi lui promît verbalement que l'on n'en profiterait pas. De guerre lasse, il offrit enfin de recevoir l'expulsé comme si rien ne se fût passé, pourvu qu'en retour on accueillît M. de Nazareth. « Mais Sa Majesté ne peut avoir de confiance en ce nonce ! » s'écrie l'évêque de Paris. — « Basta ! » réplique le Pape[3].

qu'il n'enregistrerait plus aucune disposition de ce genre. Nous verrons plus loin qu'il fera effectivement opposition à l'édit de 1586. — Consulter sur ce point l'article consacré par M. H. FURGEOT à l'*Aliénation des biens du clergé sous Charles IX*, dans la *Revue des quest. hist.* (avril 1881).

[1] Pierre de Gondi à Henri III, 18 décembre 1585, Ms. Bibl. nat. F. fr. 16045.
[2] *Id., ibid.*
[3] Pierre de Gondi à Henri III, 15 janvier 1586, *ibid.*

On [doit penser que ce « basta » fut dit d'un ton significatif, car Pierre de Gondi n'eut point l'envie d'aller plus loin. Il écrivit au Roi pour lui conseiller d'accepter le nouveau nonce et de renvoyer le plus vite possible M. de Saint-Gouard près du Saint-Siége [1]. Puis, il partit, tout joyeux du succès de sa mission, comblé de caresses par le Pape qui lui voulait promettre le chapeau de cardinal à la prochaine promotion, honneur qu'il sut refuser noblement parce que, étant venu traiter des affaires publiques, il lui semblait indigne de lui de s'occuper des siennes propres [2].

La cour de Rome n'était pas un séjour de délices pour les Français royalistes. L'évêque de Paris s'apercevait, comme tout le monde, de l'absolu discrédit de son pays et de son prince : « Il y a sy peu de gens affectionnez au Roy, que quasy il semble que son nom y soyt esteint, sinon autant que l'on les en ressouvient [3]. » Gondi plaignait et admirait de toute son âme le cardinal d'Este, si seul et si fidèle ; pour son compte, il n'eut de satisfaction que lorsqu'il eut repris le chemin de France. Que l'on juge de son désappointement, quand, à Bologne, il trouva des lettres de Henri III, qui lui donnaient l'ordre de demeurer près du Pape jusqu'à l'arrivée de M. de Saint-Gouard. Apparemment, celui-ci n'était pas fâché de prolonger son congé. Mais le prélat, brûlant de revoir son diocèse, prétexta la surprise et les bavardages que ferait naître son retour inattendu s'il rebroussait jusqu'à Rome, et continua sa route [4].

Jean de Vivonne était soucieux de ne rentrer en Italie que décoré d'une faveur bien apparente, laquelle montrât à tous que la rancune du Saint-Père ne déteignait pas sur l'opinion

---

[1] Pierre de Gondi à Henri III, 15 janvier 1586, Ms. Bibl. nat. F. fr. 16045.
[2] Pierre de Gondi à Villeroi, 16 janvier 1586, *ibid*.
[3] Pierre de Gondi à Villeroi, 30 décembre 1585, *ibid*.
[4] Pierre de Gondi à Henri III, Bologne, 16 février 1586, *ibid*. — Je m'explique mal que le baron de Hubner n'ait rien dit de la mission, pourtant importante, de l'évêque de Paris en 1585-1586.

du roi de France et qu'il n'avait rien perdu de la faveur de son maître. Au mois de mai, ses terres de Saintonge et de Poitou furent érigées en marquisat[1], et, quand il quitta Paris, vers le milieu de juin, il ne s'appelait plus M. de Saint-Gouard, il s'appelait le marquis de Pisany[2].

Tandis que, assez à contre-cœur, il passait les Alpes, l'archevêque de Nazareth remontait en litière pour aller prendre son poste à Paris, mais sans enthousiasme; « et va disant qu'il ne scait quel resché il a faict, veu que le Pape le veult envoyer faire pénitence[3] ». Sur la route, il advint que le gentilhomme français et le prélat napolitain se croisèrent. Je ne sais quels furent leurs sentiments et s'ils eurent envie, en se regardant, de se tourner le dos ou de rire; mais il est certain que, de part et d'autre, les bienséances restèrent observées; et le marquis se fit plus tard auprès du Saint-Père un mérite « de l'honneur qu'il avait rendu » dans cette circonstance au nonce[4].

[1] « Edict du Roy, par lequel Sa Majesté a érigé en nom et titre de marquisat les terres du seigneur baron de Pisany, Jehan de Vivonne, seigneur de Sainct-Gouard. » Archives départementales de la Gironde, série B, reg. 41, f° 46. — L'appellation « baron de Pisany » n'était que de courtoisie, et il est certain, d'après les lettres et les signatures de Jean de Vivonne, que, jusqu'à cette érection, il s'appela Saint-Gouard. — L'édit porte qu'en considération de l'illustration des Vivonne, des trente-cinq ans de service de Jean, de ses charges, de ses ambassades, Henri, roi de France et de Pologne, sur l'avis de la Reine mère et du conseil, érige en marquisat « la baronye de Pisany et la seigneurie de Sainct-Gouard, Foyes, Romade, Pessines, la Croix-Blanche et les Combes, avec les autres membres qui en dépendent ». Le marquisat relèvera de Sa Majesté « nuement, en plain fief, et à une seule foy et hommaige, à cause de son duché de Guyenne ». Il sera transmissible à la postérité de Jean de Vivonne. En dérogation à l'édit de juillet 1576, qui prescrivait que, faute d'héritiers mâles, les duchés, marquisats, comtés, seraient incorporés à la couronne, les filles pourront succéder au marquisat de Pisany, « sans laquelle condition, exception et réservation, ledict seigneur de Sainct-Gouard n'eust voulu accepter notre présente grâce ».
[2] « M. le marquis de Pisany partist lundy d'icy, en deslibérant de n'arrester par les chemins que le moins qu'il pourra. » Villeroi au cardinal d'Este, 24 juin 1586, Ms. Bibl. nat. F. fr. 16042.
[3] Julio del Bene à Catherine de Médicis, Rome, 1er juillet 1586, Ms. Bibl. nat. F. fr. 16045.
[4] Pisany à Henri III, 26 août 1586, Ms. Bibl. nat. Brienne 354.

CHAPITRE IV

SECONDE AMBASSADE DE JEAN DE VIVONNE
PRÈS DE SIXTE-QUINT

1586-1589

Le retour de Jean de Vivonne à Rome et la mission du duc de Luxembourg. — Les affaires de France. — Le trésor du château Saint-Ange. — Les ennemis et les amis politiques de Jean de Vivonne à la cour de Rome. — La question des chapeaux français. — Le mariage de Jean de Vivonne. — La canonisation de saint Diego d'Alcala. — L'entreprise d'Angleterre. — L'affaire du marquisat de Saluces. — Le meurtre des Guise et le monitoire du Pape contre Henri III. — L'aventure du corsaire Barberoussette.

I

LE RETOUR DE JEAN DE VIVONNE A ROME
ET LA MISSION DU DUC DE LUXEMBOURG (1586).

Il est bon de posséder des amis dévoués : ceux de M. de Pisany n'avaient rien négligé pour lui préparer une belle rentrée. Ils eussent désiré, dans leur zèle, le voir revenir presque en victorieux, et s'étaient employés de tous leurs efforts à lui faire « commettre de prester l'obédience[1] ». Cette mission, que l'on confiait d'habitude à des ambassadeurs extraordinaires, choisis parmi les seigneurs les plus qualifiés du royaume, eût véritablement honoré Jean de Vivonne, qui se fût trouvé du coup plus qu'absous et justifié. Le duc de Frion, connétable de Castille, venait de

---

[1] L'abbé de Plainpied à Villeroi, 12 août 1585, Ms. Bibl. nat. F. fr. 16045.

comparaître pour son pays « avec prou d'arrogance espaignolle, et tel plaisir y avait pris le Pape que tout le long de l'oraison il pleurait¹ ». Malheureusement pour Pisany, Sixte n'était nullement disposé à lui laisser jouer ce rôle de triomphateur; s'il consentait à se montrer bon prince à l'égard de l'ambassadeur expulsé, sa générosité n'allait pas jusqu'à lui tendre le pavois : il maintint énergiquement la nécessité d'un envoyé spécial.

Le cardinal d'Este, aidé du cardinal de Rambouillet, n'avait obtenu qu'une chose, et ç'avait été avec des peines infinies : le retour de l'ambassadeur ordinaire avant l'arrivée de l'ambassadeur extraordinaire. Sixte voulait que la prestation du serment précédât tout, « étant en allarme continuelle, jusqu'à ce qu'il eust receu cet honneur de la France² ». Este avait invoqué les précédents, déclaré que de tout temps le résident présenta l'envoyé spécial au Pape, protesté qu'on ne pouvait déroger de la sorte aux prescriptions de l'étiquette, et finalement triomphé des résistances de Sixte, en lui jurant que le duc de Luxembourg venait de recevoir la mission de l'obédience, qu'il était en route sur les pas du marquis de Pisany, qu'il arriverait quelques jours après lui dans la Ville éternelle³.

Ces négociations n'étaient pas encore complétement terminées, le 10 août, quand le marquis parvint à Tivoli. Sous prétexte que sa botte l'avait blessé, il attendit dans la villa du cardinal d'Este qu'elles prissent fin et que le

---

¹ L'abbé de Plainpied à Henri III, 25 mars 1586, Ms. Bibl. nat. F. fr. 16045. — Le cardinal d'Este disait de son côté : « ...Estant le Pape curieux de telles certaines fumées et vaine gloire, et qui sont par luy assez estimées. » Este à Villeroi, 10 mars 1586, Ms. Bibl. nat. F. fr. 16042.

² L'abbé de Plainpied à Henri III, 25 mars 1586, Ms. Bibl. nat. F. fr. 16045.

³ Pour les laborieuses négociations du cardinal d'Este, afin : 1° d'obtenir le retour de Pisany avant l'arrivée de Luxembourg; 2° de décider le Pape à inviter ces deux personnages à dîner, voir sa correspondance du mois de février au mois d'août 1586, Ms. Bibl. nat. F. fr. 16042.

duc de Luxembourg l'eût rejoint avec sa suite. Puis, laissant ce dernier se reposer sous le toit hospitalier du protecteur, il fit sans lui son entrée dans Rome, huit jours après [1].

Son premier soin, avant de recevoir personne, fut de faire demander audience au Saint-Père, qui la lui accorda sur-le-champ. « Je fus receu les bras ouverts et un très bon visaige, avecq toutes les gratieuses et belles parolles qui se pouvoient dire; ce que recevant avec toutte l'humilité que je peus, je luy baisay les piedz de la part de Votre Majesté [2]... » La conversation roula sur les affaires de France. Il ne fut que vaguement question de l'archevêque de Nazareth. Pisany fit cependant une sorte d'amende honorable : « Je dis à Sa Sainteté qu'encore qu'elle et Votre Majesté eussent trouvé bon mon retour vers elle, que néantmoings je me sentirois indigne de traicter les affaires de deux si grands princes, et que je n'entreprendrois d'y entrer, si premier Sa Sainteté ne me fortiffioit de sa saincte bénédiction et ne me pardonnast ce que j'aurois faict de fautes par le passé par ignorance et pensant sy en faire ce que je debvois au service de Votre Majesté... Là-dessus, Sa Sainteté me tira à elle, et m'embrassa et baisa aux deux joues [3]. » Comme correctif, il pria le Pape « de trouver bon qu'il traitât avecq luy avecq la liberté que la grandeur et le bien des affaires de son maître méritoient ».

La situation de Jean de Vivonne était parfaitement rétablie, il avait eu de Sixte plusieurs audiences, quand arriva M. de Luxembourg, le 9 septembre. Il alla chercher le duc aux portes de la ville, et le conduisit « en son logis », où se trouvaient les cardinaux d'Este et de Rambouillet, « prêts à s'aboucher avec luy [4] ». On décida qu'il fallait,

---

[1] Este à Villeroi, 12 et 25 août 1586, Ms. Bibl. nat. F. fr. 16042, et Pisany à Henri III, 26 août 1586, Ms. Bibl. nat. Brienne 354.
[2] Pisany à Henri III, 26 août 1586, *ibid.*
[3] Pisany à Henri III, 26 août 1586, *ibid.*
[4] Pisany à Henri III, 17 septembre 1586, *ibid.*

sans plus tarder, se rendre auprès de Sa Sainteté. Le marquis lui présenta le nouvel arrivant, qui l'informa officiellement du but de son voyage et qui lui offrit de la part du Roi des livres d'heures et des psautiers. « Sa Sainteté montra trouver le tout très agréable [1]. »

Sa Sainteté se rencontrait effectivement de fort bonne humeur, car elle était à la veille de voir s'achever heureusement une entreprise à laquelle elle attachait une étrange importance. « Le naturel du Pape s'étend à choses d'entreprise haultaine et de quelque remarque ou mémoire. Il le démontre en ce qu'il faict remuer une éguille ou obélisque qui estoit proche de l'église Saint-Pierre, mais en lieu anguste, qu'il faict transporter en lieu éminent devant laditte église. Il n'a esté reteneu par l'antiquitté, car depuys César laditte éguille estoit posée là. C'est vraisemblable que plusieurs papes ont eu ce mesme dessein, mais ont esté reteneus par la difficulté notable qu'il y a à faire ce remuement [2]. » Quand il avait parlé de changer de place l'obélisque de Néron, les sarcasmes avaient pris leur vol : on allait disant que le moine et son maçon [3] échoueraient sûrement dans un projet dont Michel-Ange et Sangallo avaient déclaré l'exécution impossible ; on raillait l'orgueil insensé du nouveau pontife et l'on se réjouissait d'avance de son insuccès. Aussi le prix de la réussite était-il plus que doublé aux yeux de Sixte-Quint : pas à pas, il avait anxieusement suivi les progrès de l'œuvre ; à présent, elle était tout près de son couronnement : le géant de pierre gisait sur le flanc, n'attendait qu'un signal pour se dresser sur le socle au bas duquel un char colossal l'avait roulé. Sixte ressentait une joie d'enfant à dompter les choses comme il avait dompté les hommes [4]. Il voulut que

[1] Luxembourg à Henri III, 17 septembre 1586, Ms. Bibl. nat. F. fr. 16045.
[2] L'abbé de Plainpied à Catherine de Médicis, *ibid*.
[3] Domenico Fontana.
[4] Pour tous les détails concernant l'*Aiguille*, v. l'intéressant *Sixte-Quint*, du baron DE HÜBNER.

l'érection de l'aiguille fût une solennité grandiose, et résolut d'en augmenter l'éclat en en faisant coïncider le jour et l'heure avec le jour et l'heure de l'entrée solennelle des ambassadeurs de France au Vatican.

Donc, le mercredi 10 septembre, sur les trois heures, MM. de Luxembourg et de Pisany franchirent la porte de Saint-Pierre, tandis qu'on exécutait sur la place le « lèvement de l'éguille ». Là, se trouvait une grande foule de peuple, qui avait « coureu à voir mettre debout cette grande et admirable machine »; elle se joignit à la foule qui faisait cortège aux Français, « si bien que de mémoire de vieillard on n'avait vu pareil concours à l'entrée d'ambassadeurs..., ni si grande et honorable cavalcade[1] ». Sa Sainteté avait envoyé dire « à tous les prélats et principaux seigneurs et gentilshommes » qu'ils lui feraient chose agréable en montant à cheval; elle avait dépêché son propre neveu, don Michel Peretti, au-devant des heureux ambassadeurs, et « don Michel n'avoit pas accompaigné l'envoyé du roy d'Espaigne lors de l'obédience[2] ». Sans relâche, le château Saint-Ange et la place Saint-Pierre saluaient l'obélisque et le défilé « d'une infinité de canonnades ». C'est pourquoi sans doute le Pape fit observer avec un peu de malice au représentant de Venise, son confident et son ami, que ce n'avait pas été pour les ministres de France un mince honneur d'opérer leur entrée au moment de l'érection de l'aiguille[3].

Ils trouvèrent au Vatican des appartements préparés, dans lesquels ils purent se reposer de leurs émotions jusqu'au lendemain. Ce jour-là, qui fut le 11, ils comparurent, « en la salle des rois », devant le Consistoire. Le docte Brescius,

---

[1] Pisany à Henri III, 17 septembre 1586, Ms. Bibl. nat. Brienne 354.

[2] Luxembourg à Henri III, 17 septembre 1586, Ms. Bibl. nat. F. fr. 16045.

[3] Giovanni Gritti au doge, 13 septembre 1586, publ. par Hubner, *Sixte-Quint*, t. II, p. 438 (pièces just.).

qu'avait amené Luxembourg, prononça sa harangue « qui fut admirable et du meilleur effect, et dont le Pape et MM. les cardinaulx furent et demeurèrent fort satisfaits [1] ». La cérémonie terminée, le Saint-Père les retint à dîner. Il avait fallu, un mois auparavant, toute l'habileté du cardinal d'Este pour faire promettre à Sa Sainteté d'accorder aux Français cette preuve d'amitié, qu'il avait donnée aux Espagnols ; mais les temps étaient bien changés, la joie dilate les cœurs, et le Saint-Père eût à cette heure fourni tous les témoignages d'affection qu'on eût sollicités.

Pendant le repas, il ne fit que célébrer la France, protester de sa tendresse pour le Roi, blâmer la Ligue. Puis, ce fut un assaut de civilités avec M. de Pisany : il confessa que les intrigues guisardes étaient toute la cause du malentendu qui l'avait failli brouiller avec Sa Majesté Très Chrétienne, et qu'il eût mieux fait en cette circonstance de suivre les conseils des Vénitiens, grands amis de la France et du marquis. Le marquis, jaloux de ne pas demeurer en reste, se confondait en assurances, et déclarait « que ses péchés et non autre estoient occasion de ce qui s'estoit passé [2] ». Et le Pape, presque sans écouter, se laissant aller aux effusions d'une âme heureuse, au flot de ses discours, à ses rêves : « Ah ! vienne l'occasion de rendre service à votre pays, et l'on verra si je la prends aux cheveux ! Dieu fera la grâce à votre maître de rendre la paix à son royaume et de lui donner un héritier. Alors, afin d'occuper l'esprit des Français qui ne peuvent être oisifs, je proposerai à Sa Majesté d'aller, à nous deux, à la barbe des Espagnols, rétablir et refaire la Goulette, qu'ils ont perdue honteusement. En mémoire du bon roi saint

---

[1] Pisany à Henri III, 17 septembre 1856, Ms. Bibl. nat. Brienne 354. — V. *Mauritii Brescii, regii Lutetiæ mathematici et ad summum pontificem oratoris, oratio ad Sixtum V, pont. opt. max., Romæ in aula regum habita, XI die septemb. MDLXXXVI*, etc.; Romæ, typ. B. Grassii, 1586, in-4.

[2] Pisany à Henri III, 17 septembre 1586, Ms. Bibl. nat. Brienne 354.

Louis, nous reprendrons Tunis, nous subjuguerons Alger. Voilà les guerres que j'aime, non pas celles entre chrétiens ! J'ai des ressources ! J'aurai, quelque jour, quatre millions dans le château Saint-Ange; le premier est déjà parfait. Ce n'est pas la faute du pape Grégoire, qui m'a laissé engagé jusqu'au cou par sa mauvaise administration. Mais je sais me tirer d'affaire. J'ai déjà réduit les barons de Rome qui voulaient faire les mauvais à mon avènement, je les ai réduits en menaçant leurs têtes. Dites à Sa Majesté d'agir chez elle de la même façon, et vous verrez qu'elle s'en trouvera bien [1]. »

M. de Pisany crut de son devoir d'aller, dès le lendemain, remercier Sa Sainteté de cet accueil exceptionnel.

Quant à M. de Luxembourg, sa mission était finie, puisqu'il avait prêté serment : il ne lui restait plus qu'à retourner en France pour en rendre compte. Il annonça donc son intention de partir, et prit même officiellement congé du Pape dans une audience solennelle où M. de Pisany l'accompagna.

Mais quels ne furent pas la surprise et le mécontentement de ce dernier, quand il apprit par ses fidèles que, depuis, secrètement, le duc avait revu le Souverain Pontife [2] ! Ainsi, on pensait le jouer ! on se cachait de lui ! on empiétait sur ses attributions ! Et quel pouvait être l'objet du mystérieux entretien ? Pourquoi le mettait-on en dehors des confidences ? Allait-on, après tant de protestations d'amitié, lui faire jouer le rôle des résidents discrédités, se servir à son égard de la tactique que lui-même avait jadis recommandée contre M. de Nazareth ?

Il se jura de deviner l'énigme et de prouver qu'on ne pouvait aisément le faire dupe. Lorsqu'une idée naissait dans ce cerveau d'entêté, c'était pour y grandir et pour y donner tous

---

[1] Pisany à Henri III, 17 septembre 1586, Ms. Bibl. nat. Brienne 354.
[2] Pisany à Henri III, 7 octobre 1586, *ibid*.

ses fruits. Il faut convenir, d'ailleurs, que la perspective de brouiller les cartes du jeu dont on l'avait exclu, devait offrir un certain charme.

A force de combiner, de creuser, de tâtonner, de tendre l'oreille au moindre bruit, il en vint à se persuader que le Pape et M. de Luxembourg avaient causé des affaires d'Angleterre et de celles de la reine d'Écosse, et que Sixte n'avait pas voulu lui confier la chose, dans la crainte qu'il n'en écrivît à son maître et que la lettre ne s'égarât. M. de Luxembourg, retournant en France, transmettrait le message de vive voix; il avait vraisemblablement accepté l'entrevue et la mission par vanité, pour augmenter l'éclat de son ambassade[1]. « Et ainsy picqué et meu de zèle, et aiant descouvert cette négotiation, vendredy dernier je demanday audience[2] »; et, à brûle-pourpoint, le marquis déclara de l'air le plus naturel du monde à Sixte abasourdi que le Roi avait toujours nourri le dessein d'intercéder en faveur de la bonne reine d'Écosse, mais que, après la mission de M. de Luxembourg et sur les prières de Sa Sainteté, il n'était point douteux qu'il n'apportât à la secourir plus d'ardeur encore.

Le marquis avait frappé juste et dut rire de l'effet produit. Le Pape, revenu du premier instant de surprise, mit de la bonhomie à confesser sa ruse. Il ajouta qu'il se repentait d'avoir choisi Luxembourg pour confident, parce que ce seigneur ne lui paraissait pas bien versé dans les affaires dont il l'entretenait. Il y avait dans l'aveu de quoi ravir M. de Pisany; mais le Saint-Père lui donna la satisfaction plus sérieuse de l'instruire de tous ses projets à l'égard d'Élisabeth et de Marie Stuart[3].

De ces projets, je parlerai en temps et lieu. Pour le

---

[1] Pisany à Henri III, 4 novembre 1586, Ms. Bibl. nat. Brienne 354.
[2] *Id., ibid.*
[3] *Id., ibid.*

moment, je n'ai voulu que conter une anecdote qui m'a semblé peindre les gens. Il est juste de donner le pas aux affaires de France.

II

LES AFFAIRES DE FRANCE (JUSQU'AUX ÉTATS DE BLOIS DE 1588).

J'ai dit plus haut quel intérêt Sixte-Quint attachait aux affaires françaises et combien il était sympathique à notre cause nationale. Il ne cessa, pendant son pontificat, d'étudier avec une émotion passionnée le jeu capricieux et timide de la politique royale, le caractère et la valeur des hommes qui se disputaient l'influence, l'esprit dont étaient animés les partis. Le Vatican se trouvait être un observatoire admirablement situé pour bien voir : l'importance que donnaient à la papauté les questions religieuses en faisait à cette époque le vrai centre de l'Europe. Il est vrai que les chefs et les agents des causes rivales travaillaient sans scrupule à troubler la vue du Saint-Père en l'entourant d'une atmosphère de mensonges.

L'ardent désir du pontife était de voir les forces catholiques unies contre l'hérésie, sous la direction du souverain légitime; il plaçait son espoir dans la sincérité de l'entente qui s'était établie entre Henri III et la Ligue. Décevantes illusions! Les contractants n'avaient, ni d'un côté ni de l'autre, signé d'une main franche le traité de Nemours.

Chez les Lorrains, dominaient l'ambition immodérée, la passion du pouvoir, le désir honteux de se tailler des royaumes et des gouvernements dans les dépouilles de la France abandonnée à l'étranger. Ils spéculaient sur l'ardeur religieuse du peuple des villes, voulaient la ruine des huguenots parce que les huguenots étaient le point d'appui des Bourbons, et n'avaient consenti à se rapprocher du Roi que pour l'étreindre dans les mailles de leur filet et lui briser pièces à pièces son sceptre dans la main, tout en se donnant la bonne grâce de sujets soumis et fidèles.

Mais le Roi n'avait pas été leur dupe : s'il s'était résigné à leur faire bon visage, ç'avait été avec le dessein d'amoindrir leurs forces quand il serait leur chef. Il se sentait heureux lorsqu'il pouvait rendre le duc de Guise jaloux en accroissant l'autorité de son frère Mayenne, puis annihiler Mayenne en confiant l'autorité effective aux favoris, Joyeuse, Épernon, Biron. Il étonnait le monde par le décousu de sa conduite : un jour plongé dans les pratiques de la dévotion la plus outrée [1], le lendemain refusant la réception du concile de Trente; tantôt rudoyant les envoyés du roi de Danemark qui venaient plaider la cause des réformés, tantôt accueillant avec faveur les envoyés des cantons protestants de la Suisse; bientôt après négociant avec le roi de Navarre, qu'il venait de foudroyer des plus terrifiants édits; mais, par-dessus tout, « toujours occupé de son plaisir, souffrant impatiemment qu'on en troublât le cours [2] », et le trouvant à découper les miniatures de ses missels, au milieu de ses mignons, moins nombreux que ses singes, ses perroquets et ses petits chiens [3].

Pendant ce temps, les Guise s'occupaient de se fortifier dans leurs citadelles et dans celles dont ils pouvaient s'emparer un peu partout.

---

[1] Un passage curieux d'une lettre de l'évêque de Paris, Gondi, à Henri III (15 janvier 1586, Ms. Bibl. nat. F. fr. 16045) nous apprend ce que pensait Sixte-Quint des « capucinades » du monarque. Le pontife chargea le prélat de lui recommander de modérer sa ferveur « dans l'intérêt de sa santé », et d'appliquer son zèle au bien de la religion et de ses peuples; il ajouta qu'il convenait de laisser aux religieux, adonnés à la vie contemplative, le soin de se mortifier pour le salut de tous.

[2] De Thou, *Hist.*, liv. LXXXV.

[3] Ce fut pendant le voyage de Lyon (juillet 1586) que la fureur amoureuse du monarque pour ces singuliers objets atteignit son apogée, paraît-il. Il s'y livrait, « aussi tranquille que si tout le royaume eût joui d'une paix parfaite ». *Id., ibid.*

Sixte-Quint ne voyait pas encore clairement les choses sous cet aspect. Il s'étonnait seulement des bruits qui couraient d'un projet de réconciliation avec le roi de Navarre, et faisait « la mine de trouver mauvaise la paix..., ne disant autre chose, sinon que Sa Majesté ne serait jamais roy absolu ni paisible en son royaume, tant qu'elle y auroit ceste malheureuse opinion et hérésie, estant tousjours les infectez d'icelle tandus à la division [1] ». Il mettait ces tergiversations sur le compte de la mollesse de Henri III, s'imaginait qu'en diminuant le nombre de ses ennemis il lui rendrait du cœur, et travaillait à lui ramener quelques-uns de ses sujets révoltés.

Le duc de Montmorency vivait à cette époque en véritable souverain dans le Languedoc, qu'occupaient ses armées. Par horreur des Lorrains, ce *politique* avait fait alliance avec les Bourbons [2]; il tenait tête, non sans succès, aux troupes royales, commandées par le maréchal de Joyeuse, le père du favori de Henri III. Sixte-Quint conçut le projet de détacher du parti huguenot ce puissant auxiliaire, catholique zélé que les maladresses de la cour avaient jeté dans les rangs de l'ennemi. Dessein profond et sage, car cet homme était encore de taille à servir d'appui au prince débilité et de contre-poids à la menaçante prépondérance des Guise [3].

---

[1] Pisany à Henri III, 26 août 1586, Ms. Bibl. nat. Brienne 354.

[2] Montmorency, causant des Bourbons et des Guise avec le nonce, lui disait qu'il considérait la lutte comme uniquement politique, et que la question religieuse n'y avait point de part. Il eût voulu que tous les catholiques imitassent l'exemple qu'il donnait, et ne doutait pas que le roi de Navarre ne récompensât ce témoignage de confiance en rentrant aussitôt dans le giron de l'Église. J'emprunte ces détails à M. DE L'ÉPINOIS (*la Politique de Sixte-Quint en France*, ap. *Revue des quest. hist.*, janvier 1880), qui les a puisés lui-même aux archives du Vatican, *Lettere del nunzio di Francia*, t. XX, p. 101.

[3] Le duc de Guise, chose curieuse, ne répugnait pas à tendre la main à son rival naturel. Seulement, il se plaçait à un tout autre point de vue que le Pape : il voulait l'alliance de Montmorency, « afin, disait-il, que d'ung commun accord nous puissions donner la loy au Roy ». Guise à Mendoza, 3 février 1586, publ. par J. DE CROZE, *les Guise, les Valois et Philippe II*, t. I, p. 370.

Un matin, le Pape tâte Pisany. Pourquoi Sa Majesté ne pardonnerait-elle pas à M. de Montmorency, comme elle a pardonné à M. de Nevers et à bien d'autres « qui luy avoient usé de tant d'insolence »[1]? C'est un seigneur qu'il vaut mieux avoir dans son camp que contre soi : il est aidé du roi d'Espagne et du duc de Savoie. L'arrivée prochaine des renforts que le duc de Joyeuse amène à son père va l'exaspérer tout à fait et le rendre irréconciliable. Sa Majesté serait sage de lui restituer les honneurs et le crédit dus à son rang. Il poserait certainement les armes, si l'on consentait à lui faire bonne figure et si l'on voulait lui promettre le gouvernement du Languedoc, car il est venu lui-même à Rome faire ces ouvertures au Saint-Père et le prier d'interposer sa médiation.

Pisany n'avait pas de goût, nous le savons, pour ceux que l'ambition ou des considérations personnelles avaient écartés de la ligne droite : à ses yeux, quiconque avait une fois trahi son roi était à jamais indigne de confiance : il gémissait tout haut de l'indulgence de son maître pour les ligueurs et spécialement pour le duc de Nevers[2] ; il ne rêvait qu'intimidation et que châtiments exemplaires, et voici qu'on lui parlait encore d'une absolution !... Il répliqua tout d'un trait et sans précautions oratoires que, dans la chrétienté, M. de

---

[1] Pisany à Henri III, 11 septembre 1586, Ms. Bibl. nat. Brienne 354.

[2] Pisany se défiait de la sincérité de Nevers, il épiait toutes ses démarches. Un courrier secret arrive à Rome de la part de ce duc : le Pape a beau protester à l'ombrageux ambassadeur que le message est innocent : « J'en baisay très humblement les pieds à Sa Sainteté, mais je croy que Votre Majesté me donnera bien congé de n'en croire qu'autant qu'il conviendra à son royal service et au bien de ses affaires. » (Pisany à Henri III, 11 septembre 1586, Ms. Bibl. nat. Brienne 354.) — Le duc connaissait ces sentiments : l'un de ses agents refusa positivement d'aller rendre ses devoirs au marquis, parce qu'il savait que son maître le haïssait. (Pisany à Henri III, 17 novembre 1586, *ibid*.) — L'année suivante, quand le Roi donna le gouvernement de Picardie à Nevers et voulut marier sa fille au comte de Soissons, prince du sang, le Saint-Père, qui s'amusait de ces tendresses après des fureurs, demanda malignement à Pisany si Sa Majesté commençait à se faire au duc ; Pisany se contenta de répondre d'un ton rogue qu'il le fallait bien croire. (Pisany à Henri III, 5 mai 1587, *ibid*.)

Montmorency passait pour n'être pas aidé seulement par le Roi Catholique et par M. de Savoie, mais aussi par Sa Sainteté ; que ce bruit causait un scandale inimaginable parmi les bons catholiques ; que l'attitude de M. de Montmorency n'était guère l'attitude d'un repentant ; qu'il devait, avant tout, venir se soumettre au Roi, et qu'alors il trouverait asile et protection dans ses bras de père [1].

Sixte laissa passer avec beaucoup de sang-froid cette sortie du marquis ; il pensait sans doute que la manière de voir de Henri III pouvait différer de celle de son ambassadeur, et n'avait pas tout à fait tort. Quelques semaines plus tard, Pisany se présenta à l'audience [2], lui transmit les intentions royales : Sa Majesté voulait bien pardonner au maréchal de Montmorency, s'il abandonnait les huguenots et s'il revenait à elle ; elle serait reconnaissante au Saint-Père de sa médiation ; elle désirait que le duc rompît absolument avec l'Espagne et la Savoie, elle se déclarait assez forte pour le défendre elle-même contre les Guise et tous ses rivaux.

Pisany faisait son rapport à contre-cœur et ne s'en cachait point : « Je prie Dieu que Votre Majesté soit contente, mais ce sont choses auxquelles je croiray autant que j'en veoiray, encore que je ne veulx mettre en doute que Sa Sainteté n'ayt l'intention comme elle a la parolle. » Il bondissait en songeant au singulier négociateur choisi par le maréchal pour traiter avec le Pape : l'ambassadeur de Savoie [3] !

Les pourparlers de Sixte avec Montmorency traînèrent longtemps, et finalement n'eurent pas le résultat désiré [4]. Le maréchal ne voulut point renoncer à la sécurité rela-

---

[1] Pisany à Henri III, 11 septembre 1586, Ms. Bibl. nat. Brienne 354.
[2] Pisany à Henri III, 4 novembre 1586, *ibid.*
[3] *Id., ibid.*
[4] Pisany à Henri III, 17 novembre et 23 décembre 1586, 13 et 27 janvier, 9 février, 10 mars, 5 mai, 13 juillet et 5 octobre 1587, *ibid.* — Montmorency traitait aussi de l'éventualité d'un rapprochement entre le Saint-Siège et le roi de Navarre. V. pièces publiées par TEMPESTI, dans sa *Vie de Sixte-Quint.*

tive¹ dont il jouissait dans son camp, pour aller se mettre à la merci des ennemis traditionnels de sa maison ; le Roi trouva trop dangereux de donner le gouvernement du Languedoc à l'allié de Charles-Emmanuel, de Philippe II et des Bourbons.

Pisany eût mieux aimé la paix avec le roi de Navarre. Lui n'était pas, à ses yeux, un rebelle, mais le prétendant légitime à la succession royale, égaré dans l'hérésie, qui combattait pied à pied pour la défense de ses droits menacés par la marée montante de la faction guisarde. Le rêve de Jean de Vivonne, le rêve de sa vie de royaliste, c'était la conversion de ce prince au catholicisme et son avènement régulier au trône : celui-là eût été un roi ! il eût fait bon se mettre aux champs sous les ordres de cet homme d'action, de ce vaillant soldat, lever haut et fier à ses côtés l'étendard monarchique, serrer les rangs des fidèles autour de son cheval, pulvériser sans merci les ambitieux sans pudeur ! Pisany accueillit avec joie la nouvelle que des conférences devaient avoir lieu entre Catherine de Médicis et le Béarnais : il y vit une lueur d'espoir pour échapper aux Lorrains. « Votre Majesté face la paix ! écrivait-il à la Reine mère, car elle en sera bénie de Dieu et de tous les gens de bien ! Et non seulement elle sera une autre foys mère du Roy, mais de tout le royaume ensemble, lequel je voy les yeux ouvertz sur Votre Majesté pour en espérer leur byen et satisfaction, leur restituant par ses labeurs et prudence le repos aux consciences et seureté aux vies et facultez²... »

Il avait la rude tâche de gagner à ses opinions le Pape, dont la politique consistait dans la guerre à outrance et dans l'extirpation radicale de l'hérésie. Ces deux cœurs droits, également animés du désir de sauver la France, ne différaient

---

¹ On surprit un homme envoyé pour assassiner le maréchal; celui-ci pria le Pape de lui dépêcher un auditeur de la rote, afin d'instruire le procès au grand jour et de justifier ainsi ses méfiances et son attitude défensive. Pisany à Henri III, 13 juillet 1586, Ms. Bibl. nat. Brienne 354.
² Pisany à Catherine de Médicis, 17 novembre 1586, *ibid.*

de sentiment que sur le choix des moyens : l'un pensait voir le salut dans l'union de tous les catholiques, l'autre estimait qu'il se rencontrait des catholiques, gagés par l'Espagne, plus dangereux encore que les huguenots, et qu'ils étaient comme une lèpre qu'il fallait avant tout détruire.

Sixte-Quint considérait comme une utopie la conversion, et surtout la conversion sincère et définitive du Béarnais[1]. Il partait de là pour s'élever contre toute transaction, s'irritait des lenteurs du Roi. « Le Pape me dit que l'on scavoit certainement que Votre Majesté estoit un très grand catholique, mais qu'il avoit bien peur que ceste guerre n'eust esté et ne fust pas menée avec l'expédition, diligence et animosité qu'elle se debvoit. Et, parlant à part luy entre les dents sans que j'en pusse entendre un mot, l'on ne me passa plus avant[2]. » Pisany, qui tenait à le conquérir, le laissa ce jour-là grommeler sans mot dire, et puis répliqua doucement que Sa Majesté n'agissait que d'après les inspirations de sa conscience et se moquait de tous les dires pourvu qu'elle eût pour elle Dieu, la vérité et Sa Sainteté.

Il manœuvra si bien qu'il était tout près de décider le Pape à lancer un bref en faveur de la paix[3], quand arriva

---

[1] Il le répétait sans cesse et se fondait sur ce que Navarre avait déjà abjuré une fois. V. notamment Pisany à Henri III, 17 septembre 1586, Ms. Bibl. nat. Brienne 354. — Au reste, il ne manquait pas de « gens bien intentionnés », selon l'expression de Pisany, pour l'entretenir dans cette opinion. Philippe II y dressait son ambassadeur : « ...Qui est relaps pour la seconde et la troisième fois, ne peut faire de conversion sincère. Si ce prince avait l'intention, après la conversion, de se retirer dans un coin, de renoncer à ses prétentions et de faire pénitence, on pourrait supposer qu'il agit d'après les inspirations de son cœur, etc. » Philippe II à Olivarès, 15 septembre 1586, publ. par HUBNER, Sixte-Quint, t. III, p. 14 (pièces just.).

[2] Pisany à Henri III, 21 octobre 1586, Ms. Bibl. nat. Brienne 354.

[3] Déjà le Pape raisonnait avec beaucoup de calme sur l'hypothèse de la paix : par exemple, il calculait que les intrigues de Montmorency prendraient naturellement fin par suite du traité de la Reine mère avec le roi de Navarre. (Pisany à Henri III, 17 novembre 1586, ibid.) Sur quoi, Pisany lui demandait la bénédiction pontificale pour Catherine et l'obtenait, « ce que j'eusse byen voulu par un bref, mais il n'y voulut entrer ».

la nouvelle de la rupture des conférences de Saint-Brice.

Le 23 janvier, des lettres de Cognac apprenaient l'événement à Sixte-Quint. Il salua Pisany de ce bonjour, lorsque celui-ci vint à l'audience. Le marquis fit l'étonné, nia le fait, quoiqu'il sût bien que la nouvelle était vraie, et, désespéré de voir se perdre le fruit de ses travaux, combattit en désespéré par un suprême effort afin d'arracher au Pape une approbation expresse de la paix. Ç'eût été certes un beau coup au travers du jeu des Guise! Il entassa tous les arguments qu'il savait devoir agir sur l'esprit de son interlocuteur. Il lui représenta, avec l'éloquence naturelle du patriote et de l'homme de bien, qu'il appartenait au chef de l'Église de pacifier la France, où, sous couleur de religion, on ne faisait plus que travailler pour soi dans tous les camps; « que l'honneur de Dieu estoit offensé de ce qu'on prît un si digne sujet que celuy de la religion pour protester de tant de désordres et abominables péchés qui se commettoient avec la continuation de ces guerres civiles, causes d'interest et de passions particulières; de quoy je désiroys que Sa Sainteté en voullust estre le juge, sçachant qu'elle m'entendoit très bien sans que je me déclarasse plus avant, comme je ne faisois pour luy garder le respect que Votre Majesté vouloit que je luy portasse; la priant de trouver bon que je luy disse qu'elle ne debvoit seullement trouver bon que la paix se fist en France, mais l'ayder de tout son pouvoir, faisant estat que la conservation et grandeur de ce puissant royaume estoit la force et le bras droit du Saint-Siége[1]... »

Ce discours franc et net ne dut pas déplaire à Sixte-Quint; dans de pareils moments, il regrettait que le maître ne ressemblât pas à l'ambassadeur. Il savait d'ailleurs à quoi s'en tenir au sujet des négociations de Saint-Brice. Il promit donc sur-le-champ, pour être agréable au marquis et sans

[1] Pisany à Henri III, 27 janvier 1587, Ms. Bibl. nat. Brienne 354.

trop de crainte de se compromettre, d'écrire un bref au maréchal de Montmorency afin de lui recommander d'appuyer la Reine mère au cours des conférences [1]. Puis il traîna quelque temps, et, la nouvelle de la rupture s'étant confirmée, le bref se trouva dépourvu d'objet [2]. On n'en reparla point.

Plus mécontents qu'inquiets, plus ambitieux encore que mécontents, les Guise occupaient le plus de places fortes qu'ils pouvaient, et sans distinguer. Ils avaient toujours un bon motif à donner de leurs violences. La ville était-elle huguenote? point de remords possible : on servait le Roi; le Roi n'eût pas été bien venu de se plaindre. La ville était-elle dans la neutralité? il importait de retirer à l'hérésie les asiles auxquels elle courait quand elle était bannie d'ailleurs. Enfin, la ville obéissait-elle à Henri III? le Roi l'avait placée sous le commandement des ducs de Nevers et d'Épernon, et force était de substituer à ces gens tièdes, suspects, de bons serviteurs, vraiment dévoués à Dieu et à Sa Majesté.

Les hypocrites ne cachaient pas si bien leur jeu qu'il n'en transpirât quelque chose. Quand le duc de Guise mit le siège devant Auxonne, le cardinal de Pellevé, qui eût souffert de dissimuler son admiration pour le grand homme, insinua finement au cardinal de Rambouillet que l'on ne faisait rien sans motif, et qu'Auxonne était à trois lieues seulement de Dôle, ville espagnole et fortifiée par Charles-Quint [3]. Le cardinal de Rambouillet régala M. de Pisany de ce propos, et M. de Pisany s'empressa naturellement d'en faire part au Roi [4].

[1] Pisany à Henri III, 27 janvier 1587, Ms. Bibl. nat. Brienne 354.
[2] Le pauvre ambassadeur ne s'était pas fait de grandes illusions sur l'avenir de son laborieux succès de négociation : il avouait au Roi qu'il ne serait sûr de son bref « que quand il l'aurait au poing », et priait Dieu qu'il ne se trouvât à la fin « les mains pleines de vent ». *Id., ibid.*
[3] Voulant dire que d'Auxonne on aurait la main tendue vers l'étranger.
[4] Pisany à Henri III, 11 septembre 1586, *ibid.*

L'heure vint où la faction turbulente donna nettement la formule de ses desseins, sinon de son véritable mobile. Les chefs s'assemblèrent à l'abbaye d'Orcamp (fin septembre 1586), délibérèrent entre eux, convinrent que, puisque le Roi n'entreprenait rien de décisif, on agirait sans lui : pour commencer, il fut réglé que l'on attaquerait Sedan et Jametz, deux villes sur la frontière de Champagne, dans lesquelles le duc de Bouillon accueillait les protestants réfugiés.

« Au commencement de l'année suivante (1587), cette guerre aboutit à tourmenter horriblement les malheureux habitants des campagnes, la garnison de Jametz ravageant d'un côté le diocèse de Verdun, et les troupes du duc de Guise faisant de l'autre des courses jusqu'aux portes de Sedan [1]. »

Les cadets auraient rougi de se laisser distancer par le chef de la famille. D'Aumale, le cousin du Balafré, médita la prise de Boulogne; la ville appartenait au roi de France, mais « le roi d'Espagne avait fort envie d'avoir ce port pour y retirer la flotte formidable à l'armement de laquelle il travaillait depuis plusieurs années [2] ». Henri III fut prévenu : le coup de main, habilement concerté, manqua, et d'Aumale dut se replier, sous le feu des remparts. « Quoique toutes ces entreprises fussent visiblement contre le service du Roi et injurieuses à son autorité, cependant comme on les imputait à la haine publique pour le duc d'Épernon, le Roi, par le mauvais conseil de sa mère et de ses courtisans, les dissimulait, et enhardissait ainsi ses ennemis à en faire de nouvelles [3]. »

Quant à Mayenne, il revenait de l'armée de Guyenne, las, irrité de se voir paralyser dans ses mouvements par des pouvoirs rivaux, tout à point pour se mettre à Paris à la tête

---

[1] De Thou, *Hist.*, liv. LXXXVI.
[2] *Id., ibid.*
[3] *Id., ibid.*

des fauteurs de désordre, et tout prêt, malgré sa faiblesse ordinaire, à prendre la direction d'actes d'une telle audace que son fougueux aîné en avait décliné l'effrayante responsabilité. Les émissaires, dépêchés dans toutes les provinces pour soulever le peuple, étaient de retour, « assurant que tout allait à merveille, et que, aussitôt que la capitale aurait commencé, toutes les autres villes suivraient son exemple[1] ».

Au Vatican, le Pape et l'ambassadeur de France considèrent tristement ce triste tableau, s'entretiennent des événements, échangent leurs réflexions, l'un et l'autre animés de la colère que concourent à faire naître dans des cœurs honnêtes et dans des intelligences saines le spectacle du crime entreprenant, celui de l'inertie coupable et folle, le désespoir profond de ne pouvoir vaincre la fatalité qui plane sur le pays aimé. Jean de Vivonne fait l'impossible pour jeter le manteau sur la dégradation du prince qu'il sert, parce que ce prince est, malgré tout, le roi de France. Sixte-Quint s'épuise à chercher une voie de salut au milieu de la tourmente des passions déchaînées, et quelque part un peu de probité sur quoi fonder un peu d'espoir : parfois, quand on le circonvient, il s'imagine avoir trouvé, mais il retombe bien vite à terre du haut de son rêve, avec la rage de ses illusions déçues et le mépris de la réalité.

Tantôt il incline vers la Ligue, et, ces jours-là, tout ce qu'elle fait est excusable, car elle lui paraît le faire dans l'intérêt de la religion et de l'État, compromis par un roi pusillanime : les Guise agissent bien en se fortifiant dans l'est et dans le nord, en combattant le duc de Bouillon qui favorise le protestantisme, même en se laissant « subministrer » par le roi d'Espagne, car ce que veut Philippe II, ce n'est pas la couronne, c'est la sécurité pour ses frontières des Flandres et le triomphe du catholicisme. Pisany frémit alors d'indignation, il se courrouce de voir Sa Sainteté céder à de « perni-

---

[1] De Thou, *Hist.*, liv. LXXXVI.

cieuses influences », il proteste que personne n'a le droit de tirer l'épée en France sans l'autorisation du Roi, et que c'est encore au Roi seul qu'il appartient de connaître de la cause de son neveu Bouillon; il démontre que l'on s'y prend de façon à jeter ce seigneur dans le parti huguenot comme l'on a fait de M. de Montmorency, il ajoute qu'il est permis de ne pas croire que le Roi Catholique répande en France des flots d'or avec un but uniquement désintéressé. Sixte baisse la tête et réfléchit[1].

Tantôt la Ligue, avec ses feintes et ses menées trop évidentes, fait horreur à Sixte-Quint. Il pleure sur l'état du royaume. Il dit que tous ses vœux sont pour le Roi et contre les gens qui sèment la révolte. Il confesse que les pratiques de tous ces ambitieux n'aboutissent qu'à fortifier l'hérésie, qu'à diminuer les forces du catholicisme. Il va jusqu'à blâmer la Reine mère de ses trop grandes complaisances pour ces rebelles. Et Pisany se voit forcé de l'adoucir en lui faisant observer qu'une rupture avec eux serait bien dangereuse[2]. — Au sortir de certaines audiences, le marquis laisse le Saint-Père tellement indigné qu'il eût pu « l'inviter à monter à cheval et à s'aller battre contre eux[3] ». — Lorsqu'il est de cette humeur, Sixte a soin de se défendre d'avoir prêté jamais aucune assistance à la Ligue. « Il escouta fort vollontiers ce que je luy vouleus dire, et, prenant la parole, il me dist, comme il a faict plusieurs fois, se frappant les mains et jettant les yeulx en haut : O Dieu ! Pape Grégoire, Sens et Cosme ont mis en perdition ce royaume!... Cette levée d'armes sans le consentement du Roy ne m'a jamais pleu, et prévoyois bien qu'il en debvroit réussir un grand désordre[4]. »

[1] Pisany à Henri III, 24 mars 1587, Ms. Bibl. nat. Brienne 354. — V. aussi les lettres des 5 mai, 19 mai, 30 juin, 27 juillet, 24 août 1586.
[2] Pisany à Henri III, 2 juin 1587, *ibid.*
[3] Pisany à Henri III, 27 juillet 1587, *ibid.*
[4] Pisany à Henri III, 7 septembre 1587, *ibid.* — Le cardinal de Côme avait été le grand favori de Grégoire XIII et l'âme de sa politique.

Au commencement de l'été de 1587, Henri III parut sortir de son apathie. Il venait d'échapper, comme par miracle, à des tentatives d'assassinat répétées; la Ligue minait sans relâche les assises de son trône; le peuple des faubourgs l'exécrait, le menaçait. Il résolut de satisfaire à l'opinion publique, il entreprit de grands préparatifs militaires.

Les circonstances commandaient d'ailleurs les mesures les plus énergiques : le royaume, occupé par les troupes du roi de Navarre dans le sud-ouest, par celles du maréchal de Montmorency dans le Languedoc, par celles de Lesdiguières dans le midi, menacé par les armées auxiliaires des protestants d'Allemagne et de Suisse qui marchaient vers la frontière, n'était plus qu'un champ de bataille ou qu'un chaos affreux; les défections se multipliaient dans les rangs catholiques : Bouillon, Soissons, Conti, passaient à l'ennemi. Le danger devenait plus pressant encore du côté des huguenots que du côté des Guise : Henri III, fidèle aux habitudes de sa politique, courut aux nécessités du moment.

Il n'entre pas dans mon cadre de décrire la tactique adoptée pour la campagne qui s'ouvrit, non plus que de raconter ses péripéties et ses phases. Le cauteleux monarque n'eut qu'une idée, tout le temps qu'elle dura : nuire le plus possible aux deux partis, en les favorisant tous deux et les usant l'un par l'autre. Il condensait sa politique de ce temps-là dans un apophthegme : « *De inimicis meis vindicabo inimicos meos.* » Voir le duché de Lorraine saccagé par l'invasion, deux ou trois des chefs ligueurs sur le carreau, les hordes des reîtres refoulées cependant par la valeur des Guise, le roi de Navarre contenu dans ses provinces du sud-ouest, et sur le terrain libéré sa propre puissance pour quelque temps raffermie : tel était le bel avenir qu'il caressait en rêve [1].

Les choses tournèrent mal. Sur tous les points, au lieu de

---

[1] Dans une lettre éloquente, le nonce peignait au Saint-Père l'état de la France et celui du Roi : « Le Roi joue sur le théâtre du monde le rôle

demi-défaites et de demi-succès, il n'y eut que des solutions radicales. On sait comment Joyeuse se fit tailler en pièces par les Bourbons et laissa la vie dans les champs de Coutras, et comment en revanche les bandes accourues de la Suisse et de l'Allemagne se fondirent sous les rudes coups que leur portèrent Alphonse Ornano sur les rives de l'Isère, le duc de Guise dans le pays chartrain et dans le Gâtinais. Le Roi n'était monté à cheval, n'avait quitté Paris que pour parler de paix et de négociations, tracasser, gêner, agacer ses trop vigoureux lieutenants, acheter la retraite d'ennemis voués à la mort : il rentra dans sa capitale, encore amoindri bien que la chose semblât impossible au départ, avec les airs plaisants d'un triomphateur [1]. Le duc de Guise atteignait aux proportions d'un héros.

Pisany, malgré son éloignement, avait bien jugé la situation au début de la campagne et bien senti quels efforts elle comportait. Si le Roi n'avait pas usé de vigueur, ce n'avait pas été faute de ses conseils. Quand le brave gentilhomme sut que son maître prenait la cuirasse, son cœur battit de joie : il courut l'annoncer au Pape, qui combla d'éloges Sa Majesté Très Chrétienne. Il ne s'agissait que de marcher droit et ferme dans cette voie nouvelle : Henri III devait rallier tous les suffrages et, pour commencer, celui de Sa Sainteté, lorsqu'on le verrait « résolu de prendre comme un grand roy party en ses affaires, sans vouloir estre l'arbistre de ceux qui espèrent faire profit de la misère où ils ont aydé ce qu'ils ont peu à les poulser [2] ».

d'un homme en deux personnes : roi plein d'espérances et roi plein d'alarmes. Il désire et redoute la défaite des huguenots ; il redoute et désire la défaite des catholiques. Ce chaos de sentiments l'afflige et le fait se défier de ses propres pensées. Il ne croit pas à lui-même, il ne croit plus qu'à Épernon... » Publ. par TEMPESTI, t. I, p. 346.

[1] Le 16 décembre, décision de la Sorbonne qu'il est licite d'ôter le gouvernement aux princes « qu'on ne trouve pas tels qu'il faut, comme l'administration au tuteur suspect ». LESTOILE, *Journal de Henri III*.

[2] Pisany à Henri III, 30 juin 1687, Ms. Bibl. nat. Brienne 354. —

Le marquis regrettait de ne pouvoir voler aux côtés du Roi, pour y renouveler quelques-unes des prouesses de sa jeunesse [1]. La clémence de Dieu lui épargna d'affligeantes surprises : il eût trouvé bien changée la manière de faire la guerre depuis Moncontour !

Sixte-Quint ne demandait qu'à rendre toute sa confiance au Roi, mais attendait les coups pour juger. Les agents de la Ligue, Sens et d'Orbais en tête, ne manquaient pas d'exalter leurs patrons et de déprécier les actes et les intentions du Valois [2]. Un gentilhomme du duc de Lorraine, nommé Viry, vint à Rome et demanda des secours. Il lui fut répondu crûment que MM. de Guise n'avaient pas si bien fait leur devoir jusqu'à cette heure, qu'ils méritassent autre chose que des exhortations à mieux agir dans l'avenir; il obtint cependant un bref et quelques paroles de consolation [3].

Pisany s'entendait à la mise en scène. Le jour qu'il apprit au Pape la victoire complète de la poignée d'hommes du capitaine Alphonse Ornano sur les cinq ou six mille Suisses entrés en Dauphiné par la Savoie, il laissa tomber cette nouvelle entre deux phrases, avec un flegme calculé, comme si l'on eût été coutumier du fait, de l'air d'un homme que le succès n'étonne plus. « Sa Sainteté fut si surprise d'aise de cette bonne nouvelle, que je croy qu'il m'en baisa cent fois, pleurant de l'abondance du plaisir qu'il sentait, me demandant plusieurs foys s'il estoit vray, et que je luy contasse cette nouvelle de laquelle il recevoit si grand plaisir, et que j'avois bien faict ne la luy avoir dicte au commen-

---

Sixte reçut de son nonce la confirmation de la nouvelle : Henri III s'était écrié devant tout son conseil : « M. de Nevers a raison! Il faut marcher aux étrangers. J'y suis résolu, quoi que vous puissiez dire, et je prendrai le commandement de mon armée! » TEMPESTI, t. I, p. 332.

[1] Pisany à Henri III, 4 août 1587, Ms. Bibl. nat. Brienne 354.
[2] Pisany à Henri III, 7 septembre 1587, ibid.
[3] Pisany à Henri III, 21 septembre 1587, ibid.

cement de l'audience parce qu'il croioit qu'il en fust mort de joye. Et commença là dessus à me dire plusieurs choses en faveur de Votre Majesté et de la France, blasmant fort ceux qui avoient donné passage auxdicts Suisses par Savoie [1]. »

Ce transport dura plus que le premier moment. « Il continue encores à louer ce faict d'armes, et, soit qu'il disne ou soupe, il ne parle d'autre chose aux cardinaux qui sont avec luy. »

L'allégresse rendit le Pape un peu dur pour Olivarès, qui, bon gré, mal gré, dut entendre un fâcheux langage. « Et samedy il entra si avant en ce propos avec l'ambassadeur d'Espaigne, qu'il luy dit que ces exploits estoient vraiment de François, et que là où ilz vouloient mettre la main, il n'y avoit rien qui se pust parer d'eux. Et encore dit-on qu'il luy demanda quand on oyroit autant dire des Espaignolz, et que si Votre Majesté avoit cette abondance d'or qui vient des Indes, qu'il espéroit qu'elle auroit byentost la fin des huguenotz et de tous ceux qui lui brouilloient ses affaires [2]. »

Le duc de Savoie s'embarrassa dans les prétextes qu'il crut devoir imaginer pour s'excuser d'avoir donné passage aux Suisses : il allégua que, s'il leur eût barré la route, ils ne fussent pas allés se faire battre en France. Le Pape questionna M. de Pisany sur ce qu'il pensait de pareilles raisons. M. de Pisany répondit gravement qu'elles étaient irréfutables. Et le Pape d'éclater en un rire joyeux, et de se répandre en de nouveaux éloges sur l'attitude du Roi [3].

Naturellement, Sixte se refroidit, lorsqu'il acquit la certitude de la politique double et fausse de Henri III. Pour tout le monde, il fut bientôt impossible de mettre en doute les intelligences du monarque et d'Épernon avec l'en-

[1] Pisany à Henri III, 7 septembre 1587, Ms. Bibl. nat. Brienne 354.
[2] *Id., ibid.*
[3] *Id., ibid.*

nemi[1]. Dès lors, Sixte professe une méfiance absolue à l'égard de tous les hommes de France; et c'est la fureur dans l'âme, qu'il accueille, bonnes ou mauvaises, les nouvelles d'outremonts, car le triomphe des Guise ne lui paraît pas moins à redouter que celui du Béarnais.

Ses sentiments font explosion, à propos du magnifique succès remporté par le Balafré sur les reîtres. Pisany tenta d'en attribuer l'honneur à son maître, et dépeignit « la victoire de Sa Majesté » avec les plus brillantes couleurs que lui fournit son imagination. « Je suis néantmoings, à mon très grand regret, contraint de dire à Votre Majesté que le Pape l'a prise aussi sèchement que si ce n'eust rien esté, ne faisant démonstration d'aucune sorte d'allégresse[2]... »

Au consistoire, le Saint-Père, discourant de ce grand événement, affecta d'en attribuer toute la gloire à Dieu : du roi de France, pas un mot d'éloge. Le cardinal de Joyeuse, le nouveau protecteur des affaires françaises, se leva courageusement, afin de réparer cette omission; un regard foudroyant du pontife lui cloua la bouche. Le cardinal voulut du moins présenter à Sa Sainteté quelques observations, au sortir de la séance. « Je vous dis, lui répliqua Sixte en criant, je vous dis que les hommes n'y sont pour rien[3]! » Sixte ne voulait ni faire honneur à Henri III d'un succès qu'il n'avait pas remporté, ni grandir la menaçante popularité de Guise en glorifiant sa victoire : il préférait proclamer pour seul auteur de la ruine des armées auxiliaires le Très-Haut dont la main avait semé la maladie dans leurs rangs[4].

[1] On raconte que le roi de France avait autorisé Navarre à lever des Suisses, à la condition que celui-ci les lui prêterait à l'occasion contre la Ligue! V. OEconomies royales de Sully, t. XXI. — C'est la politique de Machiavel échevelée.
[2] Pisany à Henri III, 15 décembre 1587, Ms. Bibl. nat. Brienne 354.
[3] Le cardinal de Joyeuse à Henri III, 8 février 1588, publ. par AUBERY, Vie du cardinal de Joyeuse.
[4] Le baron de Hubner a bien défini les sentiments du Pape en cette circonstance. Sixte-Quint, t. II, p. 182.

Il développa sa pensée à Pisany, quand l'ambassadeur, tout indigné de ces procédés et n'en saisissant pas encore les motifs, voulut lui faire des remontrances. « M'ayant ainsi ouy parler, raconte Jean de Vivonne, il sembla tout aussytost s'altérer, et, comme nous nous pourmenions par sa chambre, il fit trois ou quatre tours sans dire mot, sinon qu'il se battoit les mains selon qu'il est coustumier de faire quand quelque chose luy déplaist. Et puis, tournant le visaige vers moy, il me dist qu'il avoit pris deux chefs [dans son discours] : le premier pour montrer la grâce que Dieu, par un si signalé miracle, avait faite à la religion et à la France; et que l'autre chef estoit qu'il n'en falloit pas faire d'allégresse ni démonstrations publiques, sinon qu'en son cœur chascun rendist grâces à Dieu, comme n'ayant les hommes nulle part à telle victoire et n'ayant faict aucune chose, mais laissé d'y faire beaucoup d'icelles qui s'y pouvoient. Suivoient après cela plusieurs histoires de la Sainte Écriture, qu'il estendit avec infinité de longues paroles[1]. »

Le bruit d'un projet de paix avec Henri de Navarre, habilement répandu par les agents ligueurs[2], mit le comble au discrédit de Henri III en cour de Rome[3]. A partir de ce moment, Pisany ne peut plus que tirer sur les Lorrains : il est inutile qu'il songe à couvrir son maître. Et quand il démontre, besogne aisée, les mauvais projets de la faction, le Pape, obsédé, découragé, ne répond que par des paroles

---

[1] Pisany à Henri III, 8 février 1588, Ms. Bibl. nat. Brienne 354.
[2] Ces bruits n'étaient pas une invention pure de Sens et d'Orbais : ils couraient à Paris ainsi qu'à Rome ; beaucoup de gens tenaient le traité fait avec les reîtres pour le signe avant-coureur d'une paix avec les huguenots de France, et nommaient M. de Candale comme devant être le futur négociateur.
[3] En ce temps-là, le Pape expliquait à Pisany qu'il ne pouvait comprendre comment un prince catholique parlait de traiter avec un hérétique, avec un excommunié. Il établissait une énorme différence entre un Turc et un huguenot : il estimait qu'on devait aller au-devant du Turc pour tâcher de l'éclairer, mais attendre que le parjure à sa foi fît des avances pour sa conversion. Pisany à Henri III, 9 mars 1588, Ms. Bibl. nat. Brienne 354.

vagues, des citations bibliques, des objurgations à la mémoire de son prédécesseur Grégoire[1].

La crise des destinées du dernier Valois se précipite. Au mois de mai 1588, le duc de Guise entre dans Paris comme dans sa capitale, salué des acclamations d'une plèbe idolâtre; il se rend au Louvre, et, tandis que sous les fenêtres gronde l'émeute imminente, le Roi, blême de rage et d'effroi, n'ose faire massacrer l'insolent qui le brave. Puis, ce sont les Barricades, puis la fuite de Henri III à Chartres, et le chef de la Ligue reste victorieux dans la grande ville.

A peine parvenu à son lieu d'asile, le fugitif écrit à M. de Pisany pour lui faire part de « ce qui lui est arrivé à Paris[2] ». Son sang est encore battu par l'émotion de la course à cheval, et pourtant il manifeste déjà moins de colère que de désir d'obtenir la paix. Il dit qu'il pardonnerait aux rebelles, s'ils consentaient à se venir joindre à lui pour marcher contre les calvinistes du Poitou. Mais dans le cas où Guise repousserait l'accommodement : « Je jouerais de mon reste. » Ce qu'il nomme son reste, il le laisse entrevoir dans une seconde lettre : c'est se jeter dans les bras de Henri de Navarre. « ...Et serais très marri que Notre Saint Père, ajoutant plus de foi et de créance à leurs inventions qu'à la vérité et sincérité de mes actions, les voulût favoriser ou assister en quelque sorte et manière que ce fût en leurs desseins, parce que ce serait me contraindre à prendre des résolutions qui ne sont jamais en ma pensée et auxquelles je n'ouvrirai jamais la porte d'icelle que par une force et nécessité

---

[1] V. notamment Pisany à Henri III, 26 février 1588, Ms. Bibl. nat. Brienne 354. — « Les troupes de la Ligue font main basse sur les villes du Roi en Picardie! » s'écrie M. de Pisany en détresse. » — « Dieu pardonne au pape Grégoire! réplique Sixte. Il est seul cause de ces malheurs! Quant à moi, je n'ai jamais approuvé cette prise d'armes sans la licence et permission du Roi. » — V. aussi les lettres du cardinal de Joyeuse et de Pisany, de février à mai 1588, Ms. Bibl. nat. F. fr. 16046.

[2] Henri III à Pisany, 18 mai 1588, publ. ap. *Revue rétrospective* de 1835, 2ᵉ série, I.

extrême, laquelle je désire fuir et éviter de tout mon pouvoir[1]. »

Voilà précisément l'éventualité que Sixte-Quint, avec beaucoup de raison, redoutait par-dessus tout. Quand Pisany lui fit l'analyse de ce courrier, il l'écouta d'une oreille anxieuse, vit qu'il fallait empêcher Henri III de se porter aux extrêmes par découragement, « et soudain, avec un grand battre de piedz et de mains, il me demanda, rapporte Jean de Vivonne, si tout ce que je disoys estoit bien vray, et que, s'il estoit ainsy, Dieu chastieroit ceux qui faisoient le mal[2] » ; en même temps, il promit son appui. L'ambassadeur, heureux de ces bonnes dispositions, voulut les utiliser sur-le-champ : il pria Sa Sainteté de témoigner bien vite sa réprobation des Barricades en écrivant trois brefs, l'un au Roi pour lui proposer son assistance, un autre au clergé pour lui commander d'obéir au souverain, le troisième aux ligueurs pour les menacer de ses foudres. « Et desquelz briefs je luy demandois copie avec congé de les manifester. » Sixte réclama le temps de réfléchir, et, comme son interlocuteur insistait : « Doucement! fit-il, les dépêches des papes ne se fabriquent point à coups de marteau. Mais je puis réunir une congrégation de cardinaux qui délibérera de l'opportunité de la mesure. » Le marquis n'avait garde d'accepter : c'était l'horreur de ce gallican de voir le Saint-Siége en corps discuter les affaires de France[3].

Sixte-Quint condamnait hautement l'entreprise du duc de Guise, qui pouvait précipiter le roi de France à la tête des calvinistes et qui faisait du tort dans les esprits honnêtes à l'union des catholiques; d'autre part, il blâmait Henri III, qu'il jugeait s'être conduit comme un couard. Il le dit à l'ambassadeur de Venise, lorsque celui-ci vint plaider la

---
[1] Henri III à Pisany, 24 mai 1588, *Revue rétrospective* de 1835, 2ᵉ série, t. I.
[2] Pisany à Henri III, 13 juin 1588, Ms. Bibl. nat. F. fr. 16046.
[3] *Id., ibid.*

cause du Valois[1] ; il le dit au cardinal de Joyeuse en des termes d'une étrange crudité : « Sa Majesté, s'écria-t-il, devait tuer le duc, quand le duc vint la braver au Louvre; c'était son droit de légitime défense! Les irrésolutions perdent les princes. Et pour ma part je me suis toujours trouvé bien de ma promptitude à prendre un parti. » Joyeuse assura que les rebelles se vantaient de posséder l'autorisation pontificale sous forme de bref. « Un bref! Jamais ils n'en ont eu, jamais ils n'en auront de cette sorte!... Et quand ils en auraient eu un, le devoir de Sa Majesté n'était pas moins de faire étrangler le duc, puisqu'elle le tenait dans son Louvre! On eût vu si mon bref l'eût ressuscité[2]! » Sur cela, le cardinal se crut fondé pour lui demander de désapprouver les révoltés. Mais le Pape répondit que ses attributions différaient de celles du Roi, qu'il n'avait pas à remplacer Henri pour la police de la France, et qu'il ne se reconnaissait pas le droit d'intervenir contre de bons catholiques[3].

Personnage insaisissable! Toujours il se dérobait à la main d'un parti quand elle était près de se poser sur lui. Ce n'est pas d'un Sixte-Quint que l'on peut faire le serviteur des rois ou des factions. Les hommes de ce caractère et de cette trempe ne voient que par eux-mêmes, n'agissent que dans le sens qu'ils pensent être celui du juste et du vrai. Le fait suivant démontre, plus que tout peut-être, l'indépendance d'esprit de ce pape.

Le nonce Morosini s'employait entre Chartres et Paris en vue d'un accommodement. Il manda à Sa Sainteté que la Ligue comptait mettre le monarque, éperdu de sa solitude entre les rebelles des deux camps, en demeure d'accepter le concile de Trente ainsi que les bulles et brefs pontificaux

---

[1] Gritti au doge, 4 juin 1588, publ. en partie par Hubner, t. II, p. 192.
[2] Le cardinal de Joyeuse à Henri III, 13 juin 1588, Ms. Bibl. nat. F. fr. 16046.
[3] *Id., ibid.*

que la France avait repoussés jusqu'à ce jour. La perspective ne séduisit pas le chef des fidèles. De son propre mouvement, il assura Pisany qu'il allait signifier aux ligueurs leur incompétence à s'occuper de pareilles questions : « Ces difficultés, ajouta-t-il, ne doivent recevoir de solution que de la bonne intelligence du Pape et du Roi. Plus tard, je l'espère, Sa Majesté s'en occupera. Mais à cette heure, il ne sied pas de mouvoir tels propos[1]. »

En cet instant, d'ailleurs, il était plus que jamais outré du défaut de modération des Guise, qui traitaient leur prince comme un vaincu misérable, repoussaient les offres les plus conciliantes, prétendaient substituer leur autorité de rebelles à l'autorité royale. Il savait gré à Henri III de sa patience à ne point passer du côté des calvinistes. Il l'en louait en consistoire[2]. Il s'occupait paternellement, à l'instigation de Morosini, de négocier une alliance entre le Roi Catholique et le Roi Très Chrétien[3] : elle eût eu pour effet de soustraire ce dernier aux griffes de ses sujets. Philippe II coupa naturellement les ailes à cette chimère.

Le 20 juillet, Henri III écrivit de Rouen à M. de Pisany que la paix était faite avec les Guise : « Or, il est question maintenant de mieux faire la guerre aux hérétiques que jamais; c'est ma résolution : vous le direz à Sa Sainteté, et que je ne cesserai que j'en aie purgé mon royaume. » Il annonçait qu'il partait pour Blois, tant afin d'y tenir les états généraux qu'afin de se rapprocher du Poitou. Il ajoutait que son intention était de se servir de ses cousins de Guise et de Mayenne « avec honneur et confiance[4] ».

Ces cousins tendrement unis, nous les retrouverons à Blois.

---

[1] Pisany à Henri III, 18 juin 1588, Ms. Bibl. nat. F. fr. 16046.
[2] Le cardinal de Gondi à Henri III, 15 juillet 1588, *ibid*.
[3] Le cardinal de Gondi à Henri III, 25 juillet 1588, *ibid*.
[4] Henri III à Pisany, 20 juillet 1588, *Revue rétrosp.* de 1835, 2ᵉ série, I.

III

LE TRÉSOR DU CHATEAU SAINT-ANGE.

« Les princes sont constamment en suspicion entre eux; ils observent avec inquiétude tout accroissement de forces et d'honneurs chez les autres, surtout chez leurs voisins; ils sont envieux de la gloire d'autrui; ils s'offensent de toute concession faite à d'autres, soit de priviléges, soit de titres honorifiques, de secours ou de faveurs, et leur jalousie les pousse à demander pour eux la même chose ou quelque chose de semblable; ils prennent en mauvaise part les refus et même les ajournements et les obstacles qu'ils rencontrent... »

Ces lignes sont extraites du portrait peu flatteur que traça Sixte-Quint des souverains de son temps, quand il voulut faire profiter son petit-neveu de l'expérience qu'il avait acquise du pouvoir et de la vie [1].

Et le pontife pouvait parler en connaissance de cause de l'indiscrète cupidité des princes ses contemporains, ainsi que de leurs brigues jalouses. Son économie lui avait fait rapidement acquérir, avec quelques millions, une réputation européenne de richesse. Il se forma comme une légende autour du trésor du château Saint-Ange. La science des finances n'était pas née; les souverains, constamment à court, toujours aux expédients, ne pouvaient se lasser d'admirer cette belle épargne, et, comme il n'y a qu'un pas de ce sentiment à celui de la convoitise, se tenir d'en convoiter quelques bribes. C'était à qui mettrait le plus d'ardeur à l'assaut du coffre-fort du Pape : les ambassadeurs formaient le cercle autour, la bouche pleine d'insinuantes paroles, la

---

[1] HUBNER, *Sixte-Quint*, t. II, p. 414 (pièc. just.).

main sans cesse tendue ; de temps en temps, des envoyés spéciaux accouraient leur donner un coup d'épaule, et puis s'en retournaient, presque toujours déconfits et navrés. Sixte s'amusait de ce spectacle : il gardait son argent, et, tout en déplorant à grands cris les obsessions dont sa richesse le rendait victime, n'était pas fâché, dans le fond, de l'importance extraordinaire qu'elle lui donnait. Dans la vie d'un homme, on retrouve toujours des traces de ses origines : Felice Peretti, le penseur de génie assis sur le trône pontifical, éprouvait, à supputer ses millions devant témoins, un peu de la jouissance naïve du paysan, qui fait parade de ses économies quand il ne les enterre point.

On devine que l'un des plus empressés à solliciter le Saint-Père fut Henri III : c'était le plus voluptueux, le plus besoigneux et le moins fier monarque de la chrétienté. C'était aussi le dernier que Sixte-Quint eût laissé puiser dans ses coffres, sachant bien à quelles réjouissances profanes son or eût servi.

L'autorisation, obtenue par l'évêque de Paris, d'aliéner une portion des biens du clergé de France [1], n'avait point satisfait longtemps le Louvre. Ce ne fut qu'un caillou jeté pour combler un gouffre, car les besoins de cette cour et de cet État étaient un gouffre, constamment élargi par la guerre, les dépenses folles, les dissipations des mignons. M. de Pisany reçut l'ordre de quêter une nouvelle bulle d'aliénation et des secours en argent.

M. de Pisany ne se fit pas d'illusions : Sa Sainteté serait difficile à persuader. Ses collègues, les représentants des

[1] Pierre de Gondi avait rapporté de sa mission l'autorisation d'aliéner jusqu'à concurrence de 100,000 écus de rente; mais tandis que 50,000 écus pouvaient faire l'objet d'une vente immédiate, les 50,000 autres ne devaient être réalisés que si le Pape le jugeait opportun. (Le cardinal d'Este à Villeroi, 27 janvier et 2 février 1586, Ms. Bibl. nat. F. fr. 16042.) C'est cette nouvelle permission que l'ambassadeur de France allait recevoir l'ordre de solliciter.

autres pays, avaient éprouvé déjà plus d'un mécompte. Olivarès était furieux de ses échecs. « Quant au Pape, avec tout le respect et congé de Votre Majesté, je luy dirai ce qu'en dit l'ambassadeur d'Espagne, qui est qu'il ne sçait plus comme il doibt négocier avecq luy, parce qu'il ne tient secret chose qu'il luy dit, ne luy dit jamais vérité et ne luy observe rien de ce qu'il luy accorde et promet [1]. » La première fois que Pisany s'aventura à déclarer au pontife que le roi de France le considérait comme son bon père et comptait sur son secours contre les hérétiques, Sixte feignit de ne pas comprendre et parla tant que l'ambassadeur ne put revenir au point de départ pour y ramener la question. Aussi trouvait-il sage et plus simple, d'accord avec le cardinal d'Este, d'agir hardiment comme si l'on eût pu se dispenser d'une nouvelle bulle d'aliénation [2]; il espérait, un peu témérairement peut-être, que Sa Sainteté laisserait passer le coup sans rien dire [3].

Henri III n'osa prendre une mesure qui pouvait soulever tout ensemble les colères du Saint-Siége et celles du clergé français, et Pisany dut se résigner à mendier l'assistance pontificale. Il suffit de lire la correspondance de l'ambassadeur pour s'assurer qu'il accomplit sa tâche en conscience.

C'était le temps où l'on se disait avec un frémissement d'enthousiasme que Sa Sainteté possédait déjà deux millions d'écus dans le château Saint-Ange, et qu'elle y pensait faire entrer le troisième bientôt [4]. Sa Sainteté n'avait garde de le nier, maintenait son prestige en déclarant fréquemment que le trésor était destiné à rendre des services à la chrétienté, mais en particulier ne promettait à personne rien de positif. Le meilleur moyen de l'amener à des dispositions

---

[1] Pisany à Henri III, 21 octobre 1586, Ms. Bibl. nat. Brienne, 354.
[2] Id., ibid.
[3] Pisany à Henri III, 17 novembre 1586, ibid.
[4] Pisany à Catherine de Médicis, 21 avril 1587, ibid.

favorables était encore de lui parler des générosités de ses prédécesseurs, car elle entendait bien n'être inférieure, sous quelque rapport que ce fût, à nul d'entre eux. Pisany connaissait la vertu du stratagème et le mettait en usage : par exemple, il rappelait à Sixte les bontés du feu pape Pie V pour le feu roi Charles IX; Sixte répliquait aussitôt qu'il voulait faire cent fois plus pour Sa Majesté que n'avait fait Pie pour Charles, « parce qu'il en avoit le courage et le moyen plus que luy, estant l'autre timide et pauvre, et luy résolu, riche et puissant d'argent, et que, se trouvant au temps et en l'estat qu'il est, si la France estoit comme elle a esté, il voudroit, avec Votre Majesté et les forces de son royaume seulles, conquérir tout le Levant et réduire à la rellìgion catholique tout ce qui s'en est desbandé [1] ». Seulement, ces « paroles de compliments », ainsi que les qualifiait très-justement Jean de Vivonne, demeuraient sans effet, et le Saint-Père n'ouvrait pas sa bourse.

Quand le marquis devenait gênant à force d'opiniâtreté, quand il s'obstinait à parler des devoirs du chef de l'Église à l'égard d'un pauvre roi, seul avec son bon vouloir en face des ennemis déchaînés de la religion et du trône, parfois Sixte, emporté par la colère, le faisait reculer à coups terribles; dans ces occasions, il ne ménageait plus rien, déblatérait sur le gaspillage des finances royales, sur les vices du monarque, sur ses mignons, sur ses intelligences honteuses avec les hérétiques et les relaps. Et le pauvre suppliant partait, tout honteux, tout étourdi, tout meurtri, pour écrire à son maître, auquel il n'osait cependant, par bienséance, rapporter qu'une partie de ces surprenants discours [2].

Le Pape avait un autre moyen de sortir d'embarras, celui-là plus conforme à l'esprit de courtoisie qui doit régner dans les relations entre princes : aux demandes de secours en

---

[1] Pisany à Henri III, 5 mai 1587, Ms. Bibl. nat. Brienne, 354.
[2] Pisany à Henri III, 19 mai 1587, *ibid.*

argent, il répondait par des propositions de secours en hommes et en chevaux. Il offrait « de bonnes troupes italiennes, suisses et grisonnes, conduittes par un chef de telle réputation que Sa Majesté devroit s'en contenter [1] ». Sa Majesté avoit sur les bras assez d'alliés gênants! elle ne se souciait point d'en augmenter le nombre. D'ailleurs, le Pape semblait véritablement se moquer : ne déclarait-il pas qu'il prendrait lui-même la direction des opérations militaires en France, et qu'il se faisait fort de donner promptement à toutes les difficultés une solution favorable, comme il avait fait en ses propres États [2] !

M. de Pisany se consolait en se disant que le Pape était avare [3], qu'il avait l'ambition d'amasser un grand trésor et qu'il n'en distrairait jamais une parcelle « pour homme du monde ni pour aucune expédition [4] ». Il espérait que ses importunités, à défaut d'autre effet, auraient du moins celui de dégoûter Sixte-Quint d'aider l'Espagne et la Ligue.

Pourtant, il obtint un résultat moins négatif. Il est rare qu'un solliciteur aussi déterminé ne finisse point par arracher quelque chose à la lassitude de l'homme le plus obstiné dans la résistance. Le grand risque que courent les postulants indiscrets, c'est de se faire éconduire, et, grâce aux prérogatives de sa charge, celui-là ne pouvait se voir fermer la porte. Lorsqu'il battait en retraite un jour, il revenait le lendemain, plus frais pour l'attaque. Dans l'intervalle des audiences même, Sixte n'avait aucun repos : les amis de M. de Pisany l'abordaient, l'entouraient, le suppliaient, puis, quand ils le quittaient, lui remettaient des mémoires concluant au « donatif, aliénation ou prest », pour qu'il pût

---

[1] Pisany à Henri III, 19 mai 1587, Ms. Bibl. nat. Brienne, 354.
[2] *Id., ibid.*
[3] Le Pape n'était pas avare, car il faisait d'abondantes aumônes et dépensait des sommes considérables en bâtisses. V. HUBNER, *Sixte-Quint*. — Tout au plus était-il *intéressé*.
[4] Pisany à Henri III, 17 juin 1587, Ms. Bibl. nat. Brienne, 354.

à loisir les méditer. Ses propres ministres se faisaient les avocats du Français, qui les avait gagnés par son irrésistible ascendant. Sixte se résolut enfin à donner une satisfaction, sans qu'il en coûtât rien à ses coffres : le clergé de France paya les frais.

Le clergé de France n'avait pas accueilli sans murmures la bulle rapportée de Rome par l'évêque de Paris l'année précédente [1]. L'assemblée des prélats avait adressé de très-énergiques remontrances au Roi, au Parlement et au Pape, refusant de reconnaître à Sa Sainteté le droit et jusqu'à la volonté réfléchie d'autoriser l'aliénation : Sa Sainteté, disaient-ils, ne pouvait spolier l'Église nationale sans violer le principe, admis dans toutes les républiques bien policées : « *Nemo invitus carere cogitur re sua* », et sa bulle devait être jugée « subreptice et obreptice comme émanée contre sa volonté », car point de doute qu'elle ne se fût abstenue d'une mesure aussi désastreuse si elle eût suffisamment connu les besoins et l'indigence du clergé. Henri III s'était contenté de répondre qu'il avait besoin d'argent pour faire la guerre sainte, et Sixte-Quint qu'il ne surchargerait jamais les prélats au delà de leurs facultés; le Parlement, qui tenta d'intervenir, ne fut pas écouté [2].

Sixte n'avait pas manqué néanmoins de rappeler ces précédents à Pisany, toutes les fois que celui-ci l'avait pressé d'autoriser une nouvelle aliénation. Au besoin, il mettait sous les yeux du marquis les lettres inquiétantes qu'il avait reçues de France : « Voyez! s'écriait-il, les évêques se sont

---

[1] V. LESTOILE, *Journal de Henri III*, mars 1586. — Le clergé de France, malgré l'état de pauvreté relative auquel il était réduit, ne refusait pas d'assister l'État dans les grandes crises que l'on traversait, mais il prétendait le faire par des dons volontaires. A toutes les époques de notre histoire, aux heures d'angoisse, notre Église nationale s'imposa pour le salut public des sacrifices immenses. Ceci doit être constaté pour son honneur et dans l'intérêt de la vérité. V. FURGEOT, *l'Aliénation des biens du clergé sous Charles IX*, ap. *Revue des quest. hist.*, 1er avril 1881.

[2] BOUJON, *Actes et Mémoires du clergé de France.*

courroucés de ma dernière bulle, au point de parler de révolte contre mon autorité! Que puis-je faire[1]?» Il invoquait aussi ses devoirs de pontife, et disait qu'ils ne lui permettaient point d'appauvrir l'Église[2].

Les bons offices du cardinal Rusticucci[3], un mouvement de colère contre les Lorrains[4] et contre le roi d'Espagne[5], la gaillardise du roi de France qui parlait de monter à cheval pour marcher contre les reîtres, la lassitude surtout, finirent par arracher au Pape la bulle demandée par Jean de Vivonne, et, le 4 août 1587, l'ambassadeur triomphant pouvait écrire à son prince : « Sire, il m'a semblé convenir au service de Votre Majesté de lui depescher l'abbé de La Boderie avec la bulle d'aliénation des seconds cinquante mil escus de rente du temporel de l'Église, laquelle le Pape accorde à Votre Majesté, avec un jubilé accompagné de particullières et amples indulgences non plus accordées à qui que ce soit[6]... »

En voyant ce cavalier prendre au galop la route de France, Sixte put espérer que la nouvelle grâce dont il était porteur contenterait enfin les exigences royales. Elle ne fit qu'encourager Henri III et son ministre. Juste un mois après, nous retrouvons M. de Pisany démontrant au Pape avec la dernière éloquence l'urgence d'un prêt d'argent : Sa Majesté est à bout de ressources, elle n'a d'espoir qu'en son bon père, elle le suplie de lui prêter quatre cent mille écus qu'elle lui rendra, avec les intérêts, sur les biens aliénés du clergé;

---

[1] Pisany à Henri III, 19 mai 1587, Ms. Bibl. nat. Brienne, 354.
[2] Pisany à Henri III, 5 et 19 mai 1587, *ibid*.
[3] Rusticucci lisait des mémoires sur ce sujet au Saint-Père. Pisany à Henri III, 30 juin 1587, *ibid*.
[4] Pisany à Henri III, 27 juillet 1587, *ibid*.
[5] Pisany à Henri III, 13 et 27 juillet 1587, *ibid*.
[6] Pisany à Henri III, 4 août 1587, *ibid*. — Au nombre de ces faveurs, se trouvait, très-inaperçu, un *bref confessionnaire*, qui pourtant fera du bruit. V. plus loin notre chapitre *le Meurtre des Guise et le monitoire du Pape*.

la vente de ces biens ne produira rien, si l'on est forcé de la presser outre mesure; un prêt permettrait de la faire avec plus d'opportunité; et le reste. « Le Pape feit trois ou quatre tours se pourmenant, premier que de respondre à ma proposition, se battant les mains; et se retournant un peu brusquement devers moy, il me dit : Je m'esbays qu'un roy, si grand comme est celuy de France, soit en nécessité de demander de l'argent à si pauvre prince comme estoit le Pape, lequel n'en mettoit pas en réserve pour le donner ny çà ni là, mais pour subvenir aux nécessitez qu'en pourroit avoir le Saint-Siége. Me disant à ce propoz, comme il a fait plusieurs fois, la grande nécessité en laquelle il l'avait trouvé quand il entra en son pontificat. Me contant point en point ce qu'il avoit faict, jusques à une teste [de bandit] qu'il a faict mettre sur le pont Saint-Ange. Et la conclusion fut que, lorsque les affaires commençoient à se bien porter en France contre les Huguenotz, l'on faisoit la paix avec eux[1]... » Ces atermoiements de Henri III exaspéraient Sixte-Quint. Peut-être eût-il vraiment donné son or à un prince résolu. Un jour, il cria ce mot, d'un laconisme expressif, à Pisany qui l'assiégeait : « Que le Roi fasse [agisse][2] ! » Un autre jour, comme le terrible marquis lui faisait valoir que les Vénitiens n'avaient pas voulu refuser un prêt de cent mille écus à leur ami le roi de France, « il me dist qu'il vouloit byen jouer un autre plus gros jeu, et qu'il ne vouloit pas prester, mais donner tout à fait, pourveu qu'il veist comme l'on feroit; estendant cela par les plus magnifiques parolles qui se pouvoient. Mais je ne fus pas court, et luy montrai qu'elles ne suffisaient pas... » Et Sixte finit par assurer que Dieu n'abandonnerait pas le Roi Très Chrétien[3].

Sur ces entrefaites, l'abbé de La Boderie revint de sa

---

[1] Pisany à Henri III, 5 octobre 1587, Ms. Bibl. nat. Brienne, 354.
[2] *Id., ibid.*
[3] Pisany à Henri III, 19 octobre 1587, *ibid.*

mission. Il apportait à M. de Pisany l'ordre de redoubler d'énergie dans l'attaque. M. de Pisany se rendit aussitôt à l'audience avec l'abbé; tous deux firent des bonnes dispositions et de la situation lamentable du roi de France un tableau si vif et si bien peint, qu'ils parvinrent à toucher Sa Sainteté. Elle promit de réunir une congrégation en vue de l'autorisation à donner au prêt, et de la composer de cardinaux sympathiques à la cause royale [1].

Quand le marquis tint la liste des cardinaux nommés [2], il courut chez eux : tous témoignèrent de leur bonne volonté d'autoriser le prêt, mais à la condition qu'on leur fournît des cautions en Italie, car celles de France ne leur paraissaient pas suffisantes [3].

La congrégation émit en effet un avis dans ce sens. Le prêt fut décidé, à un an d'échéance, moyennant cautions en Italie. Le cardinal de Sainte-Croix, qui vint annoncer cette nouvelle à son ami l'ambassadeur, ajouta que les deniers ne seraient certainement jamais réclamés à Sa Majesté, pourvu qu'elle les consacrât au service de Dieu et non à négocier avec les reîtres. Le Pape ratifia [4]. Un jubilé fut décrété pour ceux qui prieraient à l'intention du roi de France, et les églises se remplirent d'une telle affluence de fidèles, que de mémoire d'homme on n'y avait vu, selon Jean de Vivonne, pareil concours [5].

Le prêt, de la façon qu'il était consenti par le Saint-Siége, n'était guère qu'une faveur illusoire. Pisany le fit observer à Sixte avec amertume : la grande difficulté, c'était précisément de trouver des cautions en Italie, avec un crédit ruiné; si Henri III les eût possédées, point n'eût été besoin de

[1] Pisany à Henri III, 2e lettre du 19 octobre 1587, Ms. Bibl. nat. Brienne, 354.
[2] Les cardinaux de Sainte-Croix, Salviati, Cornaro, Santiquattro, Mattei et Mondeni, ce dernier désigné par Pisany lui-même.
[3] Pisany à Henri III, 2 novembre 1587, Ms. Bibl. nat. Brienne, 354.
[4] Id., ibid.
[5] Id., ibid.

s'adresser ailleurs qu'aux banques d'Italie, qui se fussent empressées d'avancer les sommes nécessaires[1].

Mais là s'arrêterent les concessions du pontife. En vain des envoyés spéciaux, tels que Mario Bandini, Horatio Ruccellaï, vinrent soutenir l'ambassadeur résident à bout de forces[2]; en vain les cardinaux de Joyeuse et de Sainte-Croix, et, derrière eux, tous les partisans de la France, userent leurs arguments, multiplièrent leurs instances[3]. Sixte-Quint était parvenu à ce dédain complet, à cette désespérance absolue de la politique valoise, dont nous avons exposé les causes dans le précédent chapitre, et s'il faisait des offres, elles étaient offensantes, dérisoires : ainsi, il proposait 20,000 hommes de pied et 10,000 chevaux. Le marquis de Pisany ne prenait point la peine de répondre à de semblables fanfaronnades, et s'en vengeait ensuite, en déclarant avec sang-froid que le Pape était trop avare pour entretenir une telle armée pendant un seul mois, et que d'ailleurs il ne pourrait en toute sa vie parvenir à la lever dans l'Italie entière[4].

Le marquis avait d'autres vengeances encore : le trésor du château Saint-Ange, auquel il n'avait pu puiser, lui paraissait à présent mal acquis : il blâmait la fiscalité du Pape. « Le Pape est tellement bandé à mettre ung troisiesme million dans le chasteau avant que la troisiesme année de son pontificat soit accomplie, qu'il espuise tellement les banques de Rome qu'il ne s'y trouve pas un teston, ce qui est cause que plusieurs sont contrainctz de les fermer, au grand préjudice du publicq[5]. » Il arrive aux plus honnêtes gens de tenir de ces discours quand ils ont du dépit, et la fable ingénieuse du Renard et des Raisins est susceptible de bien des variantes d'une application vraie[6].

---

[1] Pisany à Henri III, 15 décembre 1587, Ms. Bibl. nat. Brienne, 354.
[2] Pisany à Henri III, 4 janvier 1588, *ibid*.
[3] Pisany à Henri III, 11 janvier 1588, *ibid*.
[4] Pisany à Henri III, 18 janvier 1588, *ibid*.
[5] Pisany à Catherine de Médicis, 4 avril 1588, *ibid*.
[6] Le cardinal de Joyeuse, protecteur des affaires de France, n'était pas

Le Pape s'occupait peu de ces petites colères. On raconte qu'une fois, dans un de ses jours de bonne humeur, il emmena M. de Pisany se promener et qu'il le conduisit au château Saint-Ange. Ils montèrent au haut de l'édifice; et, debout sur la plate-forme de la tour, couvercle d'un coffre-fort immense, piédestal glorieux, Sixte se dressait, étendant le bras vers la ville qui gisait à ses pieds, où se mouvaient ses sujets rampant au sol, où surgissaient ses bâtisses, où d'un élan inflexible ses rues neuves accomplissaient leur trouée rigide : « Voilà Rome! dit-il à son compagnon. Quand j'y fis mon entrée pour la première fois, j'avais dans ma besace mes sabots d'un côté, mon morceau de pain de l'autre, et j'étais nu-pieds[1]. »

IV

LES ENNEMIS ET LES AMIS POLITIQUES DE JEAN DE VIVONNE A LA COUR DE ROME.

Jean de Vivonne n'avait pas seulement à lutter, dans tout ce qu'il entreprenait, contre la rude volonté du Pape et contre la déplorable réputation de son maître; c'était beaucoup déjà, mais c'était peu de chose auprès du travail acharné d'ennemis implacables, perfides, qui minaient le sol sous ses pas, épiaient ses moindres gestes pour les contrecarrer, ses moindres entreprises pour les traverser, bataillaient pied à

---

moins aigri : « La résolution que le Roy a faicte de ne luy plus demander argent, est jà quelque moien que cest homme ne nous eschappe; mais il y a bien à faire à gouverner et faire aller bien tels horologes... » Lettre à Villeroi, 22 février 1588, Ms. Bibl. nat. F. fr. 16046. — V. aussi Joyeuse à Henri III, 7 mars 1588, *ibid.*

[1] Estienne Pasquier dit tenir cette anecdote de la bouche même de Jean de Vivonne. (*Lettres*, liv. XIII, lett. XVIII.) Est-elle vraie? Elle est certainement vraisemblable, et bien conforme au genre de vanité de Sixte-Quint.

pied pour ruiner son influence, n'avaient de repos le soir que si dans le jour ils avaient pu lui ravir, au Vatican, un peu du terrain péniblement conquis le matin. Tout ce que la haine la plus ingénieuse peut inspirer, les agents des Guise le pratiquèrent contre le ministre. Romains et étrangers plaignaient l'ambassadeur français, admiraient sa constance. On s'étonnait qu'il pût ne pas devenir fou [1].

Le chef de ces intrigues, c'était Nicolas de Pellevé, cardinal de Sens; c'était, aussi bien, l'intrigue personnifiée. Nous avons déjà rencontré son nom mêlé au scandale de l'avocat David. Plus tard, lors de l'affaire du nonce, nous avons vu le même personnage, tandis que le malheur immérité de Jean de Vivonne inspirait de l'intérêt à tout le monde, aiguillonner la colère du Pape contre l'expulsé [2]. Le bon cardinal d'Este, révolté des sournoiseries « de sa mauvaise et pernicieuse nature », déchiré par sa langue « soubz une belle apparence d'amitié », lui fit l'affront de lui déclarer qu'il répudiait désormais « toute accointance et participation avec luy ». Il ne le voulut plus voir et lui refusa la main : « Car cest homme a toute inclination et fait accoustumance de nuyre à ung chascun [3]. »

Nuire pour le plaisir de nuire, voilà quel était, au témoignage de tous, indépendamment de son zèle pour les Guise, le grand mobile des actions de Nicolas de Pellevé [4]. Sixte-Quint le méprisait selon ses mérites : « Sens mériterait d'être pendu demain, dit-il un jour. C'est un des trois auteurs responsables de la Ligue. Seulement, le pape Grégoire l'a

---

[1] Parfois il s'affolait, et Sixte-Quint ne manquait pas de s'en égayer, disant que le marquis avait la tête folle, *testa stolta*. Le cardinal de Gondi à Henri III, 29 mai 1588, Ms. Bibl. nat. F. fr. 16046.

[2] Le cardinal d'Este à Villeroi, 4 septembre 1585, Ms. Bibl. nat. F. fr. 16042.

[3] Le cardinal d'Este à Villeroi, 19 septembre 1585, Ms. Bibl. nat. F. fr. 16042.

[4] Le cardinal de Joyeuse à Henri III, 1er novembre 1587, publ. par AUBERY, ap. *Vie du cardinal de Joyeuse.*

favorisée par erreur, le cardinal de Côme par amour du Roi catholique, lui n'a rien fait que par méchanceté. » D'autres fois, il s'amusait de lui comme d'un pasquin. « Le cardinal de Sens, raconte M. de Hubner, amusait le Pape qui ne le prenait pas toujours au sérieux et se moquait de ce politique enragé, qui avait la prétention d'être le membre le mieux informé du Sacré Collége et ne lui apportait que de fausses ou vieilles nouvelles [1]. »

La réputation de menteur de ce triste prélat était établie sur des bases inébranlables [2]. Quand il jurait sur le sang et le corps du Christ et sur la messe qu'il venait de célébrer, on savait à quoi s'en tenir : le cardinal de Pellevé venait de faire un mensonge de plus ; « car c'est, Sire, le serment qu'il a accoustumé de faire lorsqu'il veut tromper le plus et se faire croire d'une grande et insigne faulseté [3]... » On sent que ce renom détestable entravait souvent sa puissance pour le mal. Mais rarement les partis chargent du métier qui se fait dans l'ombre les personnalités qui sont leur gloire, et les Lorrains avaient dû se contenter d'installer à Rome cet agent véritablement discrédité, leur créature, que sa rancune contre les Valois avait précipité dans leurs entreprises à corps perdu [4].

L'ambassadeur et le protecteur ne pouvaient faire un pas sans buter contre un obstacle dressé par la main diligente de Pellevé. Le scandale, un certain temps, devint inimaginable : ce Français n'avait même plus la pudeur de garder le masque pour escarmoucher contre le roi de France. Il affichait son insolence, heureux et soulagé de librement

---

[1] *Sixte-Quint*, t. II, p. 161.
[2] *Ibid.*, t. II, p. 119.
[3] Le cardinal de Joyeuse à Henri III, 30 mars 1588, Ms. Bibl. nat. F. fr. 16046.
[4] Pellevé devait ses évêchés et son chapeau rouge à la maison de Guise. Il ne pardonna jamais aux Valois le refus que lui fit Charles IX de lui donner une abbaye qu'il désirait.

épancher la bile qui l'étouffait. Un jour, en plein consistoire, il se leva de toute sa hauteur, s'opposant à l'indult que sollicitait Henri III pour nommer aux bénéfices de Bretagne. La mesure, cette fois, fut trouvée comble, et le Roi fit saisir les revenus de l'insensé [1]. Cet acte de justice, réclamé par le cardinal d'Este, ratifié par le Saint-Père, fut universellement approuvé. « Icy s'est entendu la desliberation qui a esté faicte de saisir les biens du cardinal de Sens... Il n'y a petit ni grand qui n'en parle et n'approuve le Pape [2]. » Pellevé se trouva, du coup, réduit à la plus fâcheuse nécessité : le Pape dut lui faire servir le plat des cardinaux pauvres, et la bonne humeur de ses innombrables ennemis, jouant sur son nom, lui décerna le sobriquet de *Pelé* [3].

On pense bien que le châtiment ne fit qu'irriter ses ressentiments [4]. Il continua la lutte, avec moins de forces, mais avec plus d'ardeur encore. Ce qui mettait Jean de Vivonne hors de lui, c'était son incroyable fécondité de menteur [5]. Sixte s'efforçait de calmer l'indignation du gentilhomme, en l'assurant qu'il n'ajoutait pas foi aux propos de ce brouillon, que même il ne consentait à le voir qu'à cause de sa qualité de cardinal [6]. Malgré tout, Pisany s'inquiétait, n'ignorant pas qu'une calomnie porte toujours quelques fruits. Rien n'égalait l'application intelligente de Sens à travestir les personnes et

---

[1] *Lettres d'Ossat*, liv. II, lett. 42.
[2] Pisany à Henri III, 23 décembre 1586, Ms. Bibl. nat. Brienne, 354.
[3] « Leur commun dire, c'estoit qu'auxdits États n'y avoit que trois tigneux et un pelé. » *Satire Ménippée*. Le pelé, c'était Pellevé.
[4] Les auteurs de la *Ménippée* font dire à Pellevé, dans leur amusante harangue aux États de la Ligue : « Nam ab eo tempore quo me Henricus defunctus, iste fautor hereticorum, spoliavit episcopatu Senonensi, et in manu sua posuit meos reditus et beneficia quæ habebam in suo regno, semper habui animum et intentionem me vindicandi, et feci omnia quæ potui, et faciam in æternum, quando deberem animam meam tradere diabolo, ut ista insignis injuria cadat in caput Gallorum omnium qui passi sunt nec se opposuerunt opprobrio meo. »
[5] Pisany à Henri III, 9 février 1587, Ms. Bibl. nat. Brienne, 354.
[6] Pisany à Henri III, 4 avril 1587, *ibid.*

les faits¹. La faction espagnole était derrière lui et l'excitait².

Dans ces conditions, personne ne comprit jamais quel mobile de clémence inouïe détermina subitement Henri III à lever le séquestre qu'il avait prononcé. Sixte en fut émerveillé; comme il avait souffert de la dégradation du cardinal, il chargea M. de Pisany de féliciter Sa Majesté de son oubli des injures, et tança vertement Pellevé, qui, moins que jamais, avait le beau rôle; il le pria de changer de conduite³. Sous l'impression de la semonce, le cardinal écrivit à son Roi la lettre de remerciement la plus plate qu'il soit possible de concevoir⁴. Puis il s'en vint trouver Pisany pour plaire au Pape : il l'assura que Sa Majesté n'aurait pas de meilleur serviteur que lui dorénavant, et qu'il considérait comme mort l'homme disgracié de son souverain⁵.

Le Saint-Père affecta de le tenir dans la disgrâce : il lui refusait audience, afin de lui témoigner son mépris et par égard pour le Roi. Pellevé imagina des stratagèmes pour rentrer au Vatican, puis, quand il vit que la place lui demeurait fermée⁶, consacra les loisirs que lui faisait son éloignement à brouiller l'ambassadeur et le protecteur de France, et faillit y réussir⁷. Les gens étaient bien surpris, lorsqu'ils félicitaient ce nouvel ami de Henri III sur une victoire rem-

---

¹ Pisany à Henri III, 5 mai, 27 juillet et 4 août 1587, Ms. Bibl. nat. Brienne, 354.

² Pisany à Henri III, 4 août 1587, *ibid*.

³ Pisany à Henri III, 7 septembre 1587, *ibid*.

⁴ Pellevé à Henri III, 7 septembre 1587, Ms. Bibl. nat. F. fr. 16045. — La lettre commençait par ces mots : « Sire, si la bonté divine se trouve représentée entre les hommes, sur tous c'est en Votre Majesté, que Dieu a faite l'un des plus grands et meilleurs Roys du monde... », et finissait par des protestations d'éternelle fidélité.

⁵ Pisany à Henri III, 7 septembre 1587, Ms. Bibl. nat. Brienne, 354.

⁶ Il faisait dire à Sa Sainteté par le cardinal Rusticucci qu'il voulait la voir pour la supplier d'assister le roi de France dans sa détresse. Sa Sainteté riait de bon cœur et faisait répondre à l'excellent homme qu'il eût dû commencer par ces bons sentiments. Pisany à Henri III, 1ᵉʳ décembre 1587, *ibid*.

⁷ A propos du chapeau de l'évêque de Paris. Nous assisterons plus loin à ces intrigues. — Pisany à Henri III, 28 décembre 1587, *ibid*.

portée par le monarque, et qu'ils s'entendaient répondre : « Bah! Sa Majesté saurait encore mieux prendre 500,000 écus que des villes et des reitres, si l'on voulait les lui donner; par exemple, il n'y aurait que M. de Guise pour les bien employer[1]. » Il se remit bientôt à recevoir, ainsi que par le passé, des courriers de Lorraine ; et, de plus belle, Rome fut inondée de ses nouvelles fabriquées, de ses rumeurs d'un jour, de ses mensonges sans vergogne[2].

Il avait un lieutenant dangereux : Nicolas de Pilles, abbé d'Orbais. C'était un personnage taré, tout au moins fort compromis. « Jadis accusé de faux à la cour de Rome, il dut au cardinal de Lorraine, qui l'appuya de son crédit, de n'avoir pas succombé dans cette affaire[3]. » Les Guise se servaient de lui pour leurs menées les plus ténébreuses. Pisany le redoutait[4]. Tandis que Pellevé dressait de préférence ses batteries autour du Vatican, la spécialité de Pilles semble avoir été surtout de cabaler avec Olivarès[5] : le grand seigneur de Castille confondait ses colères personnelles et ses ardeurs nationales avec les aigres ressentiments du Français déclassé. Pilles n'avait pas l'autorité du rang que donnait malgré tout au cardinal de Sens la pourpre romaine, mais il était moins excentrique, moins bruyamment fameux, et, somme toute, non moins à craindre. Il possédait dans la perfection les affaires du royaume et l'art d'utiliser ses connaissances[6]. Personne ne savait mieux que lui donner l'essor aux bruits, vrais ou faux, qui forment les réputations, concilient les sympathies, ruinent les crédits[7]. Quand Pellevé se fit, à force

---

[1] Pisany à Henri III, 4 janvier 1588, Ms. Bibl. nat. Brienne, 354.
[2] Pisany à Henri III, 18 janvier 1588, *ibid*.
[3] De Thou, *Hist*., liv. XCIV.
[4] Pisany à Henri III, 11 septembre 1586, Ms. Bibl. nat. Brienne, 354.
[5] Pisany à Henri III, 11 septembre 1586, 9 février 1587, et *passim*, Ms. Bibl. nat. Brienne, 354.
[6] Pisany à Henri III, 4 avril 1587, *ibid*.
[7] Pisany à Henri III, 5 mai, 17 juin, 27 juillet, 4 août 1587, 18 janvier, 3 mai 1588, et *passim*, *ibid*.

d'extravagances, fermer le cabinet du Pape, l'abbé d'Orbais prit sa place aux audiences, et l'on ne dit pas que la cour du Louvre ait gagné rien au change[1]. Au mois de décembre 1588, il fut relevé de son poste de Rome, véritable charge entretenue par les Guises, et revint en France[2].

J'ai nommé tout à l'heure le comte d'Olivarès. Parmi les adversaires de la France à Rome, il est juste de donner un rang à l'imposante figure de l'ambassadeur de Philippe II. Né du meilleur sang de l'Espagne[3], type de la majesté grave, parfois terrible, que l'on affecte dans ce pays, traitant tout et tous de sa plus grande hauteur, jetant l'argent sur la foule à pleines mains comme il ferait l'aumône, respectueusement adoré de la majorité des cardinaux qu'il comble et fascine, possédé du morne et fatal génie de l'Escurial, contempteur superbe de tout ce qui n'es pas son maître le VICE-DIEU, vraie barre de fer qu'il serai vain de chercher à ployer comme à rompre, cet homme, avec ses allures, ses menaces et sa morgue, dominera pendant un instant Sixte-Quint lui-même, il intimidera l'intrépide vieillard, il violentera ses sentiments. Le marquis de Pisany voltige autour du sombre seigneur de Castille, n'a de joie que quand il peut lui faire une piqûre, et cependant veille aux combats plus sérieux, car il ne perd point son temps lorsque le Saint-Père lui fait tout au long la confidence des insolentes prétentions de Philippe et de ses empiétements quasi sacrilèges sur les prérogatives de l'autorité pontificale[4].

[1] Pisany à Henri III, 16 novembre 1587, Ms. Bibl. nat. Brienne, 354.
[2] Le cardinal de Joyeuse à Henri III, 12 décembre 1588, publ. par AUBERY, *Vie du cardinal de Joyeuse*. — Pilles fut remplacé par le doyen de l'église de Reims, « qui fera dorénavant ladite agence pour MM. de Guise sous le cardinal de Pellevé ».
[3] Il se nommait Juan Enrique de Guzman, comte d'Olivarès; de son mariage avec dona Maria Pimentel de Fonseca, naquit, entre autres enfants, l'illustre Gaspar de Guzman, comte d'Olivarès, duc de San Lucar, qui gouverna l'Espagne sous Philippe IV.
[4] Correspondance de Jean de Vivonne, *passim*. — Olivarès revit merveilleusement dans le *Sixte-Quint* du baron DE HUBNER.

Jean de Vivonne, au début de son ambassade, trouva de grandes compensations aux difficultés que lui créaient ces haines dans le dévouement et dans l'assistance de l'illustre protecteur de France, le cardinal d'Este. Ce prélat fut un des personnages qui firent le plus d'honneur à sa race ainsi qu'au Sacré Collége. Sa situation de famille et de fortune était presque sans rivale à Rome, son mérite et ses vertus étaient au niveau de tous les avantages du sort. Ce collègue convenait bien à Pisany : ils se comprenaient et s'appréciaient pour leur fidélité : dès les premiers temps, ils se plurent[1]. Malheureusement, la santé du cardinal, minée par d'excessifs travaux, gênait souvent son désir ardent de servir le pays qu'il aimait[2], et le marquis, quand il revint à Rome après l'affaire de l'archevêque de Nazareth, trouva son noble ami dans un état inquiétant. La goutte, des maux d'entrailles, le consumaient. Des faiblesses le prenaient tout à coup au milieu de ses occupations, le forçaient au repos[3]. Survint la fièvre quarte[4]. Un catarrhe acheva d'épuiser ce corps débile. Et le dernier jour de l'année 1586, sur les neuf heures du matin, le cardinal rendit son âme à Dieu. Il n'avait que quarante-huit ans[5].

Ses derniers instants furent touchants. A l'aube, il fit venir M. de Pisany près de son lit; il le pria de dire à Sa Majesté Très Chrétienne que son regret, à l'heure suprême, était de ne l'avoir pu servir mieux, bien qu'il l'eût servie d'amour toute sa vie; il le chargea de recommander aux

---

[1] A l'arrivée de Jean de Vivonne à Rome, le cardinal d'Este, ayant causé quelque temps avec lui, prenait la plume pour écrire au Roi : « Je loue Votre Majesté du bon choix qu'elle a faict d'un chevallier si saige et si honorable et de si bonne grâce... » Lettre du 21 avril 1585, Ms. Bibl. nat. F. fr. 16042.
[2] V. la lettre du cardinal de Rambouillet à Villeroi (19 mai 1586, *ibid.*), dans laquelle ce prélat déclare que le cardinal d'Este se tue positivement au service de la France.
[3] Pisany à Henri III, 17 septembre 1586, Ms. Bibl. nat. Brienne, 354.
[4] Pisany à Henri III, 2 décembre 1586, *ibid.*
[5] Pisany à Henri III, 31 décembre 1586, *ibid.*

bontés royales ses neveux de Nemours qui n'avaient jamais démérité, et même ses neveux de Guise si toutefois ceux-ci s'en rendaient dignes [1]. « Lors, raconte Jean de Vivonne, il me pria autre fois de représenter à Votre Majesté qu'elle perdoit un très grand et fidèle serviteur, et moy un bon frère et bon amy. Là-dessus, avec ces propres motz, il a demouré la bouche ouverte, et rendit l'esprit sans se travailler autrement [2]. »

Cette mort ouvrait un double héritage, indépendamment de la succession au vaste patrimoine du cardinal. Qui allait recevoir les bénéfices considérables devenus vacants, et qui allait devenir protecteur des affaires de France ?

Pisany, toujours zélé pour ses devoirs, fit taire sa douleur après avoir fermé les yeux au défunt, et courut annoncer la nouvelle au Pape : il mettait du prix à lui demander, avant que d'être prévenu par les intrigants, de ne point pourvoir aux vacances jusqu'à ce que Henri III eût fait savoir comment il désirait qu'on en disposât [3]. Le Pape ne se lia pas par des promesses formelles; pourtant il résista au cardinal de Sens et à l'abbé d'Orbais, qui le sollicitaient d'attribuer partie des bénéfices au cardinal de Guise; il leur objecta qu'il avait pris des engagements avec l'ambassadeur de France. Pisany crut comprendre ce que désirait Sixte, et donna le conseil au Roi de gratifier le cardinal Montalto, son neveu, « qui, quoique pensionné par l'Espagne, n'aimait guère ce parti, paraissait sympathique à la France », et serait un jour chargé du maniement de toutes les affaires [4]. C'était prendre le Pape par son faible : sa tendresse, un peu excessive parfois, pour sa famille. Bonne politique. — La liste du vacant dressée par Henri III parvint enfin à l'ambassadeur

[1] La conduite de ses neveux de Guise fut la croix de ses derniers jours. V. sa lettre à Henri III, 21 avril 1585, Ms. Bibl. nat. F. fr. 16042.
[2] Pisany à Henri III, 31 décembre 1586, Ms. Bibl. nat. Brienne, 354.
[3] *Id., ibid.*
[4] Pisany à Henri III, 27 janvier 1587, *ibid.*

qui la remit au pontife. Sixte commença par déclarer, dans l'intérêt des principes, que le droit de nommer aux bénéfices n'appartenait point au Roi, puis se fit prier pour permettre à son neveu d'accepter « une belle abbaye », et finalement consentit à ratifier le choix de Sa Majesté, pourvu qu'en retour elle servît au collège des Anglais de Reims une pension de deux mille écus. Le marquis de Saint-Sorlin était investi de la plus grande portion du vacant. Le cardinal de Guise recevait une abbaye, ce qui ne l'empêcha pas de se plaindre amèrement du débonnaire souverain [1]. Le cardinal Montalto se montra reconnaissant et fit des protestations de dévouement. On admira généralement en cette affaire la bonne grâce du Pape et l'habileté de M. de Pisany [2].

Le choix du protecteur avait plus de gravité que ce partage des dépouilles du défunt. Il importait, ainsi que le fit remarquer Jean de Vivonne à son maître, que le successeur du cardinal d'Este fût habile et sage : on avait beaucoup à réparer : « le pauvre seigneur » était depuis si longtemps empêché d'assister aux audiences et consistoires, que, sur bien des points, les affaires royales souffraient. En outre, « il n'y a prince de ceux d'Italie qui n'ayt un nombre de cardinaux ou à ses gaiges ou à sa dévotion; et le roi d'Espaigne a pour le moings la moitié de tout le collège à luy, et lesquelz prennent la deffence de ses affaires comme de leur propre vie; aussy tout y va comme ilz veullent. Rien ne se remue, que ces cardinaux partisans n'entrent aussitôt à la part pour ceux qu'ilz affectent ou sont obligez... Il n'est à croire combien l'ambassadeur de Votre Majesté demeure seul depuis la perte de feu M. le cardinal d'Este, lequel, encore qu'il ne peust, comme j'ay dit, se trouver aux audiences ni aux con-

[1] Anne d'Este, veuve du duc François de Guise, s'était remariée au duc de Nemours; Saint-Sorlin, fils du second lit, était donc frère utérin du cardinal de Guise.
[2] Pisany à Henri III, 24 février et 10 mars 1587, Ms. Bibl. nat. Brienne, 354.

sistoires, ce néantmoins son nom estoit si grand et fort, que sçavoir qu'il estoit en vie et intentionné et picqué à son service suffisoit pour aporter toute dignité et réputation à ses affaires [1]... »

Le candidat de Pisany, c'était le cardinal de Sainte-Croix, ancien nonce en France sous Charles IX, esprit supérieur, « le seul serviteur déclaré du Roi à Rome [2] ». Le marquis voyait dans ce choix, en même temps qu'une juste récompense des bons offices rendus, un stimulant pour les membres du Sacré Collége, hésitant à se placer sous le patronage de la France parfois ingrat. Il comptait sur l'appui de la Reine mère, que d'anciens bons rapports liaient au cardinal; il la pria d'user de son influence, afin de déterminer son fils à faire cette heureuse désignation [2].

Sainte-Croix avait un vif désir d'obtenir la protection. Peut-être mettait-il son point d'honneur à prouver à ses collègues qu'il n'avait pas mal placé ses sympathies, et que l'on pouvait, en servant la France, obtenir d'aussi belles faveurs qu'en servant l'Espagne. Tout le monde tenait les yeux sur lui. Pisany certifiait à Henri III que le pauvre homme mourrait de honte et de douleur, s'il essuyait l'affront de n'être pas nommé [4]?

Le protecteur fut choisi par Henri III selon ses goûts : ce fut le frère d'un favori. Aussi bien, le cardinal de Joyeuse n'était pas indigne de sa mission, et Pisany se résigna; il

---

[1] Pisany à Henri III, 13 janvier 1587, Ms. Bibl. nat. Brienne, 354.

[2] Prosper de Sainte-Croix ou Santa-Croce, fils d'un avocat consistorial, nonce en Allemagne, en Portugal, en Espagne et en France, dut à Catherine de Médicis l'archevêché d'Arles et la pourpre romaine en 1565. Il obtint plus tard l'évêché d'Albano, et mourut le 20 octobre 1589, âgé de soixante-seize ans. Il a laissé des *Mémoires*. V. Monéri. — Ce fut lui qui raconta à l'ambassadeur Paul de Foix et au jeune de Thou l'ambassade de Jean de Vivonne pour le comte de Cajazzo, et qui le fit en termes admiratifs. V. p. 29.

[3] Pisany à Catherine de Médicis, 13 janvier 1587, Ms. Bibl. nat. Brienne, 354.

[4] Pisany à Henri III, 27 janvier 1587, *ibid*.

n'était pas fâché d'ailleurs de voir arriver à Rome un prélat français, il n'avait recommandé le cardinal de Sainte-Croix que de préférence aux autres Italiens et parce que l'usage était que le protecteur appartînt à cette nationalité [1]. Le Pape se montra surpris que l'on eût dérogé à la coutume, mais annonça qu'il recevrait favorablement le cardinal de Joyeuse, puisque Sa Majesté l'avait désigné [2]. Quant à Sainte-Croix, il fut dédommagé par une abbaye, se consola, se déclara plus attaché que jamais au service du roi de France [3]. Son dévouement devenait d'autant plus précieux, que Henri III perdait vers cette époque un de ses plus fidèles agents, le cardinal de Rambouillet (mars 1587) [4].

Le cardinal de Joyeuse arriva, le 20 août de cette année 1587. Il dut à M. de Pisany de faire une entrée des plus brillantes, car le marquis vint à sa rencontre, accompagné d'une splendide escorte de gentilshommes français et de grands seigneurs romains, ses amis [5]. Sixte-Quint fit bon visage d'abord au nouveau ministre. La cour de Rome ne tarda pas à l'apprécier pour ses façons de raffiné, son humeur juvénile et gaie, la tournure gauloise de son esprit [6]. Il déployait toute la pétulance, toute l'audace de ses vingt-cinq ans : rien ne pouvait le faire renoncer à une idée ni se taire, s'il pensait avoir raison. Le Consistoire prenait un malicieux plaisir à contempler ses luttes à outrance avec le pontife redouté, que nul ne se sentait le courage de contredire jamais : les ripostes du Français valaient souvent les déductions syllogistiques de Sixte-Quint, les savants échafaudages d'Écriture Sainte et

---

[1] Pisany à Henri III, 24 février 1587, Ms. Bibl. nat. Brienne, 354.
[2] Pisany à Henri III, 10 mars 1587, *ibid.*
[3] *Id., ibid.* — Sainte-Croix résista effectivement aux offres que lui firent les Suisses. Pisany à Henri III, 2 juin 1587, *ibid.*
[4] Charles d'Angennes, dit le cardinal de Rambouillet, mourut à Corneto, âgé de cinquante-cinq ans.
[5] Pisany à Henri III, 24 août 1587, Ms. Bibl. nat. Brienne, 354, et Joyeuse à Henri III, 24 août 1587, publié par AUBERY, *Vie du cardinal de Joyeuse.*
[6] Pisany à Henri III, 21 septembre 1587, Ms. Bibl. nat. Brienne, 354.

d'histoire qu'élevait sa main de moine érudit, les pointes sarcastiques que lançait sa faconde de jouteur terrible. Lorsque personne dans l'assemblée n'osait souffler mot, le cardinal de Joyeuse se levait et parlait. « Il était grand de taille, avait la chevelure et la barbe noires, et l'un des yeux chassieux, ce qui lui donnait un aspect farouche [1]. » Insensiblement, le Pape le prit en grippe et se plut à lui témoigner son aversion en toutes circonstances, espérant peut-être l'humilier et parvenir à lui fermer la bouche : rarement il y réussissait. Une anecdote curieuse donne la mesure des prétentions autoritaires de Sixte-Quint et des vexations vraiment tyranniques dont il était capable à l'égard des gens qu'il n'aimait pas.

Quand parvint à Rome la nouvelle de la défaite de Coutras qui coûta deux frères au cardinal de Joyeuse et priva sa maison du rejeton qui l'avait élevée si haut, le protecteur fit éclater une douleur assurément légitime : il s'enferma, refusa de recevoir aucune visite, ne parut plus au Consistoire [2], et rendit ses amis inquiets de sa santé. M. de Pisany le consola de son mieux, en lui portant l'assurance que Sa Majesté prenait à son deuil une grande part et qu'elle lui continuerait ses faveurs [3]. Puis, il se rendit à l'audience, avec les pensées et la mine que comportaient les événements, prêt à s'apitoyer avec le Saint-Père sur la mort du « bon et gentil cavalier » moissonné par les armes. Mais Sixte lui réservait une surprise : d'un air de résignation presque gaie, il lui déclara net que le duc était, à n'en pas douter, au séjour bienheureux, parce qu'il avait péri en combattant pour la foi ; qu'en conséquence il fallait être satisfait pour lui de ce sort éclatant, et que la douleur de son frère n'était point justifiée ; il ajouta même que le cardinal « devait être très aise et louer

---

[1] Hubner, *Sixte-Quint*, II, 58.
[2] Pisany à Henri III, 16 novembre 1587, Ms. Bibl. nat. Brienne, 354.
[3] Pisany à Henri III, 1er décembre 1587, *ibid*.

Dieu », et, pour mieux témoigner son allégresse, se trouver à la première chapelle de l'Avent, vêtu de rouge au milieu de ses collègues habillés ce jour-là de violet suivant l'usage. Le marquis combattit naturellement cette extraordinaire façon d'envisager les choses, en démontrant à Sa Sainteté que rien n'était plus juste que le deuil du protecteur, au lendemain de la mort d'un frère aussi vertueux, aussi tendrement aimé. « Et avecq cela, le cardinal et moy avons esté d'advis qu'il ne se trouveroit à la chapelle, pour n'y comparoistre en l'équipage que le Pape luy conseilloit, lequel sans doute me sembloit un peu extravagant et du tout hors de propos, quelque chose que Sa Sainteté peust dire ou alléguer [1]... » Ostie servit de refuge à l'affligé.

Le cardinal de Joyeuse, tel que je viens de le dépeindre, ne pouvait, malgré ses qualités réelles, que bien imparfaitement remplacer son prédécesseur. Par bonheur, il avait pour secrétaire un homme vieilli dans les affaires, héritier des traditions de Paul de Foix et du cardinal d'Este, d'un mérite transcendant et qui devait bientôt percer, l'un des plus grands négociateurs dont l'histoire ait conservé le nom, s'il est vrai qu'il faille donner la palme à l'union du talent et de la probité : j'ai nommé l'illustre Arnaud d'Ossat, alors simple abbé, lent à sortir de la médiocre condition de sa naissance, mais destiné à honorer la pourpre romaine. Sous sa plume nerveuse et fine, par son style coloré, les scènes de la politique s'animent en un tableau saisissant; les relations qu'il écrit et que signe le protecteur resteront des modèles achevés pour les diplomates de l'avenir. Jean de Vivonne l'avait distingué, l'aimait, et contribuera beaucoup à son avancement en signalant son génie à Henri IV [2].

---

[1] Pisany à Henri III, 1er décembre 1587, Ms. Bibl. nat. Brienne, 354.
[2] « M. d'Ossat fera tout ce qu' « il pourra de ce que Votre Majesté lui commandera et ne sera jamais las de servir; et il n'est possible de mettre homme quel qu'il soit auprès de M. le cardinal de Joyeuse, qui soit plus utile, intelligent et à propos que lui. » Pisany à Henri III, 24 février 1587,

Le secrétaire du marquis de Pisany avait aussi du talent et des destinées. Il était de la docte famille normande des Le Fèvre de La Boderie; ses deux frères, Guy et Nicolas, sont demeurés célèbres comme polyglottes [1]. Lui, s'appelait Antoine; à l'époque où nous sommes arrivés, on le désignait sous le nom d'abbé de La Boderie. Il ne paraît pas qu'il ait jamais été dans les ordres, mais son chef avait obtenu pour lui un bénéfice [2]. Pisany le chérissait, l'instruisait de ses exemples et de ses leçons, formait en lui l'un des bons négociateurs du règne de Henri IV. Ce jeune homme, de trente ans alors, devait un jour représenter la France à Bruxelles, puis à Londres, avec éclat [3].

Ce serait continuer l'ingratitude de Henri III que de ne point porter le nom de M. Séraphin sur cette liste des amis et des serviteurs de la France [4]. Pauvre homme, d'origine française, mais sans naissance bien déterminée, que Charles IX avait fait faire auditeur de rote par saint Pie V, qui tint quarante ans cette charge, et qui, durant tout ce temps, s'obstina au service de nos rois malgré mille déboires! Sous ses yeux, il voyait s'élever par l'or et la faveur de l'Espagne les ecclésiastiques dévoués au parti du Roi Catholique. Lui, cepen-

---

ap. *Lettres d'Ossat*. — Mais voyez surtout plus loin notre chapitre *Ambassades à Clément VIII*.

[1] Ils étaient fils de Jacques Le Fèvre, seigneur de La Boderie, et d'Anne de Montbray.

[2] Pisany à Henri III, 2 décembre 1586, Ms. Bibl. nat. Brienne, 354.

[3] Les *Ambassades de M. de La Boderie* ont été publiées en 1750. En tête de cet ouvrage se trouve une vie du personnage : il n'y est pas fait mention de ses débuts à Rome sous les auspices de Jean de Vivonne et sous le pontificat de Sixte-Quint, mais seulement du voyage de 1592. Je ne crois pas que cette période de sa carrière fût connue d'ailleurs; M. de La Ferrière-Percy n'en parle point dans son *Étude sur les La Boderie*. — Antoine de La Boderie maria sa fille au fameux Arnaud d'Andilly. C'est de sa femme, une Le Prevost de Granville, que les Arnaud eurent la terre de Pomponne. Arnaud d'Andilly fait de son beau-père un grand éloge dans ses *Mémoires*. Selon lui, La Boderie mourut en 1615, âgé de soixante ans, ce qui porte à 1555 la date de sa naissance.

[4] Son nom était Serafino Olivieri. Quelques-uns le disaient fils du chancelier de France Olivier. Sa mère était Italienne. V. Moréri.

dant, rongé de misère, refusait de ce côté toutes les offres : la fierté qu'il éprouvait d'avoir du sang français suffisait à le satisfaire. De tout le monde, de M. de Pisany, du cardinal de Joyeuse, des cardinaux et des envoyés qui se succèdent à Rome, ce n'est qu'un cri, cri de compassion et de reproche qui vole au Louvre : « M. Séraphin meurt de faim [1] ! » Mais le Louvre ne s'émeut pas. M. Séraphin, au surplus, s'émeut moins que le prochain de sa détresse : il se console avec les livres, augmente ses trésors de science qui l'ont fait surnommer par les contemporains « l'Apollon Pythien de la jurisprudence », reçoit en consultation les savants du monde entier. Il conserve son inaltérable bonne humeur, son esprit de saillie très sensé parfois, fait des mots que l'on répète et qui tranchent des questions graves, prend sur le Pape l'ascendant d'un bouffon d'un genre spécial, bouffon vénérable, mais enfin bouffon, puisque toutes les plaisanteries sont permises à M. Séraphin [2].

Pisany rencontrait encore de la bienveillance auprès des ambassadeurs vénitiens, grands amis de la France par politique traditionnelle, et confidents du Pape qui s'oubliait, de longues heures, à leur conter ses secrets et à leur demander conseil [3]; auprès d'une partie de la noblesse d'outre-monts, qui proposait de s'enrôler sous la bannière de Henri III [4]; de temps en temps, auprès des cardinaux Lancelot [5], Farnèse [6], de Médicis [7]; et, d'une façon plus suivie, auprès du cardinal Rusticucci, que le souvenir de son frère, jadis au service du

[1] V. Correspondance de Pisany, de Joyeuse, etc., passim.
[2] Henri IV s'occupa de lui un peu plus que Henri III. En 1604, il fut nommé cardinal, et le Pape « voulut qu'on crût qu'il lui accordait le chapeau à la recommandation du Roi Très Chrétien ». DE THOU, Hist., liv. CXXXI.
[3] Correspondance de Pisany, passim. — V. aussi HUBNER, Sixte-Quint.
[4] Pisany à Henri III, 10 août 1587, Ms. Bibl. nat. Brienne, 354. — Le marquis Malatesta offrait à lui seul huit cents chevaux; c'était le frère du fameux bandit Lamberto Malatesta, décapité par Sixte-Quint.
[5] Pisany à Henri III, 11 décembre 1586, ibid.
[6] Pisany à Catherine de Médicis, 24 février 1587, ibid.
[7] Pisany à Henri III, 30 juin 1587, ibid.

feu roi Charles et chevalier de Saint-Michel, attachait aux Valois[1]. L'évêque de Bergame, Ragazzoni, et l'évêque de Brescia, Morosini, se signalaient également par leur zèle à seconder l'ambassadeur de France[2].

Autant par équité que par calcul, Pisany cherchait à donner des encouragements à ces bonnes volontés. A la mort de l'archevêque de Nazareth, qui laissa d'unanimes regrets au Louvre après avoir soulevé tant de défiances[3], le poste de nonce vint à vaquer. Sixte-Quint manifestait l'intention d'envoyer à la place du défunt, soit l'évêque de Cajazzo, soit Scipion de Gonzague, son protégé; mais Pisany prit argument de leur inexpérience des affaires pour demander l'évêque de Bergame ou celui de Brescia. Ragazzoni plaisait trop à Henri III, il déplut au Pape qui le considérait comme un complaisant de la politique royale. Mais Sixte accueillit volontiers le nom de Morosini : il voulait même le faire appeler séance tenante. L'ambassadeur madré demanda le temps de consulter son maître, de peur de donner ombrage en paraissant « se jeter trop avidement sur l'évêque de Brescia[4] ».

Henri III n'eut garde de faire des objections, car il savait « le Morosin » bien disposé. Il fit répondre au Saint-Père qu'il agréait cette nomination et qu'il avait hâte de voir le nouveau nonce pour lui ouvrir son cœur[5]. « Le bon évêque »

---

[1] Pisany à Henri III, 10 mars 1587, Ms. Bibl. nat. Brienne, 354.
[2] Pisany à Henri III, 13 janvier 1587, *ibid*.
[3] Henri III fit faire à l'archevêque de Nazareth des funérailles magnifiques dont il voulut payer les frais. — La sympathie inespérée du Roi pour ce prélat avait fait naître d'amusantes scènes au Vatican. Pisany tourmentait le Pape pour qu'il favorisât M. de Nazareth. « Sa Sainteté me dit qu'elle estoit très aise que Votre Majesté eust cette satisfaction de ce bon vieil homme, et qu'elle me promettoit de se souvenir de le favoriser, mais que ce ne pouvoit être pour ceste année et ceste heure-là. Je luy dis que je ne sçavois si septante deux ans, que l'on me disoit que le bon seigneur avoit, luy donneroient tems de baiser les piedz à Sa Saincteté de la faveur qu'elle lui promettoit pour l'avenir. Et le Pape ne me dit autre chose; il se prit à rire. » Pisany à Henri III, 17 novembre 1586, *ibid*.
[4] Pisany à Henri III, 4 avril 1587, *ibid*.
[5] Pisany à Henri III, 19 mai 1587, *ibid*.

partit donc pour la France[1], avec mission de concilier toujours les intérêts du Saint-Siège et ceux du Roi[2].

Cette mission, Morosini, Vénitien de naissance, devait la comprendre et s'y consacrer en homme de cœur et de tête, ainsi qu'en chrétien. Nous avons vu ce nonce s'employer, après les barricades de Paris, à ramener la concorde entre les différentes fractions du parti catholique. Henri III lui témoigna de la gratitude, autant qu'il était dans sa triste nature d'en ressentir jamais : conformément aux instructions royales, Pisany demanda pour lui le chapeau de cardinal, qu'il obtint dans une promotion extraordinaire[3]. Nommé légat un peu plus tard, Morosini sera la noble victime de ses efforts désintéressés pour se faire l'arbitre et le conciliateur de tous.

V

LA QUESTION DES CHAPEAUX FRANÇAIS.

Quand Sixte-Quint se comparait à Grégoire XIII, ce n'était jamais par modestie. Mais son dédain, qui prêtait à rire comme un travers d'esprit, eut du moins l'avantage de l'écarter absolument des fautes dans lesquelles était tombé son prédécesseur. En tout, il avait à cœur de prendre le contre-pied radical de la conduite du pape Buoncompagno. C'est ainsi qu'il se plaisait à railler sa faiblesse à l'occasion des promotions du Sacré Collége : on avait vu Grégoire arriver au Consistoire de l'air chagrin d'un homme qu'on a persécuté, puis tirer soudain de sa poche et lire, la mort

---

[1] Pisany à Henri III, 17 juin 1587, Ms. Bibl. nat. Brienne, 354.
[2] Pisany à Henri III, 2 juin 1587, *ibid*. — Les instructions du Pape à Morosini se trouvent ap. TEMPESTI, *Vita di Sisto V*, I, 282.
[3] Pisany à Catherine de Médicis, et le cardinal de Gondi à Henri III, 15 juillet 1588, Ms. Bibl. nat. F. fr. 16046.

dans l'âme, une liste de dix-neuf cardinaux, confessant ingénument qu'il agissait pour ne pas déplaire aux souverains de la terre [1]. Sixte déclarait bien difficile de rencontrer de ci de là quelques personnages méritant de coiffer le chapeau rouge, et n'avait pas assez de sarcasmes pour ces « volées » de cardinaux. Dans la deuxième année de son pontificat, il fit même une bulle afin de fixer à soixante-dix le nombre des pourprés, successeurs des Apôtres, ouvriers du salut des hommes, pôles, lumières, colonnes et firmaments de la Sainte Église : de cette façon, l'Église de Jésus-Christ réalisait la figure de l'ancienne synagogue, que Moïse avait, selon le commandement de Dieu, composée de soixante-dix personnes choisies dans son peuple [2].

Il entrait dans les attributions de Jean de Vivonne de faire donner la pourpre au plus grand nombre possible de prélats français; le vif désir que témoignait Henri III de voir arriver ses protégés au Sacré Collége échauffait le zèle de l'ambassadeur : il n'est guère de question qui tienne dans sa correspondance plus de place que la question des chapeaux.

La première promotion régulière que fit Sixte, le 18 décembre 1585, ne favorisait aucun sujet du Roi [3] : c'était le temps de la plus grande crise entre le Vatican et le Louvre au sujet de la nonciature de l'archevêque de Nazareth. Mais l'évêque de Paris avait fait promettre au Pape d'introduire sur la prochaine liste le nom de M. de Lénoncourt, évêque

---

[1] « Nell' audientia di hieri, disse Sua Santita : Venitiano non n'habbiamo fatto alcuno cardinale, ma ne faremo nella prima promotione, laquale sarà presto, perciocchè non vogliamo indugiare á farne come fauva Gregorio, che tardò, tardò, et dopo molti anni venne in consistorio, et quando i cardinali credevano di levarsi in fin del consistorio si trasse di saccoccia una polizza di decianove cardinali et comminciò á dire : *Ad sedandas murmurationes, creamus cardinales; primum ad instantiam Cæsaris creamus talem, etc...* » Gritti au doge, 20 décembre 1586, publ. par Hubner, *Sixte-Quint*, III, 250 (pièces just.).

[2] *Constitutiones Sixti V.*

[3] Sixte avait, dès les premiers jours de son règne, élevé au cardinalat son petit-neveu, Alexandre Peretti, si connu sous le nom de cardinal Montalto.

d'Auxerre, qui, dans ce moment même, venait de bien mériter de la religion et de son pays en tentant d'arracher par la persuasion Henri de Navarre au calvinisme [1]. Moitié pour être agréable à Pierre de Gondi, moitié pour prouver que, malgré ses procédés violents, il n'avait point de haine contre Henri III, Sixte-Quint avait pris cet engagement. Il avait même poussé l'aménité jusqu'à proposer à l'évêque de Paris un chapeau pour lui-même : dignement, le prélat avait décliné l'offre [2], mais sans doute en pensant que ce refus, voulu par les convenances, ne lui nuirait point, et que d'autres accepteraient bientôt en son lieu.

La politique valoise l'entendait bien ainsi. Pisany, quand il revint à Rome, rappela vite au Pape sa double promesse pour M. de Lénoncourt et M. de Paris. Sixte se récria, protestant qu'il ne pouvait faire qu'un cardinal français et qu'il faudrait qu'entre ces deux personnages Sa Majesté choisît [3] : il ne se souciait nullement de s'exposer aux jalouses récriminations des princes [4]. Il était d'ailleurs fort indisposé contre la plupart des pourprés de France : ceux-ci semblaient prendre l'habitude de se dispenser de venir à Rome recevoir leur chapeau des mains du Pape ; on attendait encore les cardinaux de Guise et de Vendôme ! Pisany ne se chargea pas de la défense du cardinal de Guise, mais allégua pour celle du cardinal de Vendôme que ses ressources ne lui permettaient pas de représenter dans la ville éternelle selon son rang; en même temps, par une manœuvre que sans doute il crut de circonstance, il prit occasion de la gêne de ce prélat de sang royal pour demander à son intention l'évêché de Bayeux [5].

[1] L'évêque de Paris à Henri III, 18 décembre 1585 et 15 janvier 1586, Ms. Bibl. nat. F. fr. 16045.
[2] L'évêque de Paris à Villeroi, 16 janvier 1586, *ibid.*
[3] Pisany à Henri III, 11 septembre 1586, Ms. Bibl. nat. Brienne, 354.
[4] Pisany à Henri III, 21 octobre 1586, *ibid.*
[5] *Id., ibid.*

Sixte repoussa l'idée, continua de tonner contre les négligents qui dédaignaient de se présenter à Rome, persista dans son refus d'accorder deux chapeaux. Le marquis s'entêtait ; quelquefois, il disait que son maître refuserait un cardinal si l'on ne consentait à lui en nommer deux, et la menace ne produisait aucun effet. Puis, il employait Sainte-Croix : un jour, il chargea cet ami dévoué de faire entendre au pontife que le roi de France, n'étant pas le premier prince venu, prétendait être distingué du commun, et que sûrement il tiendrait ce refus en manière d'offense : « Là-dessus, rapporte Pisany, le cardinal me pria ne vouloir exécuter si gaillard office, considérant la condition du Pape qui s'en offenserait grandement[1]. » Sainte-Croix adoucissait les messages, ne brouillait rien, mais n'obtenait rien non plus. Le cardinal d'Este usait ses forces défaillantes à cette ingrate besogne[2]. Les anges du ciel n'auraient su fléchir Sixte-Quint, puisqu'il pensait intéressés à la restriction du nombre des cardinaux la dignité du Sacré Collège et l'honneur du service de Dieu.

Enfin, arriva l'époque des Quatre-Temps de l'Avent, fixée pour les nominations. Pisany, mis en demeure de se prononcer, dut, pour ne pas tout perdre, émettre une préférence en faveur de l'évêque d'Auxerre[3], et M. de Lénoncourt fut de la promotion, bien que le Pape eût préféré Pierre de Gondi, qui l'avait décidément conquis pendant son ambassade. On peut croire que le marquis n'épargna pas ses doléances au Saint-Père : tout en lui baisant les pieds pour la faveur faite à M. de Lénoncourt, il lui reprochait son manque de parole, appelant les choses par le nom qu'il croyait leur convenir le mieux. Sixte, très doux, promit d'instruire l'évêque de Paris des motifs de sa conduite et de

---

[1] Pisany à Henri III, 17 novembre 1586, Ms. Bibl. nat. Brienne, 354.
[2] Pisany à Henri III, 16 décembre 1586, *ibid.*
[3] *Id., ibid.*

le consoler par l'engagement formel de le nommer à la prochaine occasion[1]. Puis, brusquement, il enfla la voix : il menaça de dégrader M. de Lénoncourt, si celui-ci ne venait à Rome[2]; il saurait bien, disait-il, forcer à venir aussi le cardinal de Vendôme par la suppression progressive de ses bénéfices; il déclarait peine perdue de demander pour ce prélat l'évêché de Bayeux en cumul avec la coadjutorerie de Rouen, attendu que « c'estoit vouloir tenir un pied en deux escarpins, et qu'à ceste heure, s'il le vouloit souffrir, les cardinaux voudroient s'accoustumer à tenir deux eveschez, et que c'estoit dérober l'église de Dieu[3] »…

Quelques mois après, le 7 août 1587, Sixte-Quint surprit tout le monde en nommant à l'improviste l'Anglais William Allen, que sa constance chrétienne et les persécutions d'Élisabeth avaient forcé de s'expatrier. Jean de Vivonne s'étonnait de ce nouvel oubli des droits de la France : Sixte lui expliqua que ce n'était qu'une promotion extraordinaire, et que l'évêque de Paris aurait certainement son tour aux Quatre-Temps de l'Avent; il ajouta que les Espagnols n'étaient pour rien dans cette élévation d'Allen au cardinalat[4], qu'il avait voulu consoler les pauvres chrétiens d'Angleterre, et que l'on verrait bientôt à quoi servirait le nouveau promu[5]. Son projet était de l'envoyer comme légat, à la suite des vaisseaux de Philippe II, pour ruiner la puissance d'Élisabeth.

---

[1] Pisany à Henri III, 23 décembre 1586 et 9 février 1587, Ms. Bibl. nat. Brienne, 354.

[2] Le cardinal de Lénoncourt y vint. Pisany à Henri III, 2 novembre 1587, *ibid.*

[3] Pisany à Henri III, 9 février 1587, *ibid.*

[4] Philippe II était l'inspirateur de la nomination inattendue d'Allen, mais elle servait les projets de Sixte-Quint sur l'Angleterre : « Questa mattina ho tenuto consistorio e si è fatto l'Alano cardinale per dar soddisfazione á V. M. » Sixte-Quint à Philippe II, 7 août 1587, publ. par Hubner, *Sixte-Quint*, III, 236 (pièces just.).

[5] Pisany à Henri III, 10 août 1587, Ms. Bibl. nat. Brienne, 354.

L'époque de la promotion approchait. Les ministres de France reçurent de Paris l'ordre de s'employer chaudement à faire nommer l'évêque d'Aire, M. de Candale, dût-on, cette fois encore, sacrifier Pierre de Gondi : c'était un véritable passe-droit. Pisany s'en affligea, car il n'était pas oublieux des services reçus, et l'évêque de Paris l'avait obligé lors de l'incident de l'archevêque de Nazareth. Il remplit pourtant son devoir d'obéissance, et transmit au Pape les désirs de Henri III. Mais Sixte, outré des nouvelles difficultés qu'on lui créait, entra tout à coup dans une si forte colère, qu'il fut impossible à l'ambassadeur de pousser sa négociation plus loin. Le cardinal de Joyeuse assistait à l'audience et dut se retirer avec lui[1].

Le Pape allait disant qu'il finirait par ne point nommer de cardinal « à la contemplation du roi de France », puisqu'on avait l'impertinence de prétendre à le faire se parjurer. La piteuse campagne de Henri III contre les reîtres, les exploits du duc de Guise, une querelle toute récente avec le protecteur au Consistoire, étaient vraisemblablement pour beaucoup dans ce grand courroux. Déjà les ennemis de la France se réjouissaient de l'affront qu'allait recevoir le Valois ; ils échauffaient l'humeur du pontife, publiaient d'horribles choses sur le compte de MM. de Paris et de Candale, les deux candidats français.

Sous l'empire des perfides conseils du cardinal de Pellevé[2], le cardinal de Joyeuse, qui n'avait ni le sang-froid ni l'expérience que donnent l'âge et la longue pratique des affaires, commit une faute qui fait frémir quand on songe au caractère de Sixte-Quint. Il écrivit et fit passer au Pape, la

[1] Pisany à Henri III, 15 décembre 1587, Ms. Bibl. nat. Brienne, 354.
[2] Joyeuse avait pourtant commencé par tenir à distance et rudoyer de belle façon le cardinal de Sens : en arrivant à Rome, et comme Pellevé annonçait l'intention de venir à sa rencontre, il lui fit dire de ne pas s'en donner la peine, car il le méprisait trop et ne le voulait point voir. — Joyeuse à Henri III, 24 août 1587, publ. par AUBERY, *Vie du cardinal de Joyeuse*.

veille de la promotion, « une police » dans laquelle il écrasait l'évêque de Paris, couvrait de fleurs l'évêque d'Aire, menaçait Sa Sainteté de la colère de Henri III, de la suspension des rapports entre les deux cours, et de l'expulsion des Gondi hors de France.

Cette œuvre d'enfant volontaire porta l'indignation de Sixte au comble. « A six heures de nuit », M. de Pisany vit arriver chez lui le secrétaire du Pape : ce messager venait demander à l'ambassadeur s'il avait eu part à la confection de la malencontreuse police, faisant sonner des termes d'une âpreté telle, que depuis le marquis n'osa les rapporter au Roi.

L'embarras de Jean de Vivonne fut des plus grands. Pourtant, il comprit que son rôle était de réparer l'acte inconsidéré de son collègue : il répondit donc, sans s'emporter, qu'il n'était pour rien dans la police; il dit penser que ses auteurs n'avaient pas eu de mauvaise intention en la rédigeant, quoiqu'ils eussent défiguré les faits : à la vérité, Sa Majesté eût préféré l'évêque d'Aire; mais on ne pouvait que trouver bien étrange d'entendre taxer d'incapacité l'évêque de Paris. Puis il continua vaillamment la défense de Pierre de Gondi. Sa conscience, écrivit-il depuis au Roi, lui faisait un devoir de relever les calomnies lancées contre un aussi bon serviteur de Sa Majesté; il ne pouvait entendre alléguer que l'évêque avait des enfants, trempait dans l'hérésie, se faisait lire Calvin, servait le roi de Navarre, sans démentir de pareilles impostures; car elles étaient de nature non-seulement à le faire rejeter de la promotion pour laquelle son heure était venue, mais encore à le déconsidérer pour toujours.

Le lendemain 18 décembre, Sixte proclamait cardinal Pierre de Gondi, tandis que le consistoire se redisait avec surprise et scandale le contenu de la police du protecteur. Et quelques heures après, le Pape, causant avec le marquis de Pisany, s'expliquait : « J'ai bien eu l'envie de ne point faire de cardinal français! J'ai cependant fini par inscrire

M. de Paris sur ma liste, jugeant que le roi de France avait assez de parole pour aimer à voir le Pape tenir la sienne[1]. »

La conduite de Jean de Vivonne en cette affaire avait été noble et sage. On se résigne difficilement à pardonner ses torts : le protecteur témoigna quelque temps de la froideur au marquis. M. de Pisany dissipa le nuage avec sa chaleur de sentiment et sa rondeur chevaleresque : cet homme à cheveux gris s'en vint trouver le jeune cardinal, lui rappela l'importance d'une union parfaite entre tous les serviteurs du Roi, l'assura de son affection, lui demanda la sienne en retour; puis, quand il le vit ému, le pria d'accepter à dîner chez lui avec le cardinal de Lenoncourt[2]. C'était par de semblables procédés qu'il se faisait des amis éternels et la réputation de l'un des gentilshommes les plus accomplis du siècle. Jusqu'à la mort, le cardinal de Gondi resta lié d'affection intime avec lui[3].

Les évènements politiques marchèrent, comme nous le verrons bientôt, et Sixte-Quint ne nomma plus de cardinaux français.

VI

LE MARIAGE DE JEAN DE VIVONNE (8 novembre 1587).

La vie de Jean de Vivonne était singulièrement plus douce à Rome qu'à Madrid. Sa situation pécuniaire offrait bien tou-

---

[1] Pisany à Henri III, 18 décembre 1587, Ms. Bibl. nat. Brienne, 354.
[2] Pisany à Catherine de Médicis, 26 janvier 1588, *ibid*. — Le cardinal de Joyeuse fut vertement tancé par le Roi. V. Henri III au cardinal de Joyeuse, 8 février 1588, Ms. Bibl. nat. F. fr. 16046. — Au dos de cette lettre, on lit : « *A Monsieur le marquis de Pisany, pour M. le cardinal de Joyeuse.* » Afin de donner plus de poids à la semonce, Henri voulut donc qu'elle passât par les mains du vieil ambassadeur.
[3] Le cardinal fut l'un des exécuteurs testamentaires de Jean de Vivonne.

jours des difficultés et des crises; sa correspondance d'Italie renferme bien comme un écho de ses doléances d'Espagne : on continuait de le payer très-irrégulièrement de ses appointements, ses biens de Saintonge et de Poitou étaient la proie des bandes calvinistes, etc.[1]. Mais il trouvait des dédommagements à ces peines dans les sympathies du monde qui l'entourait. Il s'était fait, par ses aimables qualités, une place exceptionnelle parmi la société romaine : on l'adorait, on l'entourait, on le fêtait; la jeune noblesse aimait à cavalcader autour de son cheval quand il sortait, et, s'il s'agissait de faire une réception éclatante à quelqu'un des amis de l'ambassadeur de France, elle accourait en foule et richement parée, se portait à la rencontre du nouvel arrivant, sur la route, à plusieurs lieues des portes de la ville[2]. A la rentrée dans Rome, en traversant les rues, au milieu des flots du peuple accouru pour acclamer et saluer les plus grands noms de son aristocratie dans le cortège, le marquis de Pisany devait involontairement reporter son souvenir aux mortelles humiliations de son séjour en Espagne, à la froideur des hidalgos et des grands de la cour figée de Philippe II, à la quarantaine où le mettait là-bas un ordre supérieur, à ses tristes voyages de Portugal, à son cabaret de Lisbonne, aux avanies des carrefours.

La Reine mère, dont il faisait les affaires en Italie, mettait à sa disposition son palais de Rome[3]. Il s'occupait de l'amé-

---

[1] V. Ms. Bibl. nat. Brienne, 354, et F. fr. 16045, *passim*. — V. notamment Pisany à Henri III, 5 mai 1587, Brienne 354.

[2] Le cardinal de Joyeuse à Henri III, 24 août 1587, publ. par AUBERY, *Vie du cardinal de Joyeuse*.

[3] Pisany à Catherine de Médicis, 2 juin 1587, Ms. Bibl. nat. Brienne, 354. — Il s'occupait activement des litiges qu'elle avait avec le grand-duc pour ses biens d'Italie. V. Brienne 354, *passim*. — Catherine prétendait à certains biens du pape Clément VII (Jules de Médicis), tant à raison de ce qu'il avait été son tuteur, que pour d'autres moyens; le grand-duc revendiquait tous les biens des Médicis assis en Toscane, à Rome et à Naples; il était le plus proche agnat mâle et le plus ancien de la famille appelé en ligne de primogéniture par le testament de Clément VII. Une transaction

liorer avec son goût des arts, du faste et de la dépense, plantait les jardins, faisait jaillir les fontaines. Ses salons s'ouvraient pour une foule élégante [1]. La jeunesse dorée se donnait rendez-vous chez ce Français amusant et gai [2].

C'était, vers la fin de 1587, « un vieux garçon » de cinquante-sept ans, « mais encore frais et propre [3] ». Il avait, malgré les longues fatigues de sa carrière, malgré ses blessures, la tournure et l'apparence d'un homme dans la force de l'âge. Le contraste entre sa verdeur d'esprit et de corps et ses cheveux grisonnants piquait et plaisait. Les femmes trouvaient bon air encore à ce Gascon alerte, sémillant, spirituel, ouvert. Du moins il faut le croire, puisqu'il conquit l'une des signoras les plus courtisées de Rome pour sa naissance, sa fortune et ses charmes : la princesse Julia Savelli.

Fille du prince Christophe Savelli et de Clarice Strozzi, et petite-fille par sa mère de Clarice de Médicis, cette héritière tenait à toutes les familles régnantes de l'Italie. Les Savelli possédèrent pendant des siècles la charge de maréchal perpétuel de l'Église et de gardien du conclave ; ils donnèrent deux papes au monde chrétien du moyen âge, Honorius III et Honorius IV. A Florence, l'aïeul de Julia, Philippe Strozzi, avait lutté pour la suprématie de sa maison contre la maison des Médicis, à laquelle pourtant appartenait sa femme. Julia Savelli se trouvait parente fort proche des Strozzi de France, ces compagnons d'armes de Jean de Vivonne pendant sa jeunesse [4].

intervint entre eux en 1588. Copie de cet acte est Ms. Arsenal 5416, p. 993.

[1] Pisany à Catherine de Médicis, 17 juin 1587. Ms. Bibl. nat. Brienne, 354.

[2] Il paraît qu'on y jouait gros jeu, que Sixte-Quint en était mécontent, mais qu'il ne permit pas au gouverneur de violer les privilèges de l'ambassadeur. Hubner, *Sixte-Quint*, I, 317.

[3] Tallemant des Réaux, *Histor.*, 4e.

[4] Philippe Strozzi, le mari de Clarice de Médicis, mourut tragiquement en 1538, laissant entre autres enfants : 1º Clarice Strozzi, qui fut mère de Julia Savelli; 2º Pierre et Léon Strozzi, qui vinrent prendre du service en

Elle était veuve, depuis deux ans, du prince Ludovico Orsino, qu'elle avait épousé en 1578. Par suite de son premier mariage, cette gracieuse femme avait figuré dans quelques-unes des plus sombres tragédies de ce monde italien du seizième siècle, dont les intrigues à perte de vue nous semblent aujourd'hui du domaine de l'impossible : monde étrange, où l'on va les pieds dans le sang, le poignard sous le manteau, le front couronné de roses, la romance aux lèvres, des amours à plein cœur; où l'héroïsme est scélératesse, où le crime a sa grandeur; où toutes les notions du juste et du bien paraissent bouleversées, confondues; où le fort trône au mépris du droit, le pied sur la gorge du faible; où le faible admire et glorifie ses oppresseurs, subjugué par leur ascendant de bravoure, complice de leurs violences contre l'autorité vengeresse des magistrats et des lois. C'est la perversion du sublime, le retour à la barbarie, l'ivresse de la vie libre du brigand qui tient la campagne, le combat d'homme à homme, la guerre des bandes serrées autour du chef. Disons en peu de mots quel avait été le premier époux, et par suite le début dans le monde, de la femme qui va se trouver intimement mêlée désormais à la vie de Jean de Vivonne.

Nul n'ignore que la famille Orsini (ou des Ursins) tint, à toutes les époques, le premier rang dans la noblesse romaine[1]. Le peuple l'adorait par tradition : elle personnifiait les vieux souvenirs guelfes, l'indépendance nationale, le parti de Pierre contre celui de César; elle faisait trembler les papes, depuis qu'elle n'avait plus à verser son sang pour eux. Durant des siècles, son palais avait joui du droit d'asile,

---

France : le premier devint maréchal, le second commanda nos flottes. — Le colonel de l'infanterie française, le glorieux vaincu des Açores, Philippe, était fils de Pierre.

[1] Les Savelli, les Orsini, les Colonna et les Conti étaient appelés de toute ancienneté « les quatre barons romains », et marchaient entre eux selon leur âge. V. La Roque, *Traité de la noblesse*, p. 386.

et ce droit survivait de fait à toutes les ordonnances pontificales; sous Grégoire XIII, les bandits de la campagne s'y réfugiaient, et de là narguaient les sbires. Un jour, le bargel eut l'audace de vouloir faire exécuter les édits : il força les portes; Raimondo Orsino le reçut sur le seuil à coups de houssine pour ne pas tirer l'épée contre un manant, et fut tué d'une arquebusade avec deux amis qui l'assistaient, Sylla Savelli et Octavio Rustici. Ce meurtre souleva le peuple et la noblesse de la ville comme un orage. De ses fenêtres, Grégoire, éperdu, voyait les parents et les amis du mort passer, courir, le fer au poing, dans les rues; en vain il ordonna le supplice de quelques sbires, compromis dans d'autres affaires, afin de calmer l'émeute : l'expiation suivit son cours sanglant : comme le lieutenant du gouverneur passait en voiture, Ludovico Orsino bondit et le tua. Puis il sortit de Rome, se mit à la tête des bandits, promena quelque temps la consternation dans la campagne[1]. Tel était le premier époux de Julia Savelli.

Las de brigandages, estimant sans doute que la meilleure vengeance à tirer du Pape serait encore de le priver de ses services, il avait offert son bras à la République de Venise et reçu le commandement militaire de Corfou, quand une nouvelle imprévue vint, pour son malheur, l'engager à retarder son départ : son cousin, Paolo Giordano Orsino, duc de Bracciano, était mort de la fièvre à Salo, sur les bords du lac de Garda, où l'avait obligé de fuir la crainte du ressentiment du nouveau pape Sixte-Quint; par son testament, Paolo Giordano instituait pour héritière de sa fortune sa femme, la belle, l'incomparable, la fatale Virginia Accoramboni[2].

[1] De Thou, *Hist.*, liv. LXXVII.
[2] Les aventures de Paolo Giordano font pâlir celles de Ludovico. Veuf en premières noces d'Élisabeth de Médicis, dont on le soupçonnait de s'être défait en l'étranglant, il adorait la perle de l'Italie, Virginia Accoramboni, mariée au neveu du cardinal Montalto, l'honnête Francesco Peretti. Cette femme, douée de toutes les séductions de l'esprit et du

Les Orsini s'irritèrent des dernières dispositions du défunt. Elles mécontentaient surtout le fougueux Ludovico : il vole à Salo, terrifie la jeune veuve, l'oblige à lui remettre ses bijoux, puis se retire, emportant son butin, tandis que la victime fuit à Padoue près de ses frères.

La vengeance de la famille y poursuivit Virginia. Dans la nuit du 21 au 22 décembre 1585, des sicaires escaladèrent les murs du palais qu'elle habitait, et, sans pitié pour ses grâces touchantes, la massacrèrent ainsi que l'un des Accoramboni. La voix publique accusa naturellement le seigneur Ludovico d'être l'instigateur du crime, et des lettres qui furent saisies achevèrent, paraît-il, de prouver son forfait. Lui, cependant, affectait la confiance. Il ne daigna pas quitter Padoue; seulement il fit venir ses bandits et se fortifia dans son palais Contarini « avec cinquante hommes de sa suite, tous braves gens, bien armés et aguerris[1] ». Le Sénat de Venise, que révoltait un pareil cynisme, envoya l'ordre aux magistrats de la ville d'user de toute la rigueur des lois.

On fit approcher du canon. Ludovico, bloqué dans son repaire, obtint une trêve. Il en profita pour écrire une lettre, lettre singulière, aux magistrats de Padoue : il y rappelait les services de ses ancêtres, parlait de l'injustice des hommes, de l'innocence opprimée, et se déclarait résolu de s'ensevelir sous les décombres du palais, en véritable Orsino, si on ne lui voulait promettre la vie sauve pour ses gens et pour lui.

Le palais Contarini fut canonné; le seigneur Ludovico,

---

corps, était de celles qui font commettre des crimes. Une nuit, Peretti fut assassiné : tout le monde vit dans l'attentat la main violente du duc de Bracciano, mais l'autorité n'osa sévir, tant était puissant le grand seigneur romain! Grégoire XIII ne se sentait pas le courage de laisser prononcer son nom! Ce fut donc en vain que Montalto demanda justice. Par bravade sans doute, le duc épousa Virginia jusqu'à trois fois. — L'heure vint où le cardinal Montalto, le moine humilié, s'appela Sixte-Quint. Ses premiers actes, un de ses regards, consternèrent l'audacieux, qui prit la fuite sous prétexte d'aller aux eaux. La mort le surprit à Salo (novembre 1585).

[1] De Thou, *Hist.*, liv. LXXXII.

pris, désarmé, condamné, puis étranglé dans sa prison trois jours après (27 décembre). Le bandit légua ses armes à la Sérénissime République, avec cette inscription piquante :

« *Arma a Ludovico Ursino Reipublicæ legata,
ingenuum justæ necis testimonium.* »

De la prison, il avait écrit à sa femme éplorée, Julia Savelli, qui, dans ce moment même, sollicitait sa grâce du Sénat vénitien. Il l'exhortait dans sa lettre à supporter avec résignation le coup qui la frappait, à se soumettre aux décrets de la Providence, à se prosterner devant l'impénétrable abîme des volontés divines. Il lui recommandait ses serviteurs et ses amis, lui laissait ses pierreries et la jouissance de ses biens. Enfin, il la priait, « comme elle était encore jeune, de penser de bonne heure à se donner un époux digne d'elle », et « finissait en lui recommandant de vivre de telle sorte dans la suite, qu'on pût juger qu'elle n'oubliait jamais qu'elle avait été l'épouse de Louis des Ursins, et qu'elle ne s'en souvenait cependant que raisonnablement [1] ».

Julia Savelli se résigna. En tout, elle eut à cœur l'obéissance aux dernières volontés de son mari. « L'estime que tout le monde avait de sa vertu, raconte l'historien de Thou, lui attira la recherche de presque tous les seigneurs de l'Italie, qui souhaitèrent à l'envi de l'avoir en mariage. Mais elle les méprisa tous pour se choisir un époux digne d'elle en la personne de Jean de Vivonne, marquis de Pisany, alors ambassadeur de France à la cour de Rome. C'était un homme également distingué par sa naissance et par son propre mérite, dont il avait déjà donné mille preuves dans la paix comme dans la guerre, par différentes ambassades dont il avait été chargé et par tant de périls auxquels il

---

[1] De Thou, *Hist.*, liv. LXXXII.

s'était exposé dans les armées. Ainsi, en cette occasion, cette dame suivit la maxime d'Alexandre, qui disait ordinairement que ce n'était pas la différence des nations qui devait faire la distinction d'un homme à un autre homme, mais la différence de leurs bonnes ou mauvaises qualités [1]. »

Je ne sais si la jeune femme se souvint de la maxime d'Alexandre quand elle fit son choix. La différence des fortunes n'était pas moins à noter que celle des nationalités. Le 22 septembre 1587, fut signé le contrat avec promesse de mariage « entre illustrissime et excellentissime seigneur marquis de Pizany, ambassadeur du très chrestien roy de France à Rome, d'une part, et illustrissime dame Julia Savella, de l'aultre part ». La future apportait en dot : 1° « la quattriesme partye de la ville d'Albane et sa jurisdiction, raisons et actions, et autres biens annexez », ce qui avait constitué son apport lors de son premier mariage avec le prince Orsino; 2° « le Cazal de Campoleone, et deux cent soixante-trois rubis environ, et une partye de la ferme dicte la Valle del Pozzo », provenant de l'héritage de sa mère Clarice Strozzi; 3° six mille écus, qu'elle s'engageait à verser entre les mains de son époux en mettant le pied dans la maison conjugale. Les immeubles étaient déclarés inaliénables, et la future conservait la disposition et la propriété de ses revenus pour moitié. Jean de Vivonne et Julia Savelli promettaient réciproquement de s'unir par mariage « et l'accomplir suivant la forme et coustume du sacré concile de Trente et de la sainte Église romaine ». Les préjugés gallicans de l'un des contractants furent donc oubliés pour cette fois [2].

Le cardinal de Joyeuse eut mission d'annoncer officiellement au Saint-Père, de la part du roi de France, le mariage

---

[1] De Thou, *Hist.*, liv. LXXXII.
[2] Copie et traduction des conventions matrimoniales se trouvent, avec la ratification de l'acte, Ms. Bibl. nat. F. fr. 3902, f° 341.

du marquis de Pisany [1]. Et le 8 novembre, la cérémonie fut célébrée en l'église de Saint-Eustache de Rome [2].

Catherine de Médicis éleva la nouvelle épouse, qui lui tenait de fort près par les liens du sang, à la dignité de dame d'honneur; mais elle ne devait jamais jouir de son commerce [3]. Henri III voulut témoigner, par une gratification, du plaisir que lui causait l'évènement. Jean de Vivonne était heureux, à la pensée qu'il pourrait servir son maître plus utilement encore que par le passé : « Sire, selon le bon congé

---

[1] Le cardinal de Joyeuse à Henri III, 19 octobre 1587, publ. par AUBERY, *Vie du cardinal de Joyeuse*. — Le protecteur avait lui-même demandé cette mission au Roi dans les termes suivants : « M. le marquis de Pisany est en termes de se marier, sous le bon plaisir de Votre Majesté, avec une dame romaine qui est estimée fort sage et femme de byen, et est de maison noble et illustre tant du costé du père que de la mère. Par le moyen de laquelle alliance, il s'acquerra beaucoup de connaissances, amitiez et intelligences, pour pouvoir estre mieux adverty de toutes choses et servir d'autant mieux Votre Majesté, à laquelle aussy par mesme moyen il acquerra des serviteurs. Si Votre Majesté trouve bon qu'il passe outre, j'estime qu'il tiendroit à grand honneur et faveur qu'il vous plust me commander de le dire au Pape de vostre part, afin que ce qui est du faict dudict marquis, Sa Sainteté soit informée par autre que par luy de la volonté et intention de Votre Majesté. » Joyeuse à Henri III, 21 septembre 1587, *Vie du cardinal de Joyeuse*. — De la contexture de cette lettre et de celle de la lettre de Pisany au Roi, 16 novembre 1587 (Ms. Bibl. nat. Brienne, 354), il résulte que le mariage s'était fait tout seul, sans initiative du Louvre, et que la version de Tallemant des Réaux est une fable. Ceci soit dit dans l'intérêt de la vérité, avec le regret de souffler sur la légende de l'hôtel de Rambouillet, que voici : « Catherine de Médicis, raconte Tallemant, qui aimoit extremement les Strozzi, tant pour ce qu'ils estoient ses parents qu'à cause qu'ils s'estoient incommodez à suivre le party de France, ayant perdeu depuis peu la comtesse de Fiesque qui estoit de cette maison, voulut faire venir d'Italie quelque femme ou quelque fille de cette race. Il ne se trouva personne plus propre à estre transporté de deça les monts qu'une jeune veuve qui n'avoit point d'enfants. A la vérité, elle estoit Savelli et veuve d'un Ursin, mais sa mère estoit Strozzi. La Reyne jeta les yeux sur le marquis de Pizany, qui estoit un vieux garçon de soixante-trois ans, mais encore frais et propre. Il ne la vit que deux ou trois jours avant que de l'espouser. » *Histor.*, 4ᵉ. — Je répète que le marquis n'avait que cinquante-sept ans.

[2] Conventions matrimoniales, Ms. Bibl. nat. F. fr. 3902, f° 341.

[3] Pisany à Catherine de Médicis, 26 janvier 1588, Ms. Bibl. nat. Brienne, 354. — Catherine mourut en 1589, avant que madame de Pisany vint en France.

qu'il a pleu à Votre Majesté me donner, j'ay mis fin au mariage dont je luy avois dit estre en propos, ayant maintenant une femme avecques laquelle j'espère vivre pour l'advenir avec plus de repos que je n'ay fait par le passé et avecque plus de moyen de servir encore à Votre Majesté que je n'ay eu jusques icy, qui est la fin de nostre ambition et des prières que je fais à Dieu [1]. »

L'année suivante, naquit une enfant, enfant unique, qui reçut au baptême le nom de Catherine. Il lui était réservé de devenir l'une des femmes les plus admirées de l'histoire et les plus aimées. La célébrité de la fille suffirait à légitimer cette biographie du père, si d'ailleurs celui-ci n'avait pas un véritable mérite personnel : qui donc ne s'intéresserait aux origines de la marquise de Rambouillet comme à tous les détails de sa vie?

VII

LA CANONISATION DE SAINT DIEGO D'ALCALA
(2 juillet 1588).

Les gens graves s'accordent pour proclamer l'utilité de l'étiquette, cette fille du respect et de la vanité des hommes. Il faut la considérer comme une sorte de procédure, nécessaire à la bonne harmonie des relations sociales et surtout à la paix des cours. « La forme, a-t-on dit, est l'ennemie jurée de l'arbitraire [2]. » Mais encore est-il indispensable que les ombrageux s'entendent sur son règlement, et le marquis de Pisany ne s'entendait point avec le comte d'Olivarès.

---

[1] Pisany à Henri III, 16 novembre 1587, Ms. Bibl. nat. Brienne, 354.
[2] IHERING, *Geist des roemischen Rechts*, II, 497.

Leur rivalité ne fit jamais tant de bruit, n'amusa jamais autant Pasquino et Marforio, qu'au moment de la canonisation de saint Diego d'Alcala de Hénarès.

Sixte-Quint et Philippe II s'étaient rencontrés dans un commun désir de voir honorer la mémoire de cet humble religieux, cuisinier de son couvent pendant sa vie, l'un parce qu'il appartenait à l'ordre des frères mineurs, l'autre parce qu'il était Espagnol et qu'on lui attribuait la guérison miraculeuse de l'infant don Carlos. Le Pape activa donc le procès qui traînait depuis longtemps, et le roi d'Espagne, quand le jour de la solennité fut fixé au samedi 2 juillet 1588, voulut en supporter les frais et qu'elle dépassât en magnificence toutes les fêtes antérieures du même genre.

L'importance considérable qu'attachait Sa Majesté Catholique à cette affaire, et les sacrifices qu'elle s'imposait, firent désirer au comte d'Olivarès de paraître au premier rang dans la cérémonie. Depuis des années, il s'abstenait régulièrement de toutes les séances en chapelle, afin de ne point céder le pas au marquis de Pisany : plus que jamais, il eût rougi de venir après lui, dans un jour qui lui semblait consacré tout entier à l'Espagne. Il insinua donc au Saint-Père qu'il espérait ne rencontrer d'opposition chez personne, quand il prendrait la place d'honneur qui cette fois lui revenait de droit.

Huit jours avant la fête, le 24 juin, le cardinal Rusticucci s'en vint trouver Pisany. Il expliqua qu'il était envoyé du Pape, et que Sa Sainteté serait reconnaissante à l'ambassadeur, s'il consentait pour cette fois à faire le malade à son tour, le jour de la séance en chapelle. Pisany n'avait garde : il se promettait depuis trop de temps le plaisir du 2 juillet; il prit la chose en plaisantant : « Impossible! s'écria-t-il. Si je commettais pareille bévue, ma tête ne se sentirait plus en sûreté sur ses épaules, car j'aurais trahi les intérêts de mon maître. Ah! je n'en ai pas envie!... Me dire malade? Mais fussé-je à l'article de la mort, je me traînerais sur le ventre en tout endroit où j'aurais moyen de montrer au roi d'Espagne qu'il est l'inférieur du roi de France !... La canonisation d'un saint n'est-elle pas la cérémonie de tout le monde? est-elle la cérémonie de l'Espagne plutôt que la cérémonie d'un autre pays?... Laissez faire : je me charge de dire au comte d'Olivarès que les Français sont bons chrétiens et qu'ils honorent les saints de toute nation. Si les Espagnols veulent accaparer celui-là pour eux seuls, alors il faut que les autres peuples s'opposent à ce qu'il figure sur le calendrier commun. La charité est la vertu la meilleure pour sanctifier, c'est une vertu qui doit être universelle dans son rayonnement, elle ne comporte nulle restriction, elle nous ordonne d'aimer les saints espagnols. Pour bien montrer qu'au nom de la France j'adopte saint Diego d'Alcala, je suis résolu de me trouver à sa canonisation, le 2 juillet. » Le cardinal Rusticucci, très sérieux, s'efforça de l'ébranler « avec sa rétoricque », mais n'obtint rien [1].

Le marquis conta l'affaire au cardinal de Joyeuse, ainsi qu'au cardinal de Gondi qui présentement était à Rome pour la réception de son chapeau. Tous trois demeurèrent d'accord de tenir bon jusqu'au bout. Ils savaient Sixte particulièrement mal disposé pour l'Espagne à cette heure, à cause de l'expédition d'Angleterre qui n'allait pas selon son gré.

Le surlendemain donc, à l'audience, le protecteur mit l'incident sur le tapis, et ne fut pas moins énergique que son collègue : il déclara net, pour débuter, que les ministres de France estimeraient mériter d'être décapités ou jetés à l'eau dans un sac, s'ils consentaient au compromis dont on leur avait parlé. Il ajouta, tout en louant Sa Sainteté de son bon cœur et de son désir de conciliation, qu'elle ne pouvait nier qu'Olivarès eût tort et fît une grosse faute chaque fois qu'il

[1] Pisany à Henri III, 28 juin 1588, Ms. Bibl. nat. F. fr. 16046.

s'abstenait de paraître en chapelle pour des prétextes. « C'est vrai qu'il pèche à tous coups, répondit le Saint-Père, et je ne cesse de le lui dire. Au surplus, sa place est bel et bien au-dessous de M. de Pisany, car il n'y a pas de comparaison possible entre les deux couronnes, soit comme antiquité, soit comme mérite. Ces Espagnols sont rongés d'ambition! Vous avez raison de maintenir vos droits. Je ne sais pourquoi le cardinal Rusticucci s'est permis de me faire parler comme il l'a fait. Je ne l'avais chargé de rien d'exprès. Je n'avais fait que lui dire : Parlez un peu au marquis, qu'on voie comme il prendra la chose [1]. »

On affirme — est-ce vrai? — que le fier Olivarès, déçu de l'espoir d'une intervention du Pape, descendit aux prières, fit demander à Pisany comme une grâce la préséance pour ce cas spécial, et n'éprouva qu'une grande confusion : le Français aurait poussé la cruauté jusqu'à vouloir se faire délivrer, en échange de cette condescendance de sa courtoisie, un écrit signé, par lequel l'Espagnol se fût engagé sur l'honneur à figurer à la chapelle qui suivrait celle du 2 juillet, et comme de juste à y figurer après lui. Naturellement, Olivarès aurait décliné le pacte.

Les esprits commençaient à s'échauffer, les partis à se grouper. Des hommes en armes accouraient aux palais des deux ministres. On parlait d'une lutte corps à corps pour le jour de la canonisation, dans l'église Saint-Pierre. Le Pape affectait une indignation sans bornes, gourmandait les rivaux, et dans le fond s'amusait, comme le public, de la querelle. Le spectacle de la raideur inflexible de M. de Pisany formait un gai contraste avec l'air mortifié du comte d'Olivarès. Quand Sixte était seul avec son ami Gritti, sa verve un peu rustique se donnait carrière : « Eh bien! s'écriait-il en voyant arriver le Vénitien, qu'allons-nous devenir dans cette bagarre? J'ai dit à l'ambassadeur de France

[1] Pisany à Henri III, 28 juin 1588, Ms. Bibl. nat. F. fr. 16046.

que je comptais céder ma tribune aux deux champions : elle est assez grande pour qu'ils puissent tout à leur aise s'y flanquer du couteau comme de bons catholiques. Moi, je me contenterai d'une petite tribune en face, et de là je jugerai les coups. Trois passes seulement, par exemple! Je ne permettrai rien de plus. Et le vainqueur du combat gardera les positions conquises. » Puis il reprenait son sérieux : « L'ambassadeur de France eût pu certainement aller passer quinze jours à la campagne et ménager à l'ambassadeur d'Espagne le moyen d'assister à la fête ; mais il ne l'a pas fait. Pouvons-nous le contraindre, le faire mettre à la porte? Non certes, et d'autant moins que les affaires de son pays sont dans un triste état. Les malades méritent des égards ; on ne doit pas augmenter leurs souffrances en les molestant : Henri III est un malade [1]. »

Il fut réglé qu'Olivarès serait, suivant son habitude, indisposé le jour de la fête par suite de ses vieilles blessures de Saint-Quentin, que le cardinal Deza le remplacerait dans ses fonctions, et que Pisany conserverait son rang accoutumé. « Le ministre espagnol eut une telle rage d'être forcé de garder la maison pendant l'éclat d'une cérémonie qu'il avait lui-même sollicitée avec une pénible assiduité l'espace de quatre ans, qu'il fut longtemps sans le pouvoir pardonner aux Français [2]. »

[1] Gritti au doge, 2 juillet 1588, publ. par HUBNER, *Sixte-Quint*, II, 504 (pièces just.).

[2] V. DE THOU, *Hist.*, liv. C. — V. aussi la *Vie du pape Sixte cinquième*, traduite de LETI, II, 342, Paris, 1731. Le récit de la canonisation de saint Diego est, je crois, le plus imposant passage de Leti, puisqu'il ne renferme qu'une absurdité : ce rapsode de légendes populaires raconte qu'on fut surpris à Rome de la grandeur d'âme de Philippe II, qui pouvait encore s'occuper de la canonisation après le désastre de l'Armada : or, ce désastre est postérieur à la canonisation! — Tallemant des Réaux orne l'événement : « A la canonisation de saint Diego, dont les Espagnols avaient fait toute la despense, quoyque le Pape eust prié le marquis de laisser les Espagnols en liberté ce jour-là et de ne point assister à la cérémonie, il y voulut aller à toute force; et parce que l'ambassadeur d'Espagne s'estoit vanté qu'il l'arracheroit de sa chaire, il porta un poignard et en fit porter

On admira partout la conduite de Jean de Vivonne. C'est un des épisodes de sa carrière dont les historiens ont conservé le plus de souvenir. Le Roi, qui cependant fuyait de ville en ville devant la Ligue, félicita de leur énergie ses ministres de Rome [1].

VIII

L'ENTREPRISE D'ANGLETERRE.

Les nouvelles d'Angleterre étaient graves, le jour de novembre 1586 où Sixte-Quint, pris en flagrant délit de minuscule intrigue avec le duc de Luxembourg [2], se résolut à s'ouvrir de quelques-uns de ses projets au trop perspicace M. de Pisany. Le complot de Babington avait été découvert; il donnait à Élisabeth le prétexte qu'elle cherchait pour se défaire de sa triste captive : Marie Stuart allait payer de sa vie ses imprudences, et sa mort décider de la religion du royaume en retirant aux catholiques le chef qui les eût pu grouper. On va voir de quelles utopies se berçait cependant le Pape, car c'est parfois le sort des grands esprits de se perdre dans des conceptions que n'auraient pas les médiocres.

Après avoir confessé qu'il avait chargé Luxembourg d'engager Henri III à s'employer chaudement pour le salut de la reine d'Écosse, il poursuivit : « La reine d'Écosse souffre pour la religion : son sort doit intéresser tous les catholiques. La reine d'Angleterre est une hérétique : en ce moment même, d'accord avec le roi de Danemark, le duc de

à tous ceux de la nation. Il gaigna mesme les propres Suisses du Pape, dont le Saint-Père fut fort en colère. De sorte que l'ambassadeur d'Espagne fut contraint de voir la cérémonie par une jalousie. » *Historiettes*, 4ᵉ.

[1] Henri III à Pisany, Rouen, 20 juillet 1588, ap. *Revue rétrospective* de 1835, 2ᵉ série, I.

[2] V. plus haut, page 205.

Saxe et les autres princes protestants d'Allemagne, elle vient de chercher à lancer le Turc contre l'Europe, et, si les *bachatz* sont restés froids à ses avances, les prêtres ont promis que l'on agirait en 1588. Eh bien! M. de Pisany, le moyen de parer à ce bouleversement de la chrétienté serait de convertir Élisabeth. Donc, le devoir des envoyés du Roi Très Chrétien, chargés de négocier en faveur de Marie Stuart, est de représenter à la reine d'Angleterre que son hérésie la laisse indéfiniment exposée aux entreprises criminelles, tandis que son retour dans le giron de l'Église lui rendrait l'estime et l'amour de tous. Et le roi de France, s'il contribue pour sa part à la conversion, aura conquis la gloire sur la terre et dans le ciel une couronne éternelle. »

Le marquis protesta du désir qu'avait son maître de sauver Marie Stuart, mais il ajouta que les bons rapports existant entre les couronnes de France et d'Angleterre n'étaient que juste suffisants pour assurer la paix : par conséquent il ne fallait point se forger des illusions décevantes. Quant à l'alliance des princes de l'Europe avec les Turcs, elle ne paraissait pas bien à craindre. Mais la conversion de la reine Élisabeth lui semblait d'autant plus difficile qu'il eût fallu, dit-il, persuader avec elle tout son conseil de ministres.

C'était avoir du bon sens. Piqué de l'air incrédule de son interlocuteur, le Pape voulut prouver qu'il savait ce qu'il disait, et parla plus peut-être qu'il n'eût aimé : « Il ne faut pas toujours s'embarrasser de tout comme cela, reprit-il. La reine d'Angleterre sera peut-être plus facile à convaincre qu'on ne l'imagine. Nous en savons quelque chose, et nous allons vous confier un secret. Maintes fois, on est venu nous proposer de tuer cette femme hérétique, et pour peu d'argent ; mais toujours nous avons repoussé ces expédients, qui nous font horreur. Nous avons d'autres procédés : un Père Jésuite, très homme de bien, en qui nous nous fions pleinement, est allé de notre part à Londres, afin de reconnaître s'il n'y aurait pas moyen de convertir la Reine; il a donné des soupçons de sa mission et s'est vu forcé de battre en retraite, mais le chancelier, tout hérétique qu'il fût, l'a gratifié de deux cents écus pour son retour, et lui a fait entendre que la Reine ne serait pas si difficile à réduire qu'on le croit[1]. »

Sur la foi de quelques propos sans consistance[2], Sixte édifiait un système de politique. Dans cette affaire, il se laissait manifestement égarer par ses désirs. Il haïssait Élisabeth de toute la force de son âme emportée, mais, l'admirant comme une intelligence et comme une force, il eût souhaité de ramener cette puissance au service des intérêts catholiques. L'Empereur s'isolait; on sait ce qu'était le roi de France; Philippe II, avec ses lenteurs, ses prétentions au vicariat de Dieu sur la terre, impatientait le pontife. Sixte déclarait librement aux souverains qu'à côté de la reine d'Angleterre il les trouvait petits. Un jour, il scandalise Jean de Vivonne, en s'écriant que c'est grand'pitié de voir une femme braver et faire passer par où elle veut un empereur et deux rois; que si l'Anglaise était catholique, elle serait sa bien-aimée; qu'avec elle il saurait tout entreprendre, tout réduire au bien[3]. Une autre fois, « avec une grande risée », il éclate : « La galante femme que voilà, bravant les deux plus grands rois de la chrétienté, et sur terre, et sur mer!...[4] »

Cependant, le procès de Marie Stuart s'instruit. Le Parle-

[1] Pisany à Henri III, 15 novembre 1586, Ms. Bibl. nat. Brienne 354.
[2] Sixte prêtait l'oreille à des rumeurs moins plausibles encore que les rapports de ses émissaires : son nonce à Paris avait mandé que, au dire de l'ambassadeur d'Angleterre, la Reine considérait « une messe de ceux de l'Inquisition » comme un remède éventuel aux troubles de son royaume. Olivarès à Philippe II, 4 juin 1585, publ. par HUBNER, *Sixte-Quint*, III, 4 (pièces just.).
[3] Pisany à Henri III, 19 mai 1587, Ms. Bibl. nat. Brienne, 354.
[4] Pisany à Henri III, 30 juin 1587, *ibid*. — « Et est chose qu'il m'a dicte par plusieurs fois. »

ment la condamne à mort. Élisabeth feint une douleur hypocrite, affiche des hésitations qu'elle n'a pas : elle se laisse supplier à genoux de ne pas user de son droit de grâce, elle suspend quatre mois l'exécution, elle dépêche aux princes amis comme pour solliciter leur avis. Henri III est officiellement informé de l'arrêt qui menace les jours de sa belle-sœur : il se hâte d'envoyer Pomponne de Bellièvre en Angleterre, afin de solliciter un pardon. Au Vatican, le Pape félicite Pisany de cette intervention du roi de France [1].

Pomponne de Bellièvre arrive devant le trône d'Élisabeth. Il prononce un discours, admiré des contemporains : il y récapitule tous les exemples fameux de clémence, parle de Zenocrates, de Théodoric, de Corradin, de Marcus-Antonius, de cent personnages, et aussi de Marie Stuart, cite le poëte Callimachus, Homerus, Virgilius et la Bible. Ce morceau, « conforme à l'éloquence et à la profonde érudition de l'orateur [2] », a peu d'action sur la vivante haine de la femme couronnée. Elle n'est point en peine, au surplus, de répondre en invoquant Saül et Achab, Agag et Benadab. Vainement M. de Bellièvre riposte par une autre harangue, « plus courte, mais pleine d'autant de beaux ornements et discours que la précédente [3] ». Il n'obtient rien. La reine d'Écosse est décapitée le 18 février 1587.

Le bruit de sa tête roulant sur l'échafaud de Fotheringay eut un retentissement immense dans toute l'Europe. « C'est chose rare de voir les princes souverains passer par les mains d'un bourreau, parce que les lois ne sont pas faites contre eux et n'ordonnent point de peines en leurs fautes... [4] ». Et

---

[1] Pisany à Henri III, 23 décembre 1586, Ms. Bibl. nat. Brienne, 354.

[2] André DU CHESNE, *Histoire d'Angleterre*.

[3] *Id., ibid.* — La plupart des vieux historiens ont reproduit les deux harangues de Bellièvre. — V. ap. *Mémoires de la Ligue* (I, 661, éd. 1590) des lambeaux détachés et des aphorismes numérotés, extraits des discours en question. Ce découpage prouve le cas singulier que faisait le siècle de cette œuvre de magister.

[4] André DU CHESNE, *Histoire d'Angleterre*.

puis Marie avait la grâce d'une poésie et l'auréole du martyre. En France, la Ligue reçut un accroissement d'influence par l'odieux que fit rejaillir sur l'hérésie « la férocité de la louve anglaise ». En Espagne, Philippe II témoigna d'une affliction profonde, et, dans son respect de formaliste, fut quelque temps à balancer s'il ne serait pas déplacé de faire célébrer de banales obsèques à la glorieuse qui venait de confesser sa foi dans son sang [1]. A Rome, Sixte-Quint comprit avec douleur que l'abîme entre la reine Elisabeth et l'Église s'élargissait : « Et byen! s'écria-t-il quand il vit venir M. de Pisany, cette mauvoise Angloise a fait mourir cruellement et tiranniquement ceste sainte et bonne royne d'Écosse! Que dict Sa Majesté Très Chrestienne de ce martire? Veult-elle pas ayder à le venger, comme elle y est obligée d'honneur et de raison; estant sa belle-sœur charnelle comme elle estoit, je ne doubte pas que comme bon roy et catholique il ne s'en ressente [2]. » Tout en assurant que son maître pleurait amèrement Marie, l'ambassadeur était obligé de confesser l'impuissance de la France, fruit de la division des partis. Le Pape, alors, conseillait d'entreprendre la guerre malgré tout : il disait que les Français ont besoin de mouvement et de batailles, il recommandait l'expédition d'Angleterre comme un dérivatif ou comme une diversion. M. de Pisany hochait la tête [3].

Quand il vit qu'il ne pouvait rien attendre de Henri III, Sixte se tourna vers Philippe II, plus franchement qu'il n'avait fait jusque-là, mais sans gaieté de cœur.

Au commencement, il répondait mal aux avances du Roi Catholique; il avait si peu de désir de l'employer contre Élisabeth, qu'il s'était efforcé de diriger son zèle du côté de

---

[1] Girolamo Lippomano au doge, 21 avril 1587, publ. par HUBNER, Sixte-Quint, III, 19 (pièces just.).
[2] Pisany à Henri III, 4 avril 1587, Ms. Bibl. nat. Brienne, 354.
[3] Id., ibid.

l'Afrique : la conquête d'Alger lui paraissait intéresser au plus haut point l'honneur de la chrétienté [1], et il ne dissimulait pas au monarque qu'il espérait la conversion d'Élisabeth. Philippe ne partageait pas ces illusions [2]. Ce n'étaient ni ses sentiments ni ses intérêts qui pouvaient lui mettre un bandeau sur les yeux. Une sourde inimitié n'avait cessé d'aigrir ses rapports avec la reine d'Angleterre, depuis que, veuf de Marie Tudor, il avait inutilement recherché sa main : en pleine paix, on s'était fait une guerre de corsaires, pillé des vaisseaux, volé des marchandises; à présent, le comte de Leicester prêtait son assistance aux rebelles de la Hollande ; Elisabeth s'entendait avec les Turcs et les pirates de la Méditerranée; Drake saccageait outrageusement les colonies espagnoles, arrêtait les arrivages des Indes, consternait l'Escurial. L'heure de la lutte corps à corps sonnait pour l'Angleterre et l'Espagne, et le gain devait être la domination des mers.

Le Pape avait bien des motifs de redouter le triomphe de Philippe : l'ambition démesurée de ce prince menaçait l'équilibre de l'Europe, et l'on sait que la question de pondération des forces universelles occupait le haut génie de Sixte-Quint, sur ce point bien supérieur aux hommes de son temps. Si l'Europe tombait sous le sceptre du roi d'Espagne, quel serait le sort de l'Italie ? Devenu tout-puissant au temporel, le Vice-Dieu n'envahirait-il pas jusqu'au spirituel ? Sixte eût préféré voir tout autre bras que celui du Roi Catholique s'étendre vers l'Angleterre pour la châtier. Il eût aimé tout particulièrement à se servir de la France [3], mais la France

[1] Pisany à Henri III, 29 décembre 1586, Ms. Bibl. nat. Brienne, 354 et Olivarès à Philippe II, 4 juin 1585, publ. par HUBNER, III, 4 (pièces just.).
[2] En marge d'une lettre d'Olivarès, il écrivit : « Ils se trompent sur l'Angleterre et se bercent d'illusions. » Olivarès à Philippe II, 4 juin 1585, publ. par HUBNER, III, 4 (pièces just.).
[3] Pisany à Henri III, 10 mars 1587, Ms. Bibl. nat. Brienne, 354. — Le cardinal d'Este avait essayé quelque temps de leurrer Sixte de l'espoir d'une intervention combinée de Henri III et des Guise. Par amitié pour

était aux mains d'indignes et se rongeait le sein. Il semble même que parfois il ait eu la pensée fugitive de faire de l'expédition une sorte de croisade, de s'en intituler le chef, et de remettre la direction des forces à quelque lieutenant moins dangereux que Philippe, au grand maître de Malte, au duc de Parme, au grand-duc de Toscane, au duc de Savoie ; seulement, s'il était de son esprit d'initiative de concevoir de tels projets, il n'était pas de sa prudence de les réaliser [1].

La France avait encore moins de goût que le Pape pour les conquêtes de l'Espagne, et M. de Pisany, quand Sa Sainteté lui parlait à tout hasard d'armer les Espagnols, les Vénitiens et les princes de l'Italie, déclarait avec fermeté que son maître ne saurait voir d'un bon œil tant de forces rassemblées à ses portes [2]. Il engageait le Louvre à prendre ses mesures en vue d'une surprise possible de Marseille [3].

Lentement, Philippe II s'armait. Mais il voulait donner à son entreprise la couleur d'une guerre sainte : aussi tenait-il au concours déclaré du Pape. Après la mort de Marie Stuart, il fit des propositions et des demandes positives : il offrait de conquérir l'Angleterre à la foi, sans dessein, disait-il, de s'approprier la couronne, dont Sa Sainteté disposerait avec lui ; seulement, il sollicitait des subsides. Cette fois, Sixte crut qu'il ne pouvait, sans faillir à ses devoirs, décourager cette initiative ; il consentit à contribuer aux armements à raison de 800,000 écus par an [4], promit 700,000 écus comp-

l'Espagne, le cardinal de Sens avait déjoué l'habileté du protecteur. Olivarès à Philippe II, 13 juillet 1585, publ. par HUBNER, Sixte-Quint, III, 7 (pièces just.).

[1] Pisany à Henri III, 24 février 1587, Ms. Bibl. nat. Brienne, 354. — Ce n'étaient peut-être aussi que des jactances de son humeur fanfaronne.

[2] Pisany à Henri III, 9 février 1587, ibid.

[3] Pisany à Henri III, 19 mai 1587, ibid.

[4] Ces huit cent mille écus annuels saignaient le cœur de Sixte-Quint : ils concouraient singulièrement à l'irriter sur la lenteur des préparatifs. V. Gritti au doge, 23 mai 1587, publ. par HUBNER, II, 495, pièces just.

tants pour le jour où l'armée de Philippe aurait posé le pied en Angleterre, et tous les mois ensuite 70,000 en vue de l'entretien de l'armée [1]. Ces nouvelles alarmèrent le marquis de Pisany, qui ne se méprenait pas sur le désintéressement espagnol et royal [2].

Ce qui cependant rassurait un peu l'ambassadeur, c'étaient les retards inouïs, les tergiversations de Philippe, c'était aussi le peu d'entrain du Saint-Père. De fait, Sixte-Quint et Philippe II faisaient bien les deux plus singuliers alliés qu'il fût donné d'imaginer : Olivarès ne cessait de manquer d'égards au Pape, et le Pape de faire étalage de son défaut d'affection. Sixte se plaisait à tourner en ridicule l'allure lourde de toutes les affaires que l'on traitait avec l'Espagne, avait le tort de parler « assez licentieusement » du Roi Catholique et de ses ministres devant l'ambassadeur de France même [3]. Il menaçait Philippe de l'excommunication si celui-ci ne révoquait sa pragmatique des titres en ce qui concernait les gens d'Église, puis se vantait de sa menace [4]. Un jour, publiquement, « en pleine signature », il se lançait dans une véritable catilinaire au sujet de la juridiction ecclésiastique; il criait qu'il romprait avec l'Espagne, et que, pour commencer, il allait rappeler de Madrid son nonce, qu'il savait être un complaisant [5].

Une autre fois, il faisait au consistoire « une harangue dont, au dire de Pisany, le style montrait bien la préméditation contre le roi d'Espagne ». Le style en était que l'auteur de la pragmatique des titres devait se tenir pour « schismatique et sacrilège »; que Dieu punirait son révoltant orgueil; que, pour sa part, le Pape censurait l'acte, le met-

---

[1] C'est dans ce temps que William Allen fut nommé cardinal pour servir les projets de Philippe. V. plus haut, la *Question des chapeaux*.
[2] Pisany à Henri III, 23 juin 1587, Ms. Bibl. nat. Brienne, 354.
[3] Pisany à Henri III, 2 juin 1587, *ibid*.
[4] Pisany à Henri III, 19 mai 1587, *ibid*.
[5] Pisany à Henri III, 13 juillet 1587, *ibid*.

tait au nombre des livres défendus « afin de faire compagnie de Martin Luther », excommuniait quiconque se conformerait à ses dispositions [1].

Pisany ne négligeait rien de ce qu'il croyait être de nature à décourager davantage encore le Pontife de son alliance forcée. Ce Gascon de la Saintonge affirmait avec intrépidité que la France ruinée pourrait, quand elle voudrait s'en occuper, armer sur ses côtes « mille bons navires » [2]; mais il dépréciait consciencieusement les préparatifs de l'Espagne.

Certain jour, il arrive à l'audience, fort agacé d'une conversation qu'il vient d'avoir avec le cardinal de Sainte-Croix : ce prélat était allé le trouver, de la part du Pape, pour l'assurer qu'après la victoire Sa Sainteté ne ferait jamais de roi en Angleterre, qu'il ne fût aussi agréable à Henri III qu'à Philippe II. Le marquis ne pouvait, de sang-froid, entendre raisonner ainsi par anticipation du triomphe des armes espagnoles. A l'audience, Sixte se remet à parler de la conquête anglaise, vante l'entreprise, dit en enflant la voix que Santa-Cruz a dans le port de Lisbonne cent cinquante bons vaisseaux prêts à faire voile, prend la précaution de tranquilliser encore son auditeur sur les conséquences de l'expédition. Pisany a rassemblé ses forces et se lance dans une improvisation de verve : « Très-Saint Père, commence-t-il, s'il m'est permis de donner mon avis, c'est, selon le proverbe français, vendre la peau de l'ours avant sa mort, que de penser déjà au roi que l'on mettra sur le trône après la victoire. Le marquis de Santa-Cruz amplifie singulièrement ses chiffres ! » Suit, en d'horribles couleurs, un tableau fantaisiste de l'état où sont les alliés du Pape : les Espagnols n'ont pas de flottes, rien que des navires vermoulus, désemparés, quelques beaux galions nécessaires aux transports des Indes,

---

[1] Pisany à Henri III, 27 juillet 1587, Ms. Bibl. nat. Brienne, 354.
[2] Pisany à Henri III, 10 août 1587, *ibid.* — « Sa Sainteté a paru le croire... »

de méchantes barques de pêcheurs et de marchands qu'on a rassemblées en ruinant le pauvre monde; point d'armée, quoi qu'ils puissent dire; point d'artillerie; point de munitions; point de biscuit. S'il est vrai que le Roi Catholique puisse entreprendre une expédition comme celle d'Angleterre, pourquoi donc laisse-t-il Drake saccager ses colonies et couler ses arrivages, les pirates débarquer sur toutes ses côtes, s'avancer dans l'intérieur des terres, organiser le pillage des châteaux? La première chose, n'est-ce pas de se défendre chez soi, avant d'aller attaquer les autres? Non, le roi d'Espagne n'entreprendra rien, parce qu'il ne saurait rien entreprendre. Son impuissance est claire; elle frappe tous les yeux : on n'entend parler que de traités de paix, la paix est dans l'air; elle se fera certainement, et pour cause. — Et devant Sixte, de qui toute la fière allégresse s'est envolée, Jean de Vivonne s'incline humblement, tout en lui décochant ce trait final : « Que Votre Sainteté me pardonne, mais j'ai cru bon de la mettre au courant des affaires du monde [1]. »

D'autres fois, l'ambassadeur énonçait des professions de foi quelque peu brutales : « Je ne voudrais pas, déclarait-il au Pape, parier un écu que les Espagnols ne vous trompent pas; mais certes je parierais tout, qu'ils vous tromperont le jour où leur avantage sera de vous tromper [2]. »

Le Pape ne s'accommodait guère d'être contredit; en outre, il avait besoin plutôt de réconforts que de calmants : il se dégoûta de ces entretiens avec Pisany et fut plusieurs mois sans lui souffler mot de l'expédition d'Angleterre. Durant ce temps, le marquis se borne donc à recueillir les rumeurs en circulation pour les transmettre au Louvre : le Pape est sur la défensive et ne veut pas donner l'argent promis aux Espagnols [3]; les Espagnols, en retour, battent

---

[1] Pisany à Henri III, 24 août 1587, Ms. Bibl. nat. Brienne, 354.
[2] Pisany à Henri III, 5 octobre 1587, *ibid*.
[3] Pisany à Henri III, 4 et 11 janvier 1588, *ibid*.

froid au Pape, et, pensant que c'est duperie de le laisser s'intituler le chef de l'expédition, ne lui parlent que le moins possible des projets [1].

Puis, le mécontentement de Sixte parvient au comble. Il ne peut le garder pour lui seul; suivant la pente de son naturel, il cherche partout des confidents. A mesure que l'instant décisif approche, son anxiété monte, et déborde enfin jusque dans le sein de l'ambassadeur de France. On dit, lui raconte-t-il, que vingt-huit gros navires ont coulé dans le port de Lisbonne par mauvais gouvernement; qu'en Flandre, les Italiens que l'on avait envoyés ont misérablement péri jusqu'au dernier! les Espagnols peuvent être sûrs de ne toucher leurs sept cent mille écus que lorsqu'ils auront débarqué sur le sol anglais [2]! il est question vraiment de négociations de paix entre Élisabeth et Philippe! « Sa Sainteté me dict du roy d'Espaigne tout ce qui se pouvoit dire du plus grand ennemy et du plus bas homme du monde [3]. »

Courbé sur sa table de travail, noircissant du papier comme un commis, dépêchant ses courriers, Philippe avait laissé passer les occasions d'agir : il choisit son heure sans à-propos [4]. « Le vingt-neufiesme jour de may 1588, l'armée d'Espagne commença à faire voile vers l'Angleterre, comme pour la mener piedz et poings liez aux mines des Indes [5]. »

---

[1] Pisany à Henri III, 14 février 1588, Ms. Bibl. nat. Brienne, 354.
[2] Pisany à Henri III, 21 mars 1588, *ibid.*
[3] Pisany à Henri III, 13 avril 1588, *ibid.*
[4] Dès le 3 décembre 1586, l'ambassadeur de Venise à Madrid écrivait au doge : « Un seigneur de grande autorité m'a dit que les Français se perdent parce qu'ils réfléchissent trop peu à leurs affaires; que les Espagnols, au contraire, y réfléchissent trop et laissent échapper les meilleures occasions. C'est ainsi qu'on a manqué l'affaire d'Irlande pendant que Drake était aux Indes... Si l'on ne part pas au printemps, on sera obligé d'attendre jusqu'au mois d'août, à cause des vents du nord qui prédominent en été, à cause des forts courants de l'Atlantique, et parce que la flotte sera forcée de naviguer de conserve... » Lippomano au doge, 3 décembre 1586, publ. par Hubner, *Sixte-Quint*, II, 477 (pièces just.).
[5] André du Chesne, *Histoire d'Angleterre*.

Il y avait si longtemps qu'on s'entretenait de l'*Armada*, qu'elle avait pris dans l'imagination des peuples des proportions fantastiques. L'univers tenait les yeux fixés sur cette belle flotte. On sait le sort qui l'attendait : quelques semaines plus tard, il ne restait de l'*Invincible* que des navires errants à l'aventure, ballottés par les tempêtes des mers du nord, ou rompus sur des plages inconnues.

Philippe eut le cœur broyé : son avenir de monarchie universelle s'évanouissait[1]. Sixte ne fut chagrin qu'à demi ; le comte d'Olivarès l'observait et prenait acte de ses impressions avec sa malveillance accoutumée, doublée d'une colère qui lui faisait certainement forcer la note : « L'attitude de Sa Sainteté, ces jours derniers, écrivait-il à l'Escurial, n'a pas laissé reconnaître le zèle fervent pour l'extirpation des hérétiques et pour le salut des âmes auquel l'oblige sa situation : lorsque les nouvelles étaient bonnes, elle ne témoignait aucune satisfaction et se montrait au contraire mélancolique ; quand elles n'étaient pas bonnes, elle montrait une résignation presque inconvenante. C'était l'impression générale. C'est que, dans son esprit, le bien que fait Votre Majesté est contre-balancé par la douleur qu'elle éprouve de dépenser de l'argent, et par l'envie et la crainte de la grandeur de Votre Majesté ; semblable en ceci aux Vénitiens et aux Florentins, qui ont toujours l'éloge à la bouche, mais qui dans leur for intérieur nient les bienfaits dus à la puissance de Votre Majesté... Dès que de mauvaises nouvelles étaient reçues, l'orgueil et l'arrogance envahissaient le Pape : il avait l'air d'un échappé de prison devenu soudainement empereur[2]. »

---

[1] Pour l'effet produit à Madrid par le désastre, voir Lippomano au doge, 6 septembre 1588, publ. par Hubner, III, 35 (pièces just.).

[2] « ...Como si saliera de captiverio y entrara en imperio. » Olivarès à Philippe II, 26 septembre 1588, publ. par Hubner, III, 39 (pièces just.). — Après la catastrophe, Sixte se défendit d'avoir jamais conseillé l'expédition. « Ce n'est qu'à son corps défendant qu'il a consenti, et pour ne pas

Le marquis de Pisany jubilait, exultait, triomphait. Il ne manqua pas de faire observer au Pape quelle force l'hérétique Angleterre allait sûrement retirer de la tentative maladroite du Roi Catholique. Il disait s'en laver les mains, et que bien souvent il avait prévenu Sa Sainteté que, sans la France, l'Espagne et Rome ne pourraient rien faire. Sa Sainteté haussait les épaules en grommelant [1].

IX

L'AFFAIRE DU MARQUISAT DE SALUCES
(fin 1588).

Charles-Emmanuel, époux d'une infante, ne pouvait se consoler, paraît-il, de sa simple couronne de duc. Son père, Emmanuel-Philibert, avait rêvé de troquer le royaume de Portugal contre le mesquin héritage de la famille [2]. Lui-même s'était flatté d'obtenir de Philippe II, par des moyens analogues, le titre de roi de Sardaigne. Puis, ces illusions ayant croulé, son activité s'était portée vers des projets de conquête : à l'étroit dans ses domaines, il avait juré leur agrandissement. Des intrigues avec le Pape pour une entreprise sur Genève échouèrent; il en noua d'autres, cette fois contre Henri III, afin de s'emparer du marquisat de Saluces,

avoir l'air de reculer devant une expédition dirigée contre les ennemis de notre religion. » Badoer au doge, 29 avril 1589, *ibid.*, II, 481. — Il refusa de débourser quoi que ce fût, attendu que les Espagnols n'avaient pas débarqué en Angleterre, et cela par leur faute et leur incapacité. — En apprenant que l'*Armada* levait l'ancre pour l'Angleterre, il avait fait venir les conservateurs de Rome et leur avait signifié qu'il comptait sur eux pour l'aider à trouver un million d'or sans toucher aux trois millions du château Saint-Ange. Pisany à Henri III, 28 juin 1588, Ms. Bibl. nat. F. fr. 16046.

[1] Pisany à Henri III, 31 octobre 1588, Ms. Bibl. nat. Dupuy, 29.
[2] Pour ce trafic extraordinaire, voir plus haut, page 115, note 1.

dernier débris de la puissance française au delà des Alpes et morceau tentant pour un prince ambitieux.

L'ambassadeur de Savoie tâta le Saint-Père, fit ressortir adroitement à ses yeux le péril d'une entrée des huguenots dans l'Italie. Juste à cette époque, MM. de La Valette et de La Fitte[1], gouverneur et lieutenant de Saluces pour le roi de France, venaient de traiter avec Lesdiguières, le chef redouté des hérétiques du Dauphiné[2], en vue d'une alliance offensive et défensive contre la Ligue[3]. Sixte eut peur de la tache d'huile empoisonnée qui menaçait la Péninsule. Secrètement, il autorisa Charles-Emmanuel à s'emparer des places du marquisat, afin de les mettre à l'abri des coups de main, mais en stipulant que le duc les rendrait au Roi, son cousin, dès qu'un gouverneur très sûr aurait franchi les monts; de cette clause, il voulut même un écrit[4]. Son erreur était de penser trouver dans une signature la sauvegarde des droits français, mais je m'étonne qu'on ait jamais contesté du fondement à ses appréhensions; elles étaient légitimes : Château-Dauphin et Coni n'étaient-ils pas déjà bel et bien tombés aux mains des lieutenants de Lesdiguières[5]? Le Pape ne pouvait voir d'un bon œil ce coin poussé par la Réforme en Italie.

Au commencement d'octobre 1588, ce fut, à Rome, une émotion d'apprendre que Charles-Emmanuel s'était abattu sur le marquisat : il s'occupait de chasser les Français des garnisons, pour les y remplacer par ses soldats; Carmagnoles et Cental avaient déjà succombé. Les ministres de France

---

[1] Bernard de La Valette, frère du duc d'Épernon. — Jacques du Cos, seigneur de La Fitte et de La Hitte, fils d'autre Jacques du Cos et d'Agnès de Montlezun.

[2] François de Bonne de Lesdiguières, le futur duc, maréchal et connétable sous Henri IV et Louis XIII.

[3] Traités de Montmor et de Bozancy, août 1588. DE THOU, *Hist.*, XCI.

[4] Baron DE HUBNER, *Sixte-Quint*, I, 429. — M. de Hubner, ordinairement si juste appréciateur, ne tient pas assez de compte, selon moi, du fondement très sérieux des craintes de Sixte-Quint.

[5] DE THOU, *Hist.*, XCI.

devinèrent sur-le-champ l'instigateur et le fauteur du coup : depuis longtemps, le Saint-Père leur laissait entendre son mécontentement du peu de vigilance qu'apportait Henri III à faire la police de ses États et même à préserver ses voisins des entreprises de ses sujets indisciplinés; le règne de Lesdiguières en Dauphiné mettait en péril le comtat Venaissin : les huguenots exigeaient du vice-légat d'Avignon trois mille écus par mois pour ne point violer la frontière pontificale, et, malgré tout, ils la débordaient déjà, s'emparaient d'Entraigues, promettaient d'aller plus loin! Un jour, Sixte avait menacé M. de Pisany de lever douze mille hommes et de les envoyer à la conquête du Dauphiné sur Lesdiguières. Depuis cette sortie, l'ambassadeur s'était méfié du Pape et du duc de Savoie, qu'il appréhendait de voir agir « comme font les pescheurs qui peschent en eau trouble [1] ».

A présent, la pêche était commencée. Devant le cardinal de Joyeuse, Sixte débuta par approuver brutalement, avec une sorte d'ostentation, l'envahissement du territoire de Saluces. Il dit avoir reçu du duc une lettre d'explications, et que ce dernier ne pouvait en bonne conscience tolérer l'entente de La Fitte avec Lesdiguières et la poussée des huguenots aux portes mêmes de son duché. Il blâma la négligence de Henri III, qui réduisait ses voisins au désespoir. Il ajouta que, pour sa part, il allait être obligé sans doute de conquérir un coin du Dauphiné, puisque aussi bien il n'avait plus de passage pour envoyer des secours à son Comtat qu'on attaquait. Tant de netteté rendit presque muet le protecteur : il ne sut que protester, en balbutiant, des droits du roi de France à se défendre lui-même et de sa puissance à se venger des insultes d'un duc de Savoie. Sa Sainteté promit d'ailleurs de s'employer pour faire battre en retraite l'envahisseur, si l'on remplaçait La Fitte par un homme sûr : elle certifia que, au besoin même, elle userait des

[1] Pisany à Henri III, 8 août 1588, Ms. Bibl. nat. F. fr. 3420.

armes spirituelles et temporelles qu'elle avait en main [1].

Pisany, sur le récit que son collègue lui fit de cet entretien, vint à l'audience dans un état nerveux prononcé. Sixte ayant débuté par insinuer que le Roi devrait bien abandonner un moment la guerre du Poitou pour transporter toutes ses forces en Dauphiné, sa colère éclata comme une fusée : le Pape n'avait donc à cœur, s'exclama-t-il, que la paix de son Comtat; le Pape se moquait donc du reste de la chrétienté? Le plus pressé pour Henri III, c'était de faire face au roi de Navarre, le reste viendrait après; et quant à ces prétentions de Sa Sainteté de vouloir conquérir le Dauphiné, plaisanterie sans doute? plaisanterie qu'il suffirait de rapporter à Sa Majesté pour l'irriter, peut-être pour amener une guerre avec Rome! — Sixte baissa le ton. Il expliqua qu'il n'avait d'autres soucis que les soucis du père à l'égard de ses enfants. Il recourut, à grand luxe, afin d'étayer son dire, à ses citations et comparaisons favorites. — Mais Pisany, dont la colère était lâchée, n'était pas près de s'apaiser, et fit entendre à Sixte-Quint de terribles choses. Entre autres, il établit que si son maître refusait les secours d'hommes et de chevaux proposés par Sa Sainteté, ce n'était point parce que cet étalage de troupes lui faisait peur : l'étalage était inoffensif; mais en France on savait bien que l'Italie tout entière n'avait point le moyen de lever les forces dont faisait parade Sa Sainteté. — Surpris du torrent et jugeant inutile de lui résister de front, Sixte essaya d'en faire dériver le cours à l'aide de belles paroles; il mit ensuite l'entretien sur l'invasion du marquisat. « N'est-ce pas disproportionné, ridicule, s'écria Pisany, qu'un duc de Savoie se vienne mêler de prendre sous sa protection un roi de France, qui ne ferait de sa personne qu'une bouchée! » Sixte confessait, pour le calmer, que Henri III n'aurait pas de peine à châtier

---

[1] Le cardinal de Joyeuse à Henri III, 4 octobre 1588, Ms. Bibl. nat. Dupuy, 29.

Charles-Emmanuel, si Charles-Emmanuel se mettait jamais dans son tort. Il désapprouvait au surplus les tout récents agissements du duc, qui, sortant de son rôle étroit de policier et soulevant le masque, revendiquait à voix couverte, dans les cours italiennes, le marquisat de Saluces comme un ancien fief de la Savoie [1].

L'entreprise mécontentait tout le monde en Europe. Le cœur meurtri par cet attentat sur le reste suprême de ses vieilles conquêtes d'Italie, la noblesse de France eut un très bel élan, parut oublier ses divisions, s'agita de concert pour la vengeance [2]. Le duc de Guise craignit que cet ensemble de colères patriotiques ne modifiât la direction des esprits et ne dérangeât ses plans : il maudissait Charles-Emmanuel. Philippe II était mécontent de son gendre, par contre-coup [3]. Les Italiens, Venise surtout, ne dissimulaient pas leur blâme.

Quelle plus humiliante situation que celle de Henri III ? Il fallait que le roi de France fût bien déconsidéré, pour qu'un adversaire tel que le duc de Savoie risquât seul un pareil coup ! Le cardinal de Joyeuse lui transmettait ingénument les impressions de la ville de Rome : « Les gens les plus avisés pensent que M. de Savoie, faisant déjà son compte que la France ne peult demeurer entière après vous, en veult prendre sa part de bonne heure, commençant par ce qui luy est le plus près et mieux séant... [4]. » Triste et singulier spectacle, que cette ouverture anticipée de la

---

[1] Pisany à Henri III, 5 octobre 1588, Ms. Bibl. nat. Dupuy, 29.

[2] Le Tiers État ne sentit pas l'insulte. V. DE THOU, *Hist.*, liv. XCII. — « Non-seulement le clergé, mais le Tiers État, montra que l'esprit de faction l'emportait chez lui sur l'esprit public. » Henri MARTIN, *Histoire de France*, X, 105.

[3] V. la correspondance de Guise avec Mendoza, et de Mendoza avec Philippe II, publ. par J. DE CROZE, *les Guise, les Valois et Philippe II*, II, 366 et suiv. (pièces just.).

[4] Le cardinal de Joyeuse à Henri III, 27 octobre 1588, Ms. Bibl. nat. Dupuy, 29.

succession d'un vieillard de trente-sept ans! Ainsi, l'étranger s'apprêtait pour le partage, tandis qu'à l'intérieur les rivaux se disputaient l'escalade des marches du trône!

Sixte avait grand'peur maintenant que le Roi n'oubliât les hérétiques pour ne songer plus qu'à se venger du Savoyard. Il suppliait nos ministres de détourner leur prince d'une résolution si funeste; ceux-ci n'avaient garde de faire au Pape le plaisir d'entrer dans ses vues : ils insistaient afin que Sa Sainteté désavouât le duc [1]. L'idée d'être pris comme arbitre du différend, et mieux comme dépositaire du marquisat, n'eût pas déplu au pontife [2]. Mais M. de Pisany affirmait que jamais le Roi ne consentirait à transiger, que jamais il n'accepterait la médiation du Saint-Père, à moins qu'elle ne tendît à faire évacuer sans délai son pays de Saluces; l'ambassadeur promettait pour un avenir très prochain des vengeances terrifiantes. « Mon Dieu! mon Dieu! faisait le Pape, mais pourquoi donc s'émouvoir autant, au sujet d'un moucheron comme est le duc? Les grands coursiers n'ont besoin que de remuer la queue pour estropier ou chasser les mouches. » — « Il ne faut pas laisser les mouches devenir des éléphants », répliquait sentencieusement M. de Pisany [3].

Au commencement de novembre, M. de Poigny, de la maison d'Angennes, passa les Alpes, pour venir demander raison et satisfaction au duc de Savoie de la part du roi de France. Il trouva l'envahisseur en train d'assiéger Revel, et son arrivée n'interrompit point la canonnade. Il eut du mal pour obtenir une audience : le duc l'amusait par des messages dilatoires. L'envoyé tremblait que la place ne succombât sous ses yeux, car sa présence n'eût eu d'autre

---

[1] Le cardinal de Joyeuse à Henri III, 31 octobre 1588, Ms. Bibl. nat. Dupuy 29.
[2] Pisany à Henri III, 31 octobre 1588, *ibid.*
[3] *Id., ibid.*

effet que de doubler l'outrage fait à son gouvernement. Ses oreilles étaient déchirées du feu des batteries : « On l'oyoit, dit-il, avec très grande vergongne mienne. » Vainement, il demandait, au nom des convenances, un instant de trêve. Quand Charles-Emmanuel consentit à le voir, ce fut pour se lamenter des défiances de son cousin très chrétien, qui donnait pourtant le commandement de ses places à des gens moins sûrs qu'un bon parent tel que lui; et, comme preuve qu'elle agissait dans l'intérêt de la chrétienté, Son Altesse montra fort indiscrètement des lettres du Saint-Père, élogieuses pour l'entreprise et spécialement encourageantes pour la conquête de Revel. Durant cette conversation, les canons allaient leur train impudent et tranquille, glaçant l'âme de Poigny [1]. Finalement, celui-ci n'obtint pas la remise des places. Au bout de quelques jours, il partit, sans avoir pu faire lever le siége de Revel [2].

Ces nouvelles, l'outrecuidance du Savoyard, la connivence affichée du Pape, n'étaient point pour calmer l'irritation de Pisany. « Je blâmerais hautement l'entreprise du duc, lui disait Sixte, si d'aventure ses raisons n'étaient que des prétextes pour s'adjuger le marquisat. Dans ce cas, je vengerais moi-même votre maître. » — « Mon maître saura bien se venger lui-même : il n'attendra pas l'aide de Votre Sainteté, dont les forces seraient insignifiantes pour mettre le duc à la raison. » Très piqué, le pontife vantait l'excellence de ses armes spirituelles et temporelles, puis il reprenait d'un ton conciliant : « Voyons, monsieur de Pisany, pourquoi donc Sa Majesté refuse-t-elle de donner le gouvernement du marquisat à son cousin? » — « Jamais, cela! » — « Eh bien! pourquoi ne le conficrait-elle pas à M. de Mayenne? M. de Poigny n'offrait pas suffisamment de garanties. » — « Ce n'est pas plus à Votre Sainteté qu'à moi-même de choisir les hommes du Roi

---

[1] Poigny à Henri III, 9 novembre 1588, Ms. Bibl. nat. Dupuy, 29.
[2] Poigny à Henri III, 13 novembre 1588, *ibid.*

Très Chrétien. » Le Pape suppliait l'ambassadeur de s'employer à verser de l'eau sur le feu ; il assurait que, le jour où les hérétiques auraient abandonné l'Italie, lui-même lèverait des troupes pour faire déguerpir Charles-Emmanuel ; il offrait le commandement de ces troupes à Pisany. C'était prendre le marquis par son faible, et pourtant ce n'était pas l'adoucir. « Le marquis est bien raide en toute cette affaire », murmurait Sixte au sortir de pareilles audiences [1].

Le cardinal de Joyeuse, moins hérissé, demeurait d'un abord plus facile. Sixte-Quint et lui faisaient assaut d'esprit lorsqu'ils ne se disputaient point. Le Pape opinait que le Roi ne ferait rien de bon en déclarant la guerre au duc, parce que Henri ne pouvait compter ni sur les catholiques ni sur les protestants de son royaume. Selon le protecteur, au contraire, pas un catholique ne manquerait de répondre à l'appel. « Oui-da, répliquait le Saint-Père en se moquant, M. de Montmorency marchera volontiers contre son parent, son appui, son espoir ? » — « Je ne parle que des bons catholiques. » — « Oui-da, M. de Guise marchera contre le gendre du roi d'Espagne ? » — « Certes oui, Saint Père. » — « Il est vrai que j'ignore les rapports du duc de Savoie avec M. de Guise ; je ne sais pas qu'à l'heure qu'il est, la danse de M. de Guise est réglée par le roi d'Espagne ; je n'ai pas de nonces ; mes nonces ne m'apprennent rien ; je ne suis au courant de rien. » Le protecteur, pensif, se taisait. Sixte reprenait : « Et M. de Mayenne ? marchera-t-il contre le duc ? Alors, comment son approche jusqu'à Lyon n'a-t-elle pas intimidé le duc ? Et que fait donc en ce moment M. de Mayenne à Lyon, au lieu de s'ébranler ? Que vous semble de tout cela ? » — « Je pense que M. de Mayenne attend que le passage du Dauphiné soit libre. Votre Sainteté aurait-elle d'autres idées ? » — « Moi ! nullement. Mais ma nature est ainsi faite, que je vois plus volontiers le mal que le bien partout. » —

[1] Pisany à Henri III, 13 novembre 1588, Ms. Bibl. nat. Dupuy, 29.

« Très-Saint Père, il faut donc que je me confesse aussi du même péché de mauvais soupçon, car je commence à soupçonner, pour ma part, que vous en savez plus long que vous n'en voulez dire. » — « Basta! si vous êtes bon dialecticien, tirez vous-même les conclusions. » — « J'ai compris, j'ai compris ce que veut dire Votre Sainteté. Mais les Guise feront bien, dans leur intérêt, de se rallier franchement à leur maître et souverain, à cette heure surtout qu'il est devenu si clair que Sa Majesté n'a qu'une idée : travailler au bonheur de ses peuples. S'ils oublient leurs devoirs, Sa Majesté saura les ruiner du même coup que M. de Savoie. » — « Décidément, reprenait le Pape, Sa Majesté fera mieux de tourner ses forces du côté des hérétiques, que de mécontenter tant de monde. Plus tard, le duc lui rendra ses places de Saluces. » — « Mais le Roi n'est-il pas dans le cas d'un homme qui, partant pour une sainte expédition, serait assailli par des malfaiteurs? S'il laisse impuni le coup de M. de Savoie, ses frontières ne seront-elles pas aussitôt violées de tous côtés? Ne perdra-t-il pas le respect de sa noblesse, qui ne peut, elle, endurer un mot de travers? Enfin, Très-Saint Père, à la place de Sa Majesté, patienteriez-vous?» — «Cela, non ! » s'écriait Sixte-Quint. — « Eh bien! alors, Votre Sainteté ne peut blâmer le Roi Très Chrétien, s'il agit comme elle agirait [1]. »

Charles-Emmanuel s'ancrait et se pavanait dans sa conquête. Revel succomba, puis Château-Dauphin. Une à une, les garnisons françaises, toutes suspectes d'entente avec Lesdiguières, sortirent du marquisat. Le Pape ne cachait plus sa satisfaction : il confessait à tout le monde avoir conseillé le duc; il disait que mieux valait à Saluces tout gouvernement que celui des huguenots, et que d'ailleurs le roi de France

---

[1] Le cardinal de Joyeuse à Henri III, 14 novembre 1588, Ms. Bibl. nat. Dupuy, 29. — Cette lettre dialoguée, que je n'ai fait que reproduire pas à pas, renferme, ce me semble, des traits que Molière eût enviés.

pouvait être tranquille et continuer de considérer ce territoire comme autant sa chose que la ville de Blois même. De son côté, le duc affectait de rire avec impertinence des bruyantes menaces du Louvre, proclamant que ce n'était que « du tonnerre sans foudre et des nuées sans pluye[1] ». Les remontrances des Farnèse et celles de Venise, en donnant à craindre une guerre italienne, gâtaient seules cette audacieuse sécurité[2].

Subitement, la toile de la grande scène politique se leva sur le drame de Blois, prologue saisissant d'une action d'un incomparable intérêt : l'attention du monde en devint occupée sans partage; Saluces et Charles-Emmanuel furent oubliés dans leur coin[3].

X

LE MEURTRE DES GUISE
ET LE MONITOIRE DU PAPE CONTRE HENRI III
(décembre 1588 — mai 1589).

Le 23 décembre 1588, Henri III, exaspéré des progrès et de l'arrogance toujours plus grande des chefs de la Ligue[4], faisait assassiner le duc Henri dans une des salles du château de Blois; le lendemain, le cardinal de Guise était égorgé au fond d'une prison; quant à Mayenne, il n'évitait le sort de ses frères qu'en fuyant de Lyon devant l'émissaire du Roi.

---

[1] Le cardinal de Joyeuse à Henri III, 12 décembre 1588, publ. par Aubery, *Vie du cardinal de Joyeuse*.
[2] V. Hubner, *Sixte-Quint*, I, 433 et suiv.
[3] Par le traité de Lyon, en 1601, Henri IV reçut, en échange du marquisat de Saluces, la Bresse, le Bugey, Gex, etc.
[4] Sixte-Quint n'avait pas approuvé la convocation des États généraux, les considérant comme dangereux (le cardinal de Joyeuse à Henri III, 4 octobre 1588, et Pisany à Henri III, 5 octobre 1588, Ms. Bibl. nat. Dupuy, 29). Ils s'étaient effectivement montrés ultraligueurs et n'avaient fait que redoubler l'audacieuse arrogance du duc de Guise.

Les deux meurtres avaient une portée bien différente aux yeux des hommes du temps. A peine celui du duc devait-il passer pour un crime, car le droit des souverains à supprimer sans jugement un sujet coupable était presque admis; le Roi, dépositaire absolu de l'autorité sur terre, ne sortait guère de ses attributions, quand, dans un cas d'urgence, il se dispensait du ministère de ses délégués pour condamner à la peine capitale; cela s'appelait une exécution : point de responsabilité, par conséquent, si ce n'est en face de Dieu. Tout autre était l'assassinat d'un prince de l'Église, sacrilège, sacrilège pour lequel les foudres du Vatican pouvaient tonner.

Henri III le sentit bien, et, tout pâle encore de son audace, dans l'ivresse des premières heures qui suivirent sa vengeance, il ne voulut perdre un seul moment pour transmettre lui-même à Rome la nouvelle et pour tenter de conjurer les nuages amoncelés sur sa tête. Dès le 24, il écrivit au marquis de Pisany, afin de le charger de présenter l'événement d'une manière qu'il crut habile : lettre grossièrement maladroite et qui prouve à quel point ce prince avait oblitérés le sens moral et le sens du tact! Il débutait par annoncer, d'un ton dégagé, qu'il avait cru devoir se défaire du duc de Guise, toujours occupé de conspirer contre son trône; il ajoutait que les paternelles admonitions de Sa Sainteté à l'occasion des barricades avaient beaucoup contribué à lui faire prendre cette grande décision; il faisait proposer « une partie de la dépouille de son frère le cardinal » au cardinal Montalto, le neveu du Pape [1]; *en post-scriptum seulement,* il avouait, comme une chose accessoire, qu'il s'était «déchargé» du pourpré, « lequel avoit esté si impudent que de dire qu'il ne mourroit point qu'il ne lui eust tenu la teste pour le razer

---

[1] Le cardinal de Joyeuse assure que cette offre indécente obligea le Pape à grossir son courroux. (Lettre à Henri III, 10 janvier 1589, publ. par AUBERY, *Vie du cardinal de Joyeuse.*) Elle était, à elle seule, un bien amer châtiment de la trop grande affection de Sixte-Quint pour les siens!

et le faire moine ». Si jamais post-scriptum contint le point capital et le venin d'une épître, ce fut bien celui-là [1].

Les ministres français avaient la lourde tâche de faire accepter l'événement au Pape. En ce travail, l'ambassadeur et le protecteur furent assistés avec zèle par Jérôme de Gondi [2], souple personnage qu'une mission bien différente avait amené récemment à Rome et dont la situation pouvait passer pour étrange. Parti de Blois le mois précédent avec charge de demander la légation d'Avignon pour le cardinal de Guise [3], il reçut, peu de jours après son arrivée, des lettres de Henri III qui l'informaient de la suppression violente du candidat patronné; mais le Valois, désireux d'utiliser son envoyé quand même, lui donnait l'ordre, puisqu'il était à Rome, de joindre ses efforts à ceux de Pisany et de Joyeuse afin de justifier le double attentat [4].

Sixte-Quint n'avait pas de sympathie pour les Guise, et leur malheur ne parut pas l'attrister beaucoup; il ne déplora l'acte de Henri III qu'au point de vue moral, en sa qualité de grand juge de la chrétienté. Encore lui fallut-il un peu de temps, sinon pour apprécier les choses, du moins pour décider de quel air il les prendrait. Tout d'abord, il fut impénétrable, devisant avec un grand calme à son souper. A l'entre-

---

[1] Henri III à Pisany, 24 décembre 1588, publ. par AUBERY, *Histoire du cardinal de Guise*.

[2] Jérôme de Gondi, petit-fils d'un Italien naturalisé Français, né lui-même en Espagne d'une mère espagnole et naturalisé Français à son tour, était petit-neveu à la mode de Bretagne du maréchal duc de Retz et du cardinal-évêque de Paris. V. P. ANSELME, *Généalogie Gondi*.

[3] « Nous désirons en cela le contentement de notredit cousin (le cardinal de Guise), non-seulement pour la bonne volonté que nous luy portons, mais encore pour nous estre de grande importance ès affaires de nostre pays de Languedoc et Provence, que ladite charge soit en mains de personne qui nous soit confidente et affectionnée au bien de nostre service, comme est nostredit cousin, de la dévotion duquel en notre endroit nous avons toute fiance... » Henri III à Sixte-Quint, 15 novembre 1588, Ms. Bibl. nat. Dupuy, 29. A la suite, lettres à Pisany et à Joyeuse conçues dans les mêmes termes. — On croit rêver!

[4] DE THOU, *Hist.*, liv. XCIV.

vue qu'il eut avec M. de Pisany, le 6 janvier, il s'abstint de rien lancer de trop compromettant : le pape Grégoire, les cardinaux de Sens et de Côme, furent le thème d'un monologue plaintif qui tint la plus longue partie de l'audience [1] ; il dit seulement : « Connaissez-vous dans toute l'histoire un seul prince qui ait tué un cardinal[2] ? » Puis, ce fut le tour du Vénitien Gritti d'être introduit; dans le sein de cet ami, le Pontife s'épancha; l'assassinat fut jugé avec autant de justesse que d'élévation : à Blois, le 23 décembre, la situation de Henri III était tout autre qu'au Louvre, lors des barricades, expliqua-t-il : il n'y avait plus légitime défense, et ce n'était pas après réconciliation qu'il fallait traîtreusement, sous son toit, sans procédure, massacrer son rival; quant à l'attentat sur le cardinal, il était pire encore, à cause du caractère sacré de la victime. « Mais que faire? ajouta-t-il. Ah! que la tiare est lourde! Et que nous étions plus heureux, simple cardinal, alors que nous n'avions pas à décider s'il fallait excommunier un roi, le citer à notre tribunal, ou le punir de quelque autre sorte [3] ! »

Il était urgent qu'il prît un parti cependant. Les adjurations emportées du comte d'Olivarès contribuèrent certainement à soulever dans son âme le courroux qu'il avait dominé quelques heures, voulant réfléchir [4]. Quand le cardinal de Joyeuse entra dans le cabinet pontifical, le 7, pour prendre la place de l'ambassadeur d'Espagne, il trouva le Pape fort animé. « Tout fut confus et aigre » en cette audience. Sa Sain-

[1] Le cardinal de Joyeuse à Henri III, 10 janvier 1589, publ. par Aubery, *Histoire du cardinal de Guise*.

[2] « Noi habbiamo detto all'Ambasciatore chi è stato innanzi di voi, raconte Sixte à l'ambassadeur vénitien, che dica qual è stato ch'abbia ammazzato un cardinale, et gli habbiamo dimandato, se ha letto in alcun luoco atto simile. » Gritti au doge, 7 janvier 1589, publ. par Hubner, III, 265 (pièces just.).

[3] *Id., ibid.*

[4] Olivarès eut une audience après Gritti, puis une autre, le lendemain 7, avant Joyeuse. — Le cardinal de Joyeuse à Henri III, 10 janvier 1589, publ. par Aubery, *Vie du cardinal de Joyeuse*.

teté blâma vertement l'action de Henri III au point de vue de la morale aussi bien qu'au point de vue pratique. Le protecteur voulut répliquer. « Mais à chaque fois Sa Sainteté m'interrompoit, et, ayant allumé ma colère par la sienne, il fit que je ne l'escoutois guère longuement, tellement que nous ne faisions qu'estoquer l'un l'autre[1]. » A la fin, Joyeuse lui dit : « Le Roi maintient qu'il avait le droit de châtier le duc de Guise. Pour le fait du cardinal, il consent à demander l'absolution, quoique des docteurs éminents de son entourage lui affirment qu'il s'en pourrait dispenser. » — « Les affaires de conscience ne se traitent pas par ambassadeurs, repartit le Pape. Que le Roi m'écrive, pour commencer. »

Le surlendemain était jour de consistoire : les ministres de France redoutaient que le Pape n'y fit scandale. Pisany tâcha de prévenir l'éclat, dans une entrevue qu'il eut le 8, mais il n'obtint point de promesse de silence. Le 9, avant la séance, le cardinal de Sainte-Croix s'approcha du souverain pontife, assis déjà dans sa chaire, hasarda que l'absolution lui paraissait superflue, puisqu'il s'agissait du châtiment d'un prélat conspirateur, provoqua par cette maladresse un accès de colère terrible. Vainement, le protecteur vint à son tour à la chaire et supplia Sa Sainteté de se calmer. « Je ne réponds pas de moi ! » s'écria Sixte[2].

Aussitôt, il ouvrit la séance. Il fit un discours violent, mais sans allusion à la mort du duc, tonna contre le sacrilège commis en la personne d'un cardinal et contre les membres du Sacré Collège qui l'excusaient, annonça son intention de nommer une congrégation *ad hoc* pour faire le procès du Roi, chassa de la salle le cardinal de Joyeuse qui voulait lui répliquer malgré lui[3].

---

[1] Aubery, *Vie du cardinal de Joyeuse.*
[2] *Id., ibid.*
[3] Joyeuse ne se vante pas de cette expulsion, dans sa lettre du 10 janvier, mais la *Vita de Giulio Antonio Santorio, cardinale di Santa Severina*

Cette congrégation contraria les ministres français. Outre qu'on la leur composa de cardinaux peu favorables en général à la France, ils répugnaient, en bons gallicans, à voir déposer le dossier du Roi sur le tribunal de Rome. Comme ils ne pouvaient empêcher Sixte-Quint de la réunir, ils résolurent du moins de ne tenir d'elle aucun compte, de ne parler point à ses membres et de ne s'adresser jamais qu'au Pape[1].

La question même de l'absolution les inquiétait. Ils craignaient qu'on ne voulût infliger une pénitence extraordinaire et fâcheuse au Roi. Des membres exaltés du Sacré Collège légitimaient ces appréhensions, en criant qu'il fallait exiger, pour prix du pardon, la réception pure et simple du concile de Trente, la promesse d'exterminer les hérétiques, une guerre avec l'Angleterre et le Turc, le rétablissement de l'inquisition comme au temps de Henri II, une amende honorable en public et la torche ardente à la main. « Ce sont choses qui ne sont possible pas toutes vrayes, mais qui néantmoings se disent, et qu'il est expédient d'avoir prévues avant que s'enfoncer de soy mesme pour y laisser du sien[2]. »

Henri III n'eût pas demandé mieux que de se soustraire à la nécessité de l'absolution, humiliante pour son orgueil de monarque. Depuis son crime, il avait retrouvé parmi ses vieux papiers un *bref confessionnaire*, envoyé de Rome longtemps avant et parfaitement oublié, dans lequel il avait voulu voir une dispense de recourir à l'absolution papale[3]; ses docteurs

---

(Ms. de la Vallicellana), en fait foi. V. Hubner, *Sixte-Quint*, II, 217. — Joyeuse demanda son pardon au consistoire suivant.

[1] Le cardinal de Joyeuse à Henri III, 10 janvier 1589, publ. par Aubery, *Histoire du cardinal de Guise*.

[2] Le cardinal de Joyeuse à Henri III, févr. 1589, *ibid*.

[3] Ce bref était daté du mois de juillet 1587. L'évêque du Mans à Henri III, 15 mars 1589, publ. ap. *Mémoires du duc d'Epernon*. Donc, c'était une des faveurs octroyées par le Saint-Siège en même temps que la seconde bulle d'aliénation, que La Boderie avait eu mission de porter en France. V. plus haut, p. 234.

en théologie l'avaient confirmé dans cette idée; il s'était donc confessé simplement devant le théologal de Blois, puis approché de la table sainte le 1ᵉʳ janvier[1]. Sur son ordre, ses ministres tentèrent de faire partager son opinion au Pape; mais Sixte, refusant de reconnaître au document exhumé toute valeur en ce qui concernait les péchés à venir, maintint la nécessité d'une absolution pontificale et l'urgence d'un envoyé spécial pour la solliciter à genoux[2].

Afin de mieux marquer sa réprobation, Sixte avait suspendu l'expédition de toutes les matières consistoriales françaises[3], signifié à Pisany qu'il ne parût plus aux chapelles, supprimé les audiences ordinaires de notre représentant[4]. Et comme, à son gré, le légat Morosini traitait trop doucement le criminel, il témoignait contre ce prélat une indignation voisine de la fureur, ne l'appelant plus dans ses entretiens avec les ambassadeurs que « le secrétaire du roi de France[5] ».

Henri III s'inquiéta de la tournure que prenaient les choses, et dépêcha l'évêque du Mans à Rome pour les arranger. L'envoyé sortait de cette maison d'Angennes que nous avons vue déjà fournir plus d'un négociateur; c'était le frère du feu cardinal de Rambouillet, du marquis de Maintenon et de M. de Poigny, un prélat aimable, de belles façons, majestueux, disert, et gallican éprouvé[6]. Par cela même, il devait bien s'entendre avec les résidents français, ses collègues. Ceux-ci

---

[1] Henri III au cardinal de Joyeuse, 4 janvier 1589, publ. par AUBERY, *Vie du cardinal de Joyeuse*.

[2] V. les deux lettres du cardinal de Joyeuse à Henri III du mois de février 1589, publ. par AUBERY, *Histoire du cardinal de Guise*.

[3] *Id., ibid.* — Sixte ne cachait pas cependant son peu d'estime pour les victimes; il allait jusqu'à dire que Dieu les avait châtiées de leurs péchés; mais Henri III n'en était pas moins criminel et sacrilège dans son esprit. (*Eod. loc.*)

[4] V. HUBNER, *Sixte-Quint*, II, 221. — Les lettres de Jean de Vivonne sur cette période font défaut.

[5] Olivarès à Philippe II, 15 janvier 1589, publ. par HUBNER, III, 50 (pièces just.).

[6] Claude d'Angennes, évêque du Mans après le cardinal de Rambouillet,

lui firent fête et se disputèrent l'honneur de le loger ; enfin, le cardinal de Joyeuse l'emmena dans son palais, « la maison de M. le marquis estant occupée par MM. de Gondi et Vulcob, aussy qu'estant ecclésiastique il jugea que je serois plus convenablement et à propos chez luy qu'en maison de gens de guerre et mariez[1] ».

Deux jours après son arrivée, le 25 février, M. du Mans se rendit à l'audience, entre l'ambassadeur et le protecteur. Cette première entrevue ne fut guère qu'une joute d'histoire. L'évêque parla sans s'arrêter une heure durant, prit le règne de Henri III au retour de Pologne, et pas à pas fit l'apologie de tous ses actes. Puis, ce fut à Sixte de réfuter cette version, et de la réfuter longuement : il établit en fin de compte que le meurtre du cardinal de Guise nécessitait une absolution pontificale, et refusa de reconnaître que le bref confessionnaire en fût une dispense : « Si quelqu'un, disait-il, est à même de juger ce que valent les termes de ce bref, c'est moi. » En vain, le prélat essaya d'interpréter différemment la portée du papier. Il réussit moins bien encore à soutenir que les cardinaux relevaient, quant au châtiment temporel, de la juridiction royale : « Prenez garde ! s'écria le Pape hors de lui. Prenez garde de donner pour votre compte dans ces principes désordonnés[2] ! »

Le bref confessionnaire demeura le pivot des espérances des ministres. « C'est pour cette heure, écrivait M. du Mans, le principal point auquel nous avons estimé nous devoir arrester[3]. » Le texte pouvait prêter matière à discussion, il

---

avait défendu les libertés gallicanes au concile de Reims et à l'Assemblée générale du clergé à Paris. V. Morèri.

[1] L'évêque du Mans à Henri III, 15 mars 1589, publ. ap. *Mémoires du duc d'Épernon.*

[2] « E vedete di non cascar in qualche disordine ! » L'évêque garda dans son oreille le retentissement de cette menace en italien, car il la rapporta telle quelle au Roi.

[3] Je m'explique mal que M. de Hubner n'en ait pas dit un mot, dans son récit de ces négociations.

faut le croire, puisque plusieurs des cardinaux, même des cardinaux de la congrégation *ad hoc,* reconnaissaient son efficacité, du moins son efficacité *in foro interiori*[1]. Mais le Pape ne l'admettait point : il voulait une publique réparation du scandale public.

Il le montra bien à l'audience suivante, le 3 mai. « M'apportez-vous un écrit du Roi, sollicitant l'absolution? demanda-t-il brusquement à M. du Mans et au marquis de Pisany. Voilà tout ce que je veux savoir. Le reste est sornettes. Consolation, bénédiction! je ne comprends rien à ces mots-là. Quand on a péché, on ne s'occupe que de l'absolution. Et pour l'obtenir, on se confesse, on reconnaît ses torts, on demande son pardon, on déteste sa faute, on ne persévère pas dans le mal, on ne s'entête pas à retenir prisonniers le cardinal de Bourbon et l'archevêque de Lyon, parce qu'alors on a l'air de se moquer des choses saintes. Les rois sont devant l'Église comme les plus humbles brebis du troupeau. » Il insista sur la nécessité de tirer, avant tout, les deux prélats des prisons royales, et proposa de les recevoir à Rome pour les châtier. On lui fit observer que le transport des captifs, à travers les provinces en ébullition, était impraticable. « Je les enverrai prendre par des gens à moi, répliqua-t-il, par exemple par le duc de Parme. » — « Sa Majesté, s'écria Pisany, n'entend pas que le duc de Parme se mêle à ce point des affaires de son royaume! » Sixte se prit à rire : « Après tout, poursuivit Sa Sainteté, si le Roi se considère comme suffisamment absous par son théologal, cela le regarde. Tel n'est pas mon avis, voilà tout. » L'évêque du Mans expliqua que le Roi désirait obtenir une ratification pontificale de l'absolution, donnée par le prêtre français en vertu du bref confessionnaire. « Bavardages, bavardages! J'accorderai l'absolution, ou je n'accorderai rien. »

[1] L'évêque du Mans à Henri III, 15 mars 1589, publ. ap. *Mémoires du duc d'Épernon.*

Le 8 mai, troisième audience, très orageuse. Sixte formula sa volonté, plus clairement qu'il ne l'avait fait encore, en ces deux points : demande d'absolution pure et simple avec aveu du péché, mise en liberté du cardinal de Bourbon et de l'archevêque de Lyon ou tout au moins consignation de leurs personnes aux mains du légat Morosini. « Il est inconvenant, dit-il à M. du Mans, de vous voir me conter des sornettes, quand vous devriez vous humilier pour votre maître. Vous êtes venu pour arranger les affaires, et vous les gâterez. Je finirai par prononcer les censures contre le Roi. Quant à vous, je vous ferai mettre en prison! » Alors, d'un ton contenu, frémissant, le marquis de Pisany prit la parole : « Les ministres du Roi Très Chrétien n'ont cessé, Très-Saint Père, de vous témoigner obéissance et respect, ainsi que le Roi Très Chrétien lui-même. Mais les ministres des princes ont coutume d'avoir leur parole franche, ils ne se laissent point intimider ni menacer de la prison. Nous vénérons Votre Sainteté, nous baiserions la terre sous ses pas; mais la prison, la mort même, ne sauraient nous faire taire, quand il s'agit du service de Sa Majesté : vous pouvez envoyer porter nos têtes sur le pont Saint-Ange[1]! » Sixte savait l'inutilité d'une discussion avec cet homme en colère : il changea de thème. — L'audience se termina sans donner de résultats.

Sur ces entrefaites, les ministres reçurent, fort à propos, des lettres de Henri III les autorisant à demander l'absolution. M. du Mans et Pisany s'en furent donc trouver le Pape une quatrième fois. L'évêque expliqua que le Roi n'avait pas cru dépasser ses droits en exécutant un cardinal de ses sujets;

[1] Cette fière repartie resta l'un des souvenirs les plus appréciés de la carrière de Jean de Vivonne. « Cette généreuse réponse fit taire le Pape, et devrait servir de leçon aux ministres qui, par une fausse prudence et par une complaisance lâche, trahissent l'honneur et l'intérêt de leurs maistres... Jean de Vivonne estoit sans doute un des grands hommes que la France ait jamais eus pour cette sorte d'emplois... » WICQUEFORT, *l'Ambassadeur et ses fonctions.*

qu'ensuite il avait pensé suffisante l'absolution donnée par un prêtre en vertu du bref; mais qu'enfin, suivant les volontés du Saint-Père, il s'humiliait et sollicitait l'absolution papale. Cela dit, le prélat s'agenouilla : « Je vous demande, Saint-Père, l'absolution et la bénédiction pour le Roi Très Chrétien. » Sixte le releva, le fit rasseoir, exprima longuement sa satisfaction, mais ajouta qu'il ne prononcerait l'absolution qu'après l'élargissement, ou la remise au légat, du cardinal de Bourbon et de l'archevêque de Lyon. On ne put, sur ce terrain, le faire reculer d'un pas [1].

Henri III ne satisfit pas à la condition *sine qua non*. L'étrange pénitent, traqué par la ligue écumante, s'occupait davantage de négocier une alliance avec le roi de Navarre, sa suprême ressource. Après une trêve conclue le 3 avril, le 30 ces deux beaux-frères tombaient dans les bras l'un de l'autre au Plessis-lez-Tours et confondaient leurs armées. Le légat Morosini, jugeant terminé son rôle ingrat de conciliateur entre les factions catholiques, avait déjà quitté la cour; il attendait son rappel à Moulins.

Sixte-Quint était en butte à des obsessions incessantes et variées. Rome se remplissait des agents de la Ligue. Ils logeaient chez le cardinal de Sens. Dès le mois de février, était arrivé le commandeur de Diou, suivi d'autres : on les appelait « les ambassadeurs du duc de Mayenne et de la ville de Paris [2] ». Puis, ç'avaient été le conseiller Lazare Coqueley et l'abbé d'Orbais [3]. Au mois d'avril, le doyen de Reims, Pierre Frison, était venu les renforcer [4]. Cette troupe reçut, peu de jours après, l'ordre de signifier au Pape, de la part de toute la famille de Lorraine, que d'avance elle protestait

---

[1] Le détail des quatre audiences de Claude d'Angennes est consigné dans la lettre volumineuse qu'il écrivit au Roi le 15 mars 1589. V. *Mémoires du duc d'Épernon.*
[2] Le cardinal de Joyeuse à Henri III, février 1589, publ. par Aubery, *Histoire du cardinal de Guise.*
[3] De Thou, *Hist.*, liv. XCIV.
[4] De Thou, *Hist.*, liv. XCV.

contre une absolution des forfaits de Henri de Valois, et qu'elle était résolue de poursuivre le châtiment du perfide, les armes à la main, jusqu'à la mort [1].

Le refus formel d'élargir le cardinal de Bourbon et l'alliance des deux Henri contribuèrent, plus que ces instances, à pousser Sixte-Quint vers un coup d'éclat. Pisany vit venir la foudre et mit tout en œuvre pour la parer : comme Sa Sainteté ne le voulait plus recevoir, il lui fit dire, assez témérairement, par un tiers, que les prélats prisonniers étaient relâchés, que la nouvelle allait en arriver, bien mieux qu'elle était en route [2]. Peine inutile. En dépit aussi des efforts de Venise et de Florence [3], Henri III fut frappé.

Le 25 mai, Pisany reçut, ainsi que ses collègues, communication d'un monitoire qui devait être affiché le lendemain sur les places publiques, aux portes des églises [4]; cet avertissement sommait le roi de France de rendre la liberté aux prélats sous dix jours, l'assignait à comparaître devant le Saint-Siége, en personne ou par procureur, sous soixante jours, à peine d'excommunication, et pareillement excommuniait tous ceux qui l'assisteraient de leurs conseils ou de leur bras, ces délais passés.

Le marquis, lecture faite, ne songea plus qu'à plier bagages. Il ne put aller si vite que l'affichage ne le devançât : il était encore à Rome, le 26 au matin, quand s'accomplit la triste formalité [5]. Sans prendre congé du Pape qui

---

[1] De Thou, *Hist.*, liv. XCV.
[2] Olivarès à Philippe II, 26 mai 1589, publ. par Hubner, *Sixte-Quint*, III, 69 (pièces just.).
[3] Le doge à Badoer, 13 mai 1589; Olivarès à Philippe II, 26 mai, publ. par Hubner, III, 67 et 69 (pièces just.).
[4] Olivarès à Philippe II, 26 mai 1589, publ. par Hubner, III, 69 (pièces just.).
[5] C'est du moins ce qui semble résulter de la lettre d'Olivarès à Philippe II. du 26 mai : « Aussitôt que l'ambassadeur de France eut vu le monitoire, il témoigna l'intention de partir, ne voulant qu'attendre l'arrivée de l'ordinaire de France, et, maintenant que la poste est arrivée, il est sur son départ. Ce matin, le monitoire a été affiché dans les lieux habituels, au

peut-être ne l'eût pas voulu voir, laissant à Rome sa femme et sa fille qu'il était inutile d'exposer aux périls de la France bouleversée, il partit en compagnie de l'évêque du Mans par la route de Toscane, tandis que le cardinal de Joyeuse s'acheminait vers l'État vénitien pour attendre sur cette terre hospitalière quelle direction les événements prendraient.

Entre Florence et Pise, le marquis rencontra l'ordinaire de Lyon; afin de s'amuser, il confisqua la correspondance du Pape et celle du cardinal de Sens [1]. A Livourne, son compagnon et lui s'embarquèrent à destination de la Provence [2], sans doute pour éviter la Savoie. La mer leur ménageait de terribles fortunes, mais il est plus aisé de tailler en pièces les corsaires que de se garer des monitoires.

XI

L'AVENTURE DU CORSAIRE BARBEROUSSETTE.

Cette aventure a le mouvement et la couleur des romans de paladins; le plaisant et le grave s'y tiennent, comme dans un épisode de l'Arioste; il semble que, pour son haut fait, Jean de Vivonne se soit inspiré des héros chantés par la lyre immortelle du poëte-gentilhomme de Ferrare.

L'ambassadeur et l'évêque naviguaient vers les rives de France avec une très faible escorte, quand il leur arriva de

---

milieu d'un grand concours de monde. » Pourtant, de Thou dit que le départ de Pisany précéda l'affichage (*Hist.*, XCV). Il serait possible que l'ambassadeur fût déjà sorti de Rome, à l'heure où Olivarès écrivait, sans que ce dernier l'eût su. Mais c'est de Thou qui me paraît s'être trompé, vu qu'il fixe la date de l'affichage au 24 au lieu du 26.

[1] Badoer au doge, 17 juin 1589, publ. par HUBNER, *Sixte-Quint*, II, 239.
[2] DE THOU, *Hist.*, liv. XCV.

tomber aux mains d'un corsaire fameux, bandoulier descendu des Pyrénées pour écumer la mer, dont le nom faisait trembler les marchands et les voyageurs de la Méditerranée, Barberoussette. Le corsaire s'empara du petit équipage, et, ravi d'aise lorsqu'il sut l'importance de la prise, annonça son projet de mener les captifs aux ligueurs du Languedoc, afin de les leur vendre un bon prix.

C'était un triste épilogue de l'ambassade à Rome; « mais le seigneur marquis de Pisany, ne pouvant supporter de se voir mener comme en triomphe par un homme de ceste qualité, résolut de faire un effort pour se sauver [1] ». Il communiqua ses desseins à M. du Mans. L'évêque redoutait la furie du brigand et conseillait la soumission : mieux valait, selon lui, se racheter à prix d'or, que d'encourir un châtiment qui ne pouvait manquer d'être terrible. « Allez donc prier Dieu, lui dit enfin le marquis, et me laissez faire le reste [2] ! » Et tandis que l'homme pacifique implorait le Seigneur à genoux, l'homme de guerre, aidé de quatre gentilshommes qu'il avait auprès de lui, fondait sur leurs gardiens, les jetait à la mer, faisait carnage des pirates, descendait à la cale où gisaient enchaînés les domestiques français, et mettait aux fers à leur place « Barberoussette et quinse ou seize, que matelots, que soldats, qui luy restoient [3] ».

Le fait tenait du prodige. On rapporte que le neveu du corsaire, ébloui, confondu, stupéfié de tant d'audace et de bravoure, tomba aux pieds de Jean de Vivonne et le conjura de le prendre à son service. Le marquis le releva, l'embrassa. Cet admirateur mourut son domestique, et jusqu'au bout lui conserva fidélité [4].

[1] Ms. Bibl. nat. F. fr. 20223, f° 146, extrait d'une généalogie manuscrite.
[2] TALLEMANT DES RÉAUX, Histor., 4°.
[3] Ms. Bibl. nat. F. fr. 20223, f° 146.
[4] TALLEMANT DES RÉAUX, Histor., 4°.

Quant à Barberoussette lui-même, M. de Pisany le conduisit, à la chaîne avec sa bande, à M. de Montmorency, toujours souverain du Languedoc et devenu le partisan du Roi depuis la rupture ouverte de Henri III avec les Guise. Le maréchal fit grande fête au convoi, félicita le triomphateur, voulut pendre les coquins sur l'heure. Il fallut que le marquis intercédât : il obtint leur grâce [1].

Après quoi, quittant le Languedoc, il s'achemina vers la Saintonge.

---

[1] Ms. Bibl. nat. F. fr. 20223, f° 146. — L'événement est attesté par nombre d'auteurs graves. V. DE THOU, *Hist.*, liv. XCV. — Les correspondances des ambassadeurs, au surplus, en font foi. — Sixte-Quint, que les actes à poigne enthousiasmaient toujours, oublia la niche des lettres interceptées, pour louer « la belle résolution » de son ancien lutteur. Badoer au doge, **29 juillet 1589**, cité par HUBNER, *Sixte-Quint*, II, 239.

CHAPITRE V

ROLE DE JEAN DE VIVONNE DANS LES NÉGOCIATIONS POUR LA CONVERSION ET L'ABSOLUTION DE HENRI IV

1589-1595

Avènement de Henri IV. — Retour de Jean de Vivonne à Rome et mission du duc de Luxembourg près de Sixte-Quint. — La conférence du faubourg Saint-Germain. — Projet d'ambassade à Grégoire XIV. — Ambassades à Clément VIII.

I

AVÈNEMENT DE HENRI IV (2 août 1589).

Saintes apprit simultanément, le 8 août, deux événements d'inégale importance : le coup de couteau de Jacques Clément et l'arrivée du gouverneur du château dans sa terre de Pisany [1]. C'était une ville royaliste : elle s'empressa d'assurer le marquis de son obéissance, et lui demanda le mot d'ordre, conformément aux instructions du duc d'Épernon, qui gouvernait la province avec le baron d'Ars pour lieutenant général [2]. Magistrats municipaux et capitaines prirent

---

[1] V. procès-verbal du 8 août 1589, ap. AUDIAT et ESCHASSERIAUX, *Études et documents sur la ville de Saintes.*

[2] Charles de Bremond, baron d'Ars, s'efforça, dès l'avènement de Henri IV, de faire respecter l'autorité du nouveau roi en Angoumois, Aunis et Saintonge. — Son fils Josias, alors connu sous le nom de baron du Chastelier, suivit pendant ce temps le duc d'Épernon dans ses expéditions, un peu personnelles, contre les Ligueurs ; ils ne rejoignirent la bannière de Henri IV qu'en 1591. (GIRARD, *Histoire du duc d'Épernon.*) L'amitié du duc d'Épernon et de Josias de Bremond d'Ars ne se démentit jamais ; jusqu'à nos

ensemble les mesures nécessaires pour garantir la place d'une surprise des huguenots ou des ligueurs[1].

Mais Jean de Vivonne ne séjourna guère dans sa province. Fidèle aux principes aveuglément royalistes de toute sa vie, il ne balança pas à courir se ranger, l'épée nue, sous la bannière de Henri IV. Pendant que le duc d'Épernon, par vanité froissée, s'éloignait du camp de Saint-Cloud avec ses troupes et se retirait dans Angoulême comme un souverain dans sa capitale[2], le marquis de Pisany le croisait, marchant vers l'armée des « royaux ». Il allait y trouver vite un aliment à son zèle.

Car le nombre était rare encore des gens qui voyaient en Henri IV autre chose que *le Béarnais,* hérétique, déchu de ses droits à la couronne. En face du roi-partisan faiblement entouré, l'hydre de la Ligue se dressait, furieuse et sifflante; le duc de Mayenne la gouvernait, et, gouverné lui-même par des femmes ambitieuses, rêvait en secret le trône, tandis qu'il professait les apparences d'une servile dévotion au roi d'Espagne, de son côté déjà penché sur la France comme sur une proie. Philippe et le Lorrain, mus par un intérêt analogue bien que divergent, s'accordaient, afin de se donner un délai nécessaire, à proclamer roi le débile cardinal de Bourbon : un Charles X réservait l'avenir !

De cette mêlée des compétitions particulières et des visées cupides, sortira pourtant un résultat salutaire et grand. Le mouvement de la Ligue, tout faussé qu'il ait été, l'association dévoyée qui s'est prostituée aux bras de l'étranger, engendreront le bien. Qui peut dire que, sans la Ligue, Henri IV

---

jours, il en est resté dans la paroisse d'Ars de curieux souvenirs, sous forme de chansons à boire que chantent les vieux.

[1] V. procès-verbaux des 9 et 10 août 1589, ap. Audiat et Eschasseriaux.
[2] Épernon eût voulu signer l'acte de reconnaissance du Roi avant les maréchaux. (De Thou, *Hist.*, liv. XCVII.) Il conserva l'expectative, guerroyant comme pour son compte contre la Ligue, jusqu'au mois de janvier 1591.

se fût converti jamais, et qui peut mesurer les conséquences qu'aurait eues pour les traditions de notre pays l'avènement d'une dynastie de rois protestants?... La main des Guise a jeté du déshonneur sur le *tolle* de la France catholique, élan national; elle n'a pu le faire avorter.

A la suite des tristes figures de monarques qui viennent de défiler sous nos yeux, il est doux de saluer d'amour la physionomie franche et fière du plus cher de nos rois, du plus français des rois de France de par ses qualités comme de par ses défauts mêmes. Il est passé, le règne des princes de l'école machiavélique de Florence, le temps des roueries, des subtilités, des mesquins compromis, des trahisons cruelles, des négociations cauteleuses et de la couardise! Voici venir le soldat à l'allure libre et ronde, le politique habile et loyal, le spirituel compagnon au cœur sur la main; l'ère s'ouvre des plans définis, des horizons nets, des routes droites, des aspirations vers le noble idéal du juste et de la liberté! Aussi l'écueil est-il, pour qui parle de Henri IV, cet enfant gâté de l'histoire, de se laisser outre mesure séduire par le prestige du bien-aimé. Il importe de se garder la vue le mieux possible de l'éclat aveuglant des bienfaits du règne et de la dynastie futurs, afin de demeurer strictement équitable à l'égard des adversaires du roitelet calviniste, occupé de conquérir sa couronne.

II

RETOUR DE JEAN DE VIVONNE A ROME
ET MISSION DU DUC DE LUXEMBOURG PRÈS DE SIXTE-QUINT
(1589-1590).

Jean de Vivonne reboucla sa cuirasse avec joie. Nous savons sa prédilection pour le métier des armes, et qu'il n'avait accepté celui de négociateur qu'à regret. Henri IV le nomma lieutenant de cet immortel escadron de la cornette blanche[1], élite, âme et cœur de son armée, qui ne comptait que des hommes d'une bravoure folle, Givry, Chantérac, Chanlivaut, Lavardin, Parabère, et dont la témérité prodigieuse n'avait de supérieure que la témérité du Roi lui-même, « prodigue de sa vie en simple gendarme[2] ».

Le vieux soldat rajeunissait au sein de ce tourbillon de héros, toujours au galop sur les pas du Béarnais, ce vrai dieu des combats. Agile, droit et bien pris, il avait dans ses mouvements le feu des années d'autrefois. Un jour, le Roi lui donna l'ordre d'aller enlever un poste « contre l'ordre et à la chaude » : lui, pique des deux sans réflexion ; mais quelqu'un, un jaloux sans doute, fait observer à Sa Majesté que le marquis a passé l'âge de pareils commandements : « Ventre Saint-gris ! réplique-t-elle, il est si bien fait, si propre et si bien à cheval, que je l'ai pris pour un jeune homme ! Mais courez après lui, et prenez sa place. » — « Ma foi ! j'irai quand même, puisque me voilà parti ! s'écrie Pisany sans s'interrompre de galoper. Et si j'en reviens, le Roi fera plus d'attention une autre fois. » — « Si tous les seigneurs de mon armée ressemblaient au marquis de Pisany, disait Henri, je n'aurais pas besoin de trompettes pour sonner le boute-selle[3]. »

Mais de cette bonne vie, Jean de Vivonne n'eut à vivre que fort peu de temps, que fort peu de jours. On allait faire appel à son dévouement, et lui demander de laisser là ses passe-temps favoris pour entreprendre de nouvelles négociations avec Rome.

[1] On ne sait à quelle date. — V. Ms. Bibl. nat. F. fr. 20223, f⁰ 146, et TALLEMANT DES RÉAUX, Histor., 4ᵉ.
[2] SAINT-SIMON, Parallèle des trois rois.
[3] TALLEMANT DES RÉAUX, Histor., 4ᵉ. — « Quand il assistoit à l'armée, il estoit tousjours près la personne du Roy, armé de touttes pièces, quoyque fort aagé. » Ms. Bibl. nat. F. fr. 20223, f⁰ 136.

Les royaux s'effrayaient des bruits qui leur arrivaient de l'humeur du Pape : Sixte-Quint avait battu des mains, à la nouvelle que Mayenne et le conseil de l'Union nourrissaient le dessein de couronner le cardinal de Bourbon ; il reniait à hauts cris la royauté de Henri de Navarre ; il se proposait de secourir efficacement la Ligue, et, pour commencer, de lui dépêcher un légat plus fervent que Morosini : son choix, en vue de cette mission, s'était arrêté sur le cardinal Gaetano, « personnage de mérite, mais trop enclin à favoriser l'Espagne [1] ». Les seigneurs catholiques du parti de Henri IV résolurent de dépêcher le duc de Luxembourg au pontife, afin de l'éclairer sur leurs intentions et de justifier leur conduite.

Luxembourg crut utile de préparer ses voies par une lettre. Il écrivit au Saint-Père que, député par la noblesse royaliste, il allait se rendre à ses pieds, l'informer des événements, lui demander conseil, et qu'il le suppliait de différer jusqu'à son arrivée le départ du légat. Ces égards et le sentiment que la faction navarriste devenait un parti dont il fallait tenir compte, opérèrent sur l'esprit de Sixte une première impression heureuse : il répondit au duc en bons termes, l'assurant du plaisir qu'il aurait à le voir, exhortant les gentilshommes catholiques à demeurer fidèles à leur foi. Mais, travaillé par les agents ligueurs [2], il n'en fit pas moins partir Gaetano sans attendre l'ambassade. Seulement, il mitigea singulièrement les instructions du prélat : « car au lieu que, du commencement, tous ses efforts ne buttoient qu'à faire mettre en liberté et en possession de la couronne de France le cardinal de Bourbon, il ne parloit plus de luy maintenant, son intention estant de réunir en quelque façon

[1] DAVILA, *Histoire des guerres civiles*, liv. XI.
[2] Le commandeur Jacques de Diou était arrivé à Rome le 1ᵉʳ septembre, dépêché par Mayenne pour demander des secours et l'envoi d'un légat. V. la *Légation du cardinal Cactani (ou Gaetano)*, par H. DE L'ÉPINOIS, ap. *Revue des questions historiques*, octobre 1881.

que ce fust les catholiques sous l'obéyssance de l'Église, et d'establir, du commun consentement de tous, un roy qui fust catholique comme eux, sans en nommer la personne. » Verbalement, le Pape recommanda de toutes ses forces à son envoyé de n'entrer dans aucun parti, de ne se faire le serviteur de personne, de n'avoir en vue que les intérêts de la religion et ceux de la France, de ne se poser point en ennemi déclaré du roi de Navarre tant que subsisterait l'espoir d'une conversion [1]. Par malheur, le cardinal Gaetano, tout dévoué personnellement à la Ligue et sympathique à l'Espagne, n'était pas homme à mener avec dextérité cette politique délicate. C'était un Morosini qu'il eût fallu, et l'on rappelait Morosini !

Désireux de maintenir le Pape dans ses bonnes intentions, Henri IV et sa noblesse lui dépêchèrent, en attendant que M. de Luxembourg fût prêt, M. de Pisany. L'expérience du marquis, ses relations et son influence à Rome le désignaient naturellement comme l'un des meilleurs négociateurs dont il fût possible de faire élection. Il partit pour l'Italie au mois d'octobre, vers le même temps que le légat Gaetano pour la France [2]. Le séjour de sa femme et de sa fille au delà des monts lui fournissait un heureux prétexte de voyage : il semblait se déplacer pour ses affaires et pouvait pénétrer dans les États pontificaux sans crainte d'un affront. Il trouva Rome en ébullition, l'avenir de la mission de Luxembourg fort compromis : tous les échos retentissaient du

---

[1] Davila, *Histoire des guerres civiles*, liv. XI. — Tempesti, *Sisto-Quinto*, II, 233. — La *Revue du monde catholique* a publié les instructions définitives de Sixte à son légat (t. XVII, p. 449); elles sont datées du 25 septembre. — M. de l'Épinois, qui connait les documents des Archives du Vatican et ceux de la Bibliothèque des Barberini, fait observer que les lettres du Pape à la Sainte-Union et à Montmorency (2 octobre) sont conçues dans le même esprit.

[2] Matthieu, *Histoire de France (Henri IV)*, liv. I ; Palma-Cayet, *Chronologie novennaire*. — V. aussi l'instruction de Luxembourg du 7 juillet 1591, dépôt des Affaires étrangères, Correspondance de Rome, 12.

différend entre Venise et le Pape : le Sénat vénitien avait voulu recevoir M. de Maisse, l'ambassadeur résident de Henri IV ; et Sixte, éperonné par les Espagnols, menaçait la Sérénissime République d'une rupture, en retour de cette tacite reconnaissance d'un roi frappé d'excommunication [1].

C'était d'un fâcheux augure pour les royaux. Pisany joignit ses efforts à ceux des ministres de Venise et de Florence, afin d'éteindre cet incendie. Puis, il lui fallut ouvrir la porte au duc de Luxembourg : à cet effet, dans ses entretiens avec le Saint-Père, il insista sur les ressources du parti navarriste, qu'il grossit à dessein ; il remontra que l'ambassade du duc intéressait la chrétienté tout entière ; il fit luire la perspective d'une conversion du Béarnais, sut agiter avec art l'épouvantail d'un schisme et d'un patriarche français. « Ledit sieur marquis fit sa remonstrance d'une telle grâce et gravité, que le pape Sixte, qui estoit d'un naturel rude, ramolit son courage [2]... » Les dernières barrières tombèrent : il fut convenu que le duc pourrait se présenter, mais comme une personne privée seulement.

L'ambassade de Luxembourg obtint le plus éclatant succès. Sixte-Quint avait toujours eu de l'admiration pour Henri de Navarre, et, dans son cœur, il avait toujours entretenu le secret espoir de le voir rentrer au giron de l'Église, régner sur la France, y ramener la paix. Il prêta l'oreille à l'envoyé, se laissa convaincre, se détacha tout à fait de la Ligue et de l'Espagne qui n'avaient jamais eu ses sympathies, soutint avec héroïsme contre Olivarès, puis contre le duc de Sessa, des luttes terribles. Les ministres de l'Espagne l'insultaient, le menaçaient de la guerre et d'un concile qui lui retirerait la tiare. Le grand vieillard tenait bon, et, le front haut, luttait ferme. Pourtant, ces batailles, les cris, les colères de

---

[1] Sur les négociations entre Venise et Rome durant les derniers mois de 1589, v. Hubner, *Sixte-Quint*, II, 258 et suiv.
[2] Palma-Cayet, *Chronologie novennaire*.

chaque jour, et, d'autre part, le scrupule de soutenir un calviniste contre des catholiques, l'inquiétude d'être abusé par de fausses promesses, épuisèrent ses forces. Il tomba tout d'un coup, comme un chêne, le 27 août 1590. Un cri de joie peu décent de ses ennemis salua sa chute[1].

Le duc de Luxembourg sortit aussitôt de Rome, où sa place n'était plus[2]. Depuis longtemps, le marquis de Pisany avait passé en France. Revenons de quelques semaines en arrière, pour assister à l'un des épisodes de sa vie mouvementée.

III

LA CONFÉRENCE DU FAUBOURG SAINT-GERMAIN (7 juillet 1590).

Le cardinal Gaetano avait réalisé, depuis son arrivée chez nous, tout ce que l'on devait attendre de son caractère et de la tournure de ses idées. Il n'avait pas gardé l'expectative, il ne s'était pas tenu dans le rôle de neutralité politique, que lui avait prêchés Sixte-Quint : il avait repoussé les avances des gens modérés et prudents, tels que le duc de Nevers et le cardinal de Gondi, qui attendaient les événements au fond de leurs châteaux ; tout au rebours, il s'était déclaré l'adversaire implacable du Béarnais et des royaux, et résolu de soutenir la Ligue jusqu'à la mort.

Plus le Pape s'adoucissait en faveur de Henri de Navarre, plus son envoyé s'animait contre ce prince. Enfermé dans Paris, organisant la résistance, chauffant les esprits, fulmi-

[1] Les détails de ces événements sortiraient de notre sujet. On les trouvera, très circonstanciés, chez le baron DE HUBNER (*Sixte-Quint*, II, 280 et suiv.), qui pourtant a omis la mission de Pisany précédant celle de Luxembourg.
[2] Lettre du duc de Luxembourg aux cardinaux durant le conclave, Aquapendente, 26 octobre 1590, publiée à l'époque.

nant des bulles, passant en revue les armées d'écoliers et de moines, le légat ne s'était découragé ni de la défaite d'Ivry, ni des progrès continus de l'ennemi, ni de l'investissement des places fortes et des châteaux de la campagne environnante, ni même des horreurs du siège. Le cardinal de Bourbon, le Charles X de la Ligue, était mort, le 8 mai, toujours prisonnier; on continuait néanmoins de battre monnaie à son effigie, on remettait à la convocation prochaine des États Généraux le temps d'élire son successeur. Mais tandis que le duc de Mayenne, trop ambitieux pour renoncer à l'idée du trône, trop timide pour le revendiquer, était assailli des perplexités les plus grandes, les esprits honnêtes et mesurés du parti de la Ligue commençaient à désirer franchement un accommodement avec Navarre, de nature à donner satisfaction à leurs consciences de catholiques tout en sauvegardant l'indépendance de la patrie.

On rencontre le signe évident de ces préoccupations grandissantes dans les divers pourparlers de ce temps entre les deux camps. L'entrevue du cardinal Gaetano et du marquis de Pisany au faubourg Saint-Germain est demeurée célèbre, bien qu'absolument stérile.

Juillet commençait. « L'histoire de France ne présente rien de comparable à ce qui se passait dans Paris[1]. » Tour à tour, le spectre de la famine déployait sur la cité son lourd manteau léthargique, puis la piquait des aiguillons du vertige. « On ne voyait plus ni chevaux, ni ânes, ni chiens, ni rats, ni chats[2] »; tout avait été dévoré; les mères parlaient de manger leurs enfants[3]. A des phases de prostration lugubre, succédait une excitation de fièvre : nerveusement alors, le peuple s'agitait, soit pour protester de sa fermeté dans le

[1] Henri Martin, *Histoire de France*, X, 219.
[2] De Thou, *Histoire*, liv. XCIX.
[3] Lettre de Panigarola au duc de Savoie, *Mémoires d'État*, t. IV, éd. 1725.

martyre, soit pour réclamer à cris menaçants *la paix ou le pain*[1]. Le 5, arrivèrent les lettres de Mayenne, parti au-devant des secours du duc de Parme : il ne promettait l'approche d'une armée de délivrance qu'à la fin du mois. Le désespoir des Parisiens s'accrut. Leurs clameurs étaient surtout sinistres au sein des nuits[2]; elles empêchaient d'oublier dans le sommeil les misères des jours. Le légat crut bon de donner une ombre de satisfaction au peuple torturé par la faim, en même temps qu'aux hommes sages et désireux de voir s'ouvrir des négociations sur des bases rassurantes pour l'avenir de la foi.

Gaetano avait connu Pisany en Italie; il était même parent proche de Julia Savelli[3]. Il fit proposer au marquis de s'aboucher avec lui pour parler de paix, obtint son consentement, puis un sauf-conduit signé de Henri afin de se rendre au faubourg Saint-Germain[4]. Ce fut dans la maison de Jérôme de Gondi, sur l'emplacement actuel des rues de l'Odéon, Monsieur-le-Prince et de Condé, qu'eut lieu l'entrevue[5]. Jean de Vivonne y parut, accompagné de « quelques autres cavaliers qui vinrent exprès du camp[6] ». Outre une nombreuse suite, le légat avait avec lui le cardinal-évêque de Paris, Pierre de Gondi[7] : ce vieil ami de Pisany, ce serviteur

---

[1] DAVILA, *Guerres civiles*, liv. XI.

[2] *Id., ibid.*

[3] « Ils s'estoient vus à Rome familièrement... » PALMA-CAYET, *Chronologie novennaire*. — « Le sieur de Saint-Gouard, estant à Rome, avoit espousé la marquise de Pisany, niepce dudit sieur légat. » Singulière façon de désigner les époux, qui ferait se méfier des autres données de l'anonyme. *Histoire du siège de Paris*, par un anonyme, ap. *Mémoires de la Société de l'Histoire de Paris*, VII, 212.

[4] *Mémoires de Duplessis-Mornay*, IV, 469, éd. 1824. — « Bon, fit Henri IV, puisque M. le légat demande sûreté pour venir aux faubourgs, c'est signe qu'il sera bientôt en peine d'en demander pour pouvoir demeurer en sa ville de Paris. » LESTOILE, *Journal de Henri IV*, juillet 1590.

[5] CORNEIO, *Relation du siège de Paris*. — *Mémoires de la Société de l'Histoire de Paris*, VII, 244.

[6] DAVILA, *Guerres civiles*, liv. XI.

[7] Filippo PIGAFETTA, *Relation du siège*, ap. *Mémoires de la Société de*

fidèle de la monarchie, ne suivait qu'à regret le parti de la Ligue; il avait longtemps conservé la neutralité depuis la mort de Henri III, et ne s'était que fort tard jeté dans sa ville diocésaine, avec la pensée de remédier par son influence à quelques-uns des maux dont la menaçaient les exagérés. « Il n'y avoit occasion qui se présentast pour trouver quelque moyen de paix ou de réconciliation, que ce prélat n'embrassast[1]. » La conférence se faisait en grande partie sur ses instances.

Par malheur, le cardinal Gaetano n'était point animé des mêmes sentiments. Son but principal était de faire patienter les mécontents; on lui prête encore l'idée d'avoir voulu se renseigner des événements de Rome auprès de l'homme de France le mieux placé pour les connaître à cette date[2]. Toujours est-il que les négociateurs ne s'entendirent pas. Pisany demandait que la ville se soumît à son Roi; cela fait, il assurait que Sa Majesté satisferait le Pape sur la question religieuse. Le légat lui répondait en exigeant une suspension d'armes et l'arbitrage du Saint-Père[3]. C'était parler deux langues différentes; aussi « le cardinal de Gondi ne vid point de jour en leurs discours pour y aporter de la modération et trouver un moyen d'accord[4] ». La conversation dura longtemps; de part et d'autre, on fit preuve de savoir et d'habileté; mais finalement, on se sépara sans résultat.

Le retour du légat dans Paris fut salué des vociférations d'un peuple éploré. Dans les rues, la nuit, retentit, plus aigu que par le passé, ce cri déchirant : *La paix ou du pain*[5] ! — L'armée du duc de Parme ne devait apparaître et faire lever le siége qu'à la fin d'août.

---

l'Histoire de Paris, II, 64. — Le récit de Pigafetta vaut beaucoup, parce que cet Italien, venu en France avec Gaetano, ne le quittait presque pas.
[1] Palma-Cayet, *Chronologie novennaire*.
[2] *Id., ibid.*
[3] Davila, *Guerres civiles*, liv. XI. — De Thou, *Hist.*, liv. XCIX.
[4] Palma-Cayet, *Chronologie novennaire*.
[5] Davila, *Guerres civiles*, liv. XI.

Les nouvelles de l'attitude de son envoyé mettaient Sixte-Quint au comble de la colère. Il n'osait le rappeler, de crainte de se brouiller tout à fait avec l'Espagne, mais c'étaient chaque jour d'inimaginables invectives contre ce ministre peu fidèle. En veut-on un échantillon? « Mon légat, disait-il, mange de l'herbe dans Paris comme un cochon : c'est bien fait[1] ! » Les successeurs de ce pontife ne virent pas les événements du même œil que lui!

IV

PROJET D'AMBASSADE A GRÉGOIRE XIV (1591).

Le vertueux Urbain VII tomba malade le lendemain de son élection, et mourut, sans avoir été couronné, treize jours après[2]. Il fallut deux mois de conclave pour s'entendre sur le choix d'un nouveau pontife : un peu par lassitude, on finit par acclamer le cardinal Sfondrato, qui prit le nom de Grégoire XIV (5 décembre 1590). C'était un ecclésiastique de mœurs pures, mais d'une portée d'esprit très ordinaire, mieux doué pour faire un bon prêtre que pour faire un pape de valeur. Le rire nerveux, épais, perpétuel, de sa bouche grande ouverte contribuait à fortifier sa réputation outrée de simplicité; le passé de sa famille et sa timide humeur le vouaient presque fatalement à subir l'influence de l'Espagne[3].

Dès son avènement, avec l'obstination rigide des intelligences médiocres mais convaincues, il entra dans une voie tout opposée à celle de Sixte-Quint, il rejeta la politique de

---

[1] Badoer au doge, 14 juillet 1590, cité par le baron DE HUBNER, *Sixte-Quint*, II, 354.
[2] DE THOU, *Hist.*, liv. C.
[3] *Id., ibid.*

modération et les ménagements. Il ne tint point de compte des lettres qu'écrivit le duc de Luxembourg en s'éloignant, et dans lesquelles ce seigneur insistait sur la pureté d'intentions de son parti, sur les méfaits de la Ligue et le péril national qu'elle créait, sur les bonnes qualités de Henri, sur l'urgence de ne point réduire les catholiques royaux au désespoir et de ne point les acculer au schisme, enfin sur tout ce dont Sixte-Quint avait eu la sagesse de s'émouvoir[1]. Il annonça qu'il aiderait la Ligue et combattrait le Béarnais de toute sa puissance[2].

Les effets suivirent les paroles. Il écrivit, dès le mois de janvier, à l'évêque de Plaisance, Philippe Sega, que le cardinal Gaetano, dégoûté du séjour en France, avait laissé dans Paris à sa place comme vice-légat, et le chargea d'annoncer à la Sainte-Union l'arrivée prochaine de troupes pontificales : les levées commencèrent avec ardeur, à l'aide des économies de Sixte-Quint[3]. On apprit, en même temps, que le Saint-Père se disposait à dépêcher en France un nouveau prélat, avec une mission terrible pour les royaux.

Le duc de Luxembourg prit la plume une fois de plus[4]. Ses remontrances à Grégoire furent éloquentes et mesurées. Il se faisait l'interprète des sentiments des catholiques royalistes ; il disait leur surprise et leur tristesse de l'attitude de Sa Sainteté, si différente de celle de Sixte-Quint : ils ne comprenaient point qu'on pût se mettre à les combattre sans même les avoir entendus ; ils s'inquiétaient de la venue du nouvel envoyé, qui vraisemblablement, à l'exemple de ses prédécesseurs, passerait les Alpes avec les sentiments d'un adver-

---

[1] Lettre de Luxembourg aux cardinaux durant le conclave, Aquapendente, 26 octobre 1590 ; et du même au Pape (encore inconnu), Venise, novembre 1590, publiées à l'époque.

[2] DE THOU, *Hist.*, liv. C.

[3] DE THOU, *Hist.*, liv. CI.

[4] Luxembourg à Grégoire XIV, du camp devant Chartres, 8 avril 1591, publ. ap. *Mémoires de la Ligue*, IV, 374.

saire déclaré plutôt qu'avec des sentiments de justice et d'impartialité; ils voulaient espérer encore en l'équité du père commun des fidèles, et prochainement enverraient jusqu'à son trône, s'il le permettait, un gentilhomme chargé de le féliciter sur son élévation et de lui peindre les événements sous leurs couleurs vraies.

Vaine tentative! Quand parvint cette lettre du duc à Rome, le nonce Marsilio Landriano voyageait déjà vers Paris[1]. Les foudres dont il était porteur éclatèrent peu de semaines après. A la fin de mai fut publiée une bulle pontificale qui rajeunissait les redoutables effets de l'excommunication lancée par Sixte-Quint au début de son règne : anathème à tout ecclésiastique qui n'aurait pas dans les quinze jours quitté les terres de l'obéissance du Béarnais, sommation à tous les serviteurs de l'hérétique de l'abandonner.

La révolte fut la conséquence de ces procédés violents, qui manquèrent absolument leur but. Les évêques et les abbés ne bougèrent de leurs diocèses et de leurs bénéfices; et bondissant, piqués jusqu'au vif, les parlements de Châlons, de Tours, de Caen, protestèrent par arrêts en termes d'une inexcusable insolence, invectivèrent grossièrement le « soi-disant pape Grégoire », condamnèrent au feu ses sentences « scandaleuses[2] ». Henri IV crut devoir s'associer à cette démonstration, et le fit, le 4 juillet, à Mantes, mais avec infiniment plus de calme et de dignité que sa magistrature, renouvelant dans sa déclaration la promesse de se soumettre à un libre et saint concile, et, jusque-là, de conserver tous égards à la religion romaine[3].

Même au fracas de cette rupture, la noblesse catholique

[1] DE THOU, *Hist.*, liv. CI.
[2] Arrêts de Châlons-sur-Marne, 10 juin; de Tours, 5 août: de Caen, 13 août; ap. *Mémoires de la Ligue*, IV.
[3] *Mémoires de la Ligue*, IV.

et royaliste n'avait pas perdu tout espoir d'une solution conforme à ses vœux. Elle montrait un beau sang-froid, faisait taire ses colères et ses fiertés, et, d'accord avec les prélats du parti, s'occupait de préparer une ambassade au Saint-Père. Au mois de juillet, le duc de Luxembourg et le marquis de Pisany reçurent leurs instructions pour Rome : leur mission consistait naturellement à remontrer de leur mieux les avantages que présenterait la conversion de Henri de Navarre, en regard du préjudice que causerait à la foi l'hostilité systématique à sa personne. L'écrit se terminait en manière de menace : dans cette fin, perçait le germe de choses terribles : « De leur part, était-il dit, sentant leurs âmes nettes de toutes offenses envers Sa Sainteté, les seigneurs espéreront, s'ilz sont rejettez d'elle, trouver en Dieu la consolation qu'elle leur a desniée ; dont, touttesfois, ilz auront un grand regret et une grande occasion de s'en plaindre et d'adviser à ce qu'ilz auront à faire pour donner le repos à leurs consciences, que de bons chrestiens et vrais catholiques doivent désirer. Et si ces remonstrances ne produisent aucun fruict, il en faudra demeurer là, sans passer outre envers Sa Sainteté. » Mais les envoyés devaient, après leur sortie des États de l'Église, être plus explicites en présence du grand-duc et du doge, et leur dire nettement qu'en raison de l'attitude du père, les enfants prendraient une résolution désespérée [1].

Il y avait, au bout de tout cela, l'insubordination, puis l'inconnu, le schisme, peut-être une Église nationale avec un patriarche. Deux ou trois prélats, tels que le cardinal de Lénoncourt et Renaud de Beaune-Semblançay, archevêque de Bourges, peuvent, à cette heure, n'avoir pas été loin de désirer secrètement l'éclat d'une scission : certainement, il leur eût été facile de se créer une situation dominante dans

---

[1] Instruction à M. de Luxembourg allant à Rome, Mantes, 7 juillet 1591, dépôt des Affaires étrangères, Correspondance de Rome, 12.

la nouvelle Église[1]. Ils furent des premiers à provoquer à Chartres une assemblée du clergé, comme à lui faire rendre l'indocile mandement du 21 septembre qui déclarait nulles les bulles et les excommunications de Grégoire XIV[2].

Après de tels préliminaires, tout était pour faire augurer mal du succès de l'ambassade projetée. Elle compromettait singulièrement les négociateurs : rien de surprenant à ce qu'elle ne leur ait point souri. Le duc de Luxembourg, qui devait en être le chef, s'en excusait, ses instructions à la main. D'autre part, les magistrats royalistes la voyaient d'un mauvais œil, au lendemain de leurs arrêts qu'ils tenaient pour l'équivalent d'une irrévocable déclaration de guerre[3]. Le départ traîna. Le Pape mourut le 15 octobre. Et le duc et le marquis ne partirent pas.

Grégoire XIV, par son peu d'habileté dans le maniement des hommes, a mis la France à deux doigts de la calamité d'un schisme. Pour peu que le Saint-Siège continue la même politique d'intransigeance, point de doute que l'Église nationale ne se forme, compacte, avec son patriarche et ses lois, ou, pour le moins, que du clergé fidèle à Rome ne se détache une fraction infidèle, inquiétante par le nombre, les talents et l'audace de ses membres. Mais comment fera le Pape futur, même avec de la bonne volonté, pour sortir des brisées de Grégoire? L'Espagne le surveillera, le pressera, le poussera; elle sera dans ses conseils et lui forcera la main; elle le menacera d'envahir ses États, qu'elle enserre, sur les frontières desquels elle entretient, à tous les points cardinaux, des soldats. A ce pape, il faudra bien de l'énergie pour ne point sacrifier irrémissiblement le Béarnais. Sa conscience de pontife lui permettra-t-elle, au surplus, de protéger l'hérétique contre la Sainte-Union? Qui sait les arrière-

---

[1] De Thou, *Hist.*, liv. CIII.
[2] De Thou, *Hist.*, liv. CI.
[3] *Id., ibid.*

projets, qui peut répondre de la sincérité d'un relaps promettant de se faire instruire? Si le relaps ne se fait pas instruire sur l'heure, n'est-ce pas qu'il espère encore régner sans abjurer?... Le plus sage serait d'attendre les événements. Mais comment attendre, avec l'Espagne derrière et devant soi? — En rusant, car la ruse est la défense du faible. — Clément VIII rusera.

V

AMBASSADES A CLÉMENT VIII (octobre 1592 — janvier 1594).

En succédant à l'éphémère Innocent IX, ascète épuisé par le jeûne, qui mourut au bout de deux mois de règne, le cardinal Aldobrandini prit le nom de Clément VIII [1]. Sans être un homme de génie, le nouveau pape avait assez de jugement pour éviter les errements de Grégoire XIV, et la nature de son esprit subtil, un peu compliqué, devait à merveille l'aider à louvoyer, entre des écueils où se fût brisé peut-être un homme à vues plus rectilignes.

Ceux des Français qu'animait le désir sincère de voir se produire la conciliation des intérêts catholiques et des intérêts royalistes, reprirent du courage à son avènement, et ne le perdirent pas à l'arrivée du bref, programme de sa politique, qui prescrivait au vice-légat Sega [2] de s'employer à faire nommer un roi bon catholique, mais qui ne prononçait point formellement l'exclusion de Henri. C'était un favorable indice.

L'évêque de Beauvais, Nicolas Fumée, l'un des principaux prélats attristés de se trouver en posture de rebelles à

---

[1] Mort de Grégoire XIV, 15 octobre 1591. Élection d'Innocent IX, 29 octobre. Mort d'Innocent IX, 29 décembre. Élection de Clément VIII, 30 janvier 1592.

[2] Philippe Sega venait d'être nommé cardinal par Innocent IX.

l'égard de Rome, sollicita le Roi d'envoyer une députation au Souverain Pontife. Le Roi délibérait et prenait conseil. L'archevêque de Bourges, par les motifs précédemment indiqués, n'était pas sympathique à ces tentatives. Quant aux parlementaires, ils multipliaient leurs efforts afin de paralyser les essais généreux du clergé royaliste [1]. Enfin, le bon sens de Henri IV adopta, fort heureusement, les vues des modérés. Il écrivit à sa terrible magistrature, pour lui recommander silence et patience en attendant l'issue des négociations qu'il allait entamer [2].

L'évêque de Paris, de plus en plus froid pour la Ligue [3], et le marquis de Pisany, se chargèrent de l'ambassade. Le résident de Venise, Mocenigo, répondit de l'assistance de la Sérénissime Seigneurie; Jérôme de Gondi partit en avant pour Florence, afin de disposer le grand-duc favorablement; Mayenne, avec qui l'on était en pourparlers et qui voulait obtenir l'autorisation de convoquer une assemblée nationale, promit lui-même d'appuyer les négociateurs [4]. Tout semblait donc sourire à l'entreprise.

Le cardinal de Gondi se mit en route, sans charge apparente, au commencement d'octobre 1592. M. de Pisany le suivit à peu d'intervalle [5], porteur de deux sortes d'in-

---

[1] De Thou, *Hist.*, liv. CIII.

[2] V. par exemple la lettre au Parlement de Bourgogne, publ. ap. *Lettres missives de Henri IV*, VIII, 463.

[3] Il s'était esquivé de Paris, refusant de prêter le serment que les Seize voulaient imposer aux Parisiens, le serment d'exclure de la couronne tous les membres de la famille royale. La saisie de son temporel avait été la conséquence de cette retraite. V. Féret, *Henri IV et l'Église catholique*, p. 35.

[4] Davila, *Guerres civiles*, liv. XIII.

[5] Le légat fut plus franc que Mayenne : il écrivit au cardinal et au marquis, « au premier pour luy deffendre d'aller à Rome parce que le Saint Père ne vouloit point entrer en commerce aulcun avec le roy de Navarre, et au second pour l'avertir qu'il risquoit grandement d'entrer dans les Estats du Pape ». *Suppl. au Journal de Lestoile*, t. V, p. 334, éd. Champollion. — Les royaux ne se fiaient pas également aux deux envoyés : ils avaient du soupçon de l'évêque de Paris, dont pourtant les intentions

structions bien distinctes : il était l'ambassadeur officiel des prélats et des seigneurs royalistes, qui le chargeaient de justifier leur conduite et les desseins de leur prince, et de demander le remplacement du vice-légat, injuste et prévenu contre eux[1]. Mais, en outre, il était muni de pouvoirs secrets de la main du Roi : de la part de ce dernier, il informerait le Pape du désir qu'avait Henri de s'éclairer et de se convertir; seulement, c'était chose naturelle que Sa Majesté craignit de s'aliéner ses fidèles serviteurs de la religion réformée, tant qu'elle n'aurait pas la certitude de l'obéissance des catholiques, et, comme l'attitude de la Ligue et du cardinal de Plaisance n'était pas de nature à donner sur ce chapitre beaucoup de confiance, le marquis supplierait Clément VIII d'envoyer un autre légat, qui, dès son arrivée, « se fît premièrement donner assurance par ceux de la Ligue de reconnaître et obéir Sa Majesté comme leur légitime roi, en se faisant catholique; quoi fait, Sa Majesté promet de recevoir instruction, moyennant laquelle elle croit qu'elle aura occasion de donner le contentement qui est désiré de sa part[2] ».

Ce n'était pas tout : Jean de Vivonne emportait encore des lettres qui l'accréditaient comme ambassadeur ordinaire à Rome et qu'il devait présenter au Saint-Père si ce dernier lui faisait bon visage[3]. Tout cela formait, avec les missives aux princes de l'Italie, un gros bagage de papiers. Tout cela

---

étaient pures. « Quoy qu'il en advienne, — fait dire à Mayenne la *Satire Ménippée*, — nous avons envoyé coup sur coup nos agens à Rome, pour renverser la négociation du cardinal de Gondy, qui ne s'y eschauffera pas plus qu'il ne doibt, et rompre les pratiques du marquis de Pisani, qui est trop bon François pour nous... »

[1] Copie de l'instruction baillée par les royaux à M. le marquis de Pisany, Champs, 2 octobre 1592, Ms. Bibl. nat. F. fr., 3646, f° 13, et Aff. étr., Corr. de Rome, 12.

[2] Instruction de Henri IV au marquis de Pisany, 7 octobre 1592, publ. ap. *Revue rétrospective*, 2ᵉ série, XI.

[3] Henri IV à Clément VIII, 8 octobre 1592, publ. par BERGER DE XIVREY, *Lettres missives de Henri IV*, III, 674.

devait, hélas! servir à peu de chose. Il fallait, avant de songer à se faire agréer pour résident, commencer par se faire recevoir en audience extraordinaire; et le Vatican restera obstinément fermé à l'envoyé du relaps, quelque méritoire humilité que mette le pauvre gentilhomme à frapper aux portes, quinze mois durant.

Les Alpes franchies, les négociateurs firent halte chez des amis; ils voulaient sonder le terrain et préparer leurs voies, avant de pousser jusqu'à Rome. Pendant que Pisany s'arrêtait à Desenzano, petite ville du territoire vénitien, assise au bord du lac de Garda, le cardinal de Gondi visitait le grand-duc Ferdinand de Médicis, qui faisait profession d'aimer Henri IV. C'était l'ancien cardinal de Médicis, que nous avons vu intriguer au conclave de 1585 : il s'était fait relever de ses vœux, à la mort de son frère François, dont il avait recueilli l'héritage. Sur le trône de Toscane, il n'avait rien perdu de son humeur turbulente et de sa présomption. Il promit son aide au prélat français, se vanta, paraît-il, de gouverner à sa guise le Saint-Siège [1]. Sur ces assurances, l'évêque de Paris, tout joyeux, bâtit un plan de campagne : aller trouver Sa Sainteté, se faire accueillir en l'assurant qu'il n'était l'homme de personne, qu'il était neutre et n'agissait que pour le bien de la religion et de l'État, l'amener à recevoir Henri dans sa grâce. Le grand-duc et son hôte en étaient là de leurs beaux projets et s'adonnaient aux fêtes dans l'Ambrosiano, quand ils virent arriver vers eux le Père Franceschi, des Frères Prêcheurs; c'était un envoyé de Clément VIII : au nom du Pape, le moine fit fort durement défense au cardinal de Gondi de venir à Rome, le qualifia mauvais chrétien et fauteur des hérétiques, le menaça des peines les plus sévères s'il violait l'interdiction [2].

---

[1] V. la lettre écrite de Rome, le 26 octobre 1592, par un ligueur, et publiée ap. *Mémoires de la Ligue*, V, 182.
[2] DE THOU, *Hist.*, liv. CIII. — DAVILA, *Guerres civiles*, liv. XIII.

Le marquis de Pisany, cependant, n'était pas mieux traité. Le nonce à Venise lui signifia « qu'estant desjà suspect d'hérésie comme ayant suivy un hérétique et porté les armes pour son service, le Pape luy deffendoit résolument d'entrer dans les États de l'Église, sinon qu'il seroit contrainct de procéder contre luy[1] ».

Clément VIII avait de justes motifs de courroux. Les événements de France, les excès du Parlement de Châlons qui venait d'annuler les bulles pontificales et de citer le cardinal de Plaisance à sa barre, « ne témoignoient pas que le Roy eût beaucoup d'envie de se convertir et de se réconcilier à l'Église[2] ». Au vrai, le Roi était débordé par les haines de sa magistrature. Mais le Pape appréciait différemment les choses et ne croyait guère à la sincérité de Henri. Son entourage, les agents de l'Espagne, ceux de la Ligue, travaillaient avec ardeur à stimuler sa colère et ses méfiances[3]. Telles furent quelques-unes des causes du fâcheux accueil fait aux deux Français.

Ceux-ci se soumirent, mais détachèrent à Rome leurs secrétaires, gens très habiles. L'un d'eux, Antoine de La Boderie, pouvait travailler d'une façon particulièrement efficace, en raison de ses relations et de son crédit auprès du Saint-Siège. Il fut l'un des premiers à pénétrer le véritable état d'esprit de Clément VIII, à mander au Roi ce que devaient confirmer les rapports des négociateurs suivants : Sa Sainteté n'était pas irréconciliable, et dans les éclats bruyants de son ressentiment, il fallait voir une forte dose de feinte pour amuser la Ligue et faire patienter l'Espagne[4].

---

[1] Davila, *Guerres civiles*, liv. XIII.
[2] *Id., ibid.*
[3] Matthieu, *Histoire de France (Henri IV)*, liv. I. — Au lieu d'appuyer Henri selon ses promesses, Mayenne avait dépêché Desportes-Beaudouin à Rome pour contrecarrer les projets royalistes; l'agent faisait rage. V. les *Derniers Jours de la Ligue*, par H. de l'Epinois, ap. *Revue des quest. hist.*, juillet 1883.
[4] Vie de La Boderie, en tête des *Ambassades de La Boderie*, éd. 1750.

Clément, en effet, écoutait volontiers les explications des secrétaires, soutenus par Venise et Florence, occupés de lui représenter le péril imminent d'un schisme et le bien fondé des espérances d'une conversion durable. En lui naissait et grandissait, à ces discours, le désir de voir couronner un jour le Béarnais rentré dans le giron de l'Église, ou du moins élire quelque autre prince du sang qui ralliât tous les suffrages et déjouât les calculs de Philippe II. Mais pas encore de projets définis et liés : rien qu'un sentiment vague des nécessités de la situation. Il lui paraissait, au surplus, utile d'entretenir la Ligue, ce stimulant à la conversion de Henri. Aussi résolut-il de poursuivre sa politique d'apparente intransigeance, tout en ménageant secrètement les royaux et leur maître. Pour commencer, il fit passer au cardinal de Plaisance des instructions mystérieuses, selon lesquelles le légat devait déployer autant d'habileté que de mesure, préférer à tout les intérêts de la religion, « ne se montrer point si scrupuleux, mais céder au temps et à la nature des choses ce qui se pourroit faire honnestement[1] ». C'était à peu près les recommandations de Sixte-Quint au cardinal Gaetano; mais, pas plus que Gaetano, Philippe Sega n'était homme à tenir compte des injonctions de son commettant : il fut, dans la mauvaise acception du mot, plus ligueur que Mayenne, et son zèle pour Philippe II égala celui de l'ambassadeur d'Espagne à Paris.

Quoi qu'il en fût de l'effet produit sur l'esprit du Pape par les négociations des secrétaires, la quarantaine de l'évêque de Paris et de M. de Pisany, forcés d'attendre à l'entrée des États de l'Église le bon plaisir de Clément VIII, était humiliante et douloureuse. Le cardinal de Gondi tolérait tout avec une résignation vraiment belle, et trouvait encore le courage d'écrire aux royaux de France des lettres de réconfort, les

[1] Davila, *Guerres civiles*, liv. XIII.

exhortant à la patience, les assurant que Dieu récompenserait enfin de leurs peines les bons Français et les bons chrétiens[1]. Le marquis avait moins de longanimité : fallait-il donc que toujours il se trouvât éloigné, par la fatalité du sort et par ses perpétuelles ambassades, des lieux où se donnaient les bons coups d'épée? Séjourner ainsi, victime des fantaisies d'un pape, au bord d'un lac bleu, sous des ombrages parfumés et fleuris, comme un valétudinaire, tandis que peut-être les compagnons de la cornette blanche menaient leur ouragan de fer au travers du feu!... Il jurait impossible de prolonger davantage une oisiveté si pénible, il annonçait son prochain départ, il en faisait répandre le bruit à Rome, sans doute avec l'espoir que le Saint-Père en serait ému[2].

Les instances d'Arnaud d'Ossat le retinrent en Italie. L'abbé n'avait pas cessé de demeurer à Rome, depuis le départ de l'ambassadeur et du protecteur en 1589 : aidé de madame de Pisany, femme de tête, et du fidèle M. Séraphin, il gérait et sauvegardait de son mieux les intérêts français, plus que compromis dans l'effondrement de nos rapports avec le Saint-Siége. Il s'alarma des menaces de départ du marquis, il l'adjura dans une lettre éloquente de ne pas abandonner « sa sainte entreprise ». Tout en s'excusant de donner des avis à l'un de « ses seigneurs et maistres », il disait : « Le Pape n'est pas un souverain ordinaire. Un pénitent ne doit point réputer à indignité de batre et atendre longuement à la porte de celui duquel l'absolution lui est nécessaire; ainsi, s'il se dépite et s'en va courroucé de ce qu'on l'a fait attendre quelque temps, il montre qu'il n'est point encore vrai repentant. » Le marquis représentait le pénitent. « Nous avons exemple de la Cananée, laquelle, priant pour sa fille et persistant nonobstant les refus qui lui estoient faits, raporta de

---

[1] Le cardinal de Gondi au duc de Nevers, Desenzano, 13 juin 1593, Ms. Bibl. nat. F. fr., 3622.
[2] D'Ossat à Pisany, Rome. 3 avril 1593, publ. ap. *Lettres du cardinal d'Ossat.*

la bouche même de Notre-Seigneur Jésus-Christ grande louange de sa foi et persévérance. » Selon d'Ossat, le départ du marquis serait le signal probable de l'explosion du schisme : responsabilité terrible! Il ne cachait pas d'ailleurs à l'ambassadeur que Sa Sainteté ne daignerait sans doute lui donner réponse qu'après la fin des États de la Ligue, en ce moment réunis à Paris. « Mais possible n'est-ce pas un si grand mal comme il semble de prime face : les choses du monde vont d'une façon, que bien souvent les hommes se travaillent pour détourner ce qui leur reviendroit à grand profit s'il advenoit, et quelquefois aussi pour obtenir ce qui leur aporte puis après un grand dommage... Votre attente n'aura causé aucun mal, quand bien au pis aller la Ligue s'accoucheroit de ce monstre de l'Anti-Roy dont elle monstre estre grosse longtemps y a. » Mais, poursuivait-il, elle n'accouchera que de vent; son assemblée s'en ira en fumée; elle se trouvera démonétisée. « Et de la longueur même dont le Pape use à présent à votre endroit, vous vous serez par votre patience vangé, de la façon qu'il est permis aux enfans de se vanger de leurs pères qui les maltraitent, à l'instigation et calomnie de leurs faux et malins frères : c'est que vous lui aurez donné temps et moyen de se détromper[1]. »

Sens prophétique, hauteur de vues, modération d'idées, docilité du prêtre, abnégation du chrétien, fidélité royaliste, amour de la patrie, saisissante lucidité du style où se reflète l'homme : voilà bien le grand d'Ossat.

M. de Pisany lut cette admirable lettre, la médita, s'en inspira pour patienter, et la fit passer au Roi, pour qui ce fut, paraît-il, la révélation d'un serviteur hors de pair[2].

L'horoscope d'Arnaud d'Ossat, touchant les États convoqués par Mayenne, se réalisa. Le 26 janvier, s'était ouverte

---

[1] D'Ossat à Pisany, Rome, 3 avril 1593, *Lettres du cardinal d'Ossat*.
[2] V. note de La Houssaye, après la lettre du 3 avril, ap. *Lettres du cardinal d'Ossat*.

l'assemblée de la représentation prétendue nationale, représentation très incomplète, puisqu'elle n'émanait que d'une faible partie de la France et ne compta jamais que cent vingt-huit députés, mais à laquelle la dignité du patriotisme ne fit point défaut. La Satire Ménippée ne peut servir le moins du monde de base au jugement : c'est un chef-d'œuvre de caricature, c'est une caricature; quelques-uns de ses pantins ont, à coup sûr, un grand fond de vérité : tel, le cardinal de Pellevé; mais la majorité des députés, recrutée parmi les ligueurs modérés, prouva qu'elle était faite d'honnêtes gens. En elle, battit un cœur pur, se manifesta l'esprit dont eût été certainement animée la Ligue sans la pernicieuse influence des Guise : zèle pour la foi, fierté à l'égard de l'étranger. Et tandis que, bien digne de sa famille, le duc de Mayenne ne s'effrayait, en échange de quelques misérables faveurs espagnoles, ni d'un morcellement du sol, ni de la domination de Philippe II, les trois ordres résistaient à la pression, à l'intimidation, aux manœuvres de toutes les sortes, consternaient le légat et les agents de l'Escurial, refusaient d'élire l'infante, et ne consentaient à l'accepter pour reine qu'à titre d'épouse d'un roi français.

Honnête, la Ligue devenait seule, sans appui, sans ressources : elle ne pouvait vivre. Les États le sentirent bien, et prêtèrent l'oreille à des offres de pourparlers que les royaux leur firent. Douze commissaires, l'archevêque de Lyon, Pierre d'Espinac, en tête, allèrent s'aboucher à Suresnes avec les huit mandataires des navarristes; le porte-parole de ceux-ci fut Renaud de Beaune, archevêque de Bourges. Les prélats joutèrent en de beaux discours nobles et graves; ils discutèrent d'abord de la prééminence des deux principes catholique et monarchique, puis du droit et de l'opportunité d'accepter la conversion éventuelle de Henri. Ce dernier venait, effectivement, de notifier à son conseil, le 15 mai, sa résolution de se faire instruire.

Il en informa M. de Pisany deux jours après. Il expliqua dans sa lettre qu'il comptait parer ainsi les coups perfides de ses ennemis, « d'autant, disait-il, qu'ils ne peuvent bien rompre la disposition du peuple en mon endroit, qu'en lui faisant perdre toute opinion et espérance de ma conversion, où ils n'épargnent aucune invention ni supposition de bons avis qu'ils disent en avoir ». Il était heureux, du même coup, de faire la joie de ses sujets catholiques[1].

Pourtant, l'ère des difficultés n'était pas fermée. Point ne suffisait au Roi de revenir à l'Eglise : il fallait que l'Église ouvrît ses bras à l'excommunié. Les délégués de la Sainte-Union aux conférences de Suresnes accueillirent avec une réserve pleine de froideur l'avis des projets de Henri IV, que leur transmit officiellement l'archevêque de Bourges dans la séance du 17 mai. Simples commissaires des États, ils n'osaient se prononcer personnellement en matière aussi grave, et devaient en référer à leurs commettants. Ils doutaient d'ailleurs, avec beaucoup de raison, que le clergé français eût qualité pour absoudre Henri l'excommunié, sans des pouvoirs du Pape[2]. Les États pensèrent qu'il ne l'avait pas[3].

Il n'en est pas moins vrai qu'à dater de cette époque la cause de l'aîné des Bourbons était gagnée. La masse de la nation se désintéressait de ces questions de discipline ecclésiastique ; elle ne sentait que ses souffrances ; elle comprenait

---

[1] Henri IV à Pisany, Mantes, 17 mai 1593, ap. *Revue rétrospective*, 2ᵉ série, XI. — Le 30 mai, le Roi dépêcha Jérôme de Gondi, chargé de causer plus amplement avec Pisany de la politique nouvelle qu'on allait inaugurer. Henri IV à Pisany, Mantes, 30 mai 1593, *ibid.*; et *Lettres missives de Henri IV*, VIII, 485.

[2] L'archevêque de Bourges prétendait que si, mais par des raisons de prélat de cour. « Aux personnes privées, disait-il, on peut user de ces termes-là, mais non aux personnes illustres et de si haute et éminente dignité, mesmes aux roys et aux princes souverains qui portent leurs couronnes sur la pointe de leurs épées et ne sont attachés aux lois et constitutions vulgaires... » PALMA-CAYET, éd. Petitot, XLI, 393.

[3] V. *Registres des États généraux de 1593*. — La réponse des États fut envoyée le 5 juin aux navarristes.

seulement que l'héritier légitime du trône, l'homme unique qui pût lui rendre la paix, un prince que l'on publiait loyal et bon, faisait retour à la foi de saint Louis. L'amour du peuple prenait son élan vers le catéchumène, de toute l'impétuosité de mille espérances et de toute la force de réaction des sentiments monarchiques longtemps comprimés.

Sans souci des protestations du légat, à l'heure même où, selon les prédictions d'Ossat à Pisany, la Ligue « accouchait de vent », puisque ses États confessaient leur impuissance à rien décider, Henri IV se déclarait prêt à l'abjuration, le 23 juillet, après cinq heures d'entretien pour la forme avec les docteurs, et, le 25, il abjurait en effet dans la basilique de Saint-Denis entre les mains de l'archevêque de Bourges.

« Monsieur le marquis, écrivait le Roi à Pisany, j'ai enfin satisfait au désir commun de tous mes bons amis et serviteurs catholiques, mais premièrement à moi-même, touchant l'expectation dans laquelle ils étaient de me voir uni avec eux en la sainte Église catholique, apostolique et romaine. » Puis il annonçait à son envoyé le prochain départ d'un seigneur de qualité pour prêter obédience, et lui donnait l'ordre de se joindre à cette mission, quand elle traverserait le nord de l'Italie, afin d'aller prendre à Rome son poste d'ambassadeur résident [1].

Henri n'était pas aussi persuadé qu'il le voulait paraître du bon accueil du chef de l'Église, après « son saut périlleux [2] ». Il n'avait pas de peine à comprendre quelles méfiances devait soulever sa conversion de relaps, conversion inspirée par l'ambition et par le patriotisme plus que par la foi. Le fond des croyances religieuses de Henri IV est encore et sera toujours un mystère. Fut-ce un indifférent,

[1] Henri IV à Pisany, Saint-Denis, 8 août 1593, ap. *Revue rétrospective*, 2e série, XI.
[2] Telle est l'expression dont lui-même se servit dans une lettre à Gabrielle d'Estrées, avant d'entrer en conférence avec les docteurs : « Je ferai dimanche le saut périlleux. » *Lettres missives de Henri IV*, III, 821.

imbu de la pensée que toutes les religions étaient bonnes au service d'un Dieu philosophique et sans culte de céleste origine? Il me semble plus probable que ce fut un indécis, à qui manquait un système de doctrines, et ballotté par le doute entre les deux confessions : des ministres protestants avouèrent devant lui qu'on se pouvait sauver dans le catholicisme [1] ; au contraire, les théologiens catholiques niaient qu'il fût possible de faire son salut dans l'erreur de Calvin : à tous égards, le catholicisme dut lui sembler plus avantageux ; et, mû de ces considérations, il abjura l'hérésie qui lui barrait le chemin du trône.

Du peu de ferveur du néophyte, deux fois excommunié, qui débutait, à peine converti, par se passer de l'absolution pontificale, un pape intègre et sévère ne pouvait s'estimer bien satisfait.

Néanmoins, la perspective des résultats futurs était si grande, que Clément VIII ne voulut pas rejeter absolument son pénitent suspect. Ne rien sacrifier de la dignité pontificale ni de la dignité de l'Église, éprouver la constance de Henri, mais lui ménager l'espérance, et cependant détourner les soupçons gros de colères de l'Espagne : tel fut le plan auquel s'arrêta son génie d'expédients.

Isaïe Brochard de La Clielle, maître d'hôtel du Roi, qui précéda de quelques semaines le duc de Nevers à Rome, éprouva le premier les étonnants effets de cette politique. Il apportait au Saint-Père des lettres de soumission du Béarnais, conçues en termes fort respectueux, et des lettres de Nevers qui demandait bon accueil [2]. Il arriva le 11 sep-

---

[1] Ce fut du Perron qui tira cet aveu de Rotan et de Morlas ; des ministres plus sévères traitèrent ces derniers de prévaricateurs. V. Féret, *Henri IV et l'Église catholique*, ch. II et III.

[2] Les lettres du Roi, apportées par La Clielle et datées du 9 août 1593, ont été publiées par Berger de Xivrey, t. IV, p. 11. On y lit cette phrase : « Mes ennemys me peuvent bien passer en artifice et dissimulation, mais non en franchise et candeur. » Il y a une copie des instructions de La Clielle, Ms. Bibl. nat. Brienne, 137, f° 17.

tembre, dut se tenir caché deux jours comme un malfaiteur, tandis que sous main M. Séraphin, l'abbé d'Ossat, d'autres encore, négociaient son audience au mieux. Enfin il fut introduit dans le cabinet du Pape furtivement, au milieu de la nuit; il se précipita, ses papiers à la main, aux pieds de Clément, qui les prit de bonne grâce, puis qui feignit une immense surprise en en lisant le contenu : « J'ai donc été bien trompé! s'écria Sa Sainteté. Je croyais que vous veniez de la part du duc de Montmorency! » Et La Clielle ne put obtenir que des phrases vagues : « Soyez tranquille... Allez en paix... » Il eut, depuis, plusieurs entrevues avec le cardinal Tolet, à qui on l'adressa; mais de la bouche de ce prélat non plus, il ne reçut ni pour Henri des promesses de pardon, ni pour le duc de Nevers la permission de se présenter. Il quitta Rome le 26 septembre [1].

Pendant ce temps, le duc de Nevers, après de brillants préparatifs, s'était mis en route pour son ambassade d'obédience, le cœur plein des meilleurs espoirs, et très jalousé du duc de Luxembourg, à qui la mission paraissait commode et glorieuse. Il se faisait accompagner de l'évêque du Mans, du doyen Séguier et du docteur en théologie Gobelin, personnages compétents, chargés de certifier au Pape que toutes les formalités requises pour l'abjuration avaient été scrupuleusement observées [2]. La suite était pompeuse, une vraie suite de prince; les jeunes gentilshommes qui la compo-

[1] Je raconte la mission de La Clielle *sous toutes réserves*, d'après la *Copie d'un mémoire que donna le sieur de La Clielle au duc de Nevers*, conservée Ms. Bibl. nat. Brienne, 137, f° 116. Ce n'est pas tout à fait la version de Davila, *Guerres civiles*, liv. XIV. Je n'ai pas de raisons pour suspecter l'authenticité du document, mais je ne saurais non plus me risquer à la garantir. — La Clielle, qui ne manquait pas d'esprit, s'aperçut bien que, dès ce temps, le cardinal Tolet désapprouvait personnellement la politique pontificale.

[2] Instruction à M. du Mans, *Revue rétrospective*, 2e série, XI. — Instruction au duc de Nevers, et amplification de cette instruction, Dépôt des Affaires étrangères, *Correspondance de Rome*, 12. — Nevers s'était chargé de lettres à remettre à Morosini, à M. Séraphin, à Cynthio Aldobrandini,

saient s'en allaient tout fiers de leur rôle, ravis de l'accueil qu'ils croyaient les attendre et des triomphantes nouvelles qu'ils s'imaginaient devoir rapporter en France de leur expédition [1]. On passa par la Suisse. L'allégresse se dissipa dès qu'on fut de l'autre côté des Alpes : de Poschiano, territoire des Grisons, jusqu'à Rome, le duc reçut trois sommations de se garder d'entrer dans les États ecclésiastiques, sinon en qualité de simple particulier [2]. A Desenzano, il rencontra La Clielle, qui lui remit un mémoire de sa négociation malheureuse [3]. Et ce fut la tête basse, par une porte dérobée, la nuit, sous les insultes des passants, que la fière ambassade fit son entrée dans la capitale du monde chrétien [4].

Le bruit sinistre de ces préliminaires parvint jusqu'à M. de Pisany, toujours circulant dans le nord de l'Italie autour de Desenzano : ce n'étaient point symptômes de nature à lui faire augurer bien de l'avenir. Il frémit à l'idée d'aller à Rome s'exposer, en compagnie de M. de Nevers, à de nouveaux affronts, et cette épouvante ne fut peut-être pas étrangère au malentendu qui lui fit manquer le passage de la mission. Il eût dû la grossir de sa personne [5] ; mais il

---

à Pietro Aldobrandini, aux cardinaux, à Pisany, etc.; il en existe copie aux Affaires étrangères, *Correspondance de Rome*, 12. — Voir six lettres signées de Henri IV et remises par le duc à Pisany pour que celui-ci les distribuât aux destinataires, Archives de la Charente, E, 158.

[1] V. la lettre d'un gentilhomme de l'escorte insérée dans Mathieu, *Histoire de France (Henri IV)*, liv. I.

[2] *Discours de la légation de M. de Nevers vers Clément VIII*, par lui-même, Paris, Mettayer et L'Huillier, 1594. — M. de l'Épinois a donné la curieuse analyse de la mission du père Possevino près de Nevers, d'après les Archives du prince Borghèse, *Revue des questions historiques*, juillet 1883.

[3] Le 20 octobre 1593, d'après la copie du mémoire, Ms. Bibl. nat. Brienne, 137, f° 116.

[4] Lettre du gentilhomme de l'escorte, Mathieu, *Histoire de France (Henri IV)*, liv. I.

[5] Henri IV comptait que le marquis allait être agréé pour résident en même temps que le duc prêterait l'obédience. « Je juge que si cet establissement se doibt faire, ce sera au mesme temps ou bientost après que mon cousin de Nevers aura été receu à faire l'office dont il a charge de ma

feignit d'avoir été prévenu trop tard, parvint à Bologne quand déjà les Français avaient dépassé cette ville, puis, comme pris du désespoir de les rattraper, écrivit au duc afin de s'excuser du contre-temps et de lui dire combien d'ailleurs il trouvait mal choisi le moment de se présenter au Saint-Père en qualité d'ambassadeur résident; il l'informait qu'il irait attendre ses instructions à Lorette [1].

Lorette était du domaine de l'Église, mais Pisany croyait avoir le droit de se rendre au lieu sanctifié pour y faire ses dévotions, comme tous les pèlerins du monde. Clément VIII ne voulut pas le lui dénier tout à fait; seulement, il lui fit dire, à peine arrivé, de précipiter ses exercices pieux et de quitter les domaines pontificaux aussitôt après [2]. C'était une humiliation de plus. Le pauvre gentilhomme plia bagage en soupirant, pour remonter vers le nord. Il s'arrêta cependant quelques jours auprès du cardinal de Gondi, dont la présence était tolérée dans l'État du Pape, mais dont la situation de perpétuelle attente ne pouvait malgré tout sembler bien préférable à la sienne. Le Desenzano de l'évêque de Paris était en ce moment Recanati, près Lorette [3].

Sur le chemin de la Romagne, l'ambassadeur errant fit une piquante rencontre. Venant à lui dans une litière, en tête d'un cortège, il croisa un pourpré, qu'il reconnut être le cardinal de Joyeuse. La main du temps — quelques années à peine! — avait étrangement modifié la situation respective de ces anciens collègues. Jean de Vivonne servait toujours

---

part. » Henri IV à Pisany, Ms. de l'Arsenal, 4110, p. 219. — Et c'est pourquoi Pisany avait reçu d'avance les nouvelles lettres de crédit qu'il devait remettre à Sa Sainteté, celles qu'il avait emportées l'année précédente étant devenues trop vieilles. Henri IV à Clément VIII par le marquis de Pisany, Ms. Arsenal, 4110, p. 215.

[1] Pisany à Nevers, Bologne, 11 novembre 1593 (deux lettres), Ms. Bibl. nat. F. fr. 3646, fos 44 et 46.

[2] Pisany à Nevers, Recanati, 12 décembre 1593, Ms. Bibl. nat. F. fr. 3646, f· 53.

[3] *Id., ibid.*

le roi de France, mais l'ex-protecteur s'était fait partisan de la Ligue, et dans ce moment même se rendait à Rome, pour plaider la cause de Mayenne, avec l'abbé d'Orbais et le baron de Sennecey. M. de Pisany s'arrêta, toisa le jeune prélat, s'étonna de son air grave. « Je vais trouver le Pape, fit ce dernier, de la part de l'assemblée des catholiques d'Albi. » — « Les catholiques! répliqua M. de Pisany, mais depuis quand donc les catholiques sont-ils les ligueurs? » La conversation dura peu. Le cardinal était embarrassé de sa volte-face, et l'ambassadeur vexé d'avoir à expliquer comment il se trouvait sur ce grand chemin [1]. On se sépara donc vite.

De retour à Desenzano, la situation parut à Pisany plus intolérable que jamais. Il était tout au bout de sa patience et las de « subsister par les hostelliers d'Italie [2] ». La perspective, fort problématique au surplus, d'être enfin admis à Rome et d'y séjourner comme ambassadeur, le faisait frissonner. Il ne rêvait que de la France [3]. Il ne se sentit pas la

---

[1] Pisany à Nevers, Desenzano, 3 janvier 1594, Ms. Bibl. nat. F. fr. 3622, f° 3; et le cardinal de Joyeuse à Mayenne, 18 janvier 1594, Ms. Bibl. nat. F. fr. 16046.

[2] Pisany à Nevers, Desenzano, 3 janvier 1594, Ms. Bibl. nat. F. fr. 3622, f° 3.

[3] Depuis longtemps, dans toutes ses lettres, il demandait en grâce son rappel. Henri IV le lui refusait, mais en des termes bien flatteurs : « Monsieur de Pisany, vous ne sauriez avoir plus de contentement d'être auprès de moi que j'aurai toujours de vous y voir, même aux occasions qui m'y peuvent plus faire désirer un personnage d'honneur et de valeur, pour le rang que vous pouvez tenir entre les premiers de ce nombre...; mais je remettrai à vous faire réponse sur l'instance que vous me faites de votre retour, après que je saurai le cours que mes affaires prendront par delà. » Henri IV à Pisany, 22 octobre 1593, *Revue rétrospective*, 2ᵉ série, t. XI. — « Je verrai le cours que les affaires prendront, selon lequel je ne vous laisserai longuement incertain de mon intention, en cas que l'on veuille user de temporisation. Mais l'état de ce royaume, ni aussi le bien de la chrétienté, n'ont pas besoin qu'on y prenne cette voie, et si les choses s'accommodent comme on le fait espérer, je m'attends que vous me ferez le service que je désire de vous, de prendre la charge au moins pour quelque temps; en laquelle si ce n'est après votre intention et commodité d'y demeurer, j'aviserai de vous donner le moyen d'en sortir le plus tôt qu'il sera possible. » Henri IV à Pisany, 22 décembre 1593, *ibid*.

force de demeurer jusqu'à la fin des négociations de M. de Nevers, et prit le parti d'aller l'attendre, à sa sortie d'Italie, dans une ville proche de la frontière. Cette résolution arrêtée, il en écrivit au duc ainsi qu'à madame de Pisany qu'il avait renvoyée récemment à Rome, partit dans les premiers jours de janvier, et bientôt après franchit les neiges [1].

Vers le même temps, Nevers sortait de Rome, accablé de tristesse. Ses efforts avaient absolument échoué; discours, colères, menaces, prières, supplications à genoux, étaient demeurés inutiles : Clément VIII tenait obstinément rigueur au Roi converti. Quelques paroles vagues d'atténuation et d'encouragement, prononcées par des tiers officieux, n'étaient que de bien insuffisantes consolations pour un si grand échec [2].

Douloureusement donc, l'ambassade reprit le chemin de France. Elle ne put oublier ses chagrins dans l'orgueil et la diversion des réceptions magnifiques que firent au duc les cours de l'Italie septentrionale et surtout la Sérénissime République [3]. Mais une nouvelle consola jusqu'à la joie le retour des royalistes, nouvelle qui devait avoir d'incalculables conséquences et notamment modifier du tout au tout l'attitude du Souverain Pontife : Henri IV était maître de Paris [4].

Le Pape comprit qu'alors le Béarnais était bien irrévoca-

---

[1] Pisany à Nevers, Brescia, 5 et 12 janvier 1594, Ms. Bibl. nat. F. fr. 3622, f⁰ˢ 10 et 16.

[2] *Discours de la légation de M. de Nevers vers le pape Clément VIII*, par lui-même. Paris, Mettayer et L'Huillier, 1594. — Le *Discours de ce que fit M. de Nevers à son voyage de Rome*, et la *Relatio dictorum a Clemente papa die 28 decembris 1593 in consistorio*, publiés dans les mensongers *Mémoires de Nevers* par GOMBERVILLE (t. II, p. 405 et 638), me paraissent d'une authenticité plus que douteuse.

[3] V. les lettres de Hurault de Maisse à Nevers, Venise, 15 et 22 janvier, 17 février 1594, Ms. Bibl. nat. F. fr. 3622.

[4] Henri IV voulut informer Pisany, qui n'était pas encore de retour, par une lettre spéciale, le jour même de l'événement. Henri IV à Pisany, Paris, 22 mars 1594, *Revue rétrospective*, 2ᵉ série, t. XI.

blement le vrai roi. Par l'intermédiaire du cardinal de Gondi, qu'il avait su retenir après le départ des autres Français à l'aide de demi-promesses et de réticences [1], il manifesta le désir de recevoir une nouvelle ambassade, et promit de l'écouter. Toujours doux et sans rancune, Henri fit partir le fameux du Perron. Avec l'abbé d'Ossat et le cardinal de Joyeuse rallié au vainqueur [2], cet habile homme sut négocier enfin un accommodement. Et le 17 septembre 1595, sous le portique de Saint-Pierre, fermant la période des crises, ouvrant l'ère de paix, Clément VIII prononça l'absolution de Henri IV.

L'une des conditions de l'absolution était relative à l'éducation du petit prince de Condé. Il avait été réglé que cet enfant, héritier présomptif de la couronne et nourri dans la religion de Genève, recevrait désormais l'enseignement de Rome. Ce pacte devait avoir des conséquences pour la carrière de Jean de Vivonne.

[1] V. le cardinal de Gondi à Nevers, Lorette, 7 février, et Rome, 15 février 1594, Ms. Bibl. nat. F. fr. 3622.
[2] V. la lettre pleine de bonté de Henri IV au cardinal de Joyeuse, 16 octobre 1594, publiée par BERGER DE XIVREY, t. IV, p. 229, et la lettre d'Ossat, 31 octobre 1595, ap. *Lettres d'Ossat.* — M. Séraphin et le cardinal Tolet (ce dernier Espagnol et Jésuite) aidèrent puissamment les négociateurs. N'oublions pas non plus le pieux confesseur du Pape, César Baronius, qui, sur l'ordre de saint Philippe de Néri, refusa, dit-on, de donner l'absolution à Sa Sainteté, si Sa Sainteté refusait de donner l'absolution au roi de France repentant et soumis; on ajoute que Clément VIII souffrit cette sainte audace avec autant d'humilité que de patience. V. le vicomte DE MEAUX, *Luttes religieuses en France*, p. 262.

CHAPITRE VI

Jean de Vivonne gouverneur du prince de Condé. — Vie privée, affaires domestiques. — Mort de Jean de Vivonne. — Postérité. — Le nom.

I

JEAN DE VIVONNE GOUVERNEUR DU PRINCE DE CONDÉ
(1595-1599).

Le beau thème pour un Walter Scott, que celui des aventures de Charlotte de la Trémoille, princesse de Condé [1]! Elles offrent tout l'irritant attrait de l'énigme, tout le poignant d'un terrible drame. La Saintonge n'a pas de souvenirs plus émouvants et plus sombres que les souvenirs du château de Saint-Jean-d'Angély.

Belle, romanesque, hardie, avec un nez d'aiglonne et des lèvres minces, la fille des la Trémoille avait passé les premières années de sa jeunesse à rêver, du haut des remparts de Taillebourg, un rôle important dans le monde. A seize ans, elle s'éprenait du prince de Condé [2], gouverneur de Saint-Jean; il était pauvre, hérétique, excommunié, mais du premier sang du monde, et l'avenir pouvait lui réserver des destinées. Afin de vaincre les résistances de la douairière de Thouars, qui, pour des motifs religieux et politiques, s'opposait au mariage, l'enfant livrait aux cava-

---

[1] Fille de Louis III de la Trémoille, duc de Thouars, comte de Taillebourg, et de Jeanne de Montmorency.

[2] Henri de Bourbon, deuxième prince de Condé, cousin germain de Jean de Navarre (le futur Henri IV).

liers de son ami la forteresse maternelle. Puis, à la nouvelle qu'il était en un mauvais pas sur une île de l'Océan, elle quittait tout, frétait deux vaisseaux, l'allait chercher jusqu'à Guernesey [1], le ramenait triomphalement en Saintonge, embrassait sa religion, et, deux mois après, l'épousait dans la chapelle du château de Taillebourg, convertie pour la circonstance en temple protestant (16 mars 1586).

Les filles de ce tempérament font de maîtresses femmes. Vraisemblablement, l'union du ménage fut imparfaite, et l'opinion publique assez mal édifiée des rapports des deux époux, puisqu'à la mort quasi subite du prince, qui survint à Saint-Jean avant la fin de la deuxième année (5 mars 1588), la rumeur accusa la princesse d'avoir empoisonné son mari.

Il était rare, en ce temps-là, qu'un personnage en vue sortît du monde sans que le bruit s'élevât que c'était par des moyens violents. Il faut beaucoup rabattre de la manie de suspicion des contemporains, et, dans l'espèce, aucune preuve convaincante de la culpabilité de Charlotte n'a jamais été donnée. Ce trépas était loin d'avoir un heureux résultat pour elle : veuve, sans enfant mâle encore, l'ambitieuse ne perdait-elle pas pour le jeu de la vie ses meilleurs atouts? Mais les colères de l'entourage ne furent pas arrêtées par ces raisonnements. Le roi de Navarre lui-même s'anima de telle sorte, qu'il désigna pour juger la princesse un tribunal d'exception, de tout point fort illégal, composé d'hommes passionnément hostiles. En dépit de l'opposition du Parlement de Paris [2], la commission saintongeaise fonctionna, instruisit le procès, prononça sentence de mort.

---

[1] *Vie de Mgr le prince de Condé*, par René DE CUMONT, sieur de Fiefbrun.

[2] « L'arrêt du Parlement (prononçant l'incompétence des juges) fut publié par des huissiers royaux à Niort et à Saintes, villes voisines de Saint-Jean-d'Angély, et dans lesquelles il y avait alors une garnison pour le Roi. Comme il y aurait eu du danger de faire la même chose à Saint-Jean, on se contenta d'afficher l'arrêt aux portes de la ville. » DE THOU, *Hist.*, liv. CXVII.

Une grossesse qu'elle déclara tout à coup sauva la pauvre femme. Il fallut lui accorder un sursis d'exécution. Mais on contesta la légitimité de l'enfant qu'elle portait ; on prétendit qu'il était le fruit d'amours clandestines avec le petit page Belcastel, qui s'était enfui d'une façon assez suspecte après la mort de son maître, et l'on voulut que les amants eussent sacrifié le prince à leurs terreurs, incapables qu'ils étaient de lui dissimuler l'adultère.

C'est sous ces tristes auspices, en prison, dans une tour du château de Saint-Jean, que naquit, le 1er septembre 1588, celui que le monde a connu sous le nom de Henri II de Bourbon, prince de Condé. Ce nouveau-né donna la vie à sa mère. Effectivement, le temps qu'il avait mis à paraître avait suffi pour refroidir un peu les esprits : on n'osa plus exécuter Charlotte. On élargit même sa captivité ; elle put quitter le château fort, habiter son hôtel en ville, faire sous escorte des visites à son fils, que l'on avait mis en nourrice dans un village des environs [1]. Pour gardien, elle avait un homme dur, redouté, calviniste exalté, dont la main de fer n'était point pour alléger à la jeune femme le poids de son humiliante position : Jean de la Rochebeaucourt, seigneur de Saint-Mesme [2].

Sept années s'écoulèrent de la sorte. Charlotte éprouva tout ce que peuvent éprouver d'amertume, en de telles conjonctures, l'âme d'une orgueilleuse et le cœur d'une mère. Bien que Henri de Navarre, maintenant Henri IV, ne parût pas incriminer le jeune prince de bâtardise, puisqu'il avait

---

[1] A Mazeray, distant d'une lieue de Saint-Jean. Le sentier ombreux qu'elle suivait s'appelle encore le « chemin de la princesse ». MASSIOU, *Histoire de la Saintonge et de l'Aunis*, Paris, 1838, t. II, p. 129, et René DE CUMONT, sieur de Fiefbrun, *Vie de Mgr le prince de Condé*, publiée par HALPHEN, p. XVII.

[2] Il avait pris le gouvernement de Saint-Jean à la mort du prince de Condé, dont il était le lieutenant. — La plupart des historiens ont écrit Sainte-Mesme ; c'est Saint-Mesme qu'il faut dire. Ce fief est en Angoumois, près Jarnac, et l'on ne doit pas le confondre avec celui de Sainte-Mesme en Saintonge, près Saint-Jean-d'Angély.

accepté de lui servir de parrain, les droits de l'enfant restaient menacés tant que ne serait pas revisé le procès, révoquée la sentence du tribunal de Saint-Jean, et proclamée l'innocence de la princesse. Celle-ci travaillait avec courage à sa réhabilitation, arrêtant au passage les étrangers qui traversaient Saint-Jean-d'Angély pour leur faire le récit de ses malheurs, déployant mille séductions à l'égard des gentilshommes du voisinage, multipliant ses lettres à sa parenté pour la conjurer de s'intéresser à son sort [1]. Mais chacun avait tant d'autres émotions, que personne ne s'émouvait beaucoup. Ce fut presque uniquement à la marche des événements, à la force des choses, que la princesse dut de sortir de Saint-Jean en 1595.

Nous sommes arrivés à l'époque des négociations de du Perron et d'Ossat en cour de Rome pour l'absolution de Henri IV : Clément VIII pose comme condition, en première ligne, l'institution de l'héritier du trône dans la religion catholique; et l'héritier du trône n'est autre que le petit malheureux, oublié dans le fond d'une province, dont on discute la légitimité depuis le berceau, mais dont les intéressés n'ont pu parvenir encore à faire déclarer la déchéance. Sans enfants de son orageuse alliance avec Marguerite de Valois, n'osant point parler de ses projets d'annulation et de secondes noces à l'heure même où son pardon est discuté, Henri IV se décide à reconnaître solennellement les droits du fils de son cousin germain, à le mander auprès de lui, à lui faire donner une éducation et un état de maison conformes à son rang. Il invite le duc de Montmorency, récemment créé connétable, à lui présenter un placet en faveur de sa nièce de Condé, et l'assure que la requête sera favorablement accueillie [2].

---

[1] M. le duc d'Aumale, *Histoire des princes de Condé*, t. II, p. 428 et suiv. (pièces et documents).
[2] La duchesse de Thouars, mère de Charlotte de la Trémoille, était sœur du nouveau connétable.

Le connétable vint à Dijon, où se tenait le Roi, tout illuminé de la gloire nouvelle de son éclatant fait d'armes de Fontaine-Française. Il lui remit le placet, signé des parents de Charlotte[1], sollicitant la mise en liberté provisoire de la princesse sous la caution des signataires, et réclamant la révision par la juridiction compétente du procès indûment instruit par les commissaires de Saintonge. Sa Majesté déclara qu'elle entendait satisfaire le connétable, « et l'un des quatre secrétaires d'État mit au bas de la requête que le Roi voulait que la cause fût renvoyée au Parlement de Paris; que Charlotte de la Trémoille comparaîtrait devant ce tribunal dans quatre mois, et qu'attendu que les suppliants se rendaient caution pour elle, il était enjoint à Jean de la Rochebeaucourt de Saint-Mesme, gouverneur de Saint-Jean-d'Angély, de la mettre en liberté[2] ».

Henri chercha quelle personne de confiance il pourrait charger de l'importante mission de préparer à la France un roi, mais il ne lui fut pas nécessaire de s'ingénier longtemps. Jean de Vivonne venait de combattre une fois de plus comme un jeune homme : à Fontaine-Française, on l'avait vu tenir le premier rang parmi les braves, charger comme un fou, son cheval aux flancs du cheval du Roi[3]. Où trouver pour un adolescent un plus beau modèle de la valeur française? Donc, Henri IV se tourna vers le vieux capitaine : « Je vous nomme, lui dit-il, gouverneur de Mgr le prince de Condé. Si j'avais un fils, je vous le donnerais; mais comme je n'en ai pas, je vous donne celui qui doit régner après moi. Je vous prie d'en prendre soin. La France vous aura de l'obligation de lui avoir fait un bon roi[4]. »

[1] V. de Thou, *Hist.*, liv. CXII.
[2] *Id., ibid.*
[3] V. de Thou, liv. CXII; Davila, *Guerres civiles;* Palma-Cayet, *Chronologie novennaire*, etc., et surtout *Discours sur le combat de Fontaine-Française*, publ. par Henri Chevreul dans *Pièces de la Ligue en Bourgogne*, 1882.
[4] Tallemant des Réaux, *Historiettes*, 4ᵉ. — Tallemant inventait volontiers,

M. de Pisany partit aussitôt pour la Saintonge, afin d'aller querir le petit prince et sa mère. Il emportait le placet du connétable avec l'ordre d'élargissement. On pouvait craindre que cette première partie de sa mission ne s'effectuât pas sans de la résistance chez les calvinistes, encore puissamment organisés dans l'Ouest et que l'idée de se voir enlever l'enfant exaspérait ou chagrinait profondément [1]. Cependant, il n'y eut pas d'esclandre, car Théodore de Bèze, « le patriarche du parti », recommanda de ne pas employer la force. Jean de la Rochebeaucourt lâcha ses prisonniers en grommelant. Et lentement, sous la garde de M. de Pisany, ils s'acheminèrent vers la capitale.

On allait à brèves étapes, un train de grande dame et de petit prince qu'il fallait éviter de fatiguer. M. de Pisany comblait les augustes personnages d'attentions et de prévenances : il n'avait pas moins de respect pour leur rang que d'attendrissement pour leurs malheurs passés. Tout le long du chemin, les gouverneurs généraux et particuliers, les maires et les échevins des villes, afin d'obéir aux ordres formels du Roi, venaient à la rencontre de l'héritier du trône, le saluaient jusqu'à terre, l'encensaient [2]. Au sortir des rudes mains de Jean de la Rochebeaucourt, Charlotte dut savourer jusqu'à l'ivresse ces prémices de la liberté.

Un incident ridicule jeta seul un peu d'alarme dans la pompe de cette marche triomphale. Les bourgeois de Montlhéry, voyant venir une troupe de cent hommes de guerre pour loger chez eux, ne s'avisèrent pas à temps que ce pouvait être la compagnie de Mgr le prince de Condé;

---

mais cette allocution a de la vraisemblance; elle est bien dans le style du Béarnais.

[1] M. le duc D'AUMALE, *Histoire des princes de Condé*, t. II, p. 232 : « J'en plains cette espérance ostée à nos églises, mesme une chère âme distraicte de la voie de ses père et grand-père! » écrivait Duplessis-Mornay.

[2] Pisany à Henri IV, 4 décembre 1595, publ. par M. le duc D'AUMALE, II, 433 (pièces et doc.).

comme ils étaient las des passages continuels de soldats, des vexations, des rapines, ils délibérèrent d'écarter ces intrus par une démonstration de vigueur; ce stratagème leur réussissait, paraît-il, à l'occasion depuis longtemps déjà. Postés derrière de méchantes murailles, leur orgueil, ils accueillirent le détachement par une salve d'arquebusades qui coucha par terre, blessés à mort, « trois fort honestes hommes ». Les camarades des victimes auraient mis la ville à sac, si Pisany ne fût accouru d'un bourg voisin, où il logeait avec le prince : il déclina ses nom et qualités aux bourgeois consternés de leur audace, arrêta les principaux meneurs, les fit sur l'heure conduire à Paris, écrivit au Roi pour réclamer un châtiment exemplaire [1]. L'aventure jette un jour vif sur un coin des mœurs de ce temps-là.

Le 2 décembre, les voyageurs couchèrent à Saint-Cloud; les seigneurs du conseil, Bellièvre, Schomberg et Sancy en tête, vinrent visiter Condé. On s'extasia sur sa personne et sur les espérances qu'elle donnait; on admira sa gentillesse; on le trouva « fort beau et spirituel ». L'enfant oublié, méprisé, bafoué d'hier, aujourd'hui proclamé de la semence des Bourbons et le futur successeur de Henri IV, devenait naturellement le héros à la mode. Pisany se sentait fier de son élève et de sa tâche, il méditait de consacrer à la grande œuvre de cette éducation de roi tout ce qu'il avait acquis d'expérience et tout ce qui lui restait de forces [2].

Le lendemain, on était à Saint-Germain en Laye, terme de la route et résidence provisoire de Henri de Condé. Il fallut s'organiser. On manquait de tout. Les premiers jours, on fut si fort à court de meubles, que « le petit prince » dut coucher « aveque madame sa mère ». De cette intimité

---

[1] « Seus dudit Montléri sont coustumiers à telles insolanses à toutes les troupes qui pasent par là, se confiant à de meschantes murailles qui mériteroient estre mises par terre... » Pisany à Henri IV, 4 décembre 1595.

[2] *Id., ibid.*

Charlotte se fit une douce habitude, et ne rendit plus l'enfant. Le marquis s'en chagrinait, au point de vue des convenances, et parce qu'il ne pouvait entrer dans la chambre ni si tôt ni si tard qu'il l'eût désiré pour exercer sa surveillance et donner ses leçons de morale[1]. Sans doute, la princesse n'était pas fâchée de ce qui contrariait le gouverneur : les mères sont jalouses de leur influence; pied à pied, elles disputent à l'étranger le terrain de leur autorité, la possession du cher objet de leurs tendresses; et Charlotte, avec son ardeur de sentiments et son besoin de dominer, devait être la plus jalouse des mères.

M. de Pisany ne tenait pas rancune à la princesse de ces petites manœuvres. Il lui trouvait un bon esprit et du zèle à sermonner son fils comme il fallait. Dans ces premiers temps, elle faisait grand étalage de sa gratitude pour le Roi, rappelait à tout propos à Condé qu'il devait tout à Sa Majesté et qu'il avait pour premier devoir de servir et d'aimer toujours son bienfaiteur. Le marquis était émerveillé surtout du bon enseignement religieux de cette protestante. Sans elle, il n'eût jamais songé à faire du petit prince un bon catholique dans l'espace restreint de cinq à six semaines. Mais elle savait avec tant d'intelligence et de conviction retrouver au fond de sa mémoire les doctrines dont avait été nourrie son enfance, elle mettait tant de zèle à les inculquer dans ce cerveau docile, que les progrès du catéchumène passaient toute espérance. Gravement, entre sa mère et son gouverneur qui rivalisaient d'ardeur et d'arguments, le petit prince méditait sur les vérités de la foi; chacun s'étonnait du changement qui s'opérait en lui, d'ordinaire turbulent et tapageur; au cours de ces heures solennelles, sa docilité, sa patience,

---

[1] « Il n'a nule sorte de meuble, et couche aveque madame sa mère, qui est cause que je ne le puise voir ne le matin ne le soir pour prandre le soin de luy que je désiroes, pour le retirer de beaucoup de petites libertés que le temps luy pouroist aporter, si le remède n'y est à bonne heure. » Pisany à Henri IV, 4 décembre 1595.

sa sagesse stupéfiaient. Le cardinal de Gondi le vint voir au mois de janvier, afin de commencer à le catéchiser; son intention était de laisser à la jeune âme le temps de mûrir sa transformation, mais il fut agréablement surpris de trouver la besogne toute faite[1] : Monseigneur était si bien préparé, qu'on l'admit des le mercredi 24 janvier à ouïr sa première messe, après accomplissement des différentes formalités requises en pareil cas[2].

Soucieux de l'avenir spirituel du néophyte, estimant qu'il ne servait de rien d'être catholique de nom si l'on ne l'était de fait et d'œuvres, M. de Pisany prit soin de choisir lui-même le chapelain de son élève : il le prit homme de bien et d'honneur, et fort savant, « et enquore, déclara-t-il, ne seroes-je sans jalousie de l'avenir, si je n'estoes trop asuré de la prudanse de madame sa mère, qui n'y soufrira nulle altérasion soit en la religion ne aux meurs, et aussy peu au respect que monseigneur le prince doibt au Roy...[3]. »

Le petit prince était pétulant, toujours un pied en l'air. Le gouverneur, raidi par l'âge et la goutte, ne pouvait suivre d'aussi près qu'il l'eût désiré ce papillon butinant aux fleurs de l'enfance. Il lui répugnait de le confier à la surveillance des laquais; il songeait à se faire seconder par une personne de confiance. Il eût aimé qu'on lui donnât La Boderie, « à sete fin que je puise avoir un home de sete qualité et duquel je me puise asseurer comme de moy mesme de la personne et institution de Monseigneur, et par mesme soulager mes piés qui ne peuvent dors en avant suivre les siens[4] ». Il n'obtint, je ne sais pourquoi, que M. d'Haucourt,

---

[1] Pisany à Montmorency, Saint-Germain, 28 janvier 1596, Ms. Bibl. nat. F. fr. 3565, f° 8.

[2] LESTOILE, *Journal de Henri IV*, 24 janvier 1596.

[3] Pisany à Montmorency, 28 janvier 1596, Ms. Bibl. nat. F. fr. 3565, f° 8.

[4] Pisany à Montmorency, Saint-Germain, 17 janvier 1596, Ms. Bibl. nat. F. fr. 3550.

très honnête gentilhomme, mais calviniste[1]. Peut-être celui-ci dut-il aux sympathies de Charlotte d'entrer dans la maison de Saint-Germain; il est permis de le supposer, en raison de l'étroite union qu'on vit régner par la suite entre le sous-gouverneur et la princesse.

Incapable de courir derrière Monseigneur, le marquis de Pisany l'était encore bien plus de lui enseigner les mathématiques, le latin, la géographie, toutes choses qu'un roi doit savoir, ou du moins apprendre. Il pouvait, aussi bien que gentilhomme qui fût au monde, l'initier aux secrets de l'équitation et du maniement des armes, aux mœurs chevaleresques, aux belles façons courtoises des grands ancêtres, aux raffinements de la valeur et du vieil honneur français; mais quel docteur à bonnet allait lui donner la science des livres et de l'écritoire? Le temps pressait : à sept ans et demi, l'héritier du trône ne savait épeler ni tenir une plume, et d'ailleurs n'annonçait point d'aptitudes pour ce genre d'exercices, « aiant plustaust l'esprit bandé à courir et se promener, à quoy il n'auroit jamais de fin si l'on ne le retenoit, qui est asez dificille[2] ». Le gouverneur se tourmentait un peu de cette ignorance et de cette humeur : « Il est très nésesaire qu'au plustaust l'on luy donne un bon préscepteur; je dis bon, Sire, parse qu'il ne luy fault donner qu'une personne vertueuse et très confidente à votre service. L'on ne luy doibt laisé l'esprit que le moings que l'on pourra ocsif, de peur qu'il se aplique, comme il le l'a très vif et pront, à petites vaganteries, auxquels ces esprits pronts se apliquant volontiers, si à bonne heure l'on n'y remédie[3]. »

La princesse désirait qu'on fit appeler Joseph-Juste Scaliger. Depuis longtemps, elle caressait le rêve de confier l'in-

---

[1] Nicolas d'Aumale, seigneur d'Haucourt.
[2] Pisany à Montmorency, Saint-Germain, 25 décembre 1595, Ms. Bibl. nat. F. fr. 3556.
[3] Pisany à Henri IV, Saint-Germain, 4 décembre 1595, publ. par M. le duc d'Aumale, t. II, p. 433 (pièces et doc.).

struction de son fils à ce personnage d'une illustration sans égale. Dès 1591, elle avait essayé d'attirer l'érudit à Saint-Jean-d'Angély, de le disputer à l'Université de Leyde qui l'appelait à s'asseoir dans la chaire de Juste-Lipse [1]; mais la mauvaise volonté de Henri IV avait traversé ses plans : il avait pris la peine d'écrire à Scaliger, afin de l'engager à partir pour la Hollande [2]. Il est probable qu'en 1596 encore il ne voulut pas entendre parler du professeur de Leyde; peut-être aussi ce dernier refusa-t-il de quitter sa chaire, lucrative et glorieuse. Le fait certain est que la combinaison échoua. Ce fut un ami de Pisany, de longue date ardent défenseur de la princesse, ce fut le président de Thou qui trouva le précepteur que l'on cherchait.

De Thou fit accepter un de ses familiers, Nicolas Lefèvre, le type du savant modeste et vrai, dont l'espèce n'est pas, de nos jours encore complétement disparue. Triste des calamités publiques et des crimes de son temps, Lefèvre s'était de bonne heure réfugié dans l'étude comme dans un sanctuaire; il avait acquis, au fond de sa retraite, une somme prodigieuse de connaissances, dont il faisait libéralement profiter ses confrères. Il correspondait avec les savants du monde entier, leur fournissait des matériaux, et les priait de ne point mentionner son nom dans leurs livres. Sa religion était solide, élevée, touchante. Il ne voyait qu'un petit

---

[1] « Ne refusez pas, je vous en prie... J'estimeray atteindre au comble de la félicité si je puisse acquérir ce thrésor à mon fils... » La princesse de Condé à Scaliger, ap. *Epistres françoises des personnages illustres et doctes à M. Joseph Juste de la Scala, mises en lumière par Jacques de Reves.*

[2] Cette lettre est un chef-d'œuvre de malice; elle est datée du 3 décembre 1591. *Ibid.* — Henri IV avait horreur des pédants, et le défaut de Scaliger était un orgueil solennel et sans limites. On raconte que quand ce prince de la science partit pour Leyde, il s'en fut prendre congé du Roi, s'attendant à une explosion de regrets, à de suprêmes et tardives tentatives pour le retenir : « Hé bien! monsieur de l'Escale, les Hollandais vous veulent et vous font une grosse pension? j'en suis bien aise... Est-il vrai, monsieur de l'Escale, que vous soyez allé de Paris à Dijon sans aller à la selle? » Ce fut tout. — Scaliger mourut à Leyde, après y avoir été seize ans professeur.

groupe de sages, tels que Pierre Pithou, les présidents de Thou et de Harlay. Souvent avec eux il s'entretenait des grands problèmes humains, et ces conversations prenaient l'essor au-dessus des misères du temps. « Elles ne finissaient jamais sans s'animer mutuellement à persévérer dans l'exactitude de leurs devoirs, malgré la haine du public, persuadés que les gens de bien seraient toujours exposés à la persécution et à la calomnie, et qu'ils les devaient considérer comme une marque certaine de la bonté de Dieu et comme des gages de la récompense qu'ils en doivent attendre [1]. » A regret, par devoir, Lefèvre consentit à s'arracher à ses spéculations et à ses études, pour venir donner à Condé les premiers rudiments de la science [2].

Nicolas Lefèvre était bien selon le cœur de Pisany. Le marquis attachait du prix à la qualité des personnes qu'il faisait entrer à Saint-Germain, mais il souhaitait d'éviter la quantité. Comme administrateur, il redoutait le désordre où glissent facilement les maisons sur un trop grand pied. « Il est nésésaire, écrivait-il, tenir sete maxime de donner à Monseigneur moins de jans qui se poura, pour qu'il n'y ait point de confusion en sa maison, mais tout le bon ordre qu'il se poura [3]. » Le petit prince n'avait sou ni maille, il ne devait subsister que des bontés de Henri IV, et le gouverneur savait trop bien à quel état de gêne était réduit, pour son compte personnel, le roi de France : il n'avait garde d'imiter les corbeaux de ce temps, abattus sur les maigres coffres de l'État; il voulait être économe des deniers de Sa Majesté. Pourtant, il fléchissait la rigueur de ses plans en considération des désirs de la princesse. La jeune femme aimait à voir son dauphin, son orgueil, entouré du luxe des enfants

---

[1] *Mémoires de J. A. de Thou*, éd. Michaud, p. 274.
[2] François LE BÈGUE, *Nicolai Fabri vita*, en tête de *Nicolai Fabri opuscula, scriptore Balbo, Parisiis*, 1614.
[3] Pisany à Henri IV, 4 décembre 1595, publié par M. le duc D'AUMALE, t. II, p. 433 (pièces et doc.).

royaux; le vieux marquis mettait à la contenter toute sa courtoise bonhomie [1].

Ce fut le temps des bons rapports et comme la lune de miel de l'association de ces deux personnes. M. de Pisany s'apitoyait sans trêve sur la position, si douloureuse dans le passé, si délicate encore dans le présent, de la douairière de vingt-cinq ans; il n'écrivait pas une lettre, qu'elle ne fût pleine d'éloges et ne débordât de sympathie. Quand vinrent à Saint-Germain le prince et la princesse de Conti pour visiter leur neveu [2], Charlotte eut à subir une outrageante scène : ils refusèrent de la voir, prétextant qu'elle n'était pas lavée du soupçon d'avoir empoisonné son époux. Elle dévora l'affront, et donna son fils au gouverneur, qui le conduisit à ces excellents parents. Ils durent examiner avec curiosité l'enfant dont ils n'avaient cessé de proclamer la bâtardise et qui, par suite des décisions royales, leur ravissait l'espoir de régner. Le bon cœur de Jean de Vivonne saigna de l'humiliation, de la douceur et de la « modestie » de la pauvre mère [3].

Charlotte, cependant, voyait arriver l'heure où, comme une femme de son rang, elle pourrait relever la tête. Le Parlement de Paris s'occupait de son affaire. Conti et Soissons, assignés à comparaître pour exposer leurs moyens, firent défaut. Le 28 mai 1596, un arrêt ordonna la suppression de toutes les pièces du procès indûment instruit par les juges de Saintonge, et, le même jour, le dossier flamba. Le 24 juillet, l'innocence de l'accusée fut solennellement déclarée. Vainement les Bourbons cadets essayèrent de protester par procureurs : le président de Harlay les accueillit de la

---

[1] Pisany à Montmorency, 17 janvier 1596, Ms. Bibl. nat. F. fr. 3550.

[2] Le prince de Conti, le cardinal de Bourbon et le comte de Soissons étaient frères du père du petit prince. Ils avaient intérêt à charger leur belle-sœur, et leur acharnement fut extrême.

[3] Pisany à Montmorency, Saint-Germain, 25 décembre 1595, Ms. Bibl. nat. F. fr. 3556.

façon qu'il savait recevoir les tentatives des grands seigneurs trop confiants [1]. La réhabilitation légale de la princesse était un fait désormais acquis.

Elle triomphait, et d'autre part voyait son fils traité de plus en plus comme le vrai premier prince du sang. Henri IV voulut qu'il allât au-devant du cardinal de Florence, Alexandre de Médicis, lorsque ce prélat fit à Paris son entrée; c'était le premier nonce et légat qu'envoyait le Saint-Siége, et le Roi prétendait ne rien négliger pour ajouter à l'éclat de la réception et pour témoigner de son respect. Sa Majesté s'était elle-même portée hors des murs à la rencontre du cardinal, traînant à sa suite le duc de Mayenne; elle voulait démontrer à l'arrivant sa parfaite réconciliation avec le chef de la Ligue. « Et puis, disait-elle, Mayenne a pour le moins autant besoin d'absolution que moi [2]. » Produire ensuite son héritier présomptif au ministre du Pape, c'était prouver la scrupuleuse observance des engagements pris par du Perron et d'Ossat. Le petit prince attendait le cardinal aux portes de la capitale [3], entouré d'un magnifique cortège de seigneurs; il fit son compliment, « et la grâce avec laquelle il s'en acquitta charma tout le monde; le légat en particulier fut extrêmement satisfait [4] » (21 juillet 1596).

Clément VIII dut être content. Il attachait une grande importance à ce que Condé fût élevé dans des principes de

---

[1] DE THOU, *Histoire*, liv. CXVII.
[2] LESTOILE, *Journal de Henri IV*, juillet 1596.
[3] En arrivant de Saint-Germain, Condé était descendu à l'hôtel de son oncle le connétable. Le 20 juillet, les prévôts des marchands et échevins vinrent l'y saluer, ainsi que « madame sa mère, assistée de M. le marquis de Pizanni... Et se trouvèrent en sa chambre Mgr le duc de Montpensier, madame de Guise, mademoiselle de Guise, sa fille, et plusieurs autres seigneurs et dames qui estoient allez veoir ledit seigneur prince. Et fut cette salutation agréable à ladite dame princesse et audit sieur marquis de Pizanny. » FÉLIBIEN et LOBINEAU, *Histoire de la ville de Paris*, t. V, p. 475 (pièces just.). — C'est toute une scène, que la rencontre de pareils acteurs!
[4] DE THOU, *Hist.*, liv. CXVI. — La courte harangue du petit prince et la réponse du légat sont Ms. Bibl. nat. Dupuy, 88, f° 293.

soumission à l'Église, et ne perdait point de vue son intéressante personne. Il avait jugé bon d'écrire au marquis de Pisany, pour augmenter son zele et l'éclairer sur la grandeur de sa tâche [1]. Et, sans doute afin de lui faire oublier les amertumes de sa longue attente de quinze mois aux portes de Rome, il lui envoyait la bénédiction apostolique, par bref spécial remis à Louis de Gonzague, évêque de Mantoue [2].

Alexandre de Médicis se fit aimer de tout le monde en France. C'est entre ses mains qu'à la fin de 1596 Charlotte de la Trémoille abjura l'hérésie; le cardinal de Gondi s'en montra, paraît-il, un peu choqué. La cérémonie s'accomplit à Rouen, où se tenait le Roi pour l'assemblée des notables. Depuis plusieurs mois [3], la princesse confessait être éclairée de la lumière d'en haut, manifestait l'intention de faire retour à la religion romaine; mais par fierté, par crainte d'une interprétation malveillante de ses motifs, elle n'avait point voulu rentrer dans le giron de l'Église tant que l'arrêt du Parlement ne serait pas rendu [4].

La situation de la princesse était rétablie. Alors se fit en elle un brusque changement. La plante, que le vent d'orage avait courbée, se redressa. L'humeur indépen-

---

[1] Pisany à Montmorency, Saint-Germain, 2 juillet 1596, Ms. Bibl. nat. F. fr. 3586, f° 128.

[2] Copie de ce bref, Ms. Bibl. nat. Dupuy, 38, f° 292. « Datum Romæ apud Sanctum Marcum sub annulo Piscatoris die X maii MDXCVI... » Bref semblable à Condé, Ms. Bibl. nat. Dupuy, 88, f° 290.

[3] DE THOU, Hist., liv. CXVII.

[4] Dès le 28 janvier, Pisany pouvait écrire au connétable : « Quant à la conversion de madame la princesse, je l'y croy très résolue; s'il vous plest de luy départir de votre bon et prudent conseil en une si signalée action, elle le suivra et exécutera, je m'asure, sans réplique; mais elle est très retenue aveque des considérations qu'elle ne peult résoudre sans avoir se bon conseil de vous... » Ms. Bibl. nat. F. fr. 3565, f° 8. — « Elle eût craint avec raison qu'on ne la soupçonnât d'avoir plutôt cherché à se rendre, par un changement de religion, ses juges favorables, que d'avoir fait cette démarche par la persuasion où elle étoit que son abjuration étoit utile et même nécessaire à son salut. » DE THOU, Hist., liv. CXVII. De Thou est très sympathique à la princesse, qui l'avait conquis, captive, un jour qu'il passait à Saint-Jean-d'Angély.

dante, emportée, superbe, de Charlotte reprit ses droits. Et M. de Pisany ne retrouva plus la douce personne qu'il avait connue. Ce furent, tout le long de l'an et des jours, des scènes de mésintelligence, des disputes, des luttes pour le pouvoir, des coups d'État bruyants, la querelle sur des pointes d'aiguille, la querelle qui pique le plus! « Madame la princesse et le marquis n'estoient jamois d'accord ensemble[1]. » Charlotte s'irritait de trouver l'entêté vieillard en travers de ses fantaisies de toutes sortes; et lui gémissait du gaspillage effréné de la maison, dressait des états de réforme, les envoyait au Roi[2]. Condé ne couchait plus dans la chambre de sa mère, mais son appartement n'était plein que de huguenots, animés d'un déplorable esprit, et l'enfant entendait bafouer constamment son gouverneur et le Roi son bienfaiteur[3]. S'il recevait une lettre de Sa Majesté, tandis que le marquis la lui lisait dévotement ou la lui faisait lire par M. d'Haucourt, analysant la substance et commentant tous les mots, prêchant la vertu, les bonnes mœurs et la crainte de Dieu, la terrible mère survenait comme un tourbillon, interrompait le sermon, éclatait de rire : « Laissez donc! s'écriait-elle. Ce sont lettres de balle et de douzaines[4]! » Point d'éducation possible avec un pareil système. « Voir comme se petit prince est conduit, servi et traictié, s'écriait le pauvre gouverneur, faict horreur et pitié à seus qui en sont informés, que je crois estre tout le monde, puisqu'on l'escript de Rome et de Venise[5]. »

---

[1] Tallemant des Réaux, *Historiettes*, 4.
[2] « Je vous envoie un petit abrégé du désordre de sete maison et se qu'il me semble se devroit faire pour la réformer... » Pisany à Villeroi, 5 mars 1598, publ. par P. Paris, *Historiettes de Tallemant*, 4e (in notis), et par le baron Kervyn de Lettenhove, *Collections d'autographes de Stassart*, 27.
[3] « Monsieur, je oublies à vous faire souvenir que tous seuls qui sont en la chambre du prince sont tous hugunos, et tout le reste de la famille assés insolants, mais jans de peu. » *Id., ibid.*
[4] *Id., ibid.*
[5] *Id., ibid.*

La princesse appliquait le grand principe : diviser pour régner. Elle s'efforçait de semer la désunion dans le triumvirat, contre-poids de sa puissance. En lutte ouverte avec M. de Pisany, qu'elle affectait de considérer comme un radoteur maniaque et dont elle ridiculisait la raideur royaliste [1], elle était aimable pour M. Lefevre, inoffensif, effacé, silencieux, et surtout pour M. d'Haucourt [2]. Avec le sous-gouverneur, elle mit ses rapports sur un tel pied, qu'on en vint à jaser et même à supposer un mariage secret entre eux. L'hypothèse du mariage n'était pas fondée; du reste, je n'oserais répondre [3]. Quoi qu'il en soit, M. d'Haucourt appartenait à la catégorie des gens aimables qui prétendent à demeurer le mieux possible avec tout le monde, et, s'il fut bien traité de la princesse, il resta bien vu du marquis, en dépit des efforts de l'adroite femme [4].

Jean de Vivonne s'effrayait de sa responsabilité. Son élève ne tournait point à son gré. La bonne opinion que dans le principe il avait eue du sujet, s'était modifiée [5]. Il le trouvait froid de cœur et dissimulé. Il augurait mal de l'avenir, et graduellement se dégoûtait davantage d'une tâche qu'on lui rendait si pénible [6]. De Saint-Germain, on avait

---

[1] « Elle ne peult voir ne santir chause qui vienne ou soit du Roy. Voilà, Monsieur, pourquoi je y su's mal veu. » Pisany à Villeroi.

[2] V. les deux lettres de la princesse au connétable et au Roi, publ. par M. le duc D'AUMALE, II, 436 et suiv. (pièces et doc.).

[3] On a des lettres de reproche de la princesse à M. d'Haucourt, écrites en un style à donner des soupçons : « ...Vous que je devois estimer un second moy-même! » Ms. Arsenal, Conrart, t. V.

[4] « Sur les lettres du Roy, sete fame a voulcu piqué M. d'Aucourt, luy disant que vous ne parliés point de luy parse qu'il estoit huguenot, mais bien du préscepteur qui est catholique. Qu'nt à moy, je ne say pas encuore se qu'elle est. Ledict sieur d'Aucourt la connoest. Il est sage et très bon serv'teur du Roy. » Pisany à Villeroi, 5 mars 1598, publ. par P. PARIS et par KERVYN DE LETTENHOVE, *loc. cit.*

[5] « M. de P'sany n'avait nullement bonne opinion de M. le Prince, et trouvait qu'il n'avait pas une belle inclination. » TALLEMANT DES RÉAUX, *Histor.* 4e.

[6] « Je y vis avec tous les desplaisir et malcountantement qui se peult panser ne croire. » Pisany à Villeroi, 5 mars 1598, publ. par P. PARIS et par KERVYN DE LETTENHOVE, *loc. cit.*

transporté le petit prince à Saint-Maur-les-Fossés; mais partout, c'étaient pour le gouverneur les mêmes amertumes. Heureusement, pour la consolation de ses derniers jours, il trouvait d'amples dédommagements à ces déboires dans sa famille et dans le monde.

II

VIE PRIVÉE, AFFAIRES DOMESTIQUES.

Les troubles civils apaisés et son mari fixé définitivement en France, madame de Pisany n'avait plus de raisons pour continuer d'habiter en Italie. Elle s'était fait naturaliser Française dès 1593[1]. Elle quitta Rome avec sa fille à la fin de 1595, et passa les Alpes dans le temps que le marquis cheminait de Saint-Jean-d'Angely vers la capitale, escortant la princesse et le prince de Condé[2].

Jean de Vivonne vit arriver sa femme avec une reconnaissance mélangée d'un peu d'inquiétude. Il lui savait beaucoup de gré de son courage à s'expatrier, mais il appréhendait de ne pouvoir offrir à son illustre compagne, gâtée par les luxueuses splendeurs des palais et des châteaux italiens, un équivalent de ce qu'elle sacrifiait pour lui. Un logis au Marais dans quelque rue étroite et sombre, Saint-Gouard et Pisany, vieilles résidences austères, dévastées par les guerres et les prises d'assaut, et depuis longtemps aban-

---

[1] Je trouve la trace de cette naturalisation Ms. Bibl. nat., Cab. des tit., doss. bleus, doss. Vivonne, 17993, 33-52. « Lettres de naturalité données par le roi Henri IV, au mois d'août 1593, à dame Julie Savelli, Romaine issue de l'illustre maison des Savelli, etc., par lesquelles Sa Majesté lui permet de demeurer en son royaume, d'y jouir des biens qu'elle y peut avoir ou acquérir à l'avenir, d'en disposer à sa volonté ou de succéder à ses parents, et encore... » (Le reste manque.)

[2] Pisany à Henri IV, 4 décembre 1595, publ. par M. le duc d'Aumale, t. I, p. 433 (pièces et doc.).

données, devaient sembler moroses à qui n'était jamais sortie des demeures de marbre et d'or enveloppées de ciel bleu, débordantes de magnificences, étincelantes de l'éclat de perpétuelles fêtes. Piteusement, le marquis considérait l'état de ses immeubles. Il eût beaucoup donné pour être à même de recevoir la princesse romaine « comme sa qualité le méritait »; mais le malheur était qu'il n'avait point d'argent et qu'il avait des dettes[1]. Il avait des créances aussi, mais sur le trésor; et comment se montrer exigeant à l'égard d'un pauvre roi, si dénué lui-même qu'il portait vêtements percés aux coudes et limés partout, si fort assailli par les rapaces que le cœur des honnêtes gens s'en soulevait[2] ? Le marquis de Pisany n'était pas de ceux qui vendent leur conscience et leurs services : il avait toujours été fidèle sans conditions et gratis; ce n'était pas sur la fin de sa vie qu'il allait se départir de sa constante conduite. Il ne réclamait

[1] « Je suplie très humblement Votre Majesté de me donner congé de aller trouvé ma fame, que je croy estre à sete heure arrivée à Lion, croiant estre obligé de raison de luy aller au-devant, puisqu'elle n'a point crint de faire un si long et facheus voiage, laiser sa patrie, ses parants et biens pour me venir trouver, sans crindre ausi de se qu'elle sait le peu de commodités et moiens que j'ay de la recepvoir autant que sa qualité le mérite, ne me trouvant, après sinquante ans qu'il y a que je sers, que le plus misérable jantilhomme de se roiaulme, devant plus que mon bien ne vauld, et seray enfin contrainct par ma nésésité de me retirer en quelque trou dont je ne sorte jamays pour n'estre importun davantage à Votre Majesté, la supliant très humblement de me pardonner si je l'ay esté pour sete fois; et la suplie de commander à Mesieurs de ses finances de me pa er se qui m'est deu, si ne se peut tout d'un coup, pour le moins d'une partie, comme le pouront porter ses finances, pour que je puise susister aux incommodités qui me pressent. » Pisany à Henri IV, 4 décembre 1595, publ. par M. le duc D'AUMALE, t. II, p. 433 (pièces et documents).

[2] « Je suis fort proche des ennemis et n'ai quasi pas un cheval sur lequel je puisse combattre, ni un harnais que je puisse endosser. Mes chemises sont toutes déchirées, mes pourpoints troués aux coudes, ma marmite est souvent renversée... Jugez si je mérite d'être ainsi traité et si je dois plus longtemps souffrir que les financiers et trésoriers me fassent mourir de faim et qu'eux tiennent des tables friandes et bien servies. » Lettre de Henri IV à Rosny, ap. *OEconomies royales de Sully*. — Les intendants et trésoriers pillaient, les grands se faisaient acheter un prix exorbitant.

que son dû, encore était-ce doucement, timidement, avec une réserve où perçaient l'attendrissement et le regret d'importuner son bon roi.

Depuis son mariage et du temps qu'il était ambassadeur, il n'avait cessé, contrairement aux termes du contrat qui régissait leur union, de toucher la totalité des revenus de Julia Savelli. Celle-ci renonçait généreusement à la moitié qu'elle s'était réservée[1]. Tout passait à désintéresser les créanciers du marquis, à qui le fisc devait plusieurs années de traitement, et qui, faute d'être entretenu par son gouvernement, vivait de ses ressources, d'expédients, comme il pouvait. L'heure vint où les sacrifices de madame de Pisany furent insuffisants. Quand son mari quitta Rome, après le fameux monitoire de Sixte-Quint contre Henri III, la bande des créanciers se retourna contre elle et menaça de l'exécuter comme caution, toute Savelli qu'elle fût[2]. Ces tristes nouvelles vinrent trouver le marquis en France. On se figure son chagrin. Il fut auprès de Henri IV, lui conta la chose, le supplia de lui faire payer ses traitements arriérés, vit qu'il ne pouvait de longtemps compter sur une rentrée de fonds : le Béarnais n'était pas moins insolvable que lui[3]. Affolé, l'idée lui naquit alors de tenter quelque entreprise de négoce. Les blés étaient rares et chers en Italie : il sollicita

---

[1] V. conventions matrimoniales et ratification de ces conventions, Ms. Bibl. nat. F. fr. 3902, f° 341.

[2] « Du temps que M. le marquis de Pisany a esté ambassadeur à Rome pour le service de cette couronne, il a esté contrainct de faire de grosses debtes par faute d'estre payé des états qui luy estoient ordonnés, desquels il luy en est deub plusieurs années. Au moyen de quoy, n'ayant pu acquitter sesdites debtes avant que de partir, sa foy et le bien de sa femme, qui est des meilleures et des plus nobles familles de Rome, sont demeurés engagés ; et est à présent poursuivi par les créanciers, en danger de voir sadicte femme excuttée et spolyée de sondict bien. » Henri IV à Beauvais la Nocle, ambassadeur en Angleterre, *Lettres missives de Henri IV*, t. IX, p. 4 (suppl.).

[3] « ...Le marquis, voyant qu'il ne peult si promptement espérer de moy le payement qui lui est deub... » *Id., ibid.*

du Roi la permission d'y faire passer cinquante mille boisseaux de nos grains, afin de les revendre ensuite à bon prix. Henri n'avait garde de combattre ce projet : c'était un dérivatif. « La commodité que Pisany veult rechercher en cela, pensa-t-il sagement, tourne à la mienne propre. A ceste cause, je trouve bon ce mesnage. » Et vite, il écrivit à son ambassadeur en Angleterre de demander à la Reine, sa bonne sœur, « un passeport » pour les blés du marquis. Le chargement devait affronter les périls de la Méditerranée, et le crédit d'Élisabeth parmi les corsaires barbaresques était tel, qu'on réputait sa signature la meilleure des sauvegardes[1].

Je ne sais si l'opération commerciale de Pisany réussit; j'espère qu'elle put éviter à la marquise les désagréments du mauvais pas où l'avait mise son dévouement à son mari. Ces coups d'audace et d'habileté s'imposaient comme une nécessité : il fallait aller au-devant de la fortune, s'aider de toute son industrie. Tant qu'il vécut, Jean de Vivonne ne fut payé de l'arriéré de ses créances que par parcelles[2]. Et le montant de sa pension[3], de ses gages de gentilhomme de la chambre et de conseiller d'État, de son traitement de gouverneur du prince[4], etc., suffisait mal à boucher les anciens trous faits à sa bourse. L'un des articles de son testament fut une dernière prière à la couronne « d'avoir quelque égard commander aux officiers des finances paier ou faire paier ce qui a esté reconneu m'estre très loialement deub, aiant grande-

---

[1] *Lettres missives de Henri IV*, t. IX, p. 4 (suppl.).

[2] Le 20 août 1598, quittance de 3,000 écus sols par Pisany « pour un quartier de mes états d'ambassadeur pour 1588 ». Ms. Bibl. nat., cab. des tit., tit. orig., doss. Vivonne.

[3] Le 2 juillet 1594, quittance de 2,000 écus par Pisany, savoir 1,333 écus : « pour la pension qu'il plaît au Roi me donner », 666 écus pour gages de conseiller au Conseil d'État, le tout pour la présente année 1594. — Le 11 octobre 1596, quittance semblable pour la présente année 1596. — Ms. Bibl. nat., cab. des tit., tit. orig. dossier Vivonne.

[4] Ses appointements de gouverneur étaient égaux à ceux des gouverneurs des dauphins. TALLEMANT DES RÉAUX, *Histor.*, 4°.

ment incommodé mes biens et affaires par faute d'avoir esté satisfait, qui serait enfin la ruine de mes enfants[1] ».

Le voici donc au grand instant où le chef de famille, sentant ses forces diminuer, s'inquiète de l'avenir de sa race et des êtres qu'il aime, se recueille dans la contemplation de l'avenir et du juste, dicte ses volontés suprêmes, paroles d'outre-tombe qui résonneront avec tant de solennité dans le cercle de famille quand lui-même n'y sera plus assis!

« *In nomine Patris, et Filii, et Spiritus sancti, amen!* Comme il n'y a rien plus certain à l'homme en ce monde que la mort, aussy n'y a-t-il rien plus incertain que l'heure d'icelle, et pour ce convient à tout bon chrestien et catholicque se tenir toujours prest pour la recevoir quand il plaira à Dieu l'envoyer. Ce que considérant, et pour n'avoir à mon égard lors à penser à aultre chose qu'à bien mourir, je Jean de Vivonne, marquis de Pisany, estant, grâce à Dieu, sain d'esprit et de corps, incommodé seulement de douleurs en la main droite, qui m'empesche d'escrire, ay bien voulu dès à présent disposer et ordonner de mes affaires par ce mien testament, que j'ay dicté comme s'ensuyt... »

Ce fut l'après-midi du vendredi 21 mai 1596, dans la maison de son ami François Pithou, rue Pierre-Sarrazin, près les Cordeliers, que Jean de Vivonne accomplit cette grande chose. Le papier sur lequel, d'une main tremblante et nouée par la goutte, il a déposé sa signature « comme il a pu », est un digne monument « du grave et excellent seigneur [2] ».

En des termes élevés, où s'affirmait sa foi vive et pure, le marquis débutait par conjurer Dieu de faire paix à son âme quand elle entrerait dans l'éternité. Puis il réglait sa sépulture dans l'église cathédrale de Saintes auprès de ses

---

[1] Testament, 21 mai 1596, *Archives historiques de la Saintonge et de l'Aunis*, XI. — « Mes enfans » signifie ici « ma postérité », car Jean de Vivonne n'avait qu'une fille.

[2] « Ç'a esté un grave et excellent seigneur... » *Souvenirs historiques*, par un anonyme, Ms. Bibl. nat. F. fr. **12795**, f° 459.

ancêtres, ordonnait que ses dettes fussent « païées et acquittées avant toutes choses sur tous et chascun de ses biens », recommandait à sa femme de faire rapporter au Roi son grand collier du Saint-Esprit selon les statuts de l'ordre, suppliait Sa Majesté d'avoir en recommandation sa veuve et sa fille par égard pour ses longs services, prescrivait une distribution annuelle aux pauvres de Pisany et des dons à ses serviteurs. Il léguait à sa « bonne et bien-aimée sœur, Claude de Vivonne, dame de Verrières », cinq cents écus de rente en viager et le droit d'habitation à Pisany avec la marquise; « et la prie très affectueusement d'assister madicte femme et luy rendre tous devoirs de bonne sœur, comme je me promets et m'asseure de sa bonté ». A la marquise, il laissait la propriété de ses biens sis à l'étranger et l'usufruit de ses immeubles de France. Pour son héritière universelle, il instituait sa fille Catherine, « à la charge qu'elle obéira à sa mère, ce que je luy recommande sur toutes choses après la crainte de Dieu... Je veux et ordonne que madite fille demeure toujours entre les mains de sa mère, sachant et étant bien asseuré qu'elle l'élèvera et nourrira à la vertu... »

Il prévoyait ensuite la triste hypothèse du décès de sa fille sans postérité : « Je lui substitue Charles, mon neveu, à la charge aussi de servir et obéir à madite femme et la respecter comme sa mère[1]. Et au deffaut de ce, veus et entends que madite femme puisse disposer de tous mes biens en France en faveur de tel autre de mes parens ou de ceuz des siens que bon luy semblera et qu'il luy sera agréable, lequel prendra et portera le nom de Vivonne et sera tenu la respecter et servir comme je scay qu'elle le mérite. »

[1] Ce Charles, dont il ne mentionne pas le nom de famille, ne peut être que Charles Chesnel de Meux, le fils de sa sœur, Marie de Vivonne, épouse de Jean Chesnel de Meux. — Charles Chesnel n'eut pas occasion de bénéficier de la substitution de son oncle, mais il lui succéda dans la charge de sénéchal de Saintonge; il fit son entrée à Saintes en cette qualité, l'an 1600. *Portefeuilles du comte Théophile de Bremond d'Ars.*

Les exécuteurs testamentaires qu'il se choisit furent, outre sa sœur Claude, trois personnages illustres : le compagnon de ses travaux, de ses voyages, de ses déboires, l'ami qu'il s'était fait à toujours par son dévouement, le cardinal-évêque de Paris, Pierre de Gondi ; l'un des hommes qu'il affectionnait le plus et dont il était le plus aimé, l'historien qui jamais ne le citera dans les annales de leur siècle sans lui donner un souvenir d'émotion et d'estime, le président Jacques-Auguste de Thou ; enfin l'un des noms les plus célèbres du gallicanisme, nom antiligueur, nom antiespagnol, l'avocat François Pithou, frère du procureur général Pierre Pithou[1].

Ce qui domine tout dans le testament de Jean de Vivonne, c'est une affection vraie pour sa femme, c'est une tendre sollicitude d'assurer le repos et la dignité de son veuvage[2]. Madame de Pisany s'était fait aimer par ses charmantes et sérieuses qualités. « Avec une excellente beauté, elle possédait toutes les grandes qualités de la femme de Brutus et de la mère des Gracques » ; un bel esprit du moins l'a déclaré[3]. Il me sera toujours difficile de songer au sombre Brutus à propos de Jean de Vivonne, aux Gracques à propos de l'*aimable Arthénice*[4] ; mais de la tragique et bienveillante comparaison, je retiendrai volontiers que Julia Savelli fut une femme forte[5]. « Elle avait, au rapport un peu brutal du président de Thou, des vertus et un courage au-dessus de son sexe. » Elle se lia corps et âme à son époux, embrassa tous ses intérêts, lui sacrifia ses attaches personnelles de famille et toutes ses habitudes, et, de même qu'elle n'hésita pas à confondre leurs bourses d'un état si différent, elle se

---

[1] Testament.
[2] Mêmes témoignages d'affection dans l'acte de confirmation du contrat de mariage. V. Ms. Bibl. nat. F. fr. 3902, f° 341.
[3] Costar dans une lettre à Voiture. V. note de La Houssaye, ap. *Lettres du cardinal d'Ossat*, Ossat à Villeroi, 4 décembre 1599.
[4] On sait que le surnom d'Arthénice fut donné par Malherbe à madame de Rambouillet : c'était l'anagramme de Catherine.
[5] De Thou, *Hist.*, liv. CXXII.

fit sans regret et sans plainte, l'Italienne, au triste coin de ciel de la rue Plâtrière-au-Marais[1].

Esprit d'élite, elle était fort capable au surplus de se plaire dans le milieu, d'un niveau intellectuel très élevé, que le marquis aimait. Avec ses allures un peu mâles de femme romaine, avec son jugement, sa surprenante entente de la politique et son goût pour les choses graves[2], elle devait être l'ornement de la coterie de lettrés et de philosophes, où M. de Pisany, quelque étranger à l'érudition qu'il fût pour son compte, s'asseyait le plus volontiers. Faut-il voir dans ce goût du père un signe précurseur de la vocation de la future madame de Rambouillet? Certes, la petite Catherine, de bonne heure instruite à priser les gens de lettres, dut conserver en grandissant l'ineffaçable empreinte de l'éducation première. Mais j'incline à penser que Jean de Vivonne eut, pour rechercher la société des hauts esprits, des motifs que n'eut pas sa fille. Vraisemblablement, il faisait moins de cas des raffinements de pensée, des aperçus profonds, des trésors de science de ses amis, les de Thou, les Harlay, les Pithou, les Pasquier, les Lefevre, que de la communauté de leurs sentiments avec les siens. J'ai déjà dit quelle exception il est parmi les hommes d'épée de son siècle, flottants entre les partis, livrés aux suggestions d'une ambition inconstante, sans une formule fixe de conduite. Pour trouver des royalistes catholiques tels que lui, c'est, je crois, dans les rangs de la magistrature qu'il les faut chercher. Il devait être attiré vers les parlementaires, inébranlables en leurs convictions, en leur patriotisme, en leur attachement aux traditions de la monarchie nationale ainsi qu'à leurs principes de franchise religieuse. Ces gens lui faisaient grand accueil, et du fond

---

[1] « ...Lesdits sieur et dame marquis et marquise sont à présent logez seize rue de la Plastrière, parroisse Saint-Eustache en ceste dite ville. » Ratification du contrat de mariage, 6 mars 1599, Ms. Bibl. nat. F. fr. 3902, f° 341. — Actuellement rue du Plâtre. Rue étroite et sans lumière.
[2] De Thou, *Hist.*, liv. CXXII.

du cœur admiraient sa carrière. Eux avaient tenu bon, mais ç'avait été séparés du vulgaire, à l'abri du torrent, retirés au fond de leurs bibliothèques ou sous les voûtes du Palais, se réconfortant sans cesse aux sources pures du christianisme, du droit, de la morale et de l'histoire antique, portés sur les éternels sommets; et quand, par intervalles, le flot grondant des passions humaines s'approchait d'eux, de leur cime ils le défiaient bien. Tout autre avait été le cas de Pisany, réduit à l'honnêteté native de son cœur, lancé dans la tourmente de son siècle, incorruptible cependant autant qu'eux. Leur estime était donc profonde. « Nostre marquis Pisany, écrivit l'un d'eux, [fut un] vray patron de saincteté dedans nostre siècle [1]. » Un autre avait coutume de déclarer qu'il ne connaissait pas de plus belle vie à écrire [2].

Si le marquis sortait de cette société de sages pour paraître à la cour ou dans les salons de la ville, le prestige de son renom, sa haute mine, lui donnaient un ascendant à rendre fier. Sa présence honorait une réunion ou une cérémonie [3]. Les jeunes gens s'écartaient sur son passage, ne l'abordaient qu'avec un profond respect, et pourtant recherchaient son commerce [4]. Il mettait de la coquetterie à se rapprocher d'eux par l'élégance du costume. On critiquait en lui un peu

---

[1] *Lettres d'Estienne Pasquier*, liv. XIII, lett. XVIII. Pasquier ajoute : « J'avois cest honneur de le fréquenter souvent. » Le 28 avril 1592, un de ses fils, Nicolas Pasquier, avait épousé la cousine de Jean de Vivonne, Suzanne de Bremond-Balanzac, fille de François de Bremond, baron de Balanzac, et de Louise de La Forest-Vaudoré; devenu veuf le 3 août 1597, Nicolas se remaria l'année suivante à Louise Mangot d'Orgères, sœur du garde des sceaux de France. V. Louis Audiat, *Nicolas Pasquier*, Paris, Didier, 1876.

[2] « Je ne cognoi homme de qui la vie fût plus belle à escrire que de ce grand homme. » *Thuana*.

[3] V. Lestoile, *Journal de Henri IV*, 19 septembre 1594, enterrement du secrétaire d'État Revol.

[4] « Quelque sévère qu'il fust, on a remarqué que les jeunes gens l'aimoient fort et se plaisoient extresmement avec luy. Ils luy portoient un tel respect, qu'ils n'osoient paroistre devant luy s'ils n'estoient tout-à-fait dans la bienséance. » Tallemant des Réaux, *Histor.*, 4e.

d'affectation à prendre les modes de l'Espagne, mais il ne pouvait être soupçonné d'aimer de ce pays beaucoup d'autres choses[1]. Les bavards prétendaient aussi que c'était d'Espagne, « qui est un pays à simagrées », qu'il avait rapporté « la manie de ne point boire » ; mais les gens informés leur fermaient la bouche en leur rappelant la blessure de Moncontour et la prescription des médecins[2].

Le Roi l'aimait. Il y avait plus d'un rapport entre le caractère de Henri IV et celui de son fidèle. Assurément, Jean de Vivonne n'avait jamais servi de prince tel que celui-là. Tout ce qu'il avait rêvé pour son pays s'accomplissait : paix au dedans, gloire au dehors. La France reprenait l'élan de ses destinées sous la main du roi français par excellence. Le royaliste patriote avait vu ce spectacle, il pouvait mourir[3].

Henri l'avait fait sénéchal de Saintonge[4] ; c'était presque un héritage de famille. Il l'avait fait aussi colonel général de la cavalerie légère italienne[5]. Plus juste que Charles IX et que Henri III quand il s'était agi de Sablonceaux, il lui donna raison dans une querelle contre le fils de son ancien rival. Le second maréchal de Biron, d'accord avec un certain nombre de gentilshommes saintongeois, intriguait pour frustrer M. de Pisany d'une rente à laquelle il avait droit sur les aides et

---

[1] Il était, selon d'Aubigné, « catholique fort passionné, amateur des mœurs, langages et vestement de l'Espagne, mais au fond vieil Gaulois et d'une ronde probité ». *Hist. univ.*

[2] TALLEMANT DES RÉAUX, *Histor.*, 4e. — V. plus haut, p. 20 et 29.

[3] Il eut la satisfaction de causer avec les ambassadeurs d'Espagne, venus à Paris pour la paix au mois de juin 1598. « Le Roy fit venir le petit prince afin que les estrangers le vissent et le saluassent, ce qu'ils firent; et estoit assisté entre autre noblesse de M. le marquis de Pisany, son gouverneur, qui respondoit pour lui et les entretinst longtemps en hespagnol, en italien et en françois. » LESTOILE, *Journal de Henri IV*, juin 1598.

[4] Je ne sais à quelle date précise ; le comte Théophile de Bremond d'Ars pense que ce fut en 1591. *Chronologie des sénéchaux de Saintonge*, ms. en portefeuille.

[5] Père ANSELME, MORÉRI, etc.

huitièmes des élections de Saintes et de Saint-Jean-d'Angély ; il dut se taire, malgré son crédit¹.

Jean de Vivonne paraît avoir été toujours en délicatesse avec les Biron ; une historiette en témoigne encore. Il possédait un fort beau cheval d'Espagne, et la bête plut au maréchal, qui fit des offres : « Vous pouvez me la vendre, lui disait celui-ci ; vous n'en avez pas besoin, puisque vous n'allez plus à la guerre. » M. de Pisany refusa net et sec, avec sa mine des grands jours : « J'ai si peu d'envie de vous vendre mon cheval, que si je savais où trouver les trois pareils, je les paierais deux mille écus pièce et les attellerais à mon carrosse². » Il poussait très loin ces fiertés, qui du reste étaient dans les mœurs de cour. On s'endettait, mais on brillait : à tout prix, il fallait paraître. Le trait de la Bruyère eût déjà porté : « L'état seul et non le bien règle la dépense³. »

Une autre anecdote, d'un genre tout différent, a plus de sel : il advint que Jean de Vivonne fut accusé par les commères de se faire le complice de Henri IV pour égorger les petits enfants. S'intéressait-il à l'hermétique ? croyait-il au grand art, à la magie ? Peut-être. Point d'homme si supérieur alors, qu'il ne nourrît un fond de superstition vivace. Estienne Pasquier et le président de Thou, de bien graves personnages, discutaient avec conviction de l'influence des astres. La sceptique Catherine de Médicis mettait sa foi dans les sortilèges et les enchantements. Une longue pratique des cours italiennes avait pu contribuer à développer en M de Pisany le germe de la croyance aux sciences occultes. Toujours est-il qu'il recevait fréquemment dans sa maison « un certain grec, distillateur », d'étrange mine, habile dans l'analyse des substances. Cet individu se procurait chez les

---

[1] Lettre de Henri IV aux président et trésoriers généraux de France à Limoges, 8 avril 1595, publiée par moi ap. *Archives historiques de Saintonge et d'Aunis*, XI.
[2] Tallemant des Réaux, *Historiettes*, 4ᵉ.
[3] La Bruyère, *Caractères* (Des biens de fortune).

barbiers et chirurgiens de Paris du sang humain pour ses expériences. Sur ce, le peuple, prompt à s'émouvoir, fabriqua toute une histoire terrible : le gouverneur du prince de Condé, d'après l'ordre de Sa Majesté, coupait mystérieusement la gorge à d'innocentes créatures, et de leur sang faisait un remède à l'héritier du trône, que l'on supposait malade et débilité. Ce grotesque fantôme prit assez de consistance pour que le Roi s'en émût; au vrai, pareille légende eût fait, en s'implantant dans les cerveaux populaires, une fâcheuse concurrence à celle de la poule au pot. Le procureur général et le prévôt des marchands de Paris opérèrent une enquête : on fit constater que pas un enfant n'avait disparu dans la capitale, dans les faubourgs et dans les villages environnants; on rechercha les auteurs de ce méchant bruit en vue d'un châtiment sévère; on remua pour cette affaire jusqu'à des gouverneurs de provinces et des maréchaux de France [1].

M. de Pisany paraît avoir conservé la plus grande liberté de mouvements dans sa charge de gouverneur. « Il ne logeait point avec M. le prince [2] »; M. d'Haucourt le suppléait durant ses absences. Un homme moins consciencieux eût profité de ces facilités pour se dérober le plus possible aux odieuses vexations de la princesse. Mais, scrupuleux et tenace, il n'abandonnait ni sa tâche ni le champ du combat : il surveillait de près son élève et reprenait vertement pour toutes ses fautes l'enfant adulé.

Un jour qu'ils chassaient ensemble, un paysan, près duquel passèrent les cavaliers, « se mit le ventre à terre » pour les saluer. Le petit prince, soit insouciance, soit dédain, ne fit pas même un geste de la tête. « Monsieur, lui dit le marquis avec emportement, il n'y a rien au-dessous de cet homme,

---

[1] Henri IV au maréchal de Biron, 10 juin 1599, publ. par BERGER DE XIVREY, *Lettres missives de Henri IV*, t. V, p. 136.
[2] TALLEMANT DES RÉAUX, *Histor.*, 4ᵉ.

il n'y a rien au-dessus de vous; mais si lui et ses semblables ne labouraient la terre, vous et vos semblables seriez en danger de mourir de faim[1]. » Pourquoi tous les instituteurs de rois n'ont-ils pas professé de tels enseignements ? Et que cette leçon diffère de celle que recevra Louis XV, enfant, du maréchal de Villeroi : « Voyez, mon maître, voyez tout ce peuple sous vos fenêtres ! Cette multitude immense, elle est à vous, vous en êtes le maître[2] ! »

Un autre jour, le petit prince, en jouant avec mademoiselle de Pisany, « la prit par la teste et la baisa ». Le gouverneur en fut instruit, et sévit avec vigueur. Pour tout dire, il me semble avoir été sévère, vu l'âge des délinquants : Catherine de Vivonne avait huit ans, son ami n'était pas plus vieux[3]. Mais on ne saurait de trop bonne heure apprendre à distinguer le fruit défendu. La divine Arthénice et le troisième prince de Condé seront toute leur vie des modèles de réserve et de sagesse. A l'hôtel de Rambouillet, on en attribuera l'honneur à la rude discipline de M. de Pisany[4].

III

MORT DE JEAN DE VIVONNE (7 octobre 1599).

En 1599, un grand événement se préparait, qui devait considérablement diminuer le personnage de Condé : le Roi faisait poursuivre en cour de Rome la déclaration de nullité

---

[1] TALLEMANT DES RÉAUX, *Hist.*, 4º.
[2] « Et sans cesse lui répétait cette leçon pour la lui bien inculquer ! » SAINT-SIMON, *Mémoires*, ch. CCLXXI.
[3] Au rebours de nos conclusions, Tallemant, en austère moraliste, félicite Pisany, « car les princes sont des animaux qui ne s'eschappent que trop ». — Chacun sait que le Tiers État ne s'échappe jamais.
[4] « On en a fait la guerre bien des fois à cette demoiselle, comme si elle estoit cause de l'aversion que feu M. le prince a eue toute sa vie pour les femmes. » TALLEMANT DES RÉAUX, *Histor.*, 4º.

de son mariage avec Marguerite de Valois, et celle-ci, du fond d'un château d'Auvergne, asile de son existence bizarre de femme folle, sollicitait également une rupture des liens conjugaux ; Clément VIII accueillait bien cette double demande, fondée sur des vices de forme assez sérieux [1] ; il était aisé de prévoir une seconde alliance de Henri IV : si de la nouvelle femme naissait une postérité mâle, adieu le royal avenir de Henri de Bourbon-Condé.

Nul doute qu'alors Jean de Vivonne n'eût jugé son poste inférieur à sa condition et qu'il ne s'en fût démis [2]. Mais il mourut avant que le Pape eût prononcé la dissolution.

Il mourut à Saint-Maur-les-Fossés, près Vincennes, le 7 octobre 1599 [3]. Quelque temps auparavant, pour fuir une épidémie maligne, il avait conduit son élève dans cette résidence, récemment acquise par la princesse, et l'habitait avec lui [4].

Les détails sur ses derniers moments nous font défaut. De Thou, qui l'assista peut-être au douloureux passage, assure qu'il « mourut avec la même piété et le même courage qu'il avait toujours eus pendant sa vie [5] ». J'eusse été surpris que « ce grand catholique et homme de bien [6] » tremblât des affres du trépas.

Le Roi fut tristement affecté de la mort de son vieux gentilhomme. Avec son bonheur accoutumé d'expression, il trouva, pour le caractériser d'un trait, le mot qui résumait

---

[1] De Thou, *Hist.*, liv. CXXIII.

[2] « Il avoit résolu de qu'tter ce poste à la première occasion, et sans doute il eust demandé son congé à la dissolution du mariage du Roy. » Tallemant, *Histor.*, 4ᵉ.

[3] De Thou, *Hist.*, liv. CXXII.

[4] Tallemant des Réaux, *Histor.*, 4ᵉ.

[5] De Thou, *Hist.*, liv. CXXII. Pour les regrets inspirés à de Thou par la mort de son ami, v. *Mémoires de sa vie*, année 1599. — M. le duc d'Aumale dit que Pisany mourut de l'épidémie, mais il ne cite pas sa source. *Histoire des princes de Condé*, t. II, p. 250.

[6] C'est Lestoile qui le qualifie de la sorte dans son *Journal de Henri IV*, décembre 1595.

Jean de Vivonne, personne et vie : c'était un « chevalier » que perdait sa couronne[1] — type à peu près disparu d'un autre âge !

Il fallut songer à remplacer le défunt auprès du prince. Le nouveau gouverneur fut François de Faudoas, comte de Belin, gouverneur de Paris pendant la Ligue, d'une assez médiocre réputation de loyauté et de bravoure. On rapporte que Henri crut devoir justifier, ou du moins expliquer, son choix : « Quand j'ai voulu, dit-il, faire un roi de mon neveu, je lui ai donné le marquis de Pisany ; quand j'en ai voulu faire un sujet, je lui ai donné le comte de Belin[2]. » M. de Belin « s'accorda bien mieux que le marquis avec la princesse, et ils firent de belles galanteries ensemble[3] ». M. d'Haucourt cessa de tenir le premier rang dans les bonnes grâces de la belle douairière, ne s'habitua qu'avec peine au nouvel ordre de choses, risqua quelques scènes, se soumit enfin[4]. Le bon M. Lefèvre écrivit des épitaphes pour M. de Pisany[5], puis, toujours en dehors des agitations de la maison, continua d'enseigner consciencieusement les sciences à son élève, jusqu'à l'heure où cette fois il devait instruire un véritable roi, Louis XIII.

Tandis que le monde continuait d'aller son train, Jean de Vivonne, couché dans son cercueil, suivait la route de la

---

[1] Lettre de Henri IV au connétable de Montmorency sur la mort de Pisany, 10 octobre 1599. *Lettres missives de Henri IV*, t. V, p. 175.

[2] TALLEMANT DES RÉAUX, *Histor.*, 4e.

[3] *Id., ibid.*

[4] Deux lettres de la princesse à d'Haucourt, non datées, Ms. Arsenal, CONRART, t. V. — *Histoire des princes de Condé*, t. II, p. 252.

[5] « Il y a des épitaphes excellentes qui luy ont esté faites par M. Lefebvre, lors précepteur de M. le prince, où il est dit que Sa Majesté luy avoit donné pour conducteur et gouverneur de sa jeunesse ledit sieur marquis, comme une vraye et vive réputation de la vertu et ung miroir et exemple d'icelle qu'il debvoit ensuivre. » *Souvenirs d'un anonyme*, Ms. Bibl. nat. F. fr. 12795, p. 459. — Ces épitaphes ne sont pas dans le *Nicolai Fabri opuscula*. Je n'ai pu les retrouver ni dans l'église de Saint-Pierre de Saintes, ni dans celle de Saint-Maur-les-Fossés.

province natale. On l'avait embaumé. A Saint-Maur-les-Fossés, on avait voulu garder ses entrailles et les placer « devers le grand autel, contre d'un pilier, près d'une des portes du chœur [1] ». Mais son corps fut, selon ses prescriptions testamentaires, déposé dans un des caveaux de l'église Saint-Pierre de Saintes. Comme la chapelle des Torrettes, située derrière le maître-autel, n'était pas en bon état à cause d'un éboulement [2], ce fut la chapelle de Saint-André et Saint-Jacques, la quatrième à droite en entrant, qui reçut ses restes.

Tous les ans, le 7 octobre, on célébra l'anniversaire du marquis à Saint-Pierre, et l'on chanta le *Libera* dans la chapelle sous les dalles de laquelle il dormait son dernier sommeil [3].

J'ai voulu voir cette sépulture. Je pensais plus durables que les fragiles monuments des cimetières les asiles abrités sous les arceaux de pierre des cathédrales, et que Jean de Vivonne se reposait encore de la vie dans la paix du lieu saint. Je ne trouvai sur le sol et sur les murs de la chapelle, plusieurs fois remise à neuf, aucun signe extérieur qui marquât la tombe, aucune inscription, aucune plaque. J'appris que, il y a quelque vingt-cinq ans, on avait abaissé le sol d'une partie de l'église et découvert l'entrée d'un caveau voisin, et

---

[1] Souvenirs d'un anonyme, Ms. Bibl. nat. F. fr. 12795, p. 459. — Il n'y a plus de traces dans l'église de Saint-Maur, mais l'expression « près d'une des portes du chœur » me fait penser qu'il s'agit du sanctuaire de l'abbaye, aujourd'hui détruit, plutôt que de la paroisse.

[2] « ...Despuis M. le chantre d'Angliers, n'y a esté mis aucun, parce que la ruine de ladite église neufve a bouché l'ouverture de ladite voûte et entrée de ladite sépulture. » Ms. du chanoine Tabourin, f° 290 verso, cité par AUDIAT, *Saint-Pierre de Saintes*, p. 62.

[3] « Le 7 octobre, il y a anniversaire pour feu M. Jehan de Vivonne, sieur de Pizanis. Il y a le revenu de trois cens livres. Le *Libera* se dict dans la chapelle de Sainct-André et Sainct-Jacques, où est enterré ledit sieur de Pizanis. » Ms. du chanoine Tabourin, f° 305, cité par AUDIAT, *Saint-Pierre de Saintes*, p. 59. C'est aujourd'hui la chapelle de Saint-Eutrope. *Id., ibid.*, p. 69.

qu'alors un étrange spectacle s'était offert : les eaux avaient rempli le caveau par infiltration; les cercueils disjoints flottaient sur la nappe liquide; pêle-mêle avec les planches, les ossements surnageaient, ballottés au gré des courants souterrains. C'était le naufrage après la mort! Ce naufrage est, paraît-il, l'ordinaire loi des funèbres asiles de la cathédrale, construite à pilotis sur des marais. Voilà la demeure suprême, voilà les suprêmes aventures et périls de très haut et très puissant messire Jean de Vivonne, seigneur et baron de Saint-Gouard[1], marquis de Pisany, abbé de Valence, chevalier, gentilhomme ordinaire de la Chambre, conseiller de Sa Majesté en ses conseils d'État et privé, chevalier des ordres du Roi, capitaine de cinquante hommes d'armes, capitaine gouverneur du château de Saintes, sénéchal de Saintonge, lieutenant de la cornette blanche, colonel général de la cavalerie légère italienne, ambassadeur de France à Madrid, à Rome et dans plusieurs autres pays, gouverneur de Mgr le prince de Condé!

IV

POSTÉRITÉ.

L'émouvante chose que le sort de la postérité d'un homme! Et qu'il y a de l'intérêt à suivre du doigt et de l'œil les mille fantaisies de l'arbre généalogique, à fouiller ses branches, à scruter ses rameaux, à analyser ses feuilles! Pour qui sait voir, c'est tout un coin de la philosophie du monde : soudaine flétrissure de tiges luxuriantes et touffues, subite expansion de sève précisément où la vitalité semblait

---

[1] Il se qualifiait baron de Saint-Gouard, — titre de courtoisie, — dans certains actes. V. par exemple quelques quittances, Ms. Bibl. nat., Cab. des tit., tit. orig., doss. Vivonne.

chômer; à côté de ces jeux de caprice, développement méthodique et régulier de la végétation, progrès ou décadence graduels, quelquefois fixité, dans les situations, les fortunes, les services, les alliances; conditions de formation des mariages, qui pour les trois quarts se nouent entre alliés; influence des milieux; conséquences de la brusque apparition d'un personnage de talent ou de génie; rappel des vertus et des défauts des ancêtres, selon les lois de l'atavisme entendues largement; effets de la pureté du sang et résultats du mélange des races; que sais-je encore? et tout cela s'animant, s'échauffant, se colorant à la grande lumière de l'histoire!

Tel mortel sera l'un des anneaux de l'immense chaîne ininterrompue qui, depuis le premier homme, au travers des âges, de génération en génération, mène notre humanité vers sa suprême date. Tel autre n'est de cette chaîne qu'un anneau pendant tristement au vide, et paraît avoir manqué l'un des buts de sa mission sur terre. Jean de Vivonne s'est prolongé dans sa descendance jusqu'à nos jours.

Lorsqu'on eut emporté les restes de son époux en Saintonge, madame de Pisany, restée seule avec sa fille, se voua tout entière à l'enfant. Les consolations et les appuis ne lui manquèrent pas. Le secrétaire d'État Villeroi reporta sur elle une partie de l'affection qu'il avait eue pour le défunt, et lui témoigna des égards dont les Savelli et les Strozzi d'Italie se montrèrent reconnaissants [1]. Quant au président de Thou, son ancienne intimité s'accrut naturellement de

---

[1] « Le seigneur Léon Strozzi, oncle de madame la marquise de Pisany, m'est venu voir pour me dire et requérir de vous témoigner le sentiment qu'il a du bien et honneur qu'il vous plaît faire à ladite dame, la consolant en son affliction et ayant soin d'elle et de sa fille, et les tenant en votre protection... Vous obligez deux très honorables et très illustres maisons, des Savelli et des Strozzi, et tous leurs parents, alliez et amis, qui en célébreront et béniront par deçà non seulement votre personne, mais aussi toute notre nation. » Ossat à Villeroi, Rome, 4 décembre 1599, *Lettres du cardinal d'Ossat*.

sa qualité d'exécuteur testamentaire et du besoin qu'on avait de ses conseils; lui-même trouvait profit au commerce de cette femme supérieure : elle le mettait au courant de la politique romaine, lui montrait les papiers du marquis, lui fournissait ainsi des éléments précieux pour la magistrale histoire qu'il élaborait[1].

C'est un repos d'esprit pour les mères, que de fixer l'avenir de leurs enfants. L'avenir de Catherine de Vivonne ne demeura pas longtemps incertain. Dès le mois de janvier 1600, très probablement selon des arrangements pris du vivant de son père, la petite fille fut mariée[2] avec un fort grand seigneur de vingt-trois ans, Charles d'Angennes de Rambouillet, vidame et sénéchal du Mans, le neveu des négociateurs, cavaliers et prélats, dont la carrière s'était si souvent mêlée à celle de Jean de Vivonne[3]. Elle avait moins de douze ans, et resta quelque temps encore, peut-on croire, au giron

---

[1] « J'ai entretenu une étroite liaison avec l'illustre veuve. Ayant des connaissances sur l'état présent de l'Italie au dessus de celles qu'une dame a coutume d'avoir, elle me les a communiquées, et m'a permis de lire les commentaires et journaux de son mari. J'y ai appris beaucoup de choses, dont je n'étais informé que par des bruits. » De Thou, *Hist.*, liv. CXXII. Qu'est-ce que ces commentaires et journaux, et que sont-ils devenus? Le brouillon des dépêches de l'ambassadeur y entrait peut-être pour une grande partie.

[2] « Emploi du contrat de mariage de noble seigneur Charles d'Angennes, seigneur de Rambouillet, avec demoiselle Catherine de Vivonne, marquise de Pizani... Le contrat accordé le 27ᵉ de janvier de l'an 1600. » Ms. Bibl. nat., Cab. des tit., doss. bleus, Vivonne, 17993, p. 33-52.

[3] Charles d'Angennes ne porta le titre de marquis de Rambouillet qu'après la mort de son père (1611). — Voici la liste des enfants de Jacques d'Angennes et d'Isabeau Cottereau : 1º Jacques, seigneur de Rambouillet, écuyer tranchant du Roi, mort en 1568; 2º Charles, évêque-cardinal du Mans, *le cardinal de Rambouillet*, mort en 1587; 3º Renaud, tué en Piémont; 4º Nicolas, marquis de Rambouillet, gouverneur de Metz, capitaine des gardes du Roi, chevalier du Saint-Esprit, plusieurs fois ambassadeur, le beau-père de Catherine de Vivonne, époux de Julienne d'Arquenay; 5º Claude, évêque de Noyon, puis du Mans après son frère, ambassadeur à Rome sous Henri III et Henri IV, mort en 1601; 6º Louis, marquis de Maintenon, chevalier du Saint-Esprit, ambassadeur en Espagne, époux de Françoise d'O; 7º François, marquis de Montlouet, ambassadeur en Suisse, époux de Madeleine de Broullart; 8º Jean, seigneur de Poigny, chevalier

maternel [1]. Elle n'eut son premier enfant qu'à dix-huit ans.

Les jeunes gens abandonnèrent le vieil hôtel de Rambouillet, situé sur l'emplacement du Palais-Royal actuel [2], pour habiter l'*hôtel de Pisany*, construit rue Saint-Thomas-du Louvre, entre le Louvre et les Tuileries [3]. Ils le transformèrent complètement. Madame de Rambouillet, douée d'un véritable génie d'architecte, dessina les plans elle-même, se souvint du genre italien, créa tout un style, fit école. On admira sans réserve la belle ordonnance des pièces en enfilade et la percée des hautes fenêtres sans appui

---

du Saint-Esprit, ambassadeur à Rome, en Navarre, en Savoie, en Allemagne, etc., époux de Madeleine Thierry ; 9° Philippe, seigneur du Fargis, gouverneur du Maine et du Perche, tué au siège de Laval en 1590, époux de Jeanne de Hallwynne de Piennes ; 10°, 11° et 12° trois filles. — V. Père Anselme, *Grands Officiers de la couronne*.

[1] La date de la mort de Julia Savelli ne m'est pas connue. « On fit toujours cas de cette dame à la cour, et Henri IVe l'envoya avec madame de Guise, surintendante de la maison de la Reyne, recevoir la Reyne mère à Marseille. » Tallemant des Réaux, *Histor.*, 103e.

[2] Il fut vendu en avril 1606 à Pierre Forget de Fresnes. Sauval, *Antiquités de Paris*, t. II, p. 199. — Pour la date précise, voyez cependant les observations du comte de Laborde, *le Palais Mazarin et les habitations au dix-septième siècle* (notes).

[3] Ç'avait été l'hôtel d'O, puis l'hôtel de Noirmoutiers, puis l'hôtel de Pisany, « et enfin lorsque le marquis de Rambouillet et Catherine de Vivonne y vinrent loger, après la mort de Jean de Vivonne, marquis de Pisany, il prit le nom de Rambouillet ». Sauval, *Antiquités de Paris*. — Pourtant Jean de Vivonne et Julia Savelli habitaient encore rue de la Plâtrière, le 6 mars 1599, sept mois seulement avant le décès du premier. V. *Ratification du contrat de mariage*, Ms. Bibl. nat. F. fr. 3902, f° 341. — Il ne serait pas impossible, contrairement au dire de Sauval, que Jean de Vivonne n'ait jamais eu l'hôtel de la rue Saint-Thomas du Louvre. Dans cette hypothèse, Catherine et son mari l'auraient acheté eux-mêmes, et, le vieux marquis de Rambouillet vivant encore, le fils ne possédant pas le titre et se qualifiant marquis de Pisany du chef de sa femme (v. Arch. de la Charente, E, 157), le nouvel hôtel se serait appelé d'abord hôtel de Pisany. Mais MM. Cousin (*la Société française au dix-septième siècle*, t. I, p. 246), Roederer (*Mémoire sur la société polie*, p. 18), Monmerqué et Paris (Tallemant des Réaux, *Histor.*, 103e, *in notis*), le comte de Laborde (*le Palais Mazarin et les habitations au dix-septième siècle*, *in notis*), admettent sans hésiter que Jean de Vivonne fut propriétaire de la célèbre maison, et je n'ai point vu de titre qui m'autorise à m'inscrire contre leur opinion.

par où l'air et le soleil entraient à flots. Quand Marie de Médicis construisit son Luxembourg, elle envoya ses artistes visiter l'hôtel de Rambouillet pour s'en inspirer [1]. Mais la véritable gloire de cette maison, c'est la mémoire de la société sans pareille à laquelle ses murs hospitaliers ont servi de lieu de rendez-vous et de centre.

Ce que fut madame de Rambouillet, il faudrait plus qu'un volume pour le dire. Ce charmant travail d'ailleurs n'est plus à faire [2] : on s'est complu de nos jours à mettre en pleine lumière cette aimable et pure figure, à scruter toutes les intimités de la vie de la marquise; de chaque indiscrétion, l'amour, le respect, l'admiration et la gratitude se sont accrus : pas une tache à ce soleil de la littérature et de la société du dix-septième siècle. Rien que par l'attrait de sa grâce, de son esprit, de ses vertus, cette femme a su grouper autour d'elle les élites de son temps, mêler les gens de lettres aux gens de qualité pour le grand bien des deux classes, honorer les premiers par le contact des seconds et polir ceux-ci par ceux-là, donner un élan inouï à la pensée, châtier la brutalité des hommes de guerre et les tourner aux raffinements de la galanterie, faire de notre langue fruste et lourde le fort et fin instrument qu'elle est devenue. Sans doute, on tâtonne encore à l'hôtel de Rambouillet, le goût n'est pas bien fixé : il arrive de verser dans l'emphase creuse avec Balzac, dans les subtilités précieuses avec Voiture : accidents sans péril ! Ce n'est pas décadence, c'est jeunesse de l'art : sur l'enclume où frappent, taillent, liment, ciselent, les chers ouvriers de Catherine, le moule

---

[1] Tallemant des Réaux, *Histor.*, 103e.
[2] V. Roederer, *Mémoire pour servir à l'histoire de la société polie*; Walckenaer, *Mémoires sur madame de Sévigné*; Cousin, *la Jeunesse de madame de Longueville, Madame de Sablé, la Société française au dix-septième siècle*; Livet, *Précieux et précieuses*; Robert de Bonnières, *Préface aux Académiciens de Saint-Evremont*, etc. — Voir aussi les excellentes annotations du savant M. Tamizey de Larogue, dans sa publication des *Lettres de Jean Chapelain*.

de l'idée se forge, et voici venir la phalange du génie, prête à verser sa divine substance dans le creuset qu'on lui tend.

L'un des mérites singuliers de cette femme qui fit tant pour le monde, est d'avoir concilié ses nobles passe-temps intellectuels avec la pratique scrupuleuse et fervente de ses devoirs d'épouse et de mère. Son salon ne nuisait en rien à son foyer domestique : à ses yeux, le cercle de l'amitié n'était que le cercle de la famille élargi ; donc, point de concurrence, mais fusion, entre ces deux éléments de sa vie. Tout le monde respirait à l'unisson, jouissait des mêmes joies, pleurait des mêmes peines, à l'hôtel de Rambouillet.

Elle fut rudement frappée dans ses affections : son fils, le marquis de Pisany, d'un corps contrefait, mais d'une belle intelligence et d'un cœur honnête, périt à la bataille de Nördlingen ; il emportait avec lui l'espoir de la branche aînée des d'Angennes [1], car il n'avait eu qu'un frère cadet, mort à sept ans de la peste, le vidame du Mans. Des cinq filles de madame de Rambouillet, trois furent religieuses : les deux abbesses d'Yères et l'abbesse de Saint-Étienne de Reims. Une autre épousa le comte de Grignan et mourut jeune, laissant une enfant, qui ne fut pas heureuse auprès de l'impérieuse et sèche belle-mère que lui donna son père en se mariant en troisièmes noces à la bien-aimée de madame de Sévigné ; contre le gré de ses parents, à qui son bien plaisait, la fille du gouverneur de Provence prit un mari pour échapper au joug : ce fut le marquis de Vibraye [2] ; leur postérité est encore aujourd'hui nombreusement représentée.

Mais la plus brillante des filles de madame de Rambouillet, la plus chérie [3], celle qui ressembla le plus à sa mère et

---

[1] Plusieurs branches puînées se continuèrent longtemps encore. V. Père Anselme, *Grands Officiers de la couronne, Généalogie d'Angennes*.

[2] V. Frédéric Masson, *le Marquis de Grignan*.

[3] « Madame de Rambouillet n'a été injuste qu'en une seule chose, c'est par la préférence qu'elle faisoit de madame de Montausier à ses autres enfants. » Segrais, *Mémoires-anecdotes*, t. I, p. 111.

dont le nom ne se sépare point du sien, fut l'aînée de la famille, Julie d'Angennes, la déesse à qui des mains délicates tressèrent la fameuse guirlande d'amour en vers précieux, et qui demeura des années cruelle aux feux de M. de Montausier, avant de daigner l'accepter pour époux.

La princesse de Condé, née Montmorency, femme de l'ancien élève de Jean de Vivonne, venait fréquemment à l'hôtel; elle y menait sa fille, ravissante dès l'âge le plus tendre, Anne de Bourbon-Condé, la future duchesse de Longueville. Il n'y avait que peu d'années de différence entre celle-ci et Julie; toutes deux s'entendaient bien; on faisait de belles parties. Un jour, on fut à Saint-Maur-les-Fossés, et quand se répandit dans le pays le bruit de la brillante visite, Julie d'Angennes eut la surprise de voir accourir une foule nombreuse au château : les bonnes gens voulaient voir « la petite-fille de ce M. de Pisany dont ils avoient tant ouy parler à leurs pères[1] ». Cet hommage à la mémoire de son aïeul dut lui plaire. Le souvenir de Jean de Vivonne était en grand honneur à la maison. Madame de Rambouillet trouvait du charme à causer de ses faits et gestes et de ses habitudes familières, à raconter les épisodes de sa carrière si pleine. Les Savelli revenaient souvent aussi sur le tapis, car elle était fière, très fière, de son ascendance romaine[2]. Dans le cercle des auditeurs, un homme écoutait sans perdre une syllabe : il s'appelait Tallemant des Réaux; et ce bourgeois, mauvaise langue, dans les notes pittoresques qu'il nous a transmises, ne s'est jamais départi de la reconnaissance qu'il devait à la famille pour son accueil bienveillant.

Le duc de Montausier est considéré par ses contempo-

---

[1] TALLEMANT DES RÉAUX, *Histor.*, 4ᵉ.
[2] « Je la trouve un peu trop persuadée, pour ne rien dire de pis, que la maison des Savelles est la meilleure maison du monde. » TALLEMANT, *Histor.*, 103ᵉ. — Elle signait Catherine de Vivonne-Savella. V. *Dictionnaire* de JAL, et COUSIN, *la Société française au dix-septième siècle*, t. 1, p. 266.

rains comme le prototype de l'*honnête homme*, et Ménage définit quelque part l'honnête homme celui qui possède « la justesse de l'esprit et l'équité du cœur ». Double qualité précieuse qui le fit choisir par Louis XIV, quand il s'agit de nommer le gouverneur du Dauphin. Il reçut l'héritier royal des mains de sa femme, car Julie présidait à l'éducation des enfants de France en qualité de gouvernante. Son zèle à s'acquitter de sa mission, conjointement avec Bossuet, précepteur, est universellement reconnu. Cependant — il m'en coûte de l'avouer — le ménage des Montausier, tout austère et grave qu'il fût, ne laissa pas que d'être complaisant pour les faiblesses du Roi : il ploya au vent qui courbait les têtes des courtisans; son prestige en est atteint devant l'histoire [1].

Mademoiselle de Montausier, la fille unique de Julie d'Angennes, épousa le duc d'Uzès, premier pair de France, gouverneur d'Angoumois et de Saintonge, qui mourut en 1692. L'année suivante, l'aîné des enfants issus de cette union, Louis de Crussol, duc d'Uzès, eut les deux jambes emportées par un boulet sur le champ de bataille de Neerwinden; il ne survécut pas à son affreuse blessure, et, comme il ne laissait pas d'hoirs, son frère, appelé le marquis d'Acier, prit le titre ducal et la pairie [2]. Celui-ci, gouverneur de l'Angoumois et de la Saintonge, épousa mademoiselle de Bullion. Leur descendance par les mâles s'est continuée jusqu'au temps présent, en s'alliant aux La Rochefoucauld, aux Pardaillan d'Antin, aux Châtillon, aux Talhouet, aux Rochechouart-Mortemart.

Sur le tableau de la descendance de Jean de Vivonne, je relève encore les noms suivants : Le Tellier, marquis de Barbezieux; Châtillon, duc d'Olonne; La Baume Le Blanc, duc de La Vallière; duc de Châtillon; duc de la Trémoille; duc de Rohan-Chabot; Pasquier de Franclieu; d'Aubusson;

---

[1] V. LAIR, *Louise de la Vallière et la jeunesse de Louis XIV*, passim.
[2] SAINT-SIMON, *Mémoires*, ch. I.

Le Fèvre d'Ormesson; Gondrin-Pardaillan, duc d'Antin; Noailles; Verthamon; Montmorency-Luxembourg; Rougé; d'Hunolstein; etc.

V

LE NOM.

Et le nom, cette chose qui n'est qu'un assemblage de lettres et qu'un son, mais pour laquelle le cœur bat si fort et se font tant de rêves? Du nom de Vivonne, qu'est-il advenu?

Il ne vit plus que dans le souvenir des hommes.

Le marquis de Pisany était le dernier de la branche de Fors et de Saint-Gouard.

André de Vivonne La Châtaigneraie, grand fauconnier de France, mourut en 1616, en pleine faveur, à la fleur de son âge, ne laissant qu'une fille, Andrée, qui s'allia au duc de La Rochefoucauld, pair de France. En lui et en ses frères, décédés sans enfants, s'éteignirent les aînés de Vivonne [1].

Deux autres branches, celles de Bougoin et d'Iteuil, fixées en Poitou, périrent pareillement avant la fin du dix-septième siècle.

Il est presque inutile de rappeler que le maréchal duc de Vivonne, frère de madame de Montespan, était Rochechouart-Mortemart et sans aucun rapport par conséquent avec la maison de Vivonne. Seulement, son duché se trouvait assis sur le lieu d'où celle-ci tirait son nom patronymique.

Le marquisat de Pisany échut par héritage à Charles-François de Crussol, comte d'Uzès, petit-fils de Julie d'Angennes [2], qui le vendit en 1735 au maître des comptes Bes-

---

[1] Père ANSELME, *Grands Officiers de la couronne*, Vivonne.
[2] V. Arrêt du Parlement de Paris, rendu en conséquence du testament olographe de la duchesse d'Uzès, Arch. de la Charente, E, 156.

sières. Le marquis de Sennecterre l'acheta fort peu de temps après, en 1749. Depuis, le marquis de Conflans d'Armentières en hérita [1].

Aujourd'hui, le château de Pisany n'est qu'une chaumière. Plus heureux, celui de Saint-Gouard a conservé sa jolie prestance Louis XII; il appartient à l'honorable M. Rouget-Lafosse, de Niort, qui compte ne point le laisser périr. A quelques lieues de Saint-Gouard, dans une triste plaine, vacille, comme un spectre gris, l'unique pan de mur resté debout du manoir de Fors, ce berceau des cadets de Vivonne.

[1] WAROQUIER DE COMBLES, *Tableau généalogique*, et LA CHENAYE DES BOIS, *Dictionnaire de la noblesse*.

FIN.

APPENDICE

RÉCAPITULATION DES SOURCES

Les sources de ce livre peuvent se diviser en deux grandes catégories : 1° documents proprement dits, soit manuscrits, soit imprimés; 2° renseignements des auteurs, surtout des auteurs contemporains de Jean de Vivonne.

I

1° A la Bibliothèque nationale, se trouvent cinq volumes, renfermant la correspondance manuscrite de Jean de Vivonne avec le Louvre, et du Louvre avec Jean de Vivonne, pendant l'ambassade d'Espagne; voici leur cote et leur analyse.

Fonds français : 16104 : lettres de janv. 1572 à décemb. 1572.
— — 16105 : de janv. 1573 à décemb. 1573.
— — 16106 : lettres de 1574 et 1579, parmi lesquelles une de 1578.
— — 16107 : lettres de janv. 1580 à décemb. 1580.
— — 16108 : de septemb. 1581 à décemb. 1582.

Des fragments de ces lettres avaient été publiés par M. Groen van Prinsterer dans ses *Archives de la maison de Nassau*. Depuis, M. Gachard en a donné l'analyse succincte dans son utile ouvrage *la Bibliothèque nationale à Paris*. Ces deux savants ne se sont guère occupés de relever que les points intéressant l'histoire des Pays-Bas. Mon objectif était tout autre que le leur, et je ne me suis pas cru dispensé de dépouiller à nouveau la correspondance.

2° Les cinq volumes susdits présentent une regrettable lacune : les dépêches des années 1575 à 1578 y font défaut, et nulle part je n'ai pu les retrouver. Mais à l'aide de documents d'un autre genre, je les ai remplacées à peu près.

Aux Archives nationales, fonds Simancas, sous les cotes K 1447, 1526 à 1529, 1531 à 1561, sont classées des pièces provenant de la chancellerie de Philippe II, fort intéressantes pour l'ambassade de Jean de Vivonne. Ce sont les mémoires qu'il adressait au Roi Catholique ou à ses ministres, les minutes des réponses qu'il recevait d'eux, les rapports des ministres au souverain sur les questions pendantes, etc. On sait le luxe d'écritures auquel se plaisait Philippe. — Beaucoup de ces documents sont en langue espagnole.

C'est à cette source en particulier que j'ai puisé pour faire le récit des intrigues de Claude du Bourg.

3° A la Bibliothèque nationale, fonds Brienne, 354, se trouve un registre-copie : le *Recueil de lettres écrites par le marquis de Pisany pendant son ambassade en Italie* (26 août 1586 — mai 1588).

Plusieurs de ces lettres existent en original à la Bibliothèque nationale, fonds français, 16045 et 16046, et la parfaite conformité qu'elles ont avec la copie du fonds Brienne donne à l'ensemble du registre une grande autorité.

J'ajouterai que j'ai trouvé le registre exactement semblable, au dépôt des Affaires étrangères, Corresp. de Rome, 10, et que l'aimable et savant M. Guillaume Guizot m'a dit en avoir vu une troisième copie au British Museum de Londres, additional ms. 30627.

4° A la Bibliothèque nationale, fonds français, 16042, correspondance originale des cardinaux de Médicis, d'Este, de Rambouillet, etc. (mai 1585-1586).

5° et 6° A la Bibliothèque nationale.

Fonds français, 16045 : Correspondance originale de Jean de Vivonne, du cardinal de Pellevé, de l'évêque de Paris, du duc de Luxembourg, etc., et minutes des lettres du Louvre (mai 1584 — décemb. 1587).

— — 16046 : Correspondance originale de Jean de Vivonne, des cardinaux de Joyeuse et de Gondi, et minutes des lettres du Louvre (janvier-août 1588).

7° A la Bibliothèque nationale, fonds Dupuy, 29, un registre-copie de la correspondance de Jean de Vivonne et du cardinal de Joyeuse (4 octob. — 15 nov. 1588).

APPENDICE. 391

8° A la suite de la *Vie du cardinal de Joyeuse*, Paris, 1654, Aubery a publié quelques lettres de ce prélat à Henri III (août 1587 — janv. 1589); plusieurs sont renfermées dans les collections susénoncées.

9° Dans la *Revue rétrospective de* 1835, 2ᵉ série, I, ont paru quelques lettres de Henri III au marquis de Pisany, écrites après la journée des barricades et tirées des archives particulières de M. Lucas de Montigny. Les minutes en existent au fonds français, 16046.

10° Dans l'*Histoire générale des cardinaux*, par AUBERY (t. V, *Hist. du cardinal de Guise*), on trouve la correspondance du cardinal de Joyeuse et du marquis de Pisany avec Henri III après le meurtre des Guise.

11° La *Négociation de l'évêque du Mans à Rome en* 1589 a été souvent recopiée et souvent imprimée. Elle se lit, entre autres places, dans les *Mémoires du duc d'Épernon*, Paris 1626, in-4°.

12° De précieux papiers d'État, tirés des archives romaines, vénitiennes, florentines, espagnoles, autrichiennes, ont été publiés en pièces justificatives par M. de Hübner, dans la grande édition de son *Sixte-Quint*, Franck Vieweg, 1870; quant aux documents existant en France, à la portée des Français, il ne les a pas publiés.

13° Dans la *Revue rétrospective*, 2ᵉ série, XI, a paru la correspondance de Henri IV avec Pisany, concernant la mission de ce dernier en Italie (7 octob. 1592 — 22 mars 1594).

14° Aux Ms. de l'Arsenal, 4110; au dépôt des Affaires étrangères, correspondance de Rome, 12 et 82; aux Ms. de la Bibliothèque nationale, fonds français, 3622, 3646 et 16046, Brienne, 137; etc., sont éparses des correspondances, lettres de créance, instructions, les unes en original, les autres en copie, plusieurs faisant double emploi; elles ont trait aux négociations avec Rome pour la conversion et l'absolution de Henri IV.

15° Les *Lettres d'Ossat*, publiées par Amelot de la Houssaye.

16° Aux Ms. de l'Arsenal, 4110, et aux Ms. de la Bibliothèque nationale, fonds français, 3550, 3556, 3565, 3586, documents concernant le gouvernement de Henri de Bourbon-Condé. M. le duc d'Aumale dans son *Histoire des princes de Condé* (II, 428 et ss.), MM. P. Paris et de Monmerqué dans leur édition de Tallemant des Réaux (*Historiettes*, 4ᵉ), le baron Kervyn de Lettenhove dans les *Collections d'autographes de M. de Stassart* (p. 27), ont publié des pièces sur la même période de la carrière de Jean de Vivonne.

17° Au cabinet des titres, tit. originaux, dossier Vivonne, sont rassemblées des quittances, assignations, etc., au nom de Jean de Vivonne. A ce cabinet des titres, mais dossiers bleus, Vivonne, 17993, 33-52, quelques indications intéressantes.

18° Trois documents d'une grande importance : l'érection du marquisat de Pisany, Arch. dép. de la Gironde, série B, reg. 41, f° 46, que je dois à l'obligeante communication de M. Charles Mortet; les conventions matrimoniales de Jean de Vivonne et de Julia Savelli, Ms. Bibl. nat. F. fr. 3902, f° 341 ; et le testament de Jean de Vivonne, dont une copie du dix-septième siècle se trouve à la Bibliothèque de Bordeaux et que la *Société des Archives de la Saintonge et de l'Aunis* a publié récemment dans son tome XI.

19° Un peu partout disséminés, j'ai rencontré des documents, que suffisent à faire connaître les notes placées au bas de mes pages. Je veux cependant citer ceux du dépôt des Affaires étrangères, Simancas, 315 et 316, copies parmi lesquelles se rencontre une curieuse relation fantaisiste de la Saint-Barthélemy que j'ai eu l'occasion d'apprécier (pages 48 et 49).

Nota. — La plupart des historiens ont fait un grand usage des *Mémoires du duc de Nevers*. Je m'en suis soigneusement gardé, comme d'un recueil non véridique. (Voir mes notes, pages 175 et 344; et pour plus de détails se reporter à mon article de la *Revue des questions historiques,* janvier 1884 : *Une question de critique historique, pièces fausses des Mémoires de Nevers*).

II

J'ai fait mon profit des renseignements donnés par les auteurs qui vécurent au seizième siècle : Brantôme, Lestoile, de Thou, d'Aubigné, Davila, Palma Cayet, Matthieu, Pasquier, etc.

Au nombre des écrivains modernes que j'ai étudiés avec fruit, je veux citer, outre le baron de Hübner et M. le duc d'Aumale, MM. Mignet, Michelet, Guizot, Ranke, René de Bouillé, de Croze, Forneron, de Laferrière, Henri Martin, Prescott, Gachard, Kervyn de Lettenhove, Loiseleur, de Barthélemy, Baguenault de Puchesse, de Meaux, de Noailles, Rosseeuw Saint-Hilaire, Henri de l'Epinois, Féret, Desjardins, Tamizey de Laroque, de Falloux, Delaborde, Baschet, etc.

Tallemant des Réaux a laissé une historiette assez longue sur le père de son amie, madame de Rambouillet (*Histor.*, 4). Il y a mis, selon son habitude, plus de mouvement et de couleur que d'exactitude dans la vérité.

Le comte Anatole de Bremond d'Ars avait consacré une brève mais substantielle notice à Jean de Vivonne dans le *Mémorial de l'Ouest* (nos des 31 août, 4 et 7 septembre 1849). Pour bien des motifs, j'aime à déclarer en terminant que je lui ai dû l'idée d'écrire ce livre.

ERRATA

Page 7, ligne 8 des notes, au lieu de *évêque de Saintes*, lisez *élu évêque de Saintes*.
Page 7, ligne 9 des notes, après *ces Torrettes*, ajoutez *ou Tourettes*.
Page 31, ligne 11, au lieu de *le deux voyages*, lisez *les deux voyages*.
Page 32, ligne 8, après *M. de Forquevaulx*, ajoutez *ou Fourquevaulx*.
Page 61, ligne 4, au lieu de *et des conquêtes lointaines*, lisez *et de conquêtes lointaines*.
Page 78, ligne 4 de la note, au lieu de *Étienne*, lisez *Antoine*.
Page 100, ligne 20, après *me faict*, supprimez la virgule.
Page 151, ligne 9 des notes, au lieu de *Jeanne*, lisez *Françoise*.
Page 153, ligne 26, au lieu de *reconnaisance*, lisez *reconnaissance*.
Page 183, ligne 18, au lieu de *reconçât*, lisez *renonçât*.
Page 244, ligne 5, au lieu de *les Guises*, lisez *les Guise*.
Page 356, ligne 16, après *de nos jours encore*, posez une virgule.
Page 362, ligne 2 des notes, après *Pisany à Villeroi*, ajoutez en italique *ibid*.
Page 380, ligne 14, au lieu de *ininterrompue qui*, lisez *ininterrompue que*.
Page 383, ligne 24, au lieu de *verser*, lisez *tomber*.

TABLE DES MATIÈRES

	Pages.
Préface.	1
Chapitre premier. — Enfance et jeunesse de Jean de Vivonne.	1
I. Naissance et premières années.	1
II. Campagnes.	12
III. L'affaire du comte de Cajazzo.	24
Chapitre II. — Ambassade de Jean de Vivonne en Espagne.	31
I. Jean de Vivonne est envoyé en Espagne.	31
II. Expectative et qui-vive de la France et de l'Espagne.	34
III. La nouvelle de la Saint-Barthélemy.	43
IV. Conséquences de la Saint-Barthélemy en Espagne.	55
V. L'élection de Pologne.	61
VI. Avènement de Henri III.	67
VII. L'affaire de l'avocat David.	71
VIII. Les trois missions du général du Bourg en Espagne.	76
IX. Les agissements de François de Valois dans les Flandres.	92
X. La situation d'un ambassadeur de France en Espagne sous Philippe II.	96
XI. La question de la succession de Portugal.	114
XII. Les deux voyages de Jean de Vivonne à Lisbonne.	130
XIII. Derniers mois de séjour à Madrid.	144
Chapitre III. — Première ambassade de Jean de Vivonne près de Sixte-Quint.	148
I. Jean de Vivonne en France.	148
II. Son arrivée en Italie.	154
III. L'élection de Sixte-Quint.	159
IV. Le nouveau pape.	166
V. La France, l'Espagne et la Ligue.	170
VI. L'affaire de l'archevêque de Nazareth.	179
VII. La mission de l'évêque de Paris, Pierre de Gondi.	192
Chapitre IV. — Seconde ambassade de Jean de Vivonne près de Sixte-Quint.	198
I. Le retour de Jean de Vivonne à Rome et la mission du duc de Luxembourg.	198
II. Les affaires de France.	206

	Pages.
III. Le trésor du château Saint-Ange	228
IV. Les ennemis et les amis politiques de Jean de Vivonne à la cour de Rome	238
V. La question des chapeaux français	255
VI. Le mariage de Jean de Vivonne	262
VII. La canonisation de saint Diego d'Alcala	271
VIII. L'entreprise d'Angleterre	276
IX. L'affaire du marquisat de Saluces	288
X. Le meurtre des Guise et le monitoire du Pape contre Henri III	297
XI. L'aventure du corsaire Barberoussette	309
Chapitre V. — Rôle de Jean de Vivonne dans les négociations pour la conversion et l'absolution de Henri IV	312
I. Avènement de Henri IV	312
II. Retour de Jean de Vivonne à Rome et mission du duc de Luxembourg près de Sixte-Quint	314
III. La conférence du faubourg Saint-Germain	319
IV. Projet d'ambassade à Grégoire XIV	323
V. Ambassades à Clément VIII	328
Chapitre VI. — Jean de Vivonne gouverneur du prince de Condé. Dernières années	346
I. Jean de Vivonne gouverneur du prince de Condé	346
II. Vie privée, affaires domestiques	363
III. Mort de Jean de Vivonne	375
IV. Postérité	379
V. Le nom	387
Appendice	389

FIN DE LA TABLE DES MATIÈRES.

PARIS. TYPOGRAPHIE DE E. PLON, NOURRIT ET Cie, RUE GARANCIÈRE, 8.

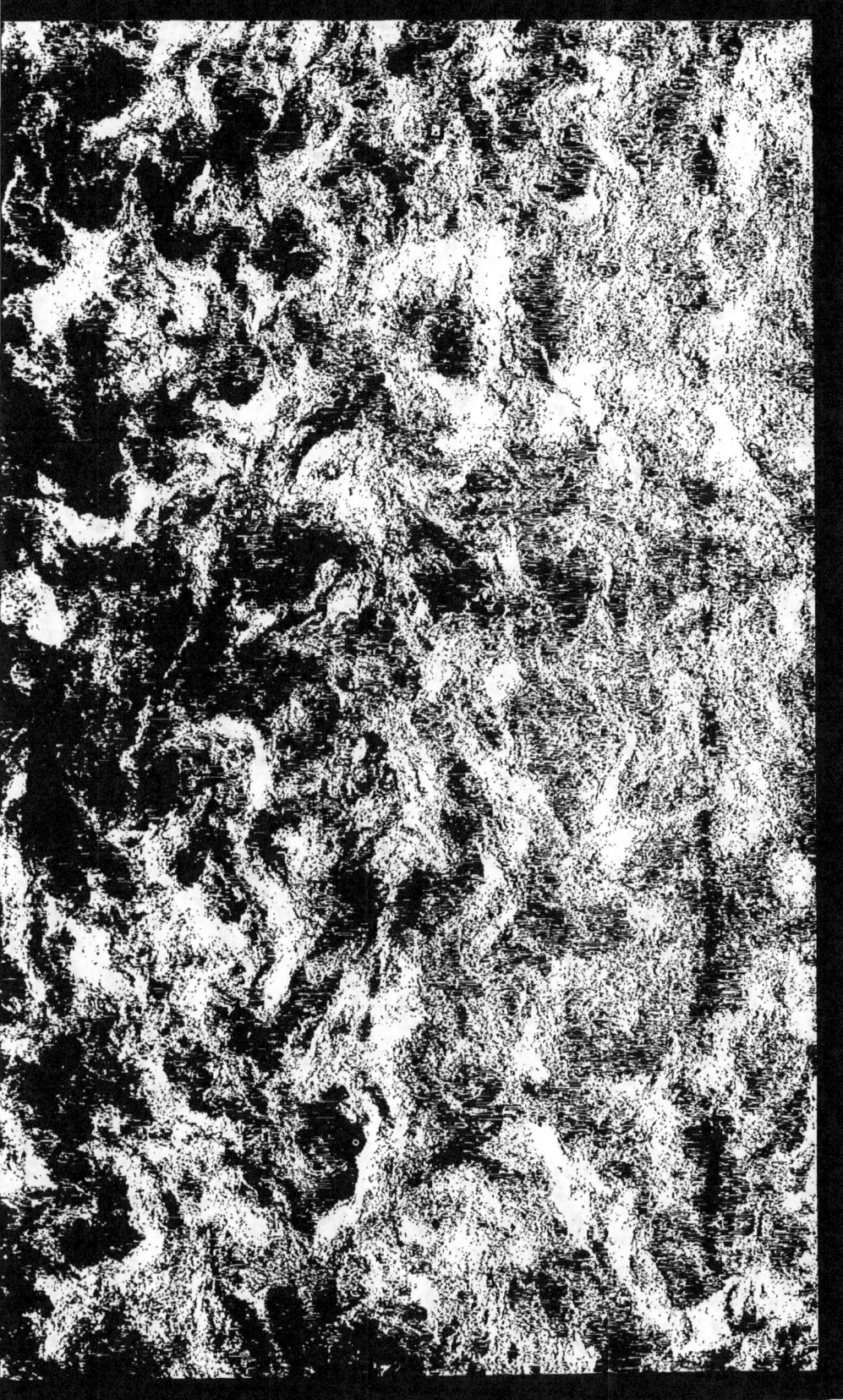